憑依と語り

アフロアマゾニアン宗教の憑依文化

古谷嘉章 著

九州大学出版会

写真1　ベレンの船着場

写真2　テヘイロ(パイ・ベネ)

写真3　テヘイロの祭壇

写真4　Exuの小屋内部と供物

写真5　テヘイロの儀礼フロアー（Mariana：ピンクの服）

写真6　羽根とマラカス

写真7　クーラ儀礼

写真8　タンボール儀礼の開始

写真9　タンボール儀礼(パイ・ベネへの憑依)

写真10　タンボール儀礼(庭からの眺め)

写真11　憑依の徴候

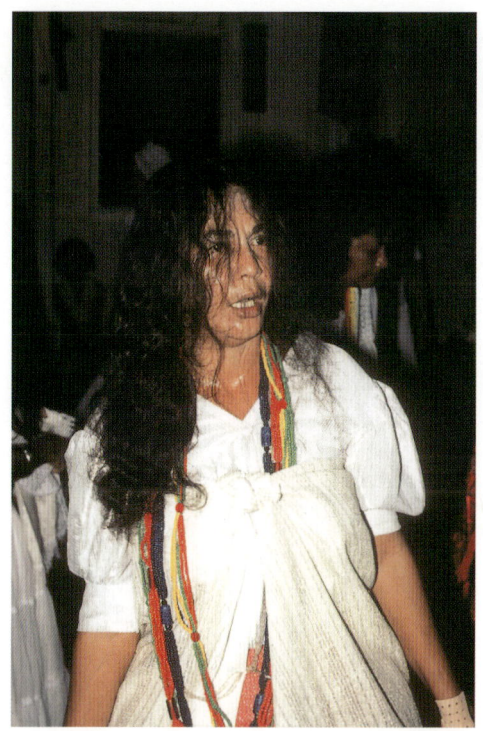

写真 12　caboclo による憑依

写真 13　タンボール儀礼の caboclo たち（1）

写真 14　タンボール儀礼の caboclo たち (2)

写真 15　Mariana に憑依されたパイ・ベネ

写真 16　Joãozinho に憑依されたパイ・ベネ

写真17　Manezinho に憑依された
　　　　マリア・ジョゼ

写真18　聖人像を載せた御輿とマンイ・
　　　　ハイムンヂーニャ(祭壇前)

写真19　タンボール儀礼(マンイ・ハイムンヂーニャ)

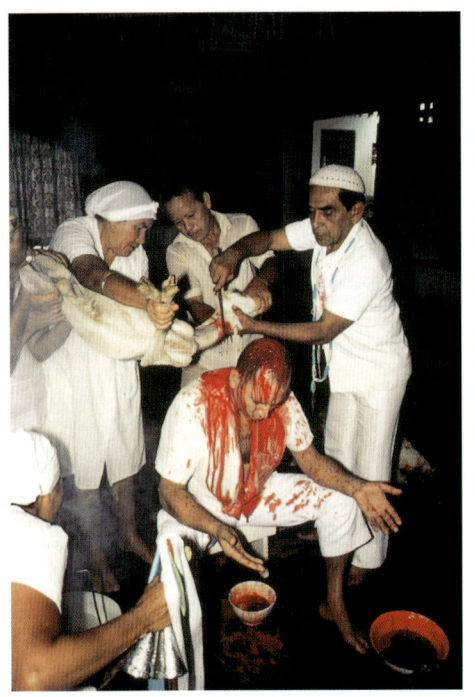

写真 20（左上）　フェイトゥーラの動物供儀
写真 21（右上）　フェイトゥーラの「明け」
　　（第二夜，Oxum）
写真 22（左下）　ウンバンダの caboclo 像

目　次

序　論 1

第1部　アフロアマゾニアン宗教の歴史と現在

第 1 章　カンドンブレ・ナゴとウンバンダ 15
第 2 章　アマゾンの宗教と社会：歴史的展望 27
第 3 章　アフロアマゾニアン宗教 36
第 4 章　ベレンのアフロアマゾニアン宗教 44
第 5 章　連盟，カルト，グループ 61

第2部　アフロアマゾニアン宗教の憑依文化

第 6 章　ミナナゴ：ベレンのアフロアマゾニアン宗教 71
第 7 章　憑依霊の世界 79
第 8 章　カーザ：儀礼の舞台 100
第 9 章　「責務」としての儀礼 113

第3部　憑依・語り・個性化

第10章　憑依の語り 151
第11章　ミディアムへの道 158
第12章　ミディアムと憑依霊 175
第13章　フェイトゥーラと「頭の主」 183

第 14 章　guia-de-frente：ミディアムの「登録商標」...... 191

第 15 章　憑依と個性化 201

第 4 部　憑依霊としての CABOCLO

第 16 章　アマゾンの caboclo 234

第 17 章　fundo と mata：クーラ儀礼の憑依霊 240

第 18 章　Verequete：タンボール儀礼の媒介者 245

第 19 章　Povo de Legua：コドーの森の「牛飼い」...... 258

第 20 章　Turcos：トルコ王の末裔 265

第 21 章　Povo da Jurema：インディオ化する caboclo 277

第 22 章　アフロアマゾニアン宗教の caboclo 281

第 5 部　アフロアマゾニアン宗教のブラジル

第 23 章　アマゾンのウンバンダ化 293

第 24 章　憑依宗教の語るブラジル 298

結　　論 305

註 313

あとがき 331

文　　献 337

索　　引 355

　　事項索引 355

　　人名索引 363

　　憑依霊名索引 365

　　聖人名索引 367

[州名の略号]
行政上の北部 AC: アクレ, RO: ロンドニア, AM: アマゾナス, RR: ロライマ, PA: パラ, AP: アマパ, TO: トカンチンス (1988〜)
行政上の北東部 MA: マラニョン, PI: ピアウイ, CE: セアラ, RN: リオ・グランデ・ド・ノルテ, PB: パライバ, PE: ペルナンブコ, AL: アラゴアス, SE: セルジペ, BA: バイア
行政上の中西部 MT: マット・グロッソ, MS: マット・グロッソ・ド・スル, GO: ゴイアス
行政上の南東部 MG: ミナス・ジェライス, ES: エスピリト・サント, RJ: リオ・デ・ジャネイロ, SP: サン・パウロ
行政上の南部 PR: パラナ, SC: サンタ・カタリナ, RS: リオ・グランデ・ド・スル

地図 ブラジル (**1984**)

序　論

憑依文化についての民族誌は，しばしば，唐突に憑依儀礼の場面，そうでなくても憑依が生じている現場の描写からはじまる[1]。著者である人類学者たちがそのような構成をとることにした理由は，とてもよく理解できる。彼らの民族誌は，憑依というものに現実に直面したときに自らが感じた，奇妙な衝撃あるいは戸惑いについて何かを語りたいという思いに導かれており，民族誌の全体が，その場面についての膨大な語りであり，注釈だからである。しかし，そのような場面について何かを語ろうとしているのは，外からやって来た人類学者だけではない。

　本書で論じられるのは，ある人間の体験を憑依霊による憑依として語る〈語りとしての憑依〉であり，〈憑依霊による語り〉であり，〈憑依霊についての語り〉であり，〈憑依についての語り〉である。そのような幾重にも重ねられた重層的語り[2] の集積としての憑依文化が，ここで考察の対象とされるものである。いったいそこでは，何がどのように語られているのだろうか。私たちの前にあるのは，憑依をめぐる語りの膨大な集積である。それを人々と憑依霊はどのようにして語っているのか，そして人々と憑依霊はそれをどのように読んでいると読むことができるのか。それが本書で私が自らに課した課題である。特定の憑依文化の伝統とは，憑依をめぐる特定の語り方とその所産としての語りのことであり，そこで行なわれている憑依儀礼は，そのような語りをつづけていくための舞台装置であり，そうであると同時に，その舞台装置のなかで展開しつづける劇でもあり，そのように儀礼を行ない，そこで憑依霊が憑依しつづけるなかで，憑依霊をめぐって語りが紡ぎだされつづけているのである。

　以下の論考で対象とされるのは，本書で「アフロアマゾニアン宗教」とよぶことにする，ブラジルのアマゾン地方のアフリカ系の憑依宗教伝統である。この憑依宗教では，憑依霊が人々に憑依する儀礼を実施するグループが多数存在し，そのそれぞれには1人のリーダーを中心として一定数の人々が所属し，その儀礼に参加している。本書のフィールドは，そのような儀礼実施単位としてのグループである。しかし，それは定型化された入信というプロセスを経た

人々だけからなる閉鎖的・排他的な集団ではない。この宗教の「信者」は、そのような個々のグループを越えてひろがっているのである。

　ここで言う「信者」とは、「公然とあるいは密かに信仰心をもっている人々」という意味ではなく、「ある宗教体系の提示する世界観の信憑性を全面的に受け入れている人々」という意味でもない。そこで「信者」の語が指し示しているのは、ある語り方、ある語りの様式を共有し、その様式によって語りあい、語りを紡ぎだしている人々である。そのような観点に立つならば、宗教伝統とは「語りの伝統」であり、「語りの共同体」であると言うことができる。もちろん一般に宗教伝統あるいは宗教集団ということばで指し示されているものは、他にも様々な側面を含んでいる。しかし本書で私が注目するのは、そのような「語りの伝統」と「語りの共同体」としての宗教伝統である。

　アフロアマゾニアン宗教は憑依宗教である。すなわち憑依という現象を中心になりたっている宗教である。しかし当然のことながら、憑依という現象は、あたかもモノのようにそこに言わば裸で存在しているのではない。そこにあるのは、あるいは、そこに私たちが見いだすのは、ある種の現象について、人類学の用語でいえば憑依と分類されうるようなイディオムを含む語り方で語る人々である。そしてこの宗教の場合、そのようなある種の現象は、多くの憑依宗教でそうであるように、まずは個々の人間の体験として生ずる。つまり、個々の人間の身の上に生ずる主観的体験という場をはなれて、憑依という現象があるのではない。しかし個々の人間の主観的体験がそのまま自ずから憑依という客観的現象を構成するわけではない。あくまでもそれが憑依として語られるかぎりにおいて、そこに憑依という現象が存在するのである。

　このように、語り方という点に注目して、憑依をひとつの語り方として捉えるならば、アフロアマゾニアン宗教という憑依宗教の信者とは、ある種の体験についてある種の語り方で憑依として語る人々であるということができ、そのようにとらえるほうが、ある宗教を信ずる人々という一見明瞭なようで曖昧な範囲限定の仕方より理にかなっている。また、そのような語り方に注目することによって、実際に憑依を体験する人々つまりミディアムと、それ以外の信者という無用な区別を回避することができる。ミディアムは、儀礼において憑依霊の憑依を受けるという点で、他の人々と明確に区別されるべき集団をなして

いるという印象をあたえるし，事実，自らの体験がまず直接の語られねばならない現象の生ずる場となっているという意味で，そしてそれゆえに営まれねばならない「使命」としての特別な生き方があるという点で，ミディアムはたしかに信者のなかで特別な位置をしめる。しかし例えば，ミディアムを「信徒」として，ミディアム以外の人々を「信者」として区別したりすることは，この宗教についての理解を深めるとは思えない。むしろ彼らが共有している語り方による語りの重点的な対象とされる体験が生ずる場として，そのような意味で信者のなかで特別な位置をしめる存在としてミディアムを考えるほうが，私たちにより深い理解をもたらしてくれるだろう。

　以上のように，語りの共同体を構成する人々としてこの憑依宗教の信者をとらえることにする。では人々はどのようにして信者になっているのだろうか。つまり，どのようにして語り方を共有するようになっていくのだろうか。この点に関して，何らかのきっかけでこの語りの共同体にかかわるようになる新参者が，どのようにしてその語り方のなかに巻き込まれていくか考えてみよう。フィールドワークと称する活動をしている人類学者は，その特殊な一例にすぎない。もっとも典型的な場面としては，その語り方を共有していない新参者が憑依霊をまえにして会話するはめにいたった場合である。

　ひとつの実例を手がかりに考えてみよう。アマゾン河口の都市ベレンのあるテヘイロ（儀礼を行なう家屋・グループ）で，ある晩のクーラ（「治療」を目的とする儀礼）のセッションの後，私が居候をしていたそのテヘイロのリーダーに憑依したMariana[3]という名の憑依霊は，毎度のことながら深夜になってセッションが終わっても立ち去らずに，私たち2～3人とテヘイロ兼用のリーダーの自宅の台所で話をしていた。もう午前2時をまわっていた。そのとき家の戸口にひとりの中年の男が現われ，応対にでた住み込みの女性を介して，リーダーの姪の夫であると告げた。台所に通された彼は，自分の前にいるのが妻の叔父であると思い，深夜の突然の訪問の理由について説明をはじめた。それは，この宗教の語り方を共有していない人の判断と行動としては，至極当然のことである。しかしそのとき彼が話しかけていた相手は，リーダー本人ではなく，彼に憑依していたMarianaだったのだから，話は当然嚙みあわない。しかしその場に居合わせた私たちに，それがMarianaという憑依霊であることを指摘された

彼は，事態が充分にのみこめない様子ながらも，会話を徐々に修正しはじめた。彼にしてみれば，妻の叔父を頼って田舎からベレンに出て来たのに，真夜中に追い出されてしまっては困ると必死だったのだろう。その後，彼は数ヵ月の間，後からやってきた妻子とともにリーダーの家に寄寓することになり，様々な儀礼でも手伝いを務めたりするようになった。そしてリーダー本人と彼に憑依する憑依霊を混同せずに会話できるようになっていった。そうした振舞いから彼が「ある宗教を信ずる人」という意味での信者になったということはできない。しかし一方で，（私にはそうは見えなかったが）彼がそうした意味で信者にならなかったとも断言はできない。ここで重要なことは，彼が明らかに，ある種の語り方を共有するようになったことである。

　私自身の体験も，外国から調査のためにやってきた学生という特殊な立場のものだったとはいえ，ありふれた事例のひとつを提供するにすぎない。私が初めてこのリーダーの儀礼に出席した晩に，私を連れていった人物は，儀礼が始まる前に私を彼に紹介した。その後，喧騒のなかで憑依がつぎつぎに生ずる儀礼を前にして，どうにか調査らしきものをしていた私に向かって，彼は「おまえは何のためにここに来たのか」と尋ねた。私は儀礼が始まる前にすでに彼に自己紹介したはずである。そこで私に話し掛けているのが，彼ではなく彼に憑依している存在なのだと気づき，あたかも彼とは別のアイデンティティをもつ憑依霊を前にしているかのように自己紹介した。そしてその際に，その憑依霊が Mariana という名の女性霊であると教えられた私は，呼び掛けにも「セニョーラ」(senhora) という女性に対する敬称二人称を使い，形容詞の語尾にも女性形を使うよう注意をはらった。これはしばらくの間，私にとって興味深いゲームの様相を呈していた。つまり中年の男性を目の前にしながら，彼に「あたかも 14〜15 歳の女の子の憑依霊が憑依しているかのように」話すというゲームである。一定期間の後，Mariana との付き合いが深まるにつれ，それは徐々にことばのゲームではなくなっていった。それは Mariana が確固たる個性をもつ存在として私の生活のなかで位置をしめるようになっていったからである。ここで注目すべき点は，Mariana と私が語り，Mariana について他の人々に私が語り，Mariana が私について他の人々に語り，両者の関係について他の人々が語るという過程を積み重ねていくことによって，私が徐々にある種の語り方

を身につけ，この宗教を信ずるという意味での信者ではないが，ある語りの共同体へと参加していったことである。

　そのような私を第三者が見たならば，私がこの宗教を信じているように見えたかもしれない。そしてその第三者が人類学者であれば，「この人は信者であるようにふるまうことによって調査を円滑に進めようとしているのだ」と納得したかもしれない。確かにそのような言動を私が選び取ることによって，調査が円滑に進むことは確かであろう。儀礼の最中に憑依霊による憑依を受けている人にむかって，「いまあなたに憑依していると人々に信じられているところの憑依霊は何という名ですか」などと尋ねていたのでは，調査はできないからである。そのような場合は端的に「あなたの名前は何ですか」と尋ねることが調査を円滑にすることは疑いえないし，私に多少なりともそのような意図がなかったとは言えないだろう。しかしここで重要なことは，私の意図ではない。私がどのような語り方をしているかということなのである。非常に興味深いことであるが，そのように語っている私にむかって「あなたは本当に憑依や憑依霊というものを信じているのか」と尋ねるのは，本人がそれを信じていない言わば外部の人々であって，その語り方を共有している人々は，私に「あなたは本当には信じていないのではないか」などと質問することはなかったのである。彼らにしてみれば，私が「ある種の語り方を共有している」という外見だけで充分だったということである。これはどういうことだろうか。それはまず第一に，不注意な人類学者によって，彼らの言動の観察にもとづいて「この人たちはこの宗教を信じている人々だ」と判定されてしまう人々が「本当には信じていないかもしれない」という可能性を意味する。しかしある特定の個人が「本当に信じているかどうか」という問題を論議することは，本書の枠をこえることであるし，そのような詮索が実り多いものであるとも思われない。ここで重要なことは，彼らが本当には信じていないかもしれないが，ある種の語り方を共有している語りの共同体に参加しつづけているという事実であり，そしておそらくは，この宗教さらには憑依宗教一般を理解するうえで，その事実こそが圧倒的な重みをもつものなのである。

　ここで言うある種の語り方とは，端的にいえば「ある状況下におけるある人の言動の主体をその人ではない別の存在であるとみなす」という語り方であっ

て，人類学の用語でいえば「憑依のイディオム」に準拠した語り方として一般化しうるものである。「憑依のイディオム」という概念については，本書のなかで詳しく明らかにされるはずである。そして少なくとも一般に「信者」とみなしうる人々は，その人自身がミディアムであるか否かにかかわらず，その語り方を共有しているのである。では私のフィールドワークの舞台であったアフロアマゾニアン宗教という憑依文化は，人々にどのような「憑依のイディオム」を提供し，人々はどのようにして，憑依として語り，憑依霊について語っているのだろうか。それが本書の中心的テーマのひとつである。

　語りという点に注目すると様々な興味深いテーマが浮かび上がってくる。それは一言で言えば，憑依をめぐる語りの重層構造とでもよぶべきものである。まず，ある個人の体験として生じた現象が憑依として語られることによって，語りとしての憑依という現象が出現する。しかし，ある体験に憑依のイディオムが適用されて語られることによって成立する憑依という現象は，それ自体が語りの対象とされる。つまり「憑依として語る」という次元のうえに，「憑依についての語り」という次元があらわれる。それは分析的に区別すれば以下のような種類の語りを含むことになる。まず「ある人に憑依する憑依霊についての語り」と「その人とその憑依霊の関係についての語り」がある。さらに「その人に憑依したその憑依霊と他の人々との関係についての語り」において，憑依される本人以外の人々も語りの対象とされる。さらに「その人に憑依したその憑依霊と他の人に憑依したその憑依霊の関係についての語り」がある。このようにして構成された特定の憑依霊についての語りが，例えば Mariana がどのような憑依霊であるのかについての言わば「神話」を構成する。さらに「その人に憑依したその憑依霊と他の人に憑依した他の憑依霊との関係についての語り」においては，いわば憑依霊関係が語りの対象とされる。語りのこの次元には，このように一見すると様々な語りが含まれるが，そのいずれもが「特定の憑依についての語り」であるという点で共通する。したがって特定のミディアムに憑依する特定の憑依霊というものが，あくまでも語りの中心をしめている。

　そのような語りのなかで，憑依霊自身もまた，たんに語られるだけの受動的な存在としてあるのではない。本書で扱われている憑依宗教では，憑依霊自身も人々が理解できる日常的な言語で，人々にむかって，あるいは他の憑依霊に

むかって，自分自身について，他の人々について，他の憑依霊について，さらにそのほか諸々のことについて語っているからである。したがって，憑依霊そのものが語りの共同体において能動的な主体として登場しているのである。

さらに「特定の憑依についての語り」の上に，「特定の憑依文化内部における憑依というもの一般についての語り」という次元が存在する。これはメタレベルの語りである。この次元では，もはや特定のミディアムや特定の憑依霊は，語りの直接の対象ではない。しかしその際にも，特定のミディアムへの特定の憑依霊の憑依がつねに参照点として存在しつづけている。さらにその上に，その特定の憑依文化内部の語りが，その憑依文化を担う人々が生活する社会の他の側面とどのような関係にあるのかについての語りがありうる。憑依宗教についての人類学者の民族誌的記述は，そうした種類の語りの特殊だが特権的ではないもののひとつということになるだろう。この最後の語りのレベルにおいて，憑依のイディオムに基づいて語られる憑依をめぐる語りの総体としての憑依宗教が，全体として社会的現実について何を語っているのかというテーマがあらわれる。

ランベックやボディの民族誌では，彼らが調査した社会において，憑依霊の世界が，その憑依文化を担っているその社会について何事かを語っているのだという議論がなされている (Lambek 1981; Boddy 1989)。北スーダンのホフリヤット社会のザー・カルト (Zar Cult) を対象としたボディが提出している「パラレルワールド論」では，憑依霊の世界と人々の世界が言わば「パラレルワールド」の関係にあって，両者は互いに注釈の関係にあることが指摘されている。ホフリヤット社会の場合は，「閉鎖されているべきであるが，それにもかかわらず社会を存続させるためには統制されつつ開かれなければならない開口部としての女性の子宮」という社会の基底にあるシンボリズムが，主として女性の身体を舞台として出現する憑依というものについて，何事かを「知らしめて」くれ，一方，憑依は，そのような理想像に過度に自己同一化してしまうのではない女性の別の在り方というものについて何事かを「知らしめて」くれるという関係にあるのだとの議論がなされている。では私のフィールドであるアフロアマゾニアン宗教のアフリカ系の憑依文化は，それを担う人々の社会について，そしてその社会の歴史について，何を語っているのだろうか。

憑依霊自身の語りに耳を傾けることは、もちろん重要である。しかしさらに、この憑依宗教全体が、どのようにして、そして何を語っているのかを知ることが重要である。それは直接耳にすることができるかたちでは語っていないであろう。ではそれをどのように「聞き取る」ことができるのか。それが本書の中心をなすいまひとつの重要なテーマである。

ここで提示した本書の2つの主要なテーマは、「語られるものとしての憑依」と「憑依の語るもの」ということばで要約できるかもしれない。そしてそこで人々は「語る者」であると同時に「聞き取る者(読み取る者)」としての役割を要求されているのである。この点に関して、人類学者である私も人々のひとりである。

* * *

本書は、以上のような問題意識に導かれており、「アフロアマゾニアン宗教」と私がよぶブラジルのアマゾン地方の憑依文化が考察の対象とされる。議論は以下のような構成をもつ。まず第1部「アフロアマゾニアン宗教の歴史と現在」では、一般に「アフロブラジリアン宗教」あるいは「アフロブラジリアンカルト」と総称されるブラジルのアフリカ系憑依宗教の概要を研究史にそって提示し、そのなかで特定の地域の特定のタイプが重視され、それにもとづいたモデルが構築される一方、アマゾン地方については、地域的な伝統の独自性に注目した研究が不十分であったことを示す。その後、アマゾン社会史に即して、アフロアマゾニアン宗教の歴史的な形成過程を提示する。さらに私のフィールドワーク[4]の主たる対象であるパラ州ベレンのアフロアマゾニアン宗教について、その複雑な形成過程と現状について記述する。第2部「アフロアマゾニアン宗教の憑依文化」では、ベレンのミナナゴ (Mina-Nagô) とよばれる憑依カルトに焦点を絞り、そのグループの組織・憑依霊の世界・憑依儀礼の構造を詳細に提示する。そこでは複数の伝統の錯綜の所産として著しくシンクレティックな憑依文化が形成されていることが示されると同時に、憑依を受ける個々人と個々の憑依霊との特定的な「指示」と「責務」にもとづく関係こそがすべての基本にあり、そのような特性が、そうであって当然のものとして、個々人の語りと儀礼への関与における著しい変異を生み出していることが示される。第3部

「憑依・語り・個性化」では，個人の体験がアフロアマゾニアン宗教の憑依文化のなかで憑依として語られていくようになるプロセスが論じられ，そのなかで憑依をつうじて憑依を受ける人間と憑依霊(とくに caboclo とよばれるカテゴリーのもの)がともに個性化されていくこと，そのように個性化された関係のうえに語りが蓄積していくこと，それゆえに個々の憑依霊についての一般的な叙述が困難になっている事態が示される。第4部「憑依霊としての caboclo」では，その caboclo というカテゴリーの憑依霊について，様々な語りを検討することを通じて，それが〈外者の内部化〉というプロセスを表象するものであることが論じられる。そして第5部「アフロアマゾニアン宗教のブラジル」では，そのような憑依霊としての caboclo をめぐる語りの伝統としてのアフロアマゾニアン宗教が，ブラジル各地で影響力を増大させつつあるヘゲモニックなタイプのアフロブラジリアン宗教とは別の語りを，ブラジル人・ブラジル社会について提示していることが示される。そして最後に「結論」として，憑依・語りに注目しての本書の議論の到達点と今後の課題が示されることになる。

第 1 部

アフロアマゾニアン宗教の歴史と現在

第1章　カンドンブレ・ナゴとウンバンダ

1. カンドンブレ：アフリカの伝統の「存続」

　アフロブラジリアン宗教（Religiões afro-brasileiras; Afro-Brazilian religions）[1]と総称されるブラジルのアフリカ系の憑依宗教は，16世紀から19世紀にかけて，西アフリカおよび中央アフリカの各地から，少なくとも総数300～400万人におよぶと推定されるアフリカ人奴隷を「輸入」して成立した黒人奴隷制[2]の産物であり，アフリカの様々な地域の宗教的伝統が，カトリシズムを支配的宗教とする社会において再編されて形成されたものである。それは，アフリカの特定の民族的宗教伝統のレプリカではなく，ブラジルにおける歴史的過程の所産であり，現在では信者も黒人系住民に限定されているわけではない。

　こうした宗教は，地域によりカンドンブレ（Candomblé），シャンゴ（Xangô）など様々な名でよばれるが，基本的な共通性とともに無視しえない地域的変異を示しており，同一地域内でも儀礼を実践する自律的単位であるグループごとの差異は小さくない。そうした変異の理由として考えられるのは，まず第1に，奴隷たちによってブラジルにもたらされた伝統自体が，アフリカの複数の地域の民族的伝統であること，第2に，それらの宗教がブラジル各地で相互になかば独立に形成されてきたこと，第3に，その過程で様々な民族的系統のあいだにシンクレティズムが生じてきたことである。

　ブラジルに移植されたアフリカの伝統とは，「輸入」された奴隷の出身地域の伝統ということになるが，その確定は容易ではない。その理由は第1に，奴隷の出身地域の分類がきわめて大雑把だったことであり，第2に，奴隷輸入に関

する記録が「恥ずべき過去を葬るために」奴隷制廃止にあたって多くの地域で焼却されてしまったという資料的限界のためである。しかし，概況はある程度まで明らかになっており，ブラジルでは，アフリカ人奴隷は，一般に使われている用語に従えば「スーダン系」と「バントゥ系」の2つに大別されていた。この場合「スーダン系」は，ギニア湾岸を中心とする西アフリカの出身者をさし，「バントゥ系」は，赤道以南のアフリカ，主として中央アフリカの出身者をさす。このように，ブラジルにはアフリカの様々な地域から奴隷が輸入されたが，時期的に偏りがあり，地域ごとにも奴隷の出身地には民族的な偏りがあったとみられる。しかし，その後のブラジル国内での二次的な移動，国外からの「転売」などが原因で，どの地域でも，程度の差はあれ，アフリカの複数の民族の文化的伝統が混在することになった。

　ブラジルへの奴隷輸入は，公的には1850年に禁止され，奴隷制も1888年に廃止された。その翌年には，ポルトガルから独立した1822年以来の帝政が終焉を迎え，共和制が発足する。そうした社会編制の大変化のなかで，アフロブラジリアン宗教を対象とする学術的研究が開始された。パイオニアと目されているのは，法医学者だったニナ゠ロドリゲス(Nina Rodrigues)である。彼の研究の視点は，当時の時代風潮を反映して，奴隷制廃止後の社会に黒人を市民として統合することが可能かというものであり，彼の結論は，憑依トランスのような現象は黒人の先天的な知的未発達にその原因があるがゆえに，ブラジル社会への黒人の統合は困難とするものであった(Nina Rodrigues 1935 [1900], 1977 [1906])。しかし結論はどうあれ，そこには民族学的考察も含まれており，そのなかで，ブラジルに奴隷を供給したアフリカの諸民族を宗教の発展段階によって序列化している。それによれば，ヨルバ系(Nagô)[3]は，ダホメー系(Jeje)より優れており，バントゥ系(Banto)は，それよりさらに劣っており，まさにそれゆえに，数量的には多数派ではなかったにもかかわらず，ヨルバ系の宗教が，彼が調査した北東部バイアの州都サルヴァドールのアフロブラジリアン宗教すなわちカンドンブレ(Candomblé)の伝統のなかで優越した位置を占め，他の系統のグループにも大きな影響を与えたのだと結論している[4]。

　ニナ゠ロドリゲスの主たる後継者として研究を発展させたのが，アルトゥール・ラモス(Artur Ramos)であり，彼も法医学者だったが，アフリカについて

第1章　カンドンブレ・ナゴとウンバンダ　　　　　　　　　　17

の民族学的知識に基づく考察を行なっており，黒人の生得的劣等性を憑依宗教と結びつけるような議論は見られない。しかし彼もまた「ヨルバ文化は，ブラジルに導入された純粋な黒人文化のうちで，最もすすんだものであり，そのことがアフロブラジリアン宗教伝統のなかでのヨルバ系カンドンブレの優越性の理由である」(Ramos 1935: 201)としており，ヨルバ系と，それに次ぐものとしてダホメー系に特権的地位を与えている。

　こうした先駆者たちの偏向した視座は，その後の研究動向に大きな影響を与えることになる。アフロブラジリアン宗教のなかで，ヨルバ系カンドンブレ(Candomblé Nagô)を本来的に他に優越したものであるがゆえに真摯な研究に値するものとして特権的な地位をあたえる見方が，のちに研究者のみならず信者をもまきこんで「ナゴ帝国主義」(Imperialismo Nagô)と呼ばれるようになった傾向の端緒となり，バイアのヨルバ系カンドンブレの研究を推進する原動力となったと同時に，それ以外のアフロブラジリアン宗教についての研究を阻害する原因ともなったのである[5]。

　アフロブラジリアン宗教についての現在までのところ最も総合的な著作と目されている『ブラジルのアフリカ宗教』(Bastide 1978a [1960])のなかで，フランスの社会学者バスティード(Roger Bastide)は，この分野の研究の第2期はラモスの影響にアメリカの人類学者ハースコヴィッツ(Melville J. Herskovits)のそれがとって代わったときに始まったとしている。憑依を異常心理の点からではなく正常な文化の一部としてとらえるべきことを主張したこの高名な文化相対主義者の主導の下で，アフロブラジリアン宗教研究は，それ以前の病理学的研究とはっきりと決別したと同時に，皮肉なことに上述の「ナゴ帝国主義」も定着したと言ってよい。というのは，ハースコヴィッツにとって，アフロブラジリアン研究は「新世界黒人」を対象としての文化変容(acculturation)研究の一部をなしており，そこでの彼の関心は，アフリカの各地域の民族的伝統が新世界においてアフリカ人奴隷と彼らの子孫によって，どれだけ「純粋なかたちで」あるいは「再解釈されたかたちで」存続しているかを，アフリカとアメリカでのフィールドワークを通じて確かめることだったからである。そのような問題意識の当然の帰結として，アメリカの黒人文化のうち「最もアフリカ的な部分」をつきとめることに精力がそそがれ，ブラジルの場合それは宗教であり，なか

でもヨルバ系のカンドンブレということになった。このようにして言わば「アフリカ」によるお墨つきを得たことにより，アフロブラジリアン宗教のうちの一部のみが，研究者さらには知識人も含めたブラジル社会の認知を受け，その過程で「カンドンブレ・ナゴ・モデル」とでもよぶべき正統性を付与されたモデルが形成され，アフリカ系宗教に対する社会的偏見は，主としてモデルに合わない残余のものにむけられることになった。このようにして，研究が蓄積されるなかで，アフリカの伝統をより忠実に保っているタイプのものは，それが本来的に優れているからであり，より純粋でないタイプのものは，より劣等だという語りが構築されてくることになる。シンクレティックであるがゆえに劣等とされたタイプのものについて，研究のなかでまったく言及がないわけではないが，つねに「ヨルバ系カンドンブレの稚拙なコピー」あるいは「様々な伝統に由来する要素の無原則な混在」との評価を与えられてきたのである。

　そうしたなかで，「純粋なヨルバ系のカンドンブレ」と目された特定のいくつかのグループが集約的な調査の対象とされ，それらについては，バスティードの民族誌『バイアのカンドンブレ』(Bastide 1978b [1961]) およびカルネイロ (Edison Carneiro) の同名の別書 (Carneiro 1948) などを通じて一定のモデルが構築され，それが「正しいカンドンブレ」のモデルの地位を獲得してきた。バスティードの言葉を借りれば，そこでは「伝統は変造されて混ざり物になることなく保持されてきた」(Bastide 1978b [1961]: 197) とみなされるようになったのである。

　アフロブラジリアン宗教研究におけるこうした偏向については，近年少なからぬ研究者によって批判されるようになっている。批判は相互に関連するいくつかの視座からなされてきた。第1に，以上のように，人類学者も含めて知識人が，ある特定のタイプのみをアフリカの伝統に忠実で「真正性」(authenticity) を維持することに成功した「抵抗の宗教」として高く評価し，それに対して庇護主義的な立場をとってきたことは，フライ (Fry 1982) らの指摘するように，民衆文化に対する知識人による支配の一例であって，「(カンドンブレ)ナゴの純粋性」(pureza nagô) というシンボルが，そうした支配を隠蔽するイデオロギーとして使用されてきたのだという批判である。第2に，そのようにして構築されたモデルから逸脱したタイプのものこそが，どの地域でも数量的に多数派を

占めてきたし，占めているのであって，従来の研究で無視されてきたそれらのタイプを視野に入れずにアフロブラジリアン宗教の全体像をとらえることはできないとするものである。第3の批判は，ウンバンダ（Umbanda）とよばれる憑依宗教の形成と関わる。現在までに研究によって明らかにされているところによれば，20世紀初頭にリオデジャネイロやサンパウロなど南東部大都市で形成され，ことに1930年代以降に教義面と組織面での整備が進み，特に1950年代から急速に各地に広まったとされる「新宗教」ウンバンダは，バントゥ系の宗教をその母体のひとつとしており，また，それ自体きわめてシンクレティックであるために，既述のような，ヨルバ系の「純粋なカンドンブレ」に特権的地位を与える研究伝統のなかでは真摯な研究対象とされることがなかった。現在では，ウンバンダの社会学的・人類学的な研究は，アフロブラジリアン宗教研究の重要な一分野，もしくは，それ自体で独立した研究領域を形づくっているが，1966年以来リオのウンバンダの研究を続けているブラウン（Brown 1986）によれば，1960年ごろまでは何ら学問的関心を惹いていなかったのである。しかしウンバンダとよばれるタイプの憑依宗教が現実に全国的に勢力を拡大し，ウンバンダという名称が人口に膾炙するようになるにつれて，従来のモデルからの逸脱としてではなく，それ自体として研究することの重要性が認識されるとともに，前述の「ナゴ帝国主義」に対する批判がなされるに至ったのである。

2. ウンバンダ：ブラジルの「新宗教」[6]

ウンバンダがアフロブラジリアン宗教のひとつのタイプなのかどうかを言うことは容易ではない。その理由は，第1に，この名称の外延と内包について共通の了解がないためである。第2に，信者にとってはウンバンダをどのように定義するかということ自体が，それぞれの宗教的立場と切り離せないものだからである。ある者にとっては，アフロブラジリアン宗教であるが，アフリカの祖型から著しく乖離した最も堕落した形態である。またある者にとっては，アフロブラジリアン宗教の最も進化した形態である。さらに，アフリカとは何の関係もないものだと考える者もいる。このように様々な見解が存在しうる主たる理由は，この宗教がきわめてシンクレティックであり標準化されていないこ

と，さらに，ウンバンダを実践しているとされる各グループの独立性・自律性が高いことである。

こうした特質を反映して，ウンバンダの成立の事情について様々な見解が存在するが，現在書籍等によって広く流布している有力な「起源神話」のひとつは，つぎのように語る (Brown 1986: 38-41)。1920年代に，リオ近郊の都市ニテロイで，病気の治療のためにカルデシズモ(ブラジルで最も影響力をもつエスピリティズモすなわち心霊術)[7]の交霊会に参加したある青年に，イエズス会の宣教師の霊が降りてメッセージを残した。そのメッセージによれば，彼の病気は「霊的なもの」であり，彼はミディアム(憑依を受ける能力のある者)であるから，ブラジルのインディオの霊であるcabocloと黒人奴隷の霊であるpreto velhoを崇敬の対象とする新しい真のブラジルの宗教の創立者とならねばならないということであった。彼の病気はほどなく回癒し，彼の導き手となるべき霊による憑依を受けた。その霊は，Caboclo das sete encruzilhadas (7つの十字路のcaboclo)と名のり，創始されるべき宗教の名をウンバンダと宣言した。その指示にしたがって，その青年は憑依霊の導きで宗教活動を始め，それが広まって現在の隆盛に至ったということである。

こうした「起源神話」の真偽を問うことは，ここでの目的ではないし，既述のようにカンドンブレ・ナゴにもとづくモデルに支配されていた当時の研究は，形成期のウンバンダについて確かな記録を残していない。少なくとも，現在までの研究によって確かめられていることは，ウンバンダの名のもとに活動を行い始めた初期のリーダーたちの宗教が，カルデシズモと，リオ周辺に存在していたアフロブラジリアン宗教を母体としており，しかも，前者の儀礼(交霊会)では「霊の進化段階として低いために」受け入れられず，後者の儀礼では「アフリカの伝統からの逸脱として」受け入れられなかったタイプの憑依霊，すなわちcabocloとpreto velhoに中心的な役割を与えているという点，しかもそれらを明白に「死後肉体を離れた霊」(espírito desencarnado)として位置づけているという点で，母体となったいずれの伝統とも異なっていたということである。また，それらの霊が憑依して人々に善行を施すことがウンバンダの儀礼の重要な目的であり，それによって，霊は進化し，ついには天界にとどまって憑依することはなくなるという「進化主義的コスモロジー」は，それ以前のアフ

第1章 カンドンブレ・ナゴとウンバンダ

ロブラジリアン宗教には見られないものであった。

ウンバンダには，一括して扱うのが困難な2つのタイプを区別しうる。それを便宜的に「神学者のウンバンダ」と「一般信者のウンバンダ」とよぶことにする。前者は，神智学，ヒンドゥーイズムなど多種多様の哲学的・宗教的思想を取り込んで体系化されたもので，神学者の各々の独創的思索の所産ともいうべきものである[8]。しかし，それは多量に流通している出版物等をつうじて一般信者の世界観・儀礼にも影響を与えている。後者についても，その細部においては画一的というには程遠いが，カンドンブレ・ナゴの研究にもとづいて構築されたアフロブラジリアン宗教のモデルとははっきりとことなる特徴が，研究者と神学者の共同作業をつうじて提示されてきており，それ自体として扱うに足る「新宗教」としての位置を，研究者と信者の双方において獲得してきたのである。

新宗教としてのウンバンダの形成が，近年におけるブラジル社会の根底的変化を反映するものだとする認識は，その反映の形態についての解釈は様々であるとはいえ，多くの研究に共通している。ブラジル社会の変化とウンバンダの形成・発展のあいだの関係についての分析の主なものとして，バスティード (Bastide 1978a [1960])，オルティス (Ortiz 1978)，ブラウン (Brown 1986) の論考を挙げることができる。

バスティードのウンバンダ解釈の前提には，アフロブラジリアン宗教の歴史的展開についての総合的解釈がある。そこで彼は，つぎのように分析している。アフリカの諸民族の社会的基盤から切り離された宗教が，ブラジルの奴隷制社会で，新たな社会的足場をカトリック信徒団体などに見いだし，そこで成立したのが「民族」(nação) 別に組織されたカンドンブレなどの「伝統的」アフロブラジリアン宗教であった。しかし奴隷制廃止後の社会変化のなかで，黒人は従来の「保護」を失い，しかし大都市の競合的労働力市場には，うまく適応することができず，そのアノミー状態のなかでアフロブラジリアン宗教の従来の社会的基盤も解体し，宗教も呪術的なものへと「堕落」し，その段階にあたるのがマクンバ (Macumba) などである。その後，とくに南東部を中心とした都市化・工業化・階級社会化を特徴とする，主として1930年代以降の社会再編に対応しての有色下層階級からの抵抗のイデオロギーが，アフロブラジリアン宗教

の再編のかたちをとったものがウンバンダだというのがその図式である (Bastide 1978a [1960]: 377–381)。

　そうした「抵抗の宗教としてのウンバンダ」というバスティードの解釈を批判し，1930年代以降に南東部大都市で新しく生まれてきた都市中産階級がウンバンダの組織化において果たした役割，ならびに彼らの体現しているイデオロギーとウンバンダの世界観との整合性を重視しているのが，オルティスやブラウンに代表され，現在有力になっている解釈である。両者ともに1930年のヴァルガス（Getúlio Vargas）による革命[9]を重視しているが，特にオルティスは，1930年を19世紀末からブラジル社会で徐々に進行してきていたプロセス，すなわち都市化・工業化・階級社会化が先進地域の大都市で確固としたものになりはじめた転機となった時期だとみており，そうした社会構造の大変化の憑依宗教の領域における表現としてウンバンダの「誕生」を見るべきだとしている。

　では，実際にどのようにしてウンバンダは「誕生」したのか。オルティス (Ortiz 1978: 28–45) は，2つの方向から見る必要を指摘する。その2つとは，アフロブラジリアン宗教の「白色化」と，カルデシズモの「黒色化」である。前者は，旧来の社会体制の解体を反映して，アフリカの伝統の解体によって呪術的なものになっていた大都市のアフロブラジリアン宗教へと，それを新しい方向へと水路づける凝集力としてのカルデシズモが徐々に浸透していったプロセスである。後者は，19世紀半ばにフランスから輸入されたカルデシズモのなかに，アフロブラジリアン宗教から受け継がれた諸要素を導入した非カルデシズモ的なグループが，遅くとも1920年代から特にリオを中心に現われ始めたことである。「伝統的」カンドンブレと「正統的」カルデシズモのどちらからみても容認しがたいこうした動向は，当初から一定の方向をめざしていたわけではない。しかし1939年には既にリオで最初のウンバンダの連盟が設立され，1941年には教義の標準化を目的として大会が開かれたことからして，初期のリーダーたちが，一連の類似した宗教を包括する「新宗教」としてウンバンダを体系化しようとする意図をもっていたことが明らかである。そうした試みが直ちに教義や儀礼の統一化を実現できたわけではなく，現在でも実現されてはいないが，各地に連盟が組織され標準化が図られるなかで，カンドンブレ・ナゴにもとづくモデルとは多くの点で明白に区別される新しいモデルが徐々に形をとってき

第1章 カンドンブレ・ナゴとウンバンダ

たのである。

では，以前のカンドンブレ・ナゴ・モデルとは異なる，ウンバンダの独特な特徴は，どのような点にあるのだろうか。その独創性は，オルティスの解釈では「都市産業社会の提供した新しいコードによる伝統的価値の再解釈」にある (Ortiz 1978: 44)。その新しいコードを体現して主導的役割をはたしたのが中産階級の信者であり，彼らの関与こそが決定的な意味をもったというのがオルティスの解釈である。この点については，ブラウンの解釈 (Brown 1986) も軌を一にしている。ウンバンダの「霊についての進化主義」によれば，霊は各自の努力によって向上しうるのであり，それを通じて全体がより良い高次の状態へと向かってゆくのであるが，これが，少数の特権階級と残余の大衆を構成要素とする旧い社会システムから，社会の中間層を主役として各自の努力を通じて上昇する新しい社会システムへの脱皮を志向するイデオロギーと整合的であるのは明らかであろう。ただし，その霊界にはヒエラルキーがあり，全体として徐々に進化していくのであるが，序列があることも必然なのである。こうした神界は，ブラジルが共和制に移行した際に制定された国旗の字句，「秩序と進歩」(Ordem e Progresso) を理想とする社会と調和する。

ウンバンダとナショナリズムのあいだには深い結びつきがある。ウンバンダの形成期にあたるのはヴァルガス政権の時代であるが，その国家主義の下で，ブラジルのナショナル・アイデンティティの確立が重要課題とされていた。オルティス (Ortiz 1985) によれば，19世紀を通じて，ヨーロッパに比してのブラジルの後進性・劣等性は，ブラジルの気候的・人種的な特殊性ゆえに乗り越えがたいものと知識人の目に映っており，彼らにとってブラジルの未来は悲観的なものであった。それに拍車をかけたのが，19世紀末の黒人奴隷制の廃止であり，支配層にとって唯一の希望は，大量の白人移民を導入することによるブラジルとブラジル人の「白色化」であった。しかし20世紀に入ると，事態は新しい展開を見せ始めた。それまで劣等性としてしか見られなかったブラジルの特殊性が，独自性として評価され始めたのである。その背後には，様々な分野でのナショナリスティックな意識の高まりがあったが，こうした流れに文学・芸術の分野で先鞭をつけたのが「モデルニズモ」(Modernismo)[10] であった。黒人的なもの，インディオ的なもの，民俗的なもの，地域的なものへの注目。しか

もそれらは，ブラジル文化・ブラジル人を分断するのではなく，むしろ，ヨーロッパ文化・ヨーロッパ人とは違うものとして統合するシンボルとして注目されるようになる。なぜ一見バラバラにみえるこれらのものが統合のシンボルとなるのか？　それはブラジルが混血の文化をもつ混血の民族だからである。ブラジルの混血性の積極的再評価。しかも 19 世紀を支配した「人種」という概念ではなく，「文化」という概念による再構成。こうした新しいブラジル認識が支配的なものとなりつつあったのが 1930 年代であり，その時代の思想を体現した著作がジルベルト・フレイレの『大邸宅と奴隷小屋』(Freyre 1933) だった。奴隷主と奴隷，白人と黒人が敵対するのではなく調和的に融合しているブラジルというイメージ。混血社会ブラジルについての誇るに足る新しい解釈。オルティス (Ortiz 1985) が「三人種の神話」(Mito das três raças) とよぶこの「神話」を，国家的なイデオロギーとして国家統合・国民統合のシンボルとしたのが，まさにヴァルガス体制だったのである。しかし国家と知識人によって，そのような「三人種の混血の国ブラジル」という肯定的自画像にふさわしいものとして格上げされたのは，よりアフリカ的で純粋なものと見られたカンドンブレであり，他方，当時形成されつつあったウンバンダは，そのような保護を受けることなく迫害された。混血を積極的に評価するために，逆説的にも，その純粋な構成要素に光が当てられたのである。

　しかし，ウンバンダこそがブラジル社会の新しい段階に対応する，真にブラジル的な宗教なのだという解釈は，既に 1940 年にはウンバンダの代表的なリーダーの著作に語られている (Brown 1986: 48)。現在では，ブラジルの混血性を劣等性として嘆くのではなく誇るに足るものであるとするイデオロギーがウンバンダの神界に反映しているという解釈は，信者であると研究者であるとを問わずヘゲモニーを握っている。

　1930 年代から 1940 年代半ばまでのヴァルガス独裁体制の下では，警察による迫害を受けていたために，その勢力の伸長は表面に現われなかったが，第 2 次大戦後になると，ウンバンダは急速に勢力を伸ばし，全国的に勢力を拡張しはじめる。その結果，1950 年代には，カトリック教会が，ウンバンダを主たる標的とする反エスピリティズモ・キャンペーンを展開し，それは，1962–65 年の第 2 回ヴァチカン公会議の「宗教的多元主義」の流れに沿って柔軟路線に転

じるまでの教会の基本姿勢をなしていた。このことはとりもなおさず、ウンバンダが社会的に無視しえない存在となってきていたことを意味するだろう。とくに1960年代以降は、連盟の数も増加し、連盟の傘下に入るグループの数も増え、連盟への組織化は各地に波及し、信者数も増加し、その存在は誰の目にも無視し得ないものとなるにいたった。連盟は信者の組織化と同時に教義の体系化をめざしていたが、歴史的にみれば、主として前者の側面において成功をおさめた。とくに第2次大戦後の選挙政治の復活とともに、ウンバンダのグループは票田としての重要性をたかめ、それを背景に連盟は政治力を増大させ、南東部では州議会に議員を送ることにさえ成功し、連邦議会議員のなかにもウンバンダの集票力に注目して連盟と友好的関係を保とうとする者が現われた。ブラウン（Beown 1985, 1986）が指摘するように、戦後のウンバンダの大躍進を理解するためには、その政治的な含意を考慮することが不可欠である。

　圧力団体としての重要性は、1964年のクーデター以来20年間つづいた軍事政権の下でも低下することなく、むしろ政府の側からも、当時左傾化がみられたカトリック教会への対抗勢力として、あるいは大衆の支持を確保し政権の正統性を補強する回路として重視され、相互依存の関係にあった。1966年に、国勢調査の宗教の項目に「アフロ・ブラジリアン型のエスピリティズモ」（Espírita Afro-Brasileira）という独立の項目がたてられたことは、国家による一定の認知を意味するだろう。そこで統計的数字としてあらわれた信者数は、実勢を反映しているとは言えなかったとはいえ、それ以前の「エスピリティズモ」という項目の信者数の増加が、（ヨーロッパ系のカルデシズモよりは）ウンバンダを含むアフリカ系の宗教の伸長によるものであることが明らかになった。ブラウンによれば1970年頃までにウンバンダは、「ナショナルな宗教」としての位置を占めるようになり、推計1,000〜2,000万人の信者を獲得していた（Brown 1986: 2）。そして1970年代以降になると、以前にもまして、都市部を中心に全国各地に大規模に広がっていくことになる。

　このようにして、ウンバンダは、それが形成された南東部大都市に限定されず、殊に第2次大戦後全国的に急速かつ大規模に広まり、それによって、ブラジル各地でウンバンダの連盟・グループ・信者が増加し、各地のアフロブラジリアン宗教の伝統を全面的に塗り替えつつあるように見える。こうしたプロセ

スを私は「ウンバンダ化」(Umbandização, Umbandization) とよんでいる(Furuya 1986; 古谷 1991b)。アマゾン地方でも，国家的開発政策の下で，アマゾン地方をブラジル社会へ経済的に統合するプロセスが本格化するのと踵を接して，ウンバンダ化が急速に進行してきた。

3. アマゾン：2つのモデルの間で

以上のように，アフロブラジリアン宗教のなかで，「アフリカ的・伝統的」とみなされた北東部バイアのヨルバ系のカンドンブレが，研究者を含む知識人と「伝統的グループ」の共同作業を通じて，モデルとして特権的地位を与えられる一方で，それ以外の地域の伝統は否定的な評価を与えられ，研究者によっても不当に軽視されてきた。たとえそれが言及されることがあっても，無原則なシンクレティズム，解体・堕落した形態として，モデルからの逸脱の事例として取り上げられてきたと言って過言ではない。しかし，カンドンブレ・ナゴ・モデルから著しく乖離した「非伝統的アフロブラジリアン宗教」のなかに，一定の新しい傾向が現われだし，それがウンバンダとよばれる新しいタイプとして総合され，それが全国的に波及して無視しえない勢力となってきたことの結果として，カンドンブレ・ナゴとは明白にことなるものとしてのウンバンダについて新たなモデルが構築されてきたのである。そのようにしてアフロブラジリアン宗教について2つのモデルが，実態理解のためのモデル (model of) ならびに実践を方向づけるモデル (model for)[11] として定着する一方で，アマゾン地方のアフロブラジリアン宗教は，全国的なレベルの語りにおいて不当にも軽視され，つねに何か別のものの不完全なコピーか，モデルからの逸脱として見られがちだった。それは，ブラジルの先進地域の視点がつねにアマゾンについて都合の良いイメージを押しつけてきたことと軌を一にする。本書での私の作業は，そのアマゾン地方の憑依宗教の伝統を，モデルから逸脱し堕落した二流のカンドンブレや二流のウンバンダとしてみるのではなく，それ自体として注目するに値するものとして提示することである。その作業を，まずアフロアマゾニアン宗教形成の舞台であるアマゾン地方の歴史を植民地化の当初から辿ることから始めることにしたい。

第2章　アマゾンの宗教と社会：歴史的展望

1. アフロアマゾニアン宗教前史

　ブラジル北部(アマゾン地方)は，16世紀以来サトウキビ・プランテーションの発展した北東部沿岸地方や19世紀以降にコーヒー・プランテーションが隆盛をみた南東部とはことなった植民地化と社会発展のプロセスを経てきた。それは主として森林資源の略奪経済を特徴とするものであり，19世紀後半から20世紀初頭にかけてのゴムブームの時期こそ活況を呈したとはいえ，つねにポルトガル植民地そして独立後はブラジル社会の辺境に位置づけられてきたのである。こうした地域的特性が宗教的伝統の面でも重要な意味をもつことになる。すなわち現在のマラニョン州の一部を例外として，北東部沿岸地方に匹敵するような大規模な黒人奴隷制が成立しなかったこと[12]，先住民族インディオの自律的社会が他の地域とは比較にならないほど存続してきたことである。とはいえ現在では，先住民族の自律的社会は小規模で奥地に散在しているにすぎず，アマゾン地方の主たる住民は，cabocloとよばれる混血の人々であり，彼らの社会は，辺境に位置するとはいえブラジル社会の一部として統合されていると，少なくとも公けには語られている。

　本章の目的は，本書でアフロアマゾニアン宗教とよぶアマゾンのアフリカ系憑依宗教の伝統が，アマゾンの各地に形成された歴史的経緯を知ることである。しかしそれと同時に，この地域的な宗教伝統が，それに対する解釈・注釈であるような意味でのアマゾン社会史を提示することを目的としている[13]。アマゾン社会の歴史を通観しようとするとき，アマゾン全域にとって重要な画期をな

す出来事に注目してつぎのような時期区分[14]をおこなうことができる。
 ① 進出期(布教・植民期)：c1620〜1759
 ② 植民地期：1759〜1840
 ③ ゴムブーム期：1840〜1912
 ④ 衰退期：1912〜1940
 ⑤ 大戦・開発準備期：1940〜c1960
 ⑥ 国家的開発期：c1960〜

　進出期の開始は、名目的にポルトガル領土とされていたアマゾン地域へのヨーロッパ諸国の侵食に対抗して、ポルトガル人がアマゾン進出に本格的に乗り出したことによる。北東部沿岸地方から遠征隊が送られて、フランス人の建設したサンルイスを占領したのちに、さらに北上して、アマゾン進出と防衛の拠点としてアマゾン河口の戦略的地点に要塞が築かれたのが1616年である。この要塞を中心として形成されたのが今日のパラ州の州都ベレンである。ポルトガル人にとってのアマゾンの「歴史時代」は、ここに始まり、アマゾン各地を「先史時代」から「歴史時代」へと繰りこむ今日まで続く過程が開始された。進出期には、「ドローガス・ド・セルトン」とよばれた香料・薬草・材木など森林資源をもとめて探険がなされ、そうした資源を採取する労働力としての先住民をめぐって、世俗勢力と修道会が競合・抗争することになる。前者は先住民の身体を欲した。後者は魂を救うと標榜していた。しかしその魂の宿る身体をも、もちろん欲していたのである。

　先住民族インディオは、修道会が各地に建設した「教化村」(aldeia)へと集められ、その管理下におかれた。もちろん数百万人と推定される先住民人口[15]のすべてが一挙に修道会の掌中に落ちたわけではないが、1世紀を経た1720年の時点で既にパラのカピタニーア(植民地時代の行政区分)では、63ヵ所の教化村が合計5万人以上のインディオを擁していた (Dias 1970 [vol. I]: 173)。教化村への囲い込みが進行するなかで、tapuioとよばれる「教化村インディオ」とでもいうべきカテゴリーが生み出されることになった (Moreira Neto 1988: 14, 51-55)。「tapuio は caboclo ともよばれる」(*ibid*.: 45) という記述が当時の文書に見られることにも、後の議論との関係で注意を喚起しておきたい。彼らの担った文化は、いずれの部族文化とも同じではない「教化村文化」とでもいうべきも

のであり，沿岸地方のトゥピナンバ族の言語をもとに作り出された布教言語である「リングァ・ジェラル」(língua geral)が共通言語として用いられた。この言語は，その後長きにわたってアマゾン地方の共通語として通用しつづけ，19世紀半ばにもアマゾンの庶民の間では広く通用していたと言われる。例えば，シャーマンを指す言葉としてパジェ (pajé) ないしはそれに類する言葉がアマゾン全域にひろく行き渡っているが，それは「リングァ・ジェラル」に由来するものであるし，ブラジルのみで使われているポルトガル語の単語にも，この共通言語に由来するものが多々ある。

部族的個別性を剝奪された「類型的インディオ」(índio genérico)とでもいうべき存在が生み出されるプロセスのなかで，自律的な部族文化は断片化し，コンテクストから切り離されて「フォークロア化」してゆく。しかし他方ではカトリシズムも，公的カトリシズムから離れつつ「フォークロア化」していった。いわゆる「民衆カトリシズム」(catolicismo popular)とよばれるものがそれである。そうした二方向の「フォークロア化」の所産として，広大な空間的広がりを考えれば驚くべき均質性をもつアマゾン地方の民衆文化の基層が形づくられてきたのである。

修道会によって教化村に囲い込まれたのは，先住民族の魂と身体である。魂の救済は未決済の手形のようなものであり，それに対して労働力は天然資源を富に変換する現実的な資源である。しかも先住民労働力を基盤とした教化村の経済的繁栄は，「王国のなかの王国」としての修道会に対する，苦況にあった他の植民地人たちの反感を生む。この対立に対する王室の態度はながく曖昧であったが，植民地経営に本腰を入れ出したポルトガル王室当局によって，1759年にイエズス会が追放されて進出期が終了する。

植民地期は，ポルトガル本国にあって権勢をふるったポンバル侯爵と，彼の兄弟にあたる，1751年にパラに着任したグランパラ＝マラニョン管区総督 (capitão general) メンドンサ・フルタードの手による，植民地の社会的・経済的再建あるいは本格的建設に始まる[16]。この重商主義的植民地政策は，魂の救済を大義名分として先住民労働力を独占したイエズス会を排除し，経済合理性にもとづいて展開する。いまや課題は，生産的な労働力としてインディオを組織することであった。もはや「魂の救済」のレトリックは必要がない。至上目的

は，本国にとって富をもたらす植民地としてアマゾニアを組織することにあった。そこでまず，修道会の支配から「解放された」インディオつまり tapuio を，特別に保護すべき必要のない（したがって労働力として自由に雇用できる）自由な市民とみなし，労働力再生産のため白人との婚姻を奨励し，かつての教化村を行政村に改組する「ヂレクトリオ制」（directório）を 1757 年に敷き，広範囲に普及していた「リングァ・ジェラル」を禁じてポルトガル語の使用を強制する（Dias 1970; 他）。一言で言えば，これは同化政策である。しかし，事態は思惑どおりに展開したわけではなかった。自律的な部族をなしているインディオのみならず，修道会の教化村に編成されていたインディオたちも，各地でしばしば武装蜂起をこころみ，植民地社会・経済へと統合されることに可能なかぎり抵抗したのであった（Moreira Neto 1988: 29）。その一方で，インディオが同化されていくべき対象としての植民地社会の文化自体が，本質的にインディオ的な色彩が濃厚であったことが，1763 年にこの地を訪れた宗教裁判所の記録から窺われる。そこに現われる呪術の事例の多くは，インディオあるいは tapuio の手になるもので，呪術師として白人が糾弾されている場合でも，その技術はインディオに由来するものであり，そのような呪術つまりパジェランサとよばれるシャーマニズムへの信仰は，白人支配層にまで及んでいたのである（Moreira Neto 1988: 58-59）。

インディオ労働力の組織化が試みられる一方，1755 年には，輸出入を独占する会社（Companhia Geral do Grão Pará e Maranhão）が設立され，アフリカ人奴隷の輸入が企てられる。肥沃な土壌にひろがるプランテーションによってアマゾンが無尽蔵の富を生み出すというのがその筋書きであったが，米と綿花のプランテーションがある程度成功したマラニョン地方の一部を例外として失敗に終わった。

ポンバル侯爵については，ここで興味深い挿話に言及しないわけにはいかない。アフロアマゾニアン宗教の憑依霊のひとつに Marquês de Pombal（ポンバル侯爵）という名の憑依霊が存在するのである。他にも歴史上の人物の名前をもつ憑依霊は少なくなく，それらの多くは王や貴族の称号をもつ。この点については後に詳しく見ることにしたい。

ポンバル侯爵の植民地政策は，1777 年のポルトガル王ドン・ジョゼの死去に

よって頓挫し，1798年には「ヂレクトリオ制」も廃止される。このアマゾン経営の失敗がもたらしたものは，もはや自律的な社会を構成せず，修道会の「保護」の下にもなく，植民地経済のなかに放りこまれた多くの非部族化されたインディオやインディオとの混血の人々であった。tapuio は，もはや「教化村文化」の枠をはみ出していた。しかし「解放」された彼らが教化村以前の状態に回帰したわけではなかった。その彼らの存在が大きくクローズアップされるのが，カバナージェン（Cabanagem）である。

　1820年代の政治抗争に端を発し，1830年代後半にアマゾン下流地域を中心に展開したカバナージェンとよばれる一連の戦乱は，アマゾンの歴史のなかできわめて重要な意味をもつものであり，「ブラジルにおいて貧しい人々が実際に権力を握った唯一の政治運動」(Chiavenato 1984: 12) であるにもかかわらず，国家の手になるブラジル正史のなかでは不当に軽視されている。cabano とよばれる「叛徒」によるベレンの占拠(1835～36年に合計1年半にわたる)さえ含むこの戦乱の性格を定義するのは容易ではない。重要な点は，ブラジル独立派とポルトガル本国派の対立として始まり，奇妙にねじれてパラ分離独立派と独立後日も浅いブラジル帝国の抗争へと移行して過激化したこの戦乱が，地域主義的な反乱としての性格を明瞭にしたこと，さらにそれが，非部族化されたインディオ・混血民衆・黒人奴隷など社会の最下層の人々が加わった民衆反乱としての性格をもつに至ったことである。その反乱には「最も抑圧され周縁化されていたグループである tapuio が大挙して加わっており……[反乱に]革命的性格を与えたのは彼らであった」(Moreira Neto 1988: 51)。しかし，けっして低い階層の出身ではなかった反乱の指導者たちの利害は，必ずしも大多数の cabano のそれと一致せず，しかも指導者はつぎつぎに交替するという有様で，そこに一貫した方針は存在しなかった。著しく多様な cabano を結びつけていた唯一の共通点は，植民地の政治経済を支配していたポルトガル人に対する反感であった。つまりカバナージェンは「植民地戦争」(Moreira Neto 1988: 76) としての色彩をもつものであり，植民地化に対するアマゾン人による抵抗の戦いだったのである。この戦乱は最終的にはアマゾン地方全体をまきこみ，そして結局はブラジル帝国によって徹底的に討伐されることになる。それを画期として，アマゾン地方は軍事力によって破壊的に地ならしされ，国家権力の側から見れば

いわば更地が残された。こうして大量の人口を損失し,経済を破壊され疲弊したアマゾニア社会は,新生ブラジル帝国へと「鎮定された辺境」として編入された。アマゾン地方は,自ずから辺境なのではない。ブラジル国家によって辺境とされたのである。ブラジル国家の公的歴史が,カバナージェンを反乱とみなし,しかも重要な出来事として位置づけない理由は明瞭であろう。「国家としてのアマゾニア」がブラジル国家とは別の国家として成立する可能性を意味したからである。

ポンバル侯爵の植民地政策が開始された18世紀の半ばから,カバナージェン平定後の1850年にそれまでブラジル領アマゾン全域を含んでいたグラン・パラー県からアマゾナス県が分離されるまでの約100年の間に,アマゾン地方の「民族的・文化的性格」が一変したことをモレイラ・ネット(Moreira Neto 1988)が指摘している。それは一言でいえば,先住民族が多数派から少数派へと転落したことである。奥地に散在する小規模なインディオ集団という現在の姿の原型は,この時期にかたちづくられた。非インディオ化したインディオや混血の人々をふくむアマゾンの民衆,広大な面積にもかかわらず地域全体で驚くほど均質なアマゾン民衆文化の原型も,この時期にほぼ固まり,修道会による管理下の教化村で「リンガ・ジェラル」の使用の下で開始された地ならしは,ここに完成する。そこで形成された,カトリック聖人信仰と(先住民族文化のシャーマニズムを継承する)パジェランサの共存を主要な特徴とする民衆宗教伝統を,アマゾン民衆宗教の〈第一次ホライズン〉とよぶことができ,これが今日でもアマゾンの民衆宗教の基底をなしている。

当時のパラ地方の総人口は12万人弱であり,戦乱で3万人にのぼる男性が死に,死者数は成人男性人口の約半分に達したと推定されている(Chiavenato 1984: 147)。そして反乱の鎮圧後には,反乱に加わった(可能性がある)とみなされた者たちは,「労働者隊」へと動員されて公的作業に駆りだされたり,私的な事業のための労働力として売買されるという運命をたどった(Chiavenato 1984: 146-147)。このことからも,新生ブラジル国家によるアマゾニアの地ならしがどのような性質のものだったのか明らかであろう。

カバナージェンの鎮定によってアマゾニアで地ならしが完成した時期に,ブラジルの先進地域である南東部では「インディアニズモ」(Indianismo)[17]とよ

ばれる文芸潮流が存在していた。そこではロマン主義的インディオ賛美を基調とする詩や小説が一世を風靡し，そのピークは1840〜60年代とされる。アマゾニアで先住民社会が壊滅的な打撃をうけたのを承けて，ブラジル国家の中心である南東部の大都市で理想化されたインディオが物語られはじめたという事情は，ブラジルにとってインディオそしてアマゾンがどのような意味をもつものかについて考える際に忘れてはならない点である。しかも後述するように，この「ロマン主義的インディオ像」こそが，南東部大都市で形成されたウンバンダのcabocloとよばれる憑依霊カテゴリーの原型であるという解釈が定着している。つまり，ウンバンダの憑依霊としてのcabocloは，奴隷となるよりは抵抗して死ぬことを選び，雄々しく滅んだ高貴なインディオであって，それは文学のなかで理想化されたインディオ像を反映したものだとする解釈である。そのインディオたちは，ウンバンダの儀礼で人々に憑依し，雄叫びをあげるなどして野性の力を誇示した後に，人々の悩み事の相談にのり，障害を打ち砕く。滅びることによって馴化され，憑依霊となって慈善を施すインディオ。アマゾン外部の人々の夢想する望ましいインディオ像の直接的反映としての，望ましい憑依霊としてのcaboclo。はたしてこの解釈が，アフロアマゾニアン宗教の憑依霊としてのcabocloにも妥当するものなのか，この点は本書の中心的論点のひとつになる。

2. ゴムブームとアフロアマゾニアン宗教

このように「更地」とされたアマゾニアに，外部世界にとって富をもたらす新しい経済・社会システムが建設されたのが，ゴムブーム期だった[18]。このシステムは，すべてが天然ゴムの採取・輸送・輸出という目的の下に，従属関係の連鎖の上に組み立てられていた。このブームの下で，19世紀後半から20世紀初頭にかけてアマゾンは一躍脚光を浴び，ベレンやマナウスではゴム成金たちによって豪奢な都市生活が展開する。さらにこの時期には，天然ゴム樹液採集のために，大量の労働者がアマゾンに流入した。ゴムブームは，人口構成，二元的な社会の階層化，広範な交通網・流通経路の形成など様々な面においてアマゾン地域の社会に根底的な変革をもたらしたのである。

ゴムブームによってアマゾンに成立した都市生活という現象は，まず都市人口の急激な増加に明らかであり，潤沢な資金が都市的外観を整えるためにふんだんに使われた。見捨てられていたアマゾンに突如として出現した都市生活の遺産は，いまでもベレンやマナウスの19世紀末と20世紀初頭の様式をもつモニュメンタルな建造物にみることができる。

アマゾン河中流に位置するマナウスの歴史は，1657年にポルトガル人の探検隊が到達したことに始まり，1755年にサン・ジョゼ・ド・リオ・ネグロのカピタニーアが設立され，1850年にアマゾナスが独立のプロヴィンシア（県）として設置された年にマナウスという名になる。1865年に小さなみすぼらしい村と描写されたマナウスは，20世紀初頭には「5万人の人口を擁するコスモポリタンな国際的都市」(Gabriel 1985: 145) となった。ベレンも，ゴムによる繁栄の下で戦乱による疲弊から復活し，名実ともに「アマゾニアの首都」としての体裁を整える。1833年に1万2千人余だった人口は，1885年には約7万人に達し，「ブラジルのリヴァプール」との異名をとるほどになった (Ferreira Reis 1972: 137)。しかし，アマゾンに出現した都市生活は，生活物資すら外部に依存しており，富が枯渇しないかぎりでの徒花だった。その都市性は成金貴族の都市性であり，誇張と肥大を特徴とし，ヨーロッパ風の奢侈を戯画的に再現したにすぎない。

この都市性はゴムが富を生み出すことだけに基づいており，「無尽蔵の天然資源」とみなされたゴムを富に変換するための「労働力の不足」が以前を上回る切実さで語られるようになる。しかしこの頃になるとインディオは労働力としての重要性を失う (Moreira Neto 1988: 87–88)。それに代わる供給源は，北東部の旱魃地帯にあった。北東部からの移住は1845年頃に始まり，1877年の大旱魃以降本格化する。ゴムブーム期にセリンゲイロ（天然ゴム樹液採取人）としてアマゾンに流入した人々は，数十万人に達すると推定され，その結果，1872年に約33万人だったアマゾン地方の人口は，1920年には140万人余に増加する (Benchimol 1981; BRASTEC 1966)。

アマゾン地方におけるアフリカ系宗教伝統の形成という観点からすれば，北東部でも半ばアマゾニアに属するマラニョン州の果たした役割が重要である。すでに述べたように，18世紀後半に，広義のアマゾン地方のなかで，マラニョ

ンのみが相当規模のアフリカ人奴隷の導入に成功し，そこで形成されたアフリカ系憑依宗教の伝統が，大規模な人口の移動にともなってアマゾン各地に伝播することになったのである．その結果，〈アフロアマゾニアン宗教ホライズン〉とよびうる宗教伝統が形成され，ゴム経済の規模の大きさに比例して，都市を中心にアマゾン全域にひろがった[19]．距離的に離れた各地への伝播が，19世紀末から20世紀初頭のほぼ同時期に始まったことも注目に値する．ベレン，マナウス，ポルト・ヴェーリョの間の距離を考えれば，当時のアマゾニアの都市相互の連係が想像以上に緊密で，河川による人口移動が驚くべき規模でおこなわれたことがわかる．

アマゾンのゴムブームは，全世界の供給量の88%を占めた1912年のピークの直後に，英領東南アジアのゴムプランテーションの成功によって突如として終了し，1919年までに10%にまで落ち込んでしまう (Wood and Magno de Carvalho 1988: 222-223)．この突然の凋落につづいたのは，「祭りの後」的な全般的な衰退と停滞であった．第2次大戦中の日本軍による東南アジアの占領は，アマゾンのゴムに一次的なリヴァイヴァルをもたらすが，それも戦争の終結とともにおわる．その後ふたたびアマゾンが，ブラジル国家のなかで脚光を浴びるのが，1960年代に本格化した国家主導のアマゾン開発政策の下で，アマゾンの社会的・政治的・経済的な「ブラジルへの統合」が声高に喧伝される時期である．そしてこのような戦略は，1985年の民政移管後も基本線では変わっていない．

以上にみてきたように，前述の〈第1次ホライズン〉を基調として，それを一部包み込むかたちで〈アフロアマゾニアン宗教ホライズン〉が都市を中心に点在して重なるというのが，ゴムブーム期が終息した時点で形成されていた，アマゾンの民衆宗教伝統の鳥瞰図である．それ以降の時期について，とくに大戦後の国家的開発期のもたらした根底的な社会変動と踵を接するかのような，ウンバンダの飛躍的浸透とアフロアマゾニアン宗教の再編成のもつ意味については，本書の第5部で詳しく考察する．

第3章　アフロアマゾニアン宗教[20]

1. 伝統・信者・カトリシズム

　19世紀半ばから20世紀初頭にかけてのゴムブームにまきこまれた地域が，本書で言うブラジル北部あるいはアマゾン地方（アマゾニア）である。それは，東は行政区分では北東部に含まれるマラニョン州から，西はアマゾナス州，さらには行政区分上は西部に含まれるロンドニア州，アクレ州までをも含む広大な地域であり，行政区分の北部よりは広く，（第2次大戦後の国家的開発政策の下で設定された）「法定アマゾニア」（Amazônia legal）の範囲にほぼ対応する。そのような意味でのアマゾン地方で，主として都市を始めとする人口密集地を中心に広がっているアフリカ系の憑依宗教の伝統，つまりアフロアマゾニアン宗教は，著しくシンクレティックで内的変異に富んだ伝統であるが，本書で明らかにするように，他の地域のものとは一線を画する一定の共通性があり，ひとつの憑依文化としてとらえることができる。

　アフロアマゾニアン宗教は，アフリカ人奴隷のもたらしたアフリカ大陸の諸文化の寄与なくして形成されえなかったという意味で，アフリカ系の宗教とよぶことができるが，それはいかなる意味においても，ブラジルで存続しているアフリカの宗教ではない。また，それが黒人のみを信者とする宗教でないことは，繰り返し強調しておく必要がある。信者はあらゆる人種にわたっており，信者の人種構成が地域の全体社会の人種構成と著しく相違しているとは言えない。1980年の国勢調査の結果では，パラ州の人口(3,403,498人)の人種構成は，白人（branco）18.6%，黒人（preto）2.9%，東洋人（amarelo）0.2%，混血（pardo）

77.5%である[21]。メンバーの多くが黒人というグループもあるが、黒人以外を排除しているわけではないし、人々の語りにおいても、それが黒人の宗教であると語られることはない。またそれは、信者が特定の社会階層に限定された宗教でもない。社会一般からは、往々にして低所得層の宗教として見られがちであることは事実であるが、現実には各階層の信者がおり、その関与の仕方に階層による有意な相違がみられるとも言いがたい。リーダーにも、リーダーではないミディアムにも、あらゆる階層の人々がみられる。ブラジル社会のなかで、これほどまで多様な社会階層の人々が等しく関与しているものは他にないのではないかとさえ思えるほどである。したがって、アフロアマゾニアン宗教について考察する際に、人種や階層というファクターを過度に強調することは危険である[22]。

では、アフロアマゾニアン宗教の信者とはどのような人々なのか。第1に、それはセクト的排他性をもつ宗教ではなく、形式的な信仰表明をしなければ信者になれないわけではない。しかし第2に、儀礼を行なう単位は明確に存在しており、それは一般に集団をなしている。そのそれぞれには1人のリーダーがおり、数人から数十人のミディアム(儀礼で憑依霊の憑依を受けることを期待されている人々)がいる。さらに、太鼓叩きなど儀礼で一定の役割を果たす人々や公開儀礼の常連がいる。第3に、何らかの個人的問題の解決をもとめてクライアントとしてそれらの宗教を利用する人々が数多く存在する。彼らは公開儀礼の観客でもあり、必要が生ずれば、「治療」儀礼に参加して、あるいはそうした儀礼の実施を依頼して、ミディアムあるいは憑依霊に「霊的仕事」をしてもらうことを期待している人々である。本書では、そうした人々の全体を「信者」と呼んでいるが、既に序論で述べたように、それは、ある種の語りを共有する人々であり、そしてその語りは、だれにでも共有できるものとして開かれている。

アフロアマゾニアン宗教と競合関係にある宗教としては、何よりもまず、人々が「クレンチ」(crente)と総称するプロテスタンティズムがある。なかでもベレンを入り口として北米からブラジルに導入されたアセンブレイア・ヂ・デウス(Assembleia de Deus)という名のペンテコスタリズムの一宗派は、パラ州を中心に広く普及しており、その集会所を小さな集落にさえ見ることができ

る。他方、カトリシズムとの関係となると事情は複雑である。ブラジルの他の地域と同様、国勢調査 (1980) で 90% 近くがローマンカトリック信者と回答しているという意味で、基層となっている宗教伝統はカトリシズムである。しかし、それが直ちに、信仰内容・信仰実践の両面において制度的教会が公けに設定する範囲内にとどまっていることを意味するわけではない。「カトリックである」ということの根拠が「幼児洗礼を受けた」というだけである場合は、私の知るかぎりでも数多い。つまり、ラテンアメリカ各地について報告があるように、人々は「宗教的信条というよりは文化的慣習として」(Wagley 1963) カトリックであるという面が色濃い。

　アフロアマゾニアン宗教とカトリシズムとの関係は非常に微妙である。人々がその関係をどのようなものとみるかについては 2 種類に大別できる。第 1 の立場は、両者の関係を何らかの解決を必要とする問題とみる立場である。第 2 の立場は、カトリックでありながらアフリカ系の憑依宗教を実践することを問題視しない立場である。第 1 の立場には 2 つの方向を指摘しうる。一方は、両者を両立しえない相互に排他的な宗教とみるもので、その上でアフリカ系宗教を選択している人々は、典型的には、国勢調査でもカトリックと回答することはない。他方は、両者が多くの面で相互に矛盾していることを認めながらも、(自らに憑依が起こってしまい、それを無視しえないなどの理由から) 憑依宗教に関与せざるをえなくなっているカトリック信者である。第 2 の立場についても 2 つの方向を区別できる。一方は、憑依霊に対する儀礼を行なうことは「善きカトリック信者」であるための重要な義務であると考えるもので、両者は積極的な意味で補完的関係にある。他方は、両者は並立的共存関係にあり、領域を異にしていると考える立場である。以上のような 4 つの立場は実際にアフロアマゾニアン宗教の信者のなかにみることができるが、最も一般的にみられるのは第 4 の消極的肯定の立場であろう[23]。

　しかし彼らが念頭に置いているカトリシズムが、多くの場合に、聖人信仰に傾斜した「民衆カトリシズム」(catolicismo popular) であることは強調しておく必要がある。それゆえに、自らの実践している憑依儀礼がカトリシズムとは矛盾しない、あるいは、その一部をなすと考えながらも、それが教会あるいは神父のカトリシズムとは排他的関係にあると語る人々も存在することになる。例

えば，アフロアマゾニアン宗教のグループが，聖人行列を催すのに先立って聖人像を教会にもっていき，ミサを立ててもらおうとして神父に拒否されたなどの事例が語られる。この種の問題については，バイア州サルヴァドールを舞台とするカンドンブレとカトリック教会との軋轢を主題とした『誓約を支払う者』(O Pagador de Promessas) という映画で雄弁に語られている。その物語では，バイア州の田舎者がロバの病気の治癒を願って Iansã (アフリカ系宗教の憑依神格のひとつ)に願を掛け，首尾よくロバが快癒したので，その祈願成就の御礼に，誓約通りに重い十字架を担いでサルヴァドールの教会まで長い道程を歩いて行く。しかし，それを Santa Bárbara を守護聖人とする教会に納めることを神父に拒否される。彼にとっては Iansã と Santa Bárbara のあいだに違いはないが，Iansã に対する誓約は Santa Bárbara と無関係だと神父は主張し，結末では一徹な主人公の悲劇的な死にまで至ってしまう。

この映画は両者の間におこりうる最も先鋭なかたちの軋轢を示しているが，アフロブラジリアン宗教に対するカトリック教会の態度は，歴史上大きく変化してきた。ながく支配的だったのは，妥協的黙認の態度である。しかし1950年代には，ウンバンダの急激な伸張に恐れをなした教会が大々的に反ウンバンダ・キャンペーンを展開した[24]。しかし，儀礼の多元主義を採用したという点で歴史的意義をもつ第2回バチカン公会議 (1962–65) 以降は，概ね柔軟な態度が基調をなしている。

2. シンクレティズムと変異

アフロアマゾニアン宗教は，前述のように，北東部バイア州の「伝統的」なカンドンブレに比較して，アフリカの伝統から逸脱した「非伝統的」な変種，真摯な研究に値しない体系性を欠いた宗教であるとみられてきた。いわゆる「非伝統的なアフロブラジリアン宗教」に共通するのは，著しいシンクレティズムである。「伝統的なカンドンブレ」すら，憑依霊とカトリック聖人の「対応」など，他の宗教的伝統との間のシンクレティズムを含むものであり，決して「純粋なアフリカの伝統」ではないのだが，それがモデルとして正統性を獲得するなかで，それ以上のシンクレティズムは堕落・解体の位相に達しているとの語

りが強力に構築されてきたのである。

　たしかにアフロアマゾニアン宗教も，起源を異にする多種多様な「本来の伝統」から切り離された雑多な要素の無原則な混在にすぎないかのような印象を与える。それゆえにこそアフロブラジリアン宗教研究の主流から排除されてきたのである。排除の理由は，バイア州サルヴァドールの「伝統的カンドンブレ」の「伝統的グループ」を対象とするバスティードの民族誌『バイアのカンドンブレ』（Bastide 1978b [1961]）が，まるでアフリカの伝統的村落の伝統的儀礼のごとき堅固な象徴体系を描写していることに明白である。そこでの関心は，ブラジルへの移植に奇跡的にも成功し，純粋な伝統を保ちつづけてきたアフリカ宗教を，内的一貫性をもつ象徴システムとして描きだそうとすることである。その種の試みにとっては，アフロアマゾニアン宗教はきわめて具合いのわるい対象であると言わざるをえない。そこには伝統主義的人類学者が好むような「本質的に真正」なものはないからである。言わば，各々が「真正性」を主張している状況と言えよう。そのような状況のなかで，そのいずれかを人類学が「真正」と認定するならば，その人類学はすでに政治的な権力を行使していることになる。アフロブラジリアン宗教に関しても人類学者とその先行者たちは，そうした過ちを犯してきた。バイアのヨルバ系のカンドンブレ・ナゴのいくつかの「伝統的」グループの儀礼の「真正性」は，それを対象として研究した人類学者との言わば共犯作業のなかで「発明」されてきたのだと言って過言ではないのである。

　「伝統的な差異の秩序を記録する方が，新しい差異の秩序の生成に気づくより容易」（Clifford 1988: 15）であることは，ここにも妥当する。もし雑多な要素の無秩序な混在のように見えるとしたら，それはレンズの焦点をあわせるレベルを誤っているからにほかならない。言い換えれば，ブリコラージュの結果としての万華鏡的光景に目を奪われて，（しばしば「混沌」と同義に使われているとさえ思える）「顕著なシンクレティズム」といったラベルを貼って事足れりとしてしまい，ブリコラージュを行ない続けている人々の営みに目を塞いでいるからである。ここでは「本来の」とか「外部からの影響を取り去った」とか「外部からの影響が及ぶ前の」とか「付随的なものを取り除いた」といった視点に拘泥する「本質主義」（essentialism）は，分析戦略としてまったく有効性がない。

第3章　アフロアマゾニアン宗教　　41

それが有効でないのを，対象のせいにするのは本末転倒というべきであろう。それに替わる戦略を，対象自体が要請しているのである。さらにそれは特殊な対象に対する特殊な戦略であるにとどまらない。なぜならば現代社会においては「ますます人々やモノは場違いな所にあるようになりつつある」(Clifford 1988: 4) からである。言い換えれば，シンクレティックな状況が文化にとって常態になりつつあるからである。そのような状況を前にして，「場違い」なものを慎重に取りのぞきさえすれば，そこに「本来のなにか」を見いだすことができるだろうと考えるならば，それは不毛な結果しか生まないであろう。

　アフロアマゾニアン宗教の第2の特徴は，儀礼様式や憑依霊についての語りなどに関して個人間の変異が著しいことである。この点も，モデルからの堕落・解体の例証とされてきた。たとえば，ウォーカー (Walker 1972) は，アフリカとアフロアメリカの憑依宗教について論ずるなかで，憑依される人間に特別な心理的原因がないのに社会化とトレーニングによってミディアムとなっていくタイプのものを一方の極におき，憑依される人間に心理的原因があり，その個人的・私的な衝動の表現として憑依が使われているタイプのものを他方の極におく憑依宗教の類型論を示し，それぞれを「文化的な憑依トランス」(cultural possession trance) と「心理学的な憑依トランス」(psychological possession trance) とよんでいる。彼女によれば，それは「社会統合の程度・文化的規定力の程度」の違いに対応するものであり，その差異は「神々のパーソナリティ・機能・神話」と「憑依の内容と形式」における差異としても現われる。つまり「伝統のコントロールが減ずるにつれ，憑依現象はより個人的になるだけでなく，より病的になり」(ibid.: 117)，「新しい神々が信者の深層の衝動と不安の人格化に対応するかたちで作り上げられるので，憑依も個人のリビドーをたんに表出するだけでヒステリー的になる傾向」(ibid.: 119) があり，それは個人的なコンプレックスや幻想の表現でしかないとされている。

　同様の解釈はバスティードによっても示されている。奴隷制廃止後のブラジル社会の社会的解体にさらされた黒人は，寄る辺なきアノミー状態に直面しており，そうした社会的体験はその人々の憑依宗教にも影響を及ぼすがゆえに，その憑依では「個人のコンプレックスが伝統より重要な役割を示す」ようになり，「たんに自己のイメージそのものである神々を発明することによって，リビ

ドーが表現のためのシンボルを製造」し，作り出された新しい憑依霊は「信者の内奥の衝動と苦悩を人格化したものにすぎない」ものとなり，それに「個々人が自分自身の欲望や夢や幻想や怒りを詰め込んでいる」にすぎないと述べている（Bastide 1978a [1960]: 379–381）。

　こうした見方にしたがえば，憑依霊の現われ方や憑依霊についての語りにおいて個人間の変異が著しいアフロアマゾニアン宗教の憑依は，社会統合の解体・弛緩と文化的コントロールの衰退を反映するものとして解釈されるべきであり，しかもそれは個人の(異常)心理の点から解明されるべきだということになるだろう。しかし，そうした立場には，文化的にコントロールされたものは定型的・斉一的なものであるはずで，個人レベルで現われる変異は私的・特異的なものにすぎず，公的で客観的なものである文化にとって有意性をもたないか，それからの逸脱であるとする暗黙の前提が潜んでおり，それが憑依トランスのようなデリケートなケースで露呈しているかに思われる。アフロアマゾニアン宗教の憑依は，たしかに「意識の変容状態」（altered states of consciousness）と結びついて現われ，儀礼で生じているのは，一般に「憑依トランス」（possession trance）と呼び慣わされているものである。しかし，だからといって，個人レベルにみられる変異を個人心理を対象とする心理学的考察によって説明しなければならないわけではない。個々人の表現にみられる変異を文化のコントロールを受けた定型からの逸脱であるとするのは，共有されたものとしての文化についての誤解に基づくものである。最大公約数的な定型に人類学的レンズの焦点を合わせるならば，「A さんはこう言い，B さんはああ言う」というような事態が日常茶飯事であるようなアフロアマゾニアン宗教は，個々人の私的な幻想と恣意の集積にしか見えないであろう。ここでも重要なのは，そうした変異を生産しつづけている人々の営みなのであり，そこに注目するならば，著しい変異とは，アフロアマゾニアン宗教にあっては，本来の定型からの惨めな逸脱ではないことが理解できるはずである。

　アフロアマゾニアン宗教についての従来の研究[25]のなかで，サンルイスの例外的に「アフリカ的」なグループを対象としたもの以外では，シンクレティズムと個人レベルの変異という特性が，繰り返し指摘されており，しかもそうした指摘の背後には，輪郭の明瞭なシステムを描きだせないことに対する苛立ち

を垣間見ることができる。確かにアフロアマゾニアン宗教のそうした特性は，伝統的社会・部族社会・未開社会・小規模社会を対象として練りあげられてきた人類学の手法に対する挑戦である。それは往々にして，熱心にフィールドワークをし，多くの人々や憑依霊から話を聞き，儀礼に参加すればするほど，焦点がぼやけていくような対象なのである。しかし人類学が，人類の文化の全体を対象とすることを標榜するのであれば，扱いやすい対象だけを取り上げる身勝手さは，到底許されることではないだろう。そうした覚悟を胸に，まずはパラ州ベレンのアフロアマゾニアン宗教の憑依文化の世界に分け入ることにしよう。

第4章 ベレンのアフロアマゾニアン宗教

1. パラ州ベレン

グアジャラ湾に臨むベレンは、アマゾン河口部に位置するブラジル北部第1の都市である。17世紀初頭に建設された要塞に端を発し、今日にいたるまで、「アマゾニアの首都」とよびうる地位を占めてきた。1980年の人口は周辺地域の町村も含めたベレンのムニシピオ（郡）で933,280人であり、規模からすれば大都市と言える（1996年1,144,312人、2000年の国勢調査の予備集計1,271,615人）。しかし、市の中心部や幹線道路沿いはともかく、市内に腕のように入り組んだ湿地帯や周囲の熱帯林と接する周縁部は都市的整備を欠いており、スラムと呼んでさしつかえない景観を呈している。植民地時代風の旧市街の周囲に長年にわたって徐々に形成されてきた市街地を核として、近年無原則に膨張したという表現があたっているだろう。因みに、1960年に約40万人だった市内の人口は、1970年〜1980年の10年間に約57万人から約77万人に増加しており、その増加は主として川沿いの低湿地や周縁地区への人口流入によるものであり、アフロアマゾニアン宗教のグループが集中しているのも、そのような地域である[26]。

本書で考察の中心に据えられるのは、「パラ州ウンバンダ・エスピリティズモおよびアフロブラジリアンカルト連盟」（Federação Espírita Umbandista e dos Cultos Afro-Brasileiros do Estado do Pará）（以下「パラ州連盟」ないしは「州連盟」と略）に登録して宗教活動を行なっているグループであるが、そこで実践されているカルトには、ことなる名称を与えられているものだけでも、パジェランサ（Pejelança）、

ジュレーマ（Jurema），ミナナゴ（Mina-Nagô），オモロコ（Omolocô），ウンバンダ（Umbanda），カンドンブレ（Candomblé）などが含まれている。それにもかかわらず，それらを全体として扱う必然性がある。その理由は，それらが互いに独立した排他的伝統をなすのではなく，既述のような意味で，ひとつの「語りの共同体」としてのアフロアマゾニアン宗教の一部をなしているからである。

2. パジェランサとミナナゴ

　まず光を当てるのは，ベレンにおけるアフロアマゾニアン宗教の歴史的形成過程である。ベレンを舞台としてつぎつぎに新しい宗教が登場し，それが寄木細工のように恣意的に組み合わされて，それぞれのグループの儀礼システムを構成しているという印象を，一見なめらかな語りは与えるだろう。しかしそこに落し穴がある。そうした過ちを避けるためには，視点を，現実に憑依している憑依霊と憑依されている人間と，それをとりまく人間たちのさしせまった関係におくことが重要である。そのようにしてはじめて，混乱した外見の背後に，憑依をめぐる語りの紡ぎだす意味の豊饒性を垣間見ることができるだろう。

　グループ数からみれば多数派ではないが，アフロアマゾニアン宗教を代表するものとみられるのが「ミナナゴ」（Mina-Nagô）[27]とよばれる信仰＝儀礼複合である。そのような信仰＝儀礼複合をさして本書では（信者が一般的に用いるculto というポルトガル語に倣って）「カルト」とよぶことにする。私に人々が語ってくれたこと，および，以前に調査をおこなったリーコック夫妻の資料によれば，ベレンのミナナゴは，19世紀末あるいは20世紀初頭に，パラ州の東に隣接するマラニョン州出身の黒人であるマンイ・ドッカとよばれる女性リーダー（mãe-de-santo）によってベレンにもたらされた。ゴムブームの下で北東部からアマゾンへの相当規模の移住が継続したことから考えて，彼女以前に他の人によってミナナゴがベレンに導入された可能性は否定できないし，ミナナゴのあるリーダーによれば，プロコピオという名のバイア州生まれの人物がミナナゴの儀礼を既にベレンで行なっていたらしい。しかし現在のミナナゴの有力なリーダーの多くは，マラニョン州のタンボール・デ・ミナを初めてベレンへ導入し，今日ベレンでミナナゴとよばれるカルトを開始したのがマンイ・ドッ

カであるという点で見解が一致している。彼女が最初の人物かどうかの詮索は，あまり意味はない。重要なことは，「起源神話」としては，ミナナゴをベレンへ導入した「文化英雄」としての役割は，彼女に帰せられているということである。語られているところでは，彼女は，マラニョンのサンルイスで最も伝統的と目されている2つのグループのひとつ，Casa de Nagô でイニシエーションを受けた。この経歴は，この「文化英雄」と彼女のもたらしたミナナゴに正統性を与える効果をもっている。

彼女を個人的に知る年配のリーダーのひとりアグリピーノが，彼女についてつぎのような興味深いエピソードを語ってくれた。

> あるとき，高位の憑依霊が水を所望するときに(それに憑依された彼女が)歌う儀礼歌を，ある男が，その意味を知らずに聞き覚えで彼女の儀礼で歌ったため，彼女は憑依霊のために用意されている水を飲みほすよう命じた。しかし男は全部飲むことを拒んだため，彼女は「憑依霊自身が水を要求する歌をおまえは歌ったのだから，水を飲まなければ災いが起きる」として，無理にでも全部飲むように命じた。それにもかかわらず男は飲まなかったので，彼女は「おまえは飲まなかったのだから，もう責任はもてない」と言い，一日をおかずしてその男は死んだ。

このエピソードは，彼女がいかに危険な力をもつ有能なリーダーであったかを示すものとして語られたものだが，アグリピーノは，それにつづけて憑依霊というものが真剣に対応しなければならない危険な存在であり，聞き覚えだけで儀礼歌をむやみに歌ったりすると大変な目にあうのであり，「まず足を下ろす場所をかためることが大切なのだ」との注釈を加えた。こうした憑依霊をめぐる語りについては，後に詳しく論ずることにして，「文化英雄」以前のベレンの状況に再び目を転ずることにしよう。

ミナナゴがマラニョン州から導入される以前のベレンの状況については，リーコックはつぎのように記している。

> ドナ・ドッカが来る以前には，年配のカルトメンバーによれば，ベレンにはパジェランサとよばれる治病儀礼しかなく，それは主としてインディオのシャーマニズムに基づくもので，今日でもバトゥーケ[ベレンのアフロアマゾニアン宗教]の内外で実践されている (Leacock and Leacock 1972: 43)。

第4章 ベレンのアフロアマゾニアン宗教

　ミナナゴの導入以前には「パジェランサしかなかった」かどうかについては疑問がある。1938年にサンパウロ市文化局が派遣した民俗音楽調査団の報告（Alvarenga 1950: 21）によれば，インタビューを受けたベレンのリーダーのひとりは，かつて信者がいたが消滅してしまったカンビンダ（Cambinda）というアフリカ系宗教について言及している。また，パラ州の黒人の歴史[28]を扱った『パラのニグロ』は，パラ州への黒人奴隷の導入は小規模だったとはいえ，その与えた文化的影響は通常考えられているより大きかったと推測できると指摘し，しかもベレンに限って言えば18世紀末〜19世紀初頭に人口の3〜4割が黒人奴隷だったという資料を紹介しており，宗教儀礼についてもわずかながら言及している（Salles 1971）。こうした限られた資料からしても，マンイ・ドッカ以前にすでに，ベレンでアフリカ系とよびうる宗教の儀礼が行なわれていたことは確かだと思われる。しかし現在それについては何も語られないこと，かつての高名なリーダーたちについて語られる場合でも，皆マラニョン系のミナナゴのリーダーであると語られることからして，従来のベレン独自の伝統は，マラニョン由来のミナナゴの圧倒的優位の下で，それに吸収されてしまったか，独立したカルトとしては消滅してしまったと推定するしかない。もちろん以前から存在した別のアフリカ系宗教の伝統が，ベレンのミナナゴになんらかのニュアンスを与えている可能性は否定できないが，その種の探究は本書の範囲を越える。こうしてゴムブームがベレンを都市として大きく変貌させたように，それにともなうミナナゴの導入が，ベレンのアフロアマゾニアン宗教の基層を形成することになったのである。

　ミナナゴのベレンへの導入以前にすでに存在していたパジェランサ[29]は，先住民文化のシャーマニズムのテクニックを継承するものだが，程度の差はあれ，民衆カトリシズムと表裏一体の関係にあり，イベリア半島の民間医療やフォークロアからも影響を受けており，明らかに「征服・植民地化以降の伝統」である。パジェランサは，現在でもジュレーマ（Jurema），クーラ（Cura），ペーナ・イ・マラカ（Pena-e-Maracá）などの名の下に実践され，非都市部を中心に，病気などの問題に際して人々が頼りうる選択肢のひとつを提供している。こうした儀礼を行なうのは，パジェ（pajé）あるいはクラドール（curador）とよばれる人々で，彼らは，川底の異界（encantaria）に住む encantados do fundo（あるいは

povo do fundo）とよばれる精霊の援けをかりて，病気など各種の問題に対処する儀礼を行ない，よびだせる精霊が強力で数が多いほど有能だとされる。精霊のよびだしと治療で使用される道具としては，コンゴウインコの羽根（pena de arara），ヒョウタン製マラカス（maracá），タバコ（tauari）[30] などが共通にみられ，技術・道具の点で明らかに先住民文化のシャーマニズムを継承している。

1927年，ブラジルの「モデルニズモ」（Modernismo）とよばれる文芸運動の代表者のひとりである詩人マリオ・ヂ・アンドラーヂ（Mário de Andrade）[31] は，彼自身が「民族誌的旅行」とよぶアマゾンの船旅を行なった。それがどのような意味で「民族誌的旅行」であるのかは，それ自体興味深い問題であり，まず何よりも，フランスの芸術家たちがエキゾティックなものを求めてアフリカに赴いたかの有名な「民族誌的旅行」を想起すべきであろう。しかし，彼の場合，自国の内奥へと分け入り，そこにブラジル（人）のアイデンティティを求める旅であった。この旅行の後に，インディオ社会についての既存の民族誌を渉猟して書き進めていた作品を完成し公刊する。彼自身が「ラプソディー」とよぶブラジルとブラジル人についての寓話『マクナイーマ：特性のないヒーロー』がそれである。この作品については本書の最後で再びふれることになるだろう。

数ヵ月におよんだアマゾン旅行の日記のなかで，アンドラーヂは，ベレンの医者ガストン・ヴィエイラとの懇談についてふれているくだりで，「パジェランサについての情報は曖昧，まったく曖昧。この人たちは，関心がないのだ！」（Andrade 1983b: 69）と記している。その後，アンドラーヂの依頼にこたえて「パジェランサ」の儀礼に出席したヴィエイラは，1931年の彼への手紙で，若干の儀礼歌を添えて儀礼の模様について書き送っている（Andrade 1983a: 224–228）。そのなかでヴィエイラは，パジェランサの儀礼をそれまで見たことがなかったので，探し当てることが容易ではなく，ようやく警察の許可のもとに儀礼を実演させることができたと述懐している。このエピソードは，現在でも信者が回顧的に語るように，半世紀ほど前には市内のグループの数が現在に比べて非常に少なかったことの傍証となると同時に，当時のベレンの知識階級にとってそうした宗教儀礼が知識と関心の外にあったことを示して興味深い。さらに警察の許可への言及が，当時こうした宗教がおかれていた社会的立場を明らかにしている。それは公序良俗の維持という観点から警察による監督の必要

があるものとして位置づけられていたのである。

　警察の許可を得て，何人かのお偉方列席のもとで実演させた儀礼についての，ヴィエイラの報告には，それ以外にも興味深い点がある。まず「始まる前に私はパジェを呼んで，私の存在を気にせずに思うままに，思う存分やるようにと言い渡した。彼はそう約束したが，守らなかった。誰もトランス状態にならず，ただ明らかにアフリカの野蛮な歌を聴かされただけであった」（Andrade 1983a: 224）と医者は詩人に報告している。いかにも権威主義的な彼の態度と，まるで憑依が生じなかった（と彼が判断した）惨めな儀礼の様子はさておき，パジェが「アフリカの歌」を歌うと彼が記していることが注意をひく。つまり，少なくとも当時のベレンでは，「パジェ」という語が非常に曖昧に使われていた可能性がある。したがって，アンドラーヂやヴィエイラの言う「パジェランサ」を，一概に「ミナナゴ以前のもの」とみなすことはできない。事実，「アフリカの野蛮な歌」という「観察」の信頼性については留保するとしても，その儀礼が Santa Bárbara に捧げられたものであること，2人の男が叩く太鼓をはじめとする楽器，その他の儀礼の様子や儀礼歌から判断するかぎり，少なくともヴィエイラの前で演じられた儀礼は，明らかにミナナゴとよばれるカルトの儀礼の枠組の内部のものである。ここでこのリーダーの儀礼が，果たしてアフリカ的なものであるのかインディオ的なものであるのかといった詮索をしているわけではない。重要なことは，アフロアマゾニアン宗教がパジェランサをも包摂する形で形成されていた状況を，ヴィエイラの報告が明らかにしているという点である。

3. マラニョンのアフロアマゾニアン宗教

　つぎにパラ州の東に隣接するマラニョン州の憑依宗教へと目を転じたい。どのような宗教が，マラニョンからベレンにもたらされたのかを知るためである。しかしここでもまた「本来の原型」を探し求めようとしているのではないことを強調しておきたい。

　州都サンルイス[32]は，ブラジルのなかでもアフリカ系の宗教的伝統が顕著な刻印をしるしている地域のひとつである。タンボール・デ・ミナ（Tambor de Mina）と総称されるマラニョンのアフリカ系宗教のなかで，ダホメー系（Jeje）

のグループである Casa das Minas が「最も純粋かつ伝統的」とみなされており，西アフリカのダホメー王国の宗教的伝統のブラジルにおける最も正統的な保塁であるとの評価をうけている。このグループは，「アフリカ的な純粋さ」という点では，バイア州のヨルバ系のカンドンブレ・ナゴに匹敵しうるが，後者に比肩しうるような名声を全国レベルで獲得することができなかった。その理由はいくつか考えられるが，バイア州の「伝統的グループ」の場合，前述のように，著名な研究者たちの研究対象とされて，多くの文献が出版されたばかりではなく，パトロン的な名士の文化人たちが存在したのに対して，マラニョンの場合は，それらが欠けていたことが違いを生む重要な要因だったことは疑いえない。Casa das Minas は，現在では，秘儀の縮小再生産という方向をたどりつつある。もはや完全なイニシエーションを経たメンバーは存在せず，メンバーのほとんどは非常に高齢であり，秘儀的知識は，早晩人類学者の著作のなかだけに残るという可能性を否定できない状況にある。

　サンルイスで2番目に有名なグループがヨルバ系の Casa de Nagô であり，この2つのグループでは，リーダーを含めミディアムはすべて女性で，男性の儀礼への参加は太鼓叩きなどの役割に限定されている。一方はダホメー系 (Jeje) 他方はヨルバ系 (Nagô) と，西アフリカの別々の系統に属するが，神界構成などでも類似性があり，互いに儀礼を訪問しあうなど友好的かつ緊密な関係を保ってきた。

　アフロアマゾニアン宗教の普及という点から見ると，Casa das Minas より Casa de Nagô の果たした役割のほうが重要である。その理由は，前者から派生したグループが公に認められているものとしては皆無であるのと対照的に，後者で修行を積んだ人々がリーダーとしてグループを開設し，さらに多くのリーダーを養成したことによる (Costa Eduardo 1948)。しかしそれらのグループの儀礼は，Casa de Nagô のヨルバ系の儀礼を基本としながらも，北東部内陸地方の治病儀礼であるカチンボ，パジェランサ，地域的な民間伝承，民衆カトリシズムなどからの様々な影響を受けており，きわめてシンクレティックなものである。まさにこの非常にシンクレティックな伝統こそがアマゾン各地に広まり，他の地域のアフロブラジリアン宗教とはことなる独特の地域的伝統を生み出す母胎となったのである。

第4章　ベレンのアフロアマゾニアン宗教　　　　51

　さらにまた特筆しておきたいのは，アナスタシア（Anastácia）という女性リーダーがサンルイスで1889年に設立したTerreiro da Turquiaとよばれるグループの重要性である。従来の研究ではほとんど注目されなかったが，ベレンのミナナゴの形成にとって，このグループの果たした役割はきわめて大きい。その影響力ゆえに，このリーダーの主要憑依霊である「トルコ王」（Rei da Turquia）を長とする「トルコ人」（turcos）とよばれる憑依霊群がアマゾン各地に広まり，儀礼において欠かせない常連となっている。このリーダーは，サンルイスでマヌエル・テウ・サントというリーダーからイニシエーションを受けたとされるが，彼の宗派は「TaipaあるいはNupe」だったと言われている。ここに西アフリカのさらに別の地域的伝統の関与がうかがわれる。またある情報によれば，ベレンにミナナゴをもたらしたとされるマンイ・ドッカも，アナスタシアと同じ時に同じリーダーの手でイニシエーションを受けたという（M. Ferretti 1991: 117）。これは，歴史的事実としては，彼女がイニシエーションを受けたのはCasa de Nagôだとするベレンで聞かれる語りよりも信頼できるものである。

　ベレンに導入されたマラニョンのアフリカ系宗教は，州都サンルイスのそれにとどまらない。これも従来は看過されがちだったが，黒人奴隷労働にもとづく綿花プランテーションの中心地だった内陸地方の別の伝統も重要である。なかでもアナスタシアの出身地でもあるコドー（Codó）及びカシアス（Caxias）を中心とする州東部内陸地方[33]のタンボール・ダ・マッタ（Tambor da Mata）は，ベレンのミナナゴの形成に大きく貢献し，実際に何人ものリーダーがこの地方からベレンに移住している。その結果，タンボール・ダ・マッタの主要な憑依霊群である「レグア一族」（Povo de Legua）がベレンでも頻繁に憑依し，それらの儀礼歌には，自らを「コドエンセ」（コドー出身者・住民）であると歌うなど「コドー」への言及がみられる。

　現在でも，マラニョンのタンボール・デ・ミナの儀礼とベレンのミナナゴの儀礼との基本的共通性は疑いえない。それは，マラニョンからベレンへの移住者がグループを形成したことに加えて，リーダーの間の相互訪問など，今日まで途切れることなく維持されてきた緊密な関係の結果である。そうした緊密な往来は，マラニョンの伝統との連続性に「正統性」をもとめる志向をもつグループにとくに顕著で，これが後述するベレンのミナナゴの「保守派」を構成

している。

　一言で言えば，ベレンに導入されたタンボール・デ・ミナが，サンルイスの高名な2つのグループのものよりもシンクレティックなものであったことは疑いえない。しかし，「アフリカの伝統の保塁」としての「伝統的グループ」の名声のおかげで，ベレンでは，「正統的で純正のミナナゴはマラニョンにある」という見方が，いまでも信者のあいだに根強くみられる。このようにして，サンルイス（マラニョン）は，ベレンにミナナゴをもたらした「文化英雄」の「神話的故郷」のごときイメージでとらえられ，ベレンのミナナゴ信者にとっては，「純粋さ」の源泉ということになってきたのである。

　マラニョンからの移植の過程で憑依霊の若干は失われるか影が薄くなり，他方，パジェランサに代表される地域的な伝統の影響の下で，マラニョンのそれと同一ではないミナナゴがベレンで形成され，しかもそれらは決して「ベレンの唯一の正統派のミナナゴ」へと結晶化することがなかった。むしろ，錯綜したプロセスを経て形成されたベレンのミナナゴの様々な流れは，一点に収束することなく，時が経つにつれ，逆になおいっそう多様化がすすんできたのである。

4. ウンバンダの導入

　1938年に，サンパウロ市文化局が派遣した民俗音楽調査団は，ベレンのあるテヘイロで儀礼音楽を録音した。しかしその調査報告（Alvarenga 1950）は，10年以上後になって，実際の調査には加わらなかった人物によって編纂・出版され，しかも調査に参加して記録を残した人のなかには既に死去した者さえいたため，録音が行なわれたグループの儀礼については不明な点も多い。ただし，報告されている儀礼の内容や儀礼歌から判断するかぎり，それはミナナゴで現在も行なわれている儀礼から大きく逸脱したものではない。

　そのグループのリーダーは，質問に対して，自らの宗教についてつぎのように語っている。本来の名称はカンドンブレ（Candomblé）であるが，今では使われておらず，グループ内部の者はバトゥーケ・デ・サンタ・バーバラ（Batuque-de-Santa-Bárbara）と呼び，外部の者はババスエ（Babassuê）と呼ぶ。さらに「カ

ンドンブレという名称の起源はアフリカ」であり，彼はカンドンブレという名称を母親から教わった。彼の父親はジェジェ（Jeje）で，母親はナゴ（Nagô）であった。周囲の人々がババスエと呼んでいる理由については，彼の宗派の守護者である Santa Bárbara がナゴでは Barba Çuêra とよばれることに由来するのだと述べ，さらにその同じ憑依霊が，ジェジェでは Nanam Burucú，ウンバンダでは Iassam とよばれるという具合に〈ライン〉(linha) あるいは「民族系統」(nação) で名前が変わるのだと説明している（Alvarenga 1950: 21）。

　このリーダーのように，あたかも「多言語使用者」のように他の宗派に言及する語り口は，現在のベレンのリーダーにも頻繁にみられるが，この調査報告で興味深いのは，ベレンの憑依宗教に関する文献のなかで，ウンバンダという名称が現われるおそらく最初の文献であり，しかもそれが信者自身による説明の中で使われていることである。ウンバンダの語が，先進地域サンパウロの公的機関の調査者に対する配慮から使われた可能性は否定できない。しかしその語が，特別な注釈なく他のカルトと並列されているという事実は，それが当時のベレンのアフロアマゾニアン宗教のリーダーたちによって，既にある共有された知識となっていたことを意味するだろう。

　リーコック（Leacock and Leacock 1972: 48）によって報告され，私の調査でも確認されたところによれば，南東部大都市で形成されたウンバンダのベレンへの導入については，リーダーたちは概ねつぎのように語る。すでにミナナゴのリーダーとして名声を得ていたマリア・アギアール（Maria Aguiar）という女性リーダーが，1930年代にリオに旅行し，そこでウンバンダを知り，後にミナナゴの〈ライン〉(linha) とウンバンダの〈ライン〉を「掛け合わせた」(cruzar) ことによって，ベレンにウンバンダが導入されることになったというのが，その語りの内容である[34]。ここでも，導入が特定の「文化英雄」の事績として語られている。さらに注目すべき点は，ベレンへのウンバンダの最初の導入が，ふたつの〈ライン〉の「掛け合わせ」に始まるとされていることであり，まさにそのことが，今日ミナナゴとウンバンダの関係についての信者の見方が曖昧なものとなる原因となっている。つまり両者が截然と分離できないことが，すでに「起源神話」のなかに語られているのである。ここに現われている2つの観念，〈ライン〉と「掛け合わせ」は，信者の語りのなかで様々な文脈で頻繁に現

われ，研究者が「シンクレティック」と描写するような錯綜した状況を説明可能なものにし，各人の儀礼を互いに理解可能なものにするために重要な役割をはたしている。

ウンバンダを導入した人物については，さらに「彼女の夫もミディアムで，彼がベレンで初めて Tranca Rua という憑依霊を受けたのだ」という語りが存在する。この憑依霊は，後述する exu というカテゴリーの憑依霊のなかで現在もっともポピュラーなもののひとつであり，ウンバンダはもとよりミナナゴのグループの儀礼でも憑依している。それに注目する理由は，それまでのミナナゴにおいては，マラニョンのタンボール・デ・ミナでと同様に，exu は儀礼から排除されていたとみられるからである。つまりこの「起源神話」は，ウンバンダのベレンへの導入を語ると同時に，儀礼で憑依する憑依霊としての exu，つまりウンバンダ的な exu の「起源神話」ともなっているのである。

ベレンへのウンバンダの導入，より正確に言えば，ウンバンダとミナナゴの掛け合わせは，他のリーダーたちが新趣向にすぐに追従したわけではなかったとはいえ，長い目で見れば成功に終わった。1962–63 年のリーコックの調査の時点には，既にこの新しい変種は広く模倣され，多くのグループが実践しており，「カルトリーダーのなかにはそうではないと言う者もいるとはいえ，私たちが訪ねたカルトセンターのなかには純粋なミナナゴはなく，影響の程度に差はあれ，すべてのカルトセンターにウンバンダの影響が及んでいた」(Leacock and Leacock 1972: 48–49)。さらにリーコックは，1968 年頃の状況について「市内のカルトリーダーの誰もが，当地でウンバンダがもっている力に気づいており，それにはっきりとした反対あるいは賛成の感情をいだいている」と同時に「地域的なミナナゴの要素をまったく排除して完全にリオのウンバンダをモデルとしているカルトセンターも市内にはいくつかあるということである」(ibid.: 49)とも報告している。これは従来のアフロアマゾニアン宗教の伝統から意識的に離反するグループが出現してきたことを意味すると同時に，ウンバンダのベレンへの浸透は，全般的にはミナナゴのウンバンダ化というかたちで進行したことを示している。このようにして，ウンバンダの登場はベレンのアフロアマゾニアン宗教のなかに大きな波紋をうみだし，変異があるとはいえ一定の範囲内のものだった従来の伝統のなかに大きな亀裂を生じさせたとみることができる[35]。

かくして，リオのウンバンダがベレンに導入された後，ベレンの宗教状況の多様化はさらにいっそう進行した。すくなくともパジェランサ，ミナナゴ，ウンバンダそしてそれらのあいだの様々な混合形態が存在していたのである。そうしたなかで1964年に，ベレンのアフロアマゾニアン宗教全体にとって重要な意味をもつ新たな事態が発生する。パラ州連盟の設立がそれである。この出来事については，設立直後の状況についてのリーコックの短い報告（Leacock and Leacock 1972: 245-246）と，私の調査（1984-85）でえられた情報のほかに，ヴェルゴリーノ＝イ＝シルヴァの詳細な研究報告（Vergolino e Silva 1976）を利用することができる。

5. 州連盟の設立と存続

1964年までは，ベレンのアフロアマゾニアン宗教のグループは，警察の許可証をえて儀礼を行なっていた。太鼓を使う儀礼であれば儀礼ごとに許可が必要であり，儀礼で太鼓を使わないグループであれば1年ごとに許可証を受ける必要があった（Leacock and Leacock 1972: 47）。それゆえに，1931年にヴィエイラが出席した儀礼は警察の許可の下に行なわれたのである。警察の許可が必要だったのは，宗教上の理由ではなく，公序良俗に反する行為の取締りのためであった。夜間に多人数が集まって儀礼を行なって騒音を立てることに対しては，社会からの非難が存在したし，それに加えて，喧嘩や刃傷沙汰など様々なスキャンダルがアフリカ系宗教のグループと結びつけて語られ，それが世論からの非難の的とされ，それゆえに儀礼を行なうことは必ずしも容易ではなかった。

1964年のクーデターで成立した軍事政権にとって，社会秩序の維持は至上命題であり，警察の許可をえることが次第に難しくなった。そうした状況に直面して，何人かのリーダーが当局に請願したのに応えて，警察がリーダーたちの会合を召集し，「[カルトの]濫用を禁じ，カルトグループを統制するための団体の設立」を要請した。さらに「スキャンダルと無秩序を防止する効力をもつ団体の設立に失敗した場合は，カルトグループは例外なく閉鎖されるべし」との要求をつきつけた。警察からのこの要求に応えて，1964年に，有力なリーダーたちの尽力で，リオやサンパウロの連盟をモデルとして，パラ州のアフリカ系

宗教とそれに類似する諸宗教の一切を糾合する団体として「パラ州ウンバンダ・エスピリティズモおよびアフロブラジリアンカルト連盟」が結成され，数ある全国規模の総連盟のひとつ，リオに本部をおく「ブラジル・ウンバンダ・エスピリティズモ総連盟」に加盟したのである（Vergolino e Silva 1976; *O Culto da Umbanda* 1 (1) 1979）。

それ以来，州連盟は，パラ州内のアフロブラジリアン宗教とウンバンダのグループを公的に代表する団体となりはしたが，グループが活動するための活動許可証を発行する最終的権限は警察の手にあり続けた。州連盟の許可証（Alvará）を取得することが法的に義務づけられ，そのかわりに許可証の下で活動しているグループの一切について州連盟が監督する責任を負うことになったのは，1979年になってからのことである[36]。その間の警察当局との交渉の過程については，同年から発行されはじめ数号続いた連盟機関誌 *O Culto da Umbanda* に詳細な記事が掲載されている。その経過を報じる連盟の見解として注目されるのは，それが独立した一個の宗教としてウンバンダが一般社会から承認されたことを意味し，それはパラ州におけるウンバンダの自由化であり，ウンバンダの勝利であると位置付けていることである（*O Culto da Umbanda* 1 (1), (2), (3), (4) 1979）。

しかし，多くのグループにとって連盟は，活動するために会費を払って登録しなければならない必要悪にすぎないし，殊に遠隔地の非都市部においては，いまだに連盟と無関係に活動しているグループもまれではない。設立の翌年の状況について，リーコックは「連盟は宗教団体というよりは互助会のようなものだった」（Leacock and Leacock 1972: 245）と述べているが，現在でも大きく変わっているとは言えない。ただし他方で，グループのレベルをこえた大規模な儀礼を主催するなどの連盟の活動は，たんなる許認可機関という以上の影響を各グループの活動に及ぼしつつある存在であることを意味する。

連盟は，その設立の当初から，潜在的に互いにライバルであるリーダーたちの非常に脆弱な均衡の上になりたっていた。そもそも各自がグループを主宰して活動していくためには，グループを越えた権威の存在はまったく必要ない。それはむしろ，それぞれが「しかるべきやり方」に則って儀礼を行なう裁量の余地を制限するものでしかない。「しかるべきやり方」は，自身がミディアムで

あるリーダーが憑依霊との直接の交流を通じて，その指示に従って織り上げてきているものなのである。ときには，リーダー間の対抗意識は，水面下の陰口や中傷にとどまらずに表面化することがある。その極端な例として，州連盟本部をおく場所をめぐって論争が起き，一部のリーダーが分離して別の団体を設立した一件をあげることができる（Vergolino e Silva 1976）。このときの分離派は，彼らの視点からみて「より遅れている」信仰や儀礼形態を批判し，「純粋な」ウンバンダを表明しようとした人々とみられる。しかし，この団体はごく少数のグループを糾合しえたにすぎず，さしたる影響力を及ぼし得なかった。その結果，パラ州連盟は，その内部に意見の不一致と対抗意識をかかえこみながらも，今日にいたるまで，パラ州においてアフロブラジリアン宗教とウンバンダを代表し，圧倒的多数のグループを傘下におさめている[37]。

6. フェイトゥーラ・シンドローム（feitura syndrome）

パラ州連盟の主要な目的として，現行の定款(1981年8月26日改訂)には，「terreiro, tenda, centro, associação, seara, cabana で実践されるエスピリティズモの活動および宗教的儀礼を監督・指導・調整・管理する」（第2条b項）ことが明記されており，また「儀礼評議会の権限として，すべてのカルトセンターでウンバンダ，ナゴ，バントゥ・アメリンディオおよびジュレーマの真性かつ本来的な信仰が表明されるよう，ウンバンダおよびアフロブラジリアンカルトを組織・訓育・教化すること」（第19条a項）があげられている[38]。注目すべき点は，そこに積極的標準化がみられないこと，言い換えれば，一定のパターンを確定し，連盟によって定められたそのパターンに従って儀礼を行なうことを要求してはいないことである。そこに見いだされるのは，消極的標準化，つまり，連盟の定めた最低限の許容範囲から逸脱して儀礼を行なうことの禁止である。その許容範囲内にとどまっているのならば，連盟は厳格なパターンを強制して個々のグループの儀礼活動に介入しようとはしない。積極的標準化の意図が見られない理由を理解することは，さほど困難ではない。前述のように，それぞれの流儀にしたがって儀礼をおこなっているリーダーたちが，この点に関して同意をみることは極めて困難だからである。

では消極的標準化では何が意図されているのだろうか。まず第1に，この宗教全体と連盟を道徳的に毀損するおそれがあるような宗教活動の一切を排除することである。このことは，社会一般からの非難の的となった無秩序をなくすために連盟が設立されたという事情からして，当然納得がゆく。そこで宗教活動の道徳的頽廃の度合いを判定する基準は，社会一般の価値観にもとめられる。すなわち，儀礼の場で喧嘩すること，深夜の一定の時刻以降に騒音をたてること，儀礼の場での憑依を同性愛などの逸脱した個人的欲望の表出のために利用したりすることなどが，道徳的頽廃として排除されることになる。

　第2に，定款にはさらに興味深い条項が見いだされる。「cabana, tenda, seara, centro は太鼓（tambor）を叩くことができない」（第20条）というものがそれである。これらはすべて同一のタイプのグループを指すもので，一般にセアラという名称で代表される。この条項の意味するのは，テヘイロ（terreiro）[39]として認定されているものだけが儀礼で太鼓を使用できるということである。ここに見られるのは，パラ州連盟の公式の言説における「テヘイロ／セアラ」という二分法，それに対応する「儀礼で太鼓を叩く／儀礼で太鼓を叩かない」という二分法である。連盟がこの区別を重視する理由は，容易に理解できる。なぜならば，太鼓を使うグループこそが，多くの人を集め，深夜に大きな音を立てて儀礼を行なうがゆえに，社会一般からのあからさまな非難の的となってきたからである。つまり，この区別は，まず何よりも太鼓を使う儀礼に対するコントロールとして機能しているのであり，一定のグループにテヘイロとしての登録を承認することによって，無認可で太鼓を使用するグループから区別し，前者を救出しているのである。

　しかし，グループをテヘイロとして認可する明確な基準は，選別メカニズムとして，連盟による（儀礼評議会員を試験官とする）試験が登場するまでは存在しなかった（Vergolino e Silva 1976: 115）。しかし現在この面接試験がテヘイロ開設の可否をきめる客観的な試験となっているとは言いがたい。むしろそれは，予め承認されるべく合意ができている候補者を追認しているにすぎない。では，予めの合意は何に基づくのか？　そこで注目されるのは，試験の導入とともに，「フェイトゥーラ・ヂ・サント」（feitura-de-santo）あるいは単に「フェイトゥーラ」とよばれる正式なイニシエーションが，テヘイロ開設の不可欠の条件と

なったことである。人々の証言によれば，10～15年ほど前までは，儀礼で太鼓を叩くための必要条件としてフェイトゥーラがとりざたされることはなかった。そしてまさに10～15年前というのが，連盟が試験を開始した時期なのである。それ以前の1960年代の状況は，リーコックの記述によれば，クライアントの印象を良くしようとして，サンルイスなど他の都市でフェイトゥーラを受けたという話をでっちあげる者もいるが，多くのリーダーたちはそうした話を捏造しようとさえせず，「フェイトゥーラを受けていること」は誰にとっても大して重要ではなかった（Leacock and Leacock 1972: 311）。

しかし，1970年前後から，連盟の言説において「フェイトゥーラ」＝「テヘイロを開く必要条件」＝「太鼓を叩く儀礼を実施する許可」というモデルが成立した結果，現在では状況は一変しており，信者とくにリーダーたちのあいだでは，フェイトゥーラが強迫観念をもって話題にされるようになり，「フェイトゥーラ・シンドローム」（feitura syndrome）（Furuya 1986: 26）とよびうるような現象が現われてきている。今日では，フェイトゥーラの有無は，最も頻繁に言及される話題のひとつとなり，リーダーとしての能力に疑問を呈する意図で，「彼はフェイトゥーラを受けていない」（Ele não é feito no santo.）というような発言がしばしばなされるようになってきた。

連盟の提出する規範は，公権力の後ろ楯をもち，連盟首脳部を構成する有力なリーダーたちに承認されているがゆえに，語りとしてきわめて強い力をもつ。各ミディアム，各リーダー，各グループが，憑依霊との具体的な関係のなかで指示された様式にしたがって儀礼をおこない，憑依と憑依霊についての語りを紡ぎだしていることは従来と変わりがないが，それはいまや連盟の提出する強力な語りと整合性をもたねばならないのである。

最後に，ベレンに久しく存在するいまひとつの傾向について述べておく必要がある。それは，ミナナゴの一部にみられる，カンドンブレへの移行の動きである。ベレンでカンドンブレに関して最も知識があるとされる人物は，1952年にバイア州サルヴァドールでフェイトゥーラを受けた。今日では他にも何人かがカンドンブレのフェイトゥーラを受けているが，大半のケースで，彼らは長くミナナゴを実践していたのちに，バイアあるいはベレンで（外来の，もしくは市内在住のリーダーによって）カンドンブレのフェイトゥーラを受けている。し

かし，その後もミナナゴの儀礼を完全にはやめないことが多い。その理由として最も頻繁にあげられるのは，それまでミナナゴの様式に従って儀礼を行なってきた憑依霊(特に本人にとって重要な caboclo のカテゴリーの憑依霊)との関係を止めるわけにはいかないという点である。つまり，カンドンブレのフェイトゥーラを受けることは，多くの場合，ミナナゴの放棄とカンドンブレへの宗旨替えとみなすことはできない。現在のところカンドンブレのフェイトゥーラを受ける人々は少数であり，決して支配的な傾向とは言えない。しかしミナナゴのリーダーとして相当程度の名声を得ていたにもかかわらず，ミナナゴより優越したものとしてカンドンブレを位置づける人々がいる背景には，全国レベルのモデルとしてのカンドンブレを称揚する傾向があることは疑いえず，その点からすれば，リオのウンバンダにもとづくモデルへと近似しようとする方向とは逆の方向で，地域的伝統から離脱する方向の存在を示唆するものとして注目に値する。

しかし，志向するモデルが，既述のようなプロセスを経て構築されたモデルとしてのリオのウンバンダあるいはバイアのカンドンブレ・ナゴであったとしても，ベレンでウンバンダあるいはカンドンブレの名の下に儀礼を行なっている人々は，現実には地域的な伝統から乖離しておらず，あるいは乖離することができず，アフロアマゾニアン宗教の憑依文化の内部にある。こうした複雑な事情については，徐々に明らかにされるはずである。

第5章 連盟，カルト，グループ

1. 現在の状況

　連盟は，警察から委譲された権限により，パラ州内のすべてのグループに対して登録を義務づけているが，実際には州内の他の地方はもとより連盟本部の置かれたベレンについても，すべてのグループが登録されているわけではない。しかし，ベレン市内および周辺の郡部に関するかぎり，恒常的に儀礼を行なっているグループ，なかでも，儀礼で太鼓を使用しているグループは，近隣に知られることなく儀礼を行なうことは不可能であるために，すべて州連盟に捕捉されているといって間違いない。したがって，概況を知るために州連盟の登録データを利用することは妥当な方法である。

　正式名称「パラ州ウンバンダ・エスピリティズモ及びアフロブラジリアンカルト連盟」に明らかなように，連盟は相当程度の変異を含むカルトを包括することを意図している。「ウンバンダ・タイプのエスピリティズモ」と「アフロブラジリアン宗教」の両者が殊更に並記されていることから，両者が明確に区別しうるものであるかのような印象を与えるが，実際に行なわれている儀礼をみるかぎり，両者を相互に排他的なものとして区別することは困難である。さらに，ウンバンダ導入の事情から，ミナナゴとウンバンダの関係は，当初から曖昧さを含むものであるし，カンドンブレでフェイトゥーラを受けた人々も，多くの場合ミナナゴを放棄しているわけではないために，両者がさまざまなかたちで混在していることが事態をさらに複雑にしている。

2. 連盟登録票の現実[40]

　私の第1回調査の時点（1984-85）に，パラ州連盟には，州都を含むベレン郡（ベレン市内，ベレン市外，イコアラシ，モスケイロ，ヴァル・ジ・カンイス）だけで，938のグループが登録されていた。州全体の総数は1,554である。この数字は，私が連盟本部に日参して登録票のすべてを転写し集計した結果知りえたものであり，それ以外に正確な数を知る方法がないということ自体が，連盟による掌握の実態について雄弁に語っている。グループは，リーダーを代表者として登録されており，会員（sócio coletivo）と，活動許可証（Alvará de funcionamento）を受けているだけのものに区別されるが，グループとして活動する上では両者に違いはない。圧倒的多数のグループは会員として登録されている。両者の相違は，前者が法律や医療の面で連盟の提供するサーヴィス（あまり実質的なものではない）を受ける資格があるという，連盟の互助組織的側面にかかわるものである。連盟の収入は，運営費と本部建物の維持費にあてられるほか，専従の職員の給与にも充てられる。専従職員は，諸事全般を取り仕切っている財政担当者以外には事務職員が1人いる。

　パラ州連盟の公式見解によれば，連盟に属すカルトは以下のものを含み，登録にあたってグループは，すくなくとも登録票の上では，そのいずれかに分類される。

① ウンバンダ（Umbanda）
② オモロコ（Omolocô）
③ ジュレーマ（Jurema）
④ ミナナゴ（Mina-Nagô）
⑤ カンドンブレ（Candomblé）

　私の第1回調査の時点でのカルト種別それぞれの登録数は以下のようであるが，これも私自身による登録票の集計によって知りえたものであり，連盟がカルト別のグループ数の集計をしているわけではないし，そもそもそのような統計的関心は連盟には存在しない。

第5章　連盟, カルト, グループ

表1

	総数	男性リーダー	女性リーダー
ウンバンダ（Umbanda）	597	162	435
オモロコ（Omolocô）	61	20	41
ジュレーマ（Jurema）	144	44	100
ミナナゴ（Mina-Nagô）	103	39	64
カンドンブレ（Candomblé）	28	11	17
その他	5	5	0
合計	938	281	657

カルト別のグループ数が全体数に占めるパーセンテージは, つぎのようになっている。

表2

	総数 %	男性リーダー %	女性リーダー %
ウンバンダ（Umbanda）	63.6	17.3	46.4
オモロコ（Omolocô）	6.5	2.1	4.4
ジュレーマ（Jurema）	15.4	4.7	10.7
ミナナゴ（Mina-Nagô）	11.0	4.2	6.8
カンドンブレ（Candomblé）	3.0	1.2	1.8
その他	0.5	0.5	0.1
合計	100	30.0	70.0

*小数点第3位四捨五入（パラ州連盟の登録票の筆者による集計 1984）

　この集計でまず注目されるのはリーダーの性別比である。7対3の割合で女性が多く, しかもそれが, 女性をリーダーとするウンバンダのグループが多数存在することによることが明らかである。この統計には現われないが, ミディアムの圧倒的多数も女性である。全般的な印象としては, ミディアムの性別比もリーダーの性別比のそれと概ね一致する。なぜ女性が多いのかという点は, 憑依宗教についての人類学的著作のなかでしばしば議論されてきた。この論点については後に論ずるが, 女性ミディアムの場合は中年層(30～50代)を中心として各年齢層に散らばっているのに対して, 男性ミディアムの場合は, リーダーであるかもしくは若く, リーダーでない中年以上のミディアムというのは非常に少ない。

登録票にはリーダーの職業を記入する欄があるが，170人については未記入である。それゆえに以下の考察には一定の限界がある。しかしそれにしても注目すべき点がいくつかある。第1に，女性リーダーのうち468人の職業が「家事」であり，そのうち未婚142人，既婚278人，死別39人，別居4人，記載なし5人である。このように，リーダーのなかで，「家事」を職業とする既婚女性の割合が非常に高く，全体の3分の1にあたり，法律上は未婚でも事実上結婚している女性が相当数いる実態を考え合わせると，その比率はさらに高いことが推測できる。第2に，男性リーダーの職業で有意に多いのは55人にのぼる「商業」である。2番目は「学生」24人である。それ以外は多岐にわたっており，公務員・教師・事務職などが30人余りを数え，そのほか軍に職をもつ者7人，それ以外は商業・事務関係の補助職的なもの，仕立業・機械工ほか一定の技能を必要とする職業が30種余りあがっており，それぞれに数名ずつ該当者がいる。あがっている職業のうち，未熟練労働者といえるのは肉体労働者11人だけである。このデータはリーダーのみに関するものであり，しかも記載がない人々の職業が不明である以上，最終的な結論は留保しなければならないが，社会の最下層の人々の宗教とは到底言えないことは確かである。

他方，登録票上のカルト種別によるグループの分類は，実状を正確に反映しているとは言いがたい。そこには3つの要因が関係している。第1に，カルトを区別する具体的な基準は，連盟の公式見解においてさえ必ずしも明確ではない。むしろ連盟の公式見解においてこそ明確でないと言うべきかもしれない。多くのリーダーは，あたかも自明のことのようにカルト名称を用いて，自分や他人のグループについて語るからである。しかし，その自明さは，共通見解を生み出そうとする試みを放棄することによって支えられている面がある。第2に，それぞれのグループが登録票の上では特定のカルトに分類されているにもかかわらず，同時に複数のカルトを実践しているという現実にある。その結果，大雑把に言って，あるカルトに分類されているグループ相互には，行なわれている儀礼に関してなにがしかの共通性を指摘できるが，それが他のカルトから分類する弁別特徴となりえないのである。第3の要因は，カルト遍歴とでもよびうる特徴である。ミディアムが，あるグループから他のグループ，あるいは，あるカルトから他のカルトに移行することもまれではない。その結果，ひとり

の人が様々な儀礼形態の組合せを遍歴することになるだけでなく，別のグループ，あるいは別のカルトに移ったのちも，以前のカルトの要素や以前のグループの習慣を保ち続ける傾向がある。そしてそれらすべてが，憑依霊の指示（preceito）によるものとして正当化されることになる。

3. テヘイロ／セアラ の二分法

1973年の状況について，ヴェルゴリーノ゠イ゠シルヴァは，実際にはカルトのあいだの厳格な区別は存在せず，楽器をつかうグループと楽器を使わないグループという二分法に収斂すると述べている（Vergolino e Silva 1976: 98）。現状もそれと実質的に変わっていない。連盟がカルト別に登録させるのは，テヘイロ／セアラへ分別するためなのである。

セアラは一般的にテヘイロよりも規模が小さく，儀礼に参加するミディアムは，数人から十数人といったところである。それに比して，テヘイロは規模が大きいものでは数十人のミディアムを擁し，そのようなグループでは，祝祭的儀礼に参加するミディアムの数は少ないときでも十数人を下回ることはない。いずれにせよ，既存のグループを継承したような場合をのぞけば，グループが組織された当初は小規模で，その後にリーダー（とその憑依霊）の名声が高まるにつれてミディアムの数も増加していくことになる。

テヘイロ／セアラの二分法によって分類した場合のグループ数に関しては，ベレン（ベレン市内および市外，イコアラシ，モスケイロ，ヴァル・ジ・カンイス）についてつぎのデータが得られている。

表3

	1977	1984
太鼓（タンボール）使用が認められたグループ（terreiro）	114	235
太鼓（タンボール）使用が認められていないグループ（seara, etc.）	316	703

1977: di Paolo 1979; 1984: パラ州連盟の登録票の筆者による集計

上記のデータからも容易に読み取れるように，どちらのカテゴリーのグループの登録数も顕著に増加している。両タイプの比率は，1977年も1984年もテ

ヘイロ／セアラ＝1：3程度で大きな変化はみられない。しかし，実数でみれば，セアラのほうがテヘイロより，その増加が顕著であることも明白である。また全体数の変化をみると，ベレン市内の登録数は，192（1965）→ 218（1974）→ 389（1977）→ 705（1984）と顕著に増加してきた。[1965年と1974年についてはVergolino e Silva 1976，1977年についてはdi Paolo 1979による。]

　このように連盟への登録数という点からみれば，連盟設立以来のグループ数の増加は疑いえない。しかも，その増加は加速度的であり，セアラの増加はテヘイロのそれを上回っている。連盟による捕捉率の上昇という要因を考慮に入れるならば，この数字をただちにグループ数の実増とみなすことはできない。そうではあるが，1984年にウンバンダとして登録されているグループのリーダーの出生年と登録年を検討してみると，1970年代以降（特に1980年代）のセアラの増加には，既存のグループの登録率の上昇という以上に，1930年代以降生まれのリーダーのウンバンダのグループの増加の寄与が大きく，比較的若いリーダーの下で，独立もしくは新設というかたちでウンバンダのグループが近年著しく増加してきた事実が読みとれる。以上のように，連盟設立以来，登録グループ数はコンスタントに増加し，なかでもウンバンダのグループの増加が顕著であったことは，「ウンバンダというものがベレンで目立つようになってきたのは，ここ20年くらいの現象である」という，1984～85年の時点での多くのリーダーの証言とも符合する。

　ところで，1965年の連盟への登録状況に関して，リーコックは，29のテヘイロと110以上のセアラ，および個人的に活動している者としてさらに66人が周辺部をも含めたベレンで登録されていたと記し，実際の観察からテヘイロに平均30人，セアラに平均15人のミディアムが所属していたと仮定すれば，当時ベレンには，推定2,600人のミディアムが連盟に登録されたグループに存在し，それ以外の信者も含めて総数1万以上の人々が「深く関与している確信的信者」だったと推定している（Leacock and Leacock 1972: 98）。その推計方法にしたがえば，1984年のベレンには，17,500人余のミディアムがいて，信者総数は，88,000人弱ということになる。総人口と比較すれば，50人に1人がミディアムということになるが，これはありえない数字ではない。ベレンでは隣人や知人にミディアムがいることは決して非常に例外的なことではないからである。

4. 「語りの共同体」

　最後に,そもそも,本書でベレンのアフロアマゾニアン宗教とよんできた全体について,信者が一致して用いる単一の総称が存在しないという点について考えておきたい[41]。総称がないということは,信者が,連盟に所属している様々なカルトは互いに無関係だと考えていることを意味するのだろうか。

　1938年の民俗音楽調査団の質問に答えたリーダーの説明からすると,カンドンブレ,ウンバンダ,ミナナゴ,ジュレーマ,オモロコなどは,そのそれぞれが別々の〈ライン〉(linha)なのである。彼が〈ライン〉に言及したのは,同一の憑依霊が〈ライン〉によって名前が違うのだと語るためであった。ここで特に注目すべき点は,同一の憑依霊が様々な〈ライン〉で儀礼の対象とされるという連続性と,しかし「名前が違うのだ」という差異である。これは「翻訳」という作業を思い起こさせる。ここに見られるのは,区別されながらも全体として互いに理解可能な関係にある様々なカルトというあり方である。

　今日でもリーダーたちは,カルト間の様々な具体的で微妙な差異について語る。カルトの差異とは,そのような,あれやこれやの微妙な差異についての,ときには互いに矛盾することさえある語りのなかにしかないと言ってもよい。そして「関係のあり方についての語り」は,それらの間に関係があることを前提としており,「微妙な差異についての語り」は,それらの間に比較可能な共通性があることを前提としている。そのような語りを可能にする言わば共有された場が,個々人,個々のグループ,個々のカルトを越えたレベルに成立しているということ,言い換えれば,そこには既に述べたような意味での「語りの共同体」が成立しているのである。しかし,それを,内的均質性をもつ単一の宗教システムとみなすならば,それは行き過ぎた整合性を想定してしまっていることになるだろう。本書全体を通じて非常に表現に苦慮したところだが,アフロアマゾニアン宗教とは,均質ではないが共有されたひとつの場なのである。

　連盟にしても単一の宗教を創りだそうとしているわけではないし,連盟所属のグループの宗教実践を一定の方向へと収斂させようと企てているわけでもないが,様々なカルトの関係のあり方と,それらの間の微妙な差異について強力に語りつづけ,その結果,連盟が介在しなければ生じ得ない様々なプロセスを

進行させることになっている[42]。一方で, セアラの儀礼から太鼓を排除することで, それがモデルとしてのウンバンダにより近い形態の儀礼を行なう方向へと導く。その結果, ウンバンダのグループの数がベレンで増加するのに寄与している。他方で, セアラを主宰してウンバンダの儀礼を行なっていたリーダーが儀礼で太鼓を叩き始めれば, 連盟が介入して, ミナナゴ, オモロコ, カンドンブレのうちのいずれかで「しかるべきフェイトゥーラ」を受けることを強制し, そうすることによってテヘイロの数を増加させ, 長期間にわたる複雑なフェイトゥーラなどアフロブラジリアン宗教的なるものを蔓延させるのに力を貸している。しかし同時に, そうしたリーダーは, フェイトゥーラを受けた後も, 以前からの憑依霊との関係ゆえにウンバンダ的な儀礼を放棄しないことが多いから, 連盟の介在はテヘイロのなかにウンバンダ的なものを浸透させることにも助力を与えていることになる。

現在ミナナゴのテヘイロとして登録されているグループを主宰するある女性は, 自らのミディアムとしての履歴のなかで生じた出来事についてつぎのように語っている。

> 太鼓を叩きだしたのは, 私に憑依した Mariana [という憑依霊]が, 治療の御礼に何が欲しいかとクライアントに尋ねられて, 太鼓が欲しいと言ったからだ。……儀礼で憑依した Mariana が太鼓を叩けと言うので太鼓を叩きだしたら, それを知った連盟から呼び出され, フェイトゥーラを受けなければ太鼓は叩けないと言われた。そこで連盟が教えてくれた何人かのリーダーを訪ねて, そのうちのひとりからフェイトゥーラを受けた。

彼女に憑依した憑依霊の Mariana が「ミナナゴのフェイトゥーラを受けよ」と言ったわけではない。この女性が, 州連盟の介入によって, あるリーダーの下でミナナゴのフェイトゥーラを受け, いまやミナナゴのテヘイロをもち, ミナナゴの儀礼をしていることに満足していることは事実である。しかし Mariana は「太鼓が欲しい, 太鼓を叩け」と言っただけなのである。しかしそれは連盟の権力をもった語りと齟齬をきたした。その要求が連盟の介入をまねくことを Mariana が知っていたどうかは,「彼女」の意図について,「彼女」自身あるいは人々がどのように語るかに依存している。この事例でその後どのような語りが紡ぎだされたのか, 残念ながら私は知らない。

第 2 部

アフロアマゾニアン宗教の憑依文化

第6章　ミナナゴ：ベレンのアフロアマゾニアン宗教

1. 総合としてのミナナゴ：ソフィアの事例

　憑依霊の Mariana が「治療」の御礼としてクライアントから太鼓を手に入れる。儀礼で憑依した Mariana が太鼓を叩けと命ずる。ウンバンダのセアラとして連盟に登録されていたそのグループのリーダーは，儀礼で太鼓を叩き始める。連盟が介入する。そのリーダーはミナナゴのリーダーによってフェイトゥーラを受け，そのグループは，ミナナゴのテヘイロとして連盟に登録される。しかし以前からしていた儀礼を止めはしない。ここにさまざまなカルトの間の複雑な関係をみることができる。しかしそのすべての根底にあるのは，ミディアムに憑依した特定の憑依霊の特定の要求と，そのミディアムとその憑依霊との特定的な関係である。すべての基本はここにある。そのことを念頭において，まずミディアムの経歴のなかでのカルト間の関係の実態を，実例に即して見てみることにしたい。しかる後に，儀礼を実施する自律的単位としてのグループ，さらにミナナゴとよばれるカルトの憑依霊の世界と儀礼複合の構成について述べていく。

　ソフィア[1]は，私の最初のフィールドワークの時点（1984-85）で，既にミナナゴにおけるフェイトゥーラのプロセスを開始していたが，通常7年かかるその全プロセスは終了していなかった。ミディアムの宗教的経歴とは，本人によって回顧的に構成されて語られるものであることは言うまでもない。しかもそれが時間軸にそって明確な日付のもとに年表的に語られる必然性はまったくない。ここでは当面の限定された目的のために，ライフヒストリーをめぐるそうした問題の存在を認識した上で，彼女の語りを私が年表的に語り直したもの

を提示する。ミディアムが憑依霊との関係を織り上げていくプロセスについては、第3部で詳細に論じられるはずである。

ソフィアは、1930年にベレンの町外れで生まれた。カトリックの家庭で、憑依宗教とは関わりもなく、テヘイロに通ってもいなかった。初めての憑依体験は7歳のときで、姉の働いていた川岸の工場に手伝いに行き、まず「何かが近づいてくる」のを感じ、そして倒れた。彼女に憑依した憑依霊は、Cobra Boiuna Branca（白い大蛇）[2]と名のり、その土地の主であると語った。その後、しばしば憑依霊が近づいてくるのを感ずることがあった。10歳の頃に家族とともに、ベレン市街から18 kmほど離れたイコアラシに移り、18歳の頃再び家族とともにベレンに戻った。23歳で結婚し、その夫との間に一男一女をもうけたが22年後に離婚することになる。

25歳のとき、イコアラシの自宅で非常に激しい憑依を体験し、家中のものを壊した。その憑依が激しかったのは、彼女によれば、「いまだ［憑依霊との関係が］固められていなかったから」である。そのときの憑依霊はPena Verde（緑の羽根）と名のり、「彼女にクーラ（Cura）つまりペーナ・イ・マラカ（Pena-e-Maracá）の手ほどきをするつもりだ」との伝言を残した。そこで夫が彼女を近在のパジェのところに治療のために連れていった。そのパジェは、タウアリ（tauari）というタバコの煙を吹きかけるなどして「呪術的害」（feitiço）を除去する仕事をしていたが、ミナナゴの儀礼でのように踊ることはなかった。そのパジェが彼女を治療する儀礼を行なったが、それは同時に彼女をパジェとするイニシエーションでもあった。治療は4回の儀礼を含み、初回の儀礼で、パジェに憑依した憑依霊が各種の品々（マラカス、タバコ、床几など）を準備するよう彼女に指示した。パジェの自宅の一室で8日間の「籠り」（deitada）をした後、最後の儀礼で、パジェが彼女の身体に砂糖黍酒（cachaça）を塗り、羽根とマラカスをもたせ、彼女自身が床几に座り歌って儀礼を開始するとPena Verdeが憑依した。この憑依霊は現在でも彼女の主要憑依霊（guia-de-frente）である。彼女は、この一連の儀礼について、パジェから直接に何かを教わったわけではなく、すべては憑依霊の導きによって行なわれたと強調している。

このようにしてパジェとなるべく準備された彼女は、自宅で独りでクーラとよばれる儀礼を開始した。それは、低い床几に座って羽根とマラカスを振って

第6章 ミナナゴ：ベレンのアフロアマゾニアン宗教

憑依霊を呼び出し，その憑依の下で「お祓い」(passe)をしたり，葉・樹皮・砂糖黍酒・タバコを使って治療を行なう儀礼であった。彼女によれば，それは〈クーラのライン〉(linha de cura)つまり〈白いライン〉(linha branca)である。Pena Verde 以外にも他の憑依霊（Rei Penacho, Ricardinho, Jurema, Tupinambá, Pena de Arara Amarela, Tupiaçu, Tapajara, Arirambinha, Pombo Voador など）が現われはじめ，同じ日の儀礼にいくつもの憑依霊が来るようになった。また32歳頃から市場で野菜売りの仕事を始め，約15年間つづけた。

その後ベレンに戻り，クーラを開始して10年ほど経った頃，ジュレーマ(Jurema)あるいはクリンバ(Curimba)とよばれる，手拍子で憑依霊をよびだす儀礼をはじめた。その一方で，依頼者がいれば従来通りのクーラも続けていた。ジュレーマを開始したのは，Pena Verde が儀礼で〈ジュレーマのライン〉(linha de Jurema)の憑依霊を呼び寄せ始め，それにつづいて Jurema という憑依霊が「仲間」の他の憑依霊（Mariana, Jarina, Joana Gunça, Baiano Grande, João da Mata, Herondina, Zé Raimundo など）を次々に呼び出すようになったためであり，新たに憑依するようになった憑依霊の主導で，それまでとは違うタイプの儀礼をも行なわざるをえなくなったのである。当時は，歌と手拍子で憑依霊を呼び出してクライアントの相談にのるセッションを毎週開いていた。しだいに儀礼に参加するミディアムが現われだし，徐々にグループが形成された。クーラとジュレーマでは儀礼に来る憑依霊が基本的に違っており，例外的に両方の儀礼に現われる憑依霊の場合は，儀礼で憑依したときに歌う儀礼歌がことなる。

1970年頃に，ミナナゴの儀礼に参加していた近所の男性の紹介で，彼の師匠にあたるミナナゴのリーダーのテヘイロの儀礼で踊るようになった。そこに4年ほど通ったが，当時夫があてにならず，生計を立てるため野菜売りの仕事が忙しく，8年間ほど遠ざかった。しかしその間も従来通りの儀礼は自宅で続けていた。1975年に離婚し，1977年に再婚した現在の夫とベレン近郊の町に移り，1980年にグループをセアラ(Tenda de Caboclo Pena Verde)として連盟に登録した。1981年に前述のミナナゴのリーダーを再訪すると，儀礼で彼に憑依したMariana が，ミナナゴのフェイトゥーラを受けよと命じた。彼女は詳しい理由はわからないとしながらも，多分「より向上させるため，より明敏な知恵をもたせるためだったのだろう」と回顧している。しかし実際にフェイトゥー

ラを受けたのは 1 年後のことで，遅れた主たる理由は資金の不足だった。儀礼に必要な物品の購入，リーダーへの謝礼，連盟への登録費などの費用は自己負担で，相当額に達する。

　1982 年にフェイトゥーラのために前述のミナナゴのリーダーのテヘイロに通い始め，1983 年 1 月 1 日に「入り」(entrada) の儀礼をした後に「籠り」(deitada) を行なった。20 日，21 日，22 日の三夜続きの「明け」(saida) の儀礼では，1 日目は Oxossi，2 日目は Oxum，3 日目は Mariana という名の憑依霊の憑依を受けた。前二者は，彼女にとって最重要の憑依霊すなわち「頭の主」であり，senhor あるいは orixá のカテゴリーのものである。最後のものは caboclo のカテゴリーの霊だが，彼女に憑依する caboclo のなかではリーダー格で最も頻繁に憑依する霊のひとつである。当時すでに彼女のグループの儀礼に参加するミディアムたち (filho-de-santo) が 17 人いた。

　現在は，自宅で水曜日の午後から夜にかけてジュレーマのセッションを行なっており，彼女に Mariana が憑依して，羽根とマラカス，砂糖黍酒，タバコ，火薬を用いてクライアントに対して仕事をする。その際には，2～3 人のミディアムが歌と手拍子で仕事を助ける。このセッションではクーラはしない。クーラは日を決めてはいないが，依頼人がいればする。そのときにはミディアムたちは手拍子なしで歌うだけで，歌もジュレーマのセッションのときの歌とは違う。太鼓を使う儀礼であるタンボール儀礼のうち，主要なものについては，リーダーのテヘイロの儀礼に参加する。フェイトゥーラ後も 7 年目の「責務」を終了して「自由になる」までは，リーダーのグループの儀礼に参加すべきものだからである。しかし彼女は既に自宅に開設したテヘイロでタンボール儀礼を始めている。それらは Pena Verde，Mariana など彼女にとって重要な若干の caboclo の「誕生日・記念日」(aniversário) であり，彼女に初めてその憑依霊が憑依した日あるいは名のりをあげた日を記念するものである。彼女は 1986 年には 3 年目の「責務」を支払い，7 年目の「責務」を終えた後には，自らのテヘイロで主要なタンボール儀礼も行なう予定であり，それには当然，彼女自身の「頭の主」であり，彼女のテヘイロの「主」でもある Oxossi と Oxum のためのタンボール儀礼が最も重要なものとして含まれるはずである。

第6章　ミナナゴ：ベレンのアフロアマゾニアン宗教　　75

　ここで語られているソフィアの履歴では，家族など周囲にこうした宗教の関係者がいなかったこと，慢性的病気などがミディアムとしての活動にはいる契機となっていないことが目を引く。これは例外的ではないが，一般的とも言えない。この点については，後に他の事例をみることで明らかになるだろう。彼女の場合，まず単独でミディアムとしての仕事を開始し，その後，彼女と彼女の憑依霊の周りにグループが形成され，リーダーとしてまずセアラを開設し，後にテヘイロとして開設しなおすという経緯をたどっている。これは非常に広く見られるパターンである。また彼女の場合，ミディアムとしての経歴のなかで，① クーラ(ペーナ・イ・マラカ)，② ジュレーマ(クリンバ)，③ ミナナゴという3つの儀礼複合を遍歴しており，現在でもそのすべてを行ないつづけている[3]。つまり，①→②→③というプロセスは累積であって移行ではない。「いままで来なかった憑依霊が来たので別種の儀礼をも始めた」とは言っているが，それによって従来の儀礼を放棄したわけではないのである。しかも，その累積のプロセスを向上ととらえており，ミナナゴは他のすべてを総合するものであるとしている。彼女はそれを初等学校から上級学校へと至る学校システムの比喩を使って語っている。

　ここで最も重要な点は，ミディアムとしての活動に従事しはじめ，後になって新しい儀礼システムを付加したのは，実際に彼女に憑依しはじめた憑依霊のイニシアティヴによるもので，彼女はそれに従ったにすぎないと語られていることである。まずペーナ・イ・マラカ(あるいはクーラ)という儀礼を始めたのも，後にジュレーマ(あるいはクリンバ)という別種の儀礼を始めたのもそうである。またミナナゴでフェイトゥーラを受けたのも，彼女にとって重要な憑依霊である Mariana がリーダーの口を借りて指示を与えたとみなしうる。こうして憑依霊とミディアムの間に開示されてゆく関係ゆえに，ミディアムは，さまざまな儀礼にたずさわることを余儀なくされることになっていくのである。

　ソフィアの事例は，細部において独特の色彩はあるものの，① ペーナ・イ・マラカ，② クリンバ，③ タンボールという3つの儀礼形態につぎつぎに関与し，それを現在でも行なっている点で，ベレンのアフロアマゾニアン宗教のミディアムの履歴として，典型的なパターンにそっている。ミディアムのなかにはリーダーにならない者も多いし，タンボール儀礼に関与しない者も少なくな

い。また既述のように，カンドンブレの様式でタンボール儀礼をするようになる者もいる。しかし，全体として見た場合，ベレンのアフロアマゾニアン宗教全体について論じていくために，なんらかの種類のクーラ儀礼とタンボール儀礼を不可欠の構成要素とするミナナゴとよばれるカルトに注目することの重要性が理解されるであろう。それは，儀礼の形態的特徴という意味でも，ミディアムが様々なカルトを遍歴し，それを集積あるいは総合していくプロセスにおいても，言わば「中央広場」的な位置を占めているのである。このことを念頭において，ベレンのミナナゴの憑依霊と憑依儀礼の世界に分け入ることにしよう。

2. ミナナゴのテヘイロ：「保守派」と「変革型」

これから記述するのは，通常，ミナナゴの「信仰・儀礼システム」といった表題の下に記述されることがらである。しかし私が示そうとするのは，首尾一貫した自己完結的なシステムではない。それは，ミナナゴというカルトの様式のもとで関係を紡ぎあげている人々と憑依霊が語ってくれたことを，私の語り方で示したものにすぎない。

ミナナゴのテヘイロは，儀礼を行なう単位であり，テヘイロ同士は互いに干渉しあうことなく，まったく別々に独立に，それぞれの様式に従って儀礼を行なっている。まさにそれゆえに，互いに訪問しあうなど緊密な関係にあるテヘイロ同士ならいざしらず，他のテヘイロの儀礼の詳細について知ること，ましてや実際に儀礼の諸段階をつぶさに観察することは，各自が「責務」に献身していればいるほど，まず物理的にきわめて困難である。相互の差異が表面化して公の場で論議の対象となることも非常に稀である。彼らにとってまず何よりも重要なことは，自分のテヘイロが憑依霊のためにしかるべき儀礼を実施して「責務」を果たしていることであり，他のテヘイロがどのような儀礼をしていようと，他人が口出しすべき内容のものではないと考えられているのである。

テヘイロの儀礼実施単位としての自立性が高いため，ミナナゴというカルトの下位区分への関心は，信者のあいだには希薄である。しかし，いくつものテヘイロを渡り歩いて儀礼を見聞する無節操この上ない人類学者の視点から見れ

ば，ミナナゴと称されるカルトはけっして均質ではなく，儀礼暦・儀礼様式・儀礼歌など容易に目につく違いをはじめとしてテヘイロごとの変異は著しい。ここで結論としてではなく「発見的な価値」をもつものとして，ベレンのミナナゴのテヘイロを非常に大まかに2つのタイプに分けておきたい。一方を「保守派」(conservador)，他方を「変革型」(inovado)とよぶことにする。これは分析上のモデルである。こうした複数の方向が現に存在することについて信者自身も知らないわけではないが，別種のものとして別の呼称の下に概念化してはいない。

　一方を「保守派」とよびうるのは，そこで何よりも重視されているのが，あるリーダーのことばを引けば，「昔ながらのリズムを続けること」だからである。「保守派」のテヘイロの人々にとって，「昔ながらのリズム」とは，とりもなおさずマラニョンのそれを意味している。「保守派」のリーダーたちは，往々にしてマラニョン出身者や，マラニョンでフェイトゥーラを受けた者であり，マラニョンの特定のテヘイロと親密な関係を維持している者が多い。ミナナゴの「保守派」の儀礼であっても南東部のウンバンダからの影響を免れているわけではない。しかし，重要な点は，彼らが自らの正統性を，マラニョンの伝統からの連続性とそれへの忠誠に求めていることである。彼らによれば，ベレンで「正真正銘のミナナゴ」を実践しているテヘイロはきわめて少数であって，その他のテヘイロのミナナゴは何もかも混ぜてしまった「サラダ」のようなものだという。

　他方，数量的に多数派をしめる「変革型」のほうは，儀礼の実施方法におけるテヘイロ相互の相違は著しく大きい。また，儀礼や憑依霊についての語りにおいても，内容が微に入り細にわたればわたるほど，変異の幅は増してゆく。おそらく「変革型」にみられる唯一の共通点は，マラニョン直伝と考えられているものへの忠誠を金科玉条としているわけではないという点であろう。しかし，彼らもまた「変革派」(inovador)ではない。つまり意図的に新機軸を導入することを標榜しているわけではない。それにもかかわらず，ウンバンダやカンドンブレからの様々な影響が及んでいることは明白であり，ミナナゴ「変革型」をミナナゴとみなしうるのは，本人(当のグループ)がそう主張し，周囲がそう見ていて，連盟にもそう登録されているということだけにもとづいている。

2つのタイプのうち，以下の記述は，「変革型」のなかの「保守派」寄りのテヘイロのリーダーの語りに主として基づいたものである。言い換えれば，「保守派」の観点からみて許容範囲にある「変革型」のミナナゴを中心として記述し，適宜「保守派」の視点からのコメントをつけていくことにする。「変革型」に焦点を当てる理由は第1に，より普通にみられるタイプであり，しかもフェイトゥーラを積極的に実施するなどして勢力を拡張しつつあるからである。第2に，カンドンブレやウンバンダからの影響を柔軟かつ巧みに取り込みつつ，「宗教的市場」における「商品価値」を高めることに成功しているからである[4]。そして第3に，よりシンクレティックであるがゆえに，ベレンのアフロアマゾニアン宗教の特質をより鮮明に示しているとみられるからである。

第7章　憑依霊の世界

　ミナナゴの信念と儀礼の根底にあるのは，人間のうち選ばれた者に憑依する能力と意志をもつと考えられている憑依霊の存在である。そして憑依霊が人間のうちのある者を自らが憑依する対象として選び，その人間に憑依しつづけ，その憑依霊に対してその人間が「責務」(obrigação) を負いつづけることの上にミナナゴは成立している。憑依が始まるのは，つねに憑依霊の側の意志であると語られる。人間の側には計り知れない理由によって，憑依霊はミディアムとして特定の人間を召喚する。ミナナゴの憑依霊の世界の全体像が，人間に明らかにされているわけではない。それは実際の憑依を通じて開示されつづけているものであり，完全に明らかになることはない。しかし人々の一般的関心は，その全体像を理解することにはない。特定の憑依霊に対する正しい対処の仕方を知ることが，全体を体系的に理解することより，はるかに重要で差し迫った課題であり，人々の生活そして人生は，まさにそのことに向けられている。

1. カトリシズムと憑依霊

　憑依および憑依霊にかかわる部分をのぞけば，ミナナゴはカトリシズムの世界観の枠内にある。ミナナゴの「神界」とよびうるものがあるとすれば，そこには，憑依霊以外のものも含まれており，それは民衆カトリシズムの「神界」に一致する。すなわち至高神を頂点として，聖人(聖母およびキリストを含む)が高位に位置をしめる。カトリシズムの至高神 (Deus) は，アフリカのいくつかの地域の伝統に由来する名前 (Olorum, Zambi 等) でもよばれるが，単一の至高神がすべてのものの上位に位置し，それを凌駕する存在はないと考える点に

おいて，ミナナゴは反カトリック的なものではない。「神はひとつ」(Deus é um só.) とは，ミナナゴの信者がしばしば口にする言葉である。

　カトリック的存在は人間に憑依するものとは考えられていないが，多くのカトリック聖人には，それぞれに対応する憑依霊が存在する。カトリック聖人と憑依霊の対応関係[5]は，ラテンアメリカおよびカリブ地方のアフリカ系宗教にひろくみられるものであり，アフロブラジリアン宗教研究のなかでも，その草創期から繰り返し論じられてきたが，ミナナゴの場合，両者は同一視されているのではなく，特定の憑依霊が特定の聖人を「崇敬する」(adorar) ことによって結びついているのだと語られ，そのかぎりで，聖人は憑依霊より高く格付けされていると言うことができる。しかし両者を同一の存在の別の側面とみているかのような語り口もある[6]。例えば「Santa Bárbara（聖バーバラ）は Iansã である」(Santa Bárbara é Iansã.) と語られることがある[7]。後者は憑依霊である。しかし他方で「Santa Bárbara は聖人であり，Iansã は憑依霊である」(Santa Bárbara é uma santa. Iansã é uma orixá.) と語られることもある。この種の語りは，前者の語りとはレベルを異にするコンテクストで現われる。つまり聖人と憑依霊を混同するかのような誤解に対して，それを戒めるためである。この2つの語りを額面どおり受け取れば，両者は矛盾しているように思える。しかし，聖人が聖人としての資格において憑依することは絶対にない。この点に注目するならば，「Santa Bárbara は Iansã である」という語りは，憑依する存在として語られうるものからなる集合と，そのようには語られえないものからなる集合の関係についての語りだということが理解される。要するにそれは，ミナナゴの憑依霊の領域とカトリック聖人の領域が無関係ではないことを語っている。

　しかしなぜそのように語られねばならないのか。かつてそうであったように，アフリカ系の宗教が支配階層（奴隷主や教会）からの嫌疑あるいは警察の取締りの対象となっているような状況の下で，憑依霊をよびだす儀礼をカトリシズムによって偽装することが必要な状態にあるのなら，そのような語りの意図を理解することは容易である。しかし現在ではそのような必要性は存在しない。それが慣習となってしまっているという説明は可能である。近年バイア州のカンドンブレの内部で，有力なリーダーたちの何人かが，アフリカの宗教であるカンドンブレはカトリシズムと何の関係もないのだから，カトリック聖人とのシ

ンクレティズムは排除すべきであるとして,「アフリカの伝統へ還ろう」という主張を展開しているが,それが他の多くのリーダーの賛同を得られないのも,積極的に両者の結びつきの重要性を主張する少数の人々以外に,大多数のリーダーたちが「慣習となっているのに何をいまさら」という態度を崩さないからである (Fry 1984)。しかし「慣習となっている」ということのもつ意味を過小評価してはならない。そのように慣習となっていることによって何が生じているのかについて注意深く見る必要がある。

　ここでさらに別の種類の語りを参照してみよう。それは「同名の憑依霊であっても,対応するカトリック聖人が違えば,それは違う憑依霊なのだ」という語りである。彼らの言い方では「聖人の違い」(diferença de santo) のゆえに,同じ名前だが違う憑依霊なのである。たとえば Xangô という憑依霊は,São Miguel Arcanjo (大天使ミカエル) にも São Jerônimo (聖ジェロニモ) にも対応し,それぞれ別の Xangô,あるいは少なくともその別の側面なのだと語られる。この「2種類」の Xangô の間の最も明白な違いは,前者が若者で,後者が老人だという点である。この違いは,「対応」する聖人の年齢に対応している。この例で,前者の対応関係がリオのウンバンダで一般にみられるものであり,後者の対応関係がバイアのカンドンブレで一般にみられるものであることは,思い起す価値がある。つまり「聖人の違い」による同名の orixá の複数性は,部分的には,別系統の対応関係がミナナゴのなかに共存していることの結果である。しかしそれだけではない。この場合,カトリック聖人との対応関係についての語りは,その憑依霊についての語りにとって剰余であるどころか,それが語っている対象を限定するために核心的な重要性をもつ。注目すべき点は,両者の間のいわば「相互反照性」なのである。つまり,両項の確固としたイメージがあって,それが対応づけられたのちも不変なのではなくて,対応づけられることによって,両方の項のイメージが相互に照らしあっているというのが,上述のような語りから人々が読み取っていることなのである。このように見るならば,「Santa Bárbara は santa であり,Iansã は orixá である」という前述の語りの場合も,含意されている「相互反照性」は同様である。Santa Bárbara は,Iansã に「崇敬される」聖人としての Santa Bárbara なのであり,Iansã は,Santa Bárbara を「崇敬する」憑依霊としての Iansã なのである。

そのような「相互反照性」について具体例に即して考えてみよう。西アフリカのヨルバ族の戦と鉄の神 Ogum は，ミナナゴの憑依霊であり，São Jorge（聖ジョルジ）を「崇敬」する。両者の対応づけが類似にもとづいていることを指摘するのは困難ではない。この例の場合，この聖人は槍で竜を退治した勇猛な騎士であり，白馬にまたがって鉄製の甲冑に身を固めており，それが戦と鉄と無関係でないことは説明を要しない。しかし両者が本来同一のものでなかった以上，そして複数の名をもつ同一の存在という状態に帰着していない以上，対応関係の設定は，両者の属性に何らかの変化を引き起こすことになる。São Jorge のまたがる白馬は，いまや Ogum とも無関係ではない。ワグナー（Wagner 1972）の用語を借りるならば，対応づけられた両者が互いにメタファーとなることによって，それぞれの従来の属性に「革新」（innovation）が生じているのである[8]。こうした「相互反照的関係」は儀礼歌の歌詞によっても補強されつづける。例えば Ogum の儀礼歌のひとつでは，「手に剣と槍をもって白馬に乗ってやってくる」のは São Jorge であると歌われながら，そのイメージは Ogum にまで及んでいる。このように儀礼歌のなかで両者のイメージは重なり合い，相互に照らし合うことになる。こうした例は枚挙にいとまがない。前述の Xangô についても「岩場に腰掛けて書物を読んでいる」と儀礼歌は歌うが，それはカトリックの聖人画では周知の São Jerônimo のイメージに他ならない。

2. 憑依霊：orixá と caboclo

ミナナゴの憑依霊のすべてが個別的な対応関係をカトリック聖人とのあいだにもっているわけではない。ときには同一視されかねないような関係を聖人とのあいだに結んでいるのは，少数の憑依霊のみであり，それらは，senhor, orixá, branco, vodum など相当程度まで互換的な名称でよばれるカテゴリーに属すものである。このカテゴリーの憑依霊は，高い地位にあり畏怖されるべき存在で，人間的な欠点をもたない。日常的なポルトガル語では，senhor は「御主人様」，branco は「白人」を意味する言葉であり，orixá と vodum は，それぞれ西アフリカのヨルバ語とフォン語で「神格」を意味する言葉である。後で再びふれることになるが，ミナナゴの憑依霊に対して branco という言葉が使われると

き，そこに含意されているのは，アマゾン地方での一般的用法におけるのと同様，「白人」という人種的属性ではなくて「上層の身分」という属性であり，その意味で senhor とほぼ同義語と見てよい。信者の用法では，それぞれの名称にニュアンスの違いがあるが，本書では，このカテゴリーの憑依霊を主として orixá の語で代表させることにする。

リーダーになるためのフェイトゥーラに際しては，男女一対の「頭の主」とよばれる主要神格が「子安貝の卜占」(jogo de búzio)[9]によって確定されるが，それらは例外なく orixá である。ミナナゴの憑依霊でこのカテゴリーに属するものの多くは，バイアのカンドンブレの orixá やマラニョンのタンボール・デ・ミナの vodum にも対応するものがあり，主として西アフリカ各地の伝統から継承されたものであることは疑いえない。つまり奴隷とともにアフリカから海を渡ってきた神々である。しかし信者が例外なくそれらをアフリカに由来する神々と見ているわけではないし，そもそもアフリカ人奴隷を導入しての黒人奴隷制という歴史的出来事は，大半の信者にとって強い関心の対象ではない。しかし他方に，それらが「アフリカ由来の神格」であることを殊更に強調する人々も存在するが，彼らは集団的記憶からというよりは，シンボルとしての「アフリカ」を操作することに目覚めた人々であるのが一般的であり，彼らはしばしば黒人ではなくて中産階層に属する白人である。彼らが「アフリカ」を強調するのは，ウンバンダの体系的な神学への傾倒，あるいは全く逆に「最もアフリカ的」と言われて久しいカンドンブレへの傾倒ゆえにである。

カンドンブレで憑依するのは orixá であり，儀礼は基本的に orixá についての神話の再現である[10]。他方ウンバンダでは，orixá は高位を占めるが，憑依することはない「宇宙的力」(força cósmica)であって，名代たる下位の憑依霊を儀礼に派遣する。ウンバンダでもカンドンブレでも，orixá のそれぞれについて詳細な神話が語られており，その概略は「ウンバンダ儀礼用品店」などで購入できる解説書・手引書を通じて誰でも容易に知りうる。したがって今では，ミナナゴのなかで，orixá について質問していけば，どこかで人類学者の民族誌を究極的な典拠とする出版物にもとづく語りに出くわすことを覚悟しておく必要がある。「アフリカ」は新たに学ばれつつあるのである。

さらに，orixá (senhor) のカテゴリーには，現在までの研究によるかぎり，ア

フリカ起源である証拠に欠ける憑依霊も含まれている。それらの多くは，概ね「王」(rei) や「男爵」(barão) などの称号や Dom などの尊称をともなったポルトガル語の名をもち，しかもポルトガルやブラジルの歴史上の人物との関係を否定できないものが少なくない。この種の senhor は，明らかにマラニョンのタンボール・デ・ミナから継承されたものであり，ミナナゴ「保守派」において言及される頻度が高く，南東部のウンバンダの憑依霊界観に近似した憑依霊界観をもつグループでは，ほとんど全く言及されず，実際に憑依することもない。この種の憑依霊は，近年徐々に忘れられつつあり，それと対照的に，アフリカ由来の orixá の名前がますます頻繁に口にされるようになってきている[11]。そうした傾向は，アフロアマゾニアン宗教に及びつつある一見相反する2つの動き，すなわち「カンドンブレ化」と「ウンバンダ化」によって促進されていると見ることができる。

　18世紀後半のアマゾン経営の中心人物 Marquês de Pombal（ポンバル侯爵）の名をもつ憑依霊については既にふれた。それ以外にも，例えば Dom Luís Rei da França（フランス王ドン・ルイス）という憑依霊がいる。ある語りによれば，このフランス王はルイ16世であり，ある女性リーダーが1930年代に（ルイ9世の名に因む）サンルイスを訪問した際に憑依されたことから，ベレンでも憑依霊として出現したものである (Leacock and Leacock 1972: 159)。また Dom João（ドン・ジョアン）という憑依霊がいるが，この名をもつポルトガル王は複数いる。ブラジルにとって最もなじみ深いのは，ナポレオンのポルトガル侵攻を避けて宮廷をブラジルに移し，後にその王子がブラジル初代の皇帝となるドン・ジョアン6世であるが，儀礼歌のひとつでは，この憑依霊は「アカデミーの王」(Rei da Academia) と歌われている。ここで歌われているアカデミーが，1720年設立のポルトガル最初の公式アカデミー「王立ポルトガル歴史アカデミー」(Academia Real da História Portuguêsa) のことであるなら，それを設立したドン・ジョアン5世ということにもなろう。しかし，そもそも「同名の王」というヨーロッパの慣習自体が複数の王のあいだに連続性を打ち立てようとするものであるなら，こうした詮索は的外れというべきかもしれない。さらに別の歌では，彼は「海の騎士」(cavalheiro do mar) であると歌われる。なぜそうなのかについての説明はない。このように儀礼歌は，一定の解釈を提供するものである以上

第 7 章　憑依霊の世界　　　　　　　　　　　　　　　　　　　85

に，解釈されるべきものとして共有されているのであり，しかも，それが一定の仕方で解釈されているとは限らず，またつねに解釈されているわけでもない。

　さらに別の例をあげよう。Rei Sebastião（セバスティアン王）という名の憑依霊がいる。これは，16世紀末にモロッコで戦死したポルトガル王セバスティアンが実は生きていて捲土重来のために戻って来るという「セバスティアニズモ」（Sebastianismo）との関係を当然想い起こさせる。この憑依霊については，彼の王国がマラニョンの「レンソル海岸」の地底にあり，いつの日かその王国が地上に現われ，現在地上にあるサンルイスは地底に沈むのだと語られている。儀礼歌のひとつは，この憑依霊について「レンソルを魔術から解き放つ者はマラニョンを沈める」と歌っている[12]。

　また，憑依霊としての Rei Sebastião の別名は Xapanã だと語られ，そういう趣旨の儀礼歌もある。さらに「Xapanã は，São Sebastião（聖セバスティアン）を崇敬しており，São Sebastião は知ってのとおり軍人だから Xapanã も戦士なのだよ」と注釈が加えられる。そして実は Xapanã がアフリカ由来の神格なのだと知るとき，奇妙に錯綜した憑依霊の世界を前にしていると感ずる。このような「憑依霊についてのイメージを拡散する注釈」とでもよぶべきものは，これからの記述でもしばしばあらわれる。多くの儀礼歌が参照されて，それに注釈が施されれば施されるほど，その憑依霊のイメージは明瞭な焦点を結びにくくなるのである。

　「Rei Sebastião は，Xapanã である」という語りにみられるように，orixá（senhor）のカテゴリーのもの同士にも対応関係がみられることがある。この場合は，同一の憑依霊が別の名前をもつのだと語られる。前述の1938年のインタヴューに答えたリーダーも，「ナゴで Barba Çuêra とよばれる憑依霊が，ジェジェでは Nanam Burucú，ウンバンダでは Iansã（Iansam）と名を変える」と説明していた。そのような語りは，複数の系統の間の関係についてのものである。系統が違えば名前が違うのである。この複雑な事情を理解するためには，アフリカ大陸ですでに存在していた諸伝統間の神格間の対応を考慮に入れなければならなくなる。この点についての立ち入った考察は本書の範囲をこえるが，複数の宗教伝統の混在状況における神格の間の翻訳的対応は，バスティード（Bastide 1978a [1960], 1978b [1961]）らが指摘しているように，すでに西アフリ

カの諸民族の神界の間に存在していた。その意味では，その手法がブラジルにおいても引き続き使用されてきているという説明は説得力をもつ。しかし，言わば「神界の人員整理」をしないことがどのような意味をもつのかについては，さきほどカトリック聖人との「対応関係」についての語りに関して指摘したことが，ここにも妥当するだろう。つまり，「Rei Sebastião は，Xapanã である」という語りが，関係づけられている両項について何かを付加しているという可能性がある。さらに，そのような個別的な関係づけは，それぞれが属するシステムの関係を換喩的に表現するものでもありうる。憑依霊のあいだに「対応関係」が語られることによって，様々なカルトは無関係ではないということが語られているのである。

　他方，ミナナゴの憑依霊の大部分は，アフリカの伝統に直接の祖型を見いだすことができないものであり，それらは，最も一般的には caboclo とよばれている。南東部大都市で形成されたウンバンダにも caboclo とよばれる憑依霊のカテゴリーがあり，それは 19 世紀の「インディアニズモ」の所産としての理想化されたインディオ像を反映するものだとする解釈が支配的であることを既に指摘した。しかしアフロアマゾニアン宗教の憑依霊としての caboclo をそうした仕方で解釈することには無理がある。まさにこのカテゴリーの憑依霊こそがアフロアマゾニアン宗教を独特なものにしているのである。caboclo をめぐるシンボリズムについては第 3 部・第 4 部で詳細に議論されることになるので，ここでは必要最低限の説明にとどめたい。

　caboclo は人間から隔絶した畏怖される存在ではなく，人間的な長所や欠点をもつ存在であり，信者の日常生活に直接に介入する「社会的存在」である。caboclo のそれぞれは，特定の聖人や orixá と結びつきがあるとされるが，往々にしてそれは従属的な関係である。したがって，orixá を「高位」，caboclo を「低位」と考えることも不可能ではなく，事実，(喩えて言えばと断わりながらも)両者の関係を軍隊の士官と兵士の関係になぞらえて説明したリーダーもいる。しかし，caboclo を一概に「低位の霊」とみなすとすれば，信者(のみならず憑依霊自身)から異論が出るだろう。

　「伝統的」カンドンブレには caboclo は存在せず，ウンバンダでは原則的に orixá は憑依しないのに対して，ミナナゴでは orixá も caboclo も儀礼の場で

人々に憑依する。しかし憑依したときの振舞いは対照的である。orixá が儀礼歌を歌うことも人々と話すこともないのに対して，caboclo は，歌い話す「人間的な存在」なのである。さらに実際に憑依する頻度という点でも顕著な違いがある。orixá のために催される祝祭的な儀礼でも，その儀礼の対象である orixá がミディアムのうちの誰かに憑依するとは限らない。そもそも，orixá による憑依は非常にまれにしか生じない。それに対して，caboclo による憑依は，ミナナゴのミディアムの生活において日常的な事柄である。ミナナゴのミディアムであるということは，とりもなおさず，ひとつないしは複数の caboclo の憑依をうけることだと言うことができる。儀礼以外でも caboclo による憑依は起こり得るし，祝祭的儀礼においても，治療を目的とする儀礼においても，caboclo はやって来るのである。

3. 憑依霊の属性

憑依霊は性別をもち，それぞれの性別について人々の意見が食い違うことはない。それ以外の属性・能力についての語りは，orixá の場合には，相当程度標準化し固定化している。特に orixá のそれぞれと結びついている場所や自然現象については，ほぼ一定した説明を期待できる。また orixá については，大きな関心が向けられている領域として，主要な祝祭的儀礼に際して用意される「供物」(oferenda) または「憑依霊の食物」(comida de santo) とよばれるものがある。orixá のそれぞれに相応しい「食物」の内容が異なるため，遺漏や過誤のないよう細心の注意が払われる。

caboclo の場合，個々の憑依霊の能力や属性は，ときには同一の憑依霊であることが信じられないほどにまで，ミディアムごとに異なりうるもの，異なって当然のものと考えられている。性別に関しては一定している。しかし，年齢や身体特徴をはじめとして，気性や振舞い，ときには出自にいたるまで違っていることがある。caboclo は儀礼の場で，飲み物を摂ったり喫煙したりするが，嗜好の点でも同一の caboclo でありながらミディアムによって非常に違う。それゆえ，ある特定の憑依霊について語ろうとする場合，ミディアムを特定しなければ充分に特定化したことにならない。要するに特定のミディアムと結びつ

いてはじめて，caboclo は詳細に語りうるものとなるのである。そこで多くの場合「A の頭における caboclo B」(caboclo B na cabeça de A)，つまり「A に憑依するときの caboclo B」として言及されることになる。しかし，複数のミディアムに憑依する同名の憑依霊が，たまたま同じ名をもつ別の憑依霊として理解されているわけではない。あくまでもそれは同一の憑依霊なのである。

　どうしてこのような多様性あるいは矛盾が許されるのだろうかと人類学者は自問するだろう。しかし，実際に憑依をうけるミディアムたちも，ミディアムへの憑依を介して憑依霊とコミュニケートする信者たちも，特定の憑依霊について，すべてのミディアムに憑依する際の行状を総合して，内的に一貫した属性目録を作ろうなどとは考えていない。そして，あるミディアムに憑依する際のその憑依霊の属性・振舞いに一貫性があるかぎり，人々が憑依霊と交渉する際に障害は生じない。もちろん人々は，その憑依霊が他のミディアムの「頭」において随分と違っていることを，伝聞あるいは実際に見たり会話したりして承知している。両者のあいだにいかなる属性の一貫性が必要とされるのかという問題は，彼らにとっても無縁ではないはずである。こうした憑依霊の特定化にまつわる一般性と特殊性あるいは共通性と個別性の問題は，アフロアマゾニアン宗教の憑依の語りを理解するために重要な意味をもつものであり，本書でも後に詳しく論じられるはずである。

4. 憑依霊の世界の「奥深さ」

　orixá と caboclo を包括する名称，すなわち「憑依霊」にあたる名称は複数ある。かつては encantado が一般的だったとみられる。これはパジェランサでは，いまだに使われており，ミナナゴでは，特にペーナ・イ・マラカとよばれる儀礼と結びついた憑依霊群のみを指して使われることがある。総称として現在では，entidade（存在）あるいは guia（導き手）がひろく用いられているが，使い方に若干の違いがある。前者は，概してウンバンダを参照枠組みとする人々によって，観念的な事柄について話している場合に多用される。それに対して後者は，憑依霊と人間との関係についての語りのなかに頻出する。つまり「私の guia」について語るような文脈である。さらに espírito という言葉も使

われるが，それを「死者の霊」(espírito dos mortos) を意味するものとして区別して使う人もいる。

　憑依霊のそれぞれは固有名をもつ。複数の名前をもつことも稀ではない。名前をもたない憑依霊というものは存在しない。したがって，ある人間に憑依が生じていると判断されるとき，それにしかるべく対処するためには，その憑依霊の名前を知ることが何にもまして重要である。あるいは，ある特定の名前をもつ憑依霊に憑依されていると判定されてはじめて，その人間に起こっている体験が憑依として成立すると言うべきであろう。orixá は自ら名のることはなく，その同定は「卜占」やリーダーの「直感」に委ねられているが，caboclo の場合は自らが名のりをあげることによって，そのアイデンティティが明らかになる。しかし名前を知ることは，その憑依霊との関係のありかたを詳細に規定するものとはなりえず，特定の憑依霊との関係を形成していく出発点にすぎない。

　憑依霊の総数については，「きわめて多い」と言われるだけで正確な数は知られていない[13]。そもそも憑依霊の総数といった話題は，信者の関心の外にある。どれだけの数の憑依霊が区別されているかを知ることは，同僚からの質問に備えようとする人類学者には興味あることかもしれないが，彼らにとっては正確な数を知らないことは，悲しむべきことではなく，むしろ「非常にたくさんいる」と語るときの調子からすると，人間が知りえないほど多数の憑依霊が存在することは，慶賀すべきことであるかのような印象さえ受ける。つまり，憑依霊の世界が奥深く豊かなものであることの証明であるかのようなのである。新しい憑依霊が神界に付加されうるか否かについても意見は明瞭な一致をみない。一般には，いままで憑依しなかったものが憑依しはじめることは認めても，まったく新しい憑依霊が誕生する可能性については否定的であるが，それは人間が知りうることでも語りうることでもない。憑依霊が実際に現われ，それが人々に憑依霊として受け入れられれば，その憑依霊は，それを受け入れた人々にとって存在していたことになる。また，同一の憑依霊が複数の名前をもつことがあるために，今までに聞いたこともない名前を名のる憑依霊がじつは既知の憑依霊であるという可能性はつねに存在している。

　さらに困難なのは，ミナナゴの憑依霊の全体構成を記述することである。ま

ず第1に，本来複数の伝統に属していたものが含まれている。リーコックによれば，憑依霊の世界には，アフリカの諸宗教やインディオの諸宗教やカトリシズムに由来する超自然的存在と，ポルトガルとブラジルの歴史やフォークロアに登場する存在が含まれている (Leacock and Leacock 1972: 126)。信者自身も憑依霊の世界の非均質性は承知しているが，それは問題とは考えられていない。全憑依霊の構成がどのようになっているかは，語られる必要のないものなのである。さらにリーコックは「信者のいずれもが少なくとも40〜50の憑依霊を挙げることができるが，それらのリストが完全に一致することはない。また，同一の精霊がいくつもの名前をもちうるし，ことなった形姿で人々に憑依しうると信じられている」と述べている (*ibid.*: 125)。こうした事情は現在もまったく変わっていない。あるテヘイロでよく知られている憑依霊が，他のテヘイロでは言及されることもないというのは稀ではない。こうした多様性は，現在ではリーコックの調査の時点の状況以上であり，通俗的教義書などを通じてのウンバンダやカンドンブレについての断片的知識の増大によって，名前を知られ，また実際に憑依する憑依霊は，いっそう多岐にわたっている。

さらに「リストが完全に一致することはない」ということについて補足しておきたい。本来一致すべきなのに，知識の散逸と貧困化によって，いまやすべての憑依霊のリストを挙げられる人はいなくなり，だれもがその一部しか知らないという哀れな状況に陥っているということではない。各人が憑依霊のすべてについて知っているはずもないし，知っているべきだとされているわけでもない。重要な点は，それにもかかわらず，憑依霊が個々人の私的な幻想であるとは決して考えられていないことである。個々の憑依霊は，明かせるかぎりのことを各人に明かすのであり，明かされていないことについては語りえない。それゆえに語りうることは各人で異なっているというだけのことなのである。

5. 死者の霊と preto velho

しかし，このように錯綜した憑依霊の世界について，いくつかの点については信者の多くの見解が一致している。そのひとつは，儀礼で憑依するものに「死者の霊」(espírito dos mortos) が含まれないことである。信者の多くが，憑依

霊は「われわれと同じように生きているのであり，ただ通常は見えないだけである」とし，「死者の霊が来るのにふさわしい場所はエスピリティズモの交霊会である」としている（Leacock and Leacock 1972: 90-91）。ミナナゴは，死者の霊からのメッセージを受け取ることを儀礼の目的とするエスピィリティズモと，死者の霊による憑依に関して機能的補完関係にある[14]。エスピリティズモの交霊会で caboclo が出現すれば，その場にふさわしくないものとして排除され，ミナナゴの儀礼で死者の霊が現われるようなことがあれば，同様の理由で排除されるからである。ミナナゴの見地からすれば，死者の霊による憑依から，生者にとってポジティヴなことは何も引き出せない。彼らは死者の霊による憑依をありえないとして否定しているわけではない。まさに死者の霊による憑依として語られるからこそ，ミナナゴの儀礼からは排除されるべきものとして語られ，実際に排除されることになるのである。本書では，特に注記しないかぎり，憑依霊の語で示すもののなかに死者の霊を含めない。

他方，エスピリティズモの強い影響のもとで再編されたウンバンダでは，人間に憑依する霊の多くを「死後に肉体を離れた霊」（espíritos desencarnados）としているため，ベレンにおけるウンバンダの影響の増大によって，ウンバンダとは別のものとしてのミナナゴと自己規定する信者のあいだにさえ，ある種の憑依霊についてはそうした用語を使って説明する者がいる。とはいえ，ミナナゴの儀礼は依然として死者あるいは死者の霊を対象としていない。ミディアムが死ねば，儀礼衣装や「頭の主」を表象する石などを川や海にしかるべく遺棄することによって，ミディアムと憑依霊の間の「責務」をともなう関係は終了する。死後についての信者の観念は，細部において変異があるとはいえ基本的にカトリック的なものと言ってよい。したがって，ミナナゴはカトリシズムと補完的な関係にある。憑依霊が関知しているのは，死後の世界ではなく，この現世のことであり，憑依のイディオムにもとづく語りの対象とされるのも，人間が生きているこの世界で生起する出来事なのであり，死後のことは神（Deus）の司る領域であり，それは Olorum, Zambi といった別名でも呼ばれるとはいえカトリックの至高神と同一のものなのである[15]。

神隠し的に行方不明になった人が憑依霊に変ずることはありうる。こうした観念の背後には，「魔術的に他のものに変身する」（encantar-se）という観念があ

り，それは encantado という名称と同様に，パジェランサに由来するものと考えられる。しかしこの場合も，行方不明者は死者ではない。まさに死なないで憑依霊に変身しているからである。要するに，親族・友人・知人など身近な人間が，死後に orixá や caboclo というミナナゴの憑依霊になって人間に憑依するようになると語られることはない。しかし，傑出した歴史上の人物が死後に憑依霊になる可能性については，信者の説明は不明瞭である。

　他方，preto velho（老黒人）とよばれるカテゴリーの憑依霊については，「かつて生きていて死んだ」と語られる場合が多い。その理由は，それが明白にウンバンダ由来の憑依霊だという点にある。ミナナゴのなかで，儀礼で憑依した preto velho による「霊的仕事」を重視するグループは，ウンバンダへの傾斜の度合いが強いと判定して間違いない。ウンバンダでは，奴隷としての辛酸をなめて人格が陶冶された慈愛にみちた老黒人で呪術の奥義に通じているというのが，このカテゴリーの憑依霊の一般的イメージである。

　preto velho だけでなく，ウンバンダの憑依霊の多くは，「死後肉体を離れた霊」であり，その背後にエスピリティズモに由来する「輪廻転生」(reencarnação)の思想が存在する。人間の霊は現世の人々に「慈善」(caridade) を施すことを通じて充分に「進化する」までは，繰り返し人々に憑依しなれければならないのである。しかしベレンでは，ミナナゴと一線を画してウンバンダ信者と自己規定する人々のなかにさえ，こうした「輪廻転生」の観念によって語る人はまれである。言い換えれば，ベレンの多くの自称ウンバンダ信者にとって，抽象的かつ観念的な「ウンバンダ神学」は，容易には受け入れがたい異質なものでありつづけている。なおミナナゴでも，奴隷解放記念日(5月13日)の儀礼では，少なからぬテヘイロで preto velho による憑依が欠かせないが，それ以外の儀礼では，preto velho は独立したカテゴリーとしての重要性は低く，caboclo の一種であるとさえ言われることがある。明らかに黒人とみなされている preto velho さえも含みうるのであれば，caboclo をたんにロマン主義的なインディオ像の反映であるとする，ウンバンダのなかで，そしてウンバンダについての研究のなかで確立されている解釈が，ミナナゴに関しては不適切，少なくとも不十分であることが理解できるだろう。

6. 憑依霊の分類

　憑依霊の分類としては，まず，既述のように，orixá（senhor）/ caboclo という区分がある。しかし特定の憑依霊がどちらに入るのかについて意見が一致しないことがある。だれもが orixá だと認める一定数の憑依霊については問題はない。この区分の曖昧さが特に明白になるのは，ある特定のミディアムの主要な憑依霊について，大半の人が caboclo とみなしているのに，そのミディアム本人が caboclo ではないと語る場合や，本来は caboclo ではないが，「caboclo として来る」(vem como caboclo)，あるいは「〈caboclo のライン〉で来る」(vem na linha de caboclo) などと語られる場合である。

　この区分とは別に，多くの憑依霊が「家系」(família) あるいは〈ライン〉(linha) に組織されている。同一の「家系」もしくは〈ライン〉のなかに，senhor も caboclo も含まれうる。例えば，ある「家系」の「家長」は，senhor だが，その子供たちは caboclo だということもある。「家系」と〈ライン〉の総数といった話題は，信者の関心をひかない。自分に憑依する憑依霊などについては，それがいかなる「家系」に属し，同じ「家系」には他にどのような憑依霊が属しているのかについて熱心に語る。しかしこの場合も，例示するだけで，数え挙げようとするわけではない。

　1960年代に調査したリーコックは，個々の憑依霊の帰属については議論の余地があるとはいえ，「家系」ないしは〈ライン〉のそれぞれの一般的特性については信者のあいだにコンセンサスがあると述べている (Leacock and Leacock 1972: 125)。しかし，現在，それほどのコンセンサスがあるとは考えにくい。すでに20年以上を経ていることが，そうした相違の理由であるか否かについては断定的なことは言えないが，近年とみに強まっている変化およびグループ数の増加という点を考慮するならば，この点に関してかつては現在よりも変異が小さかった可能性は否定できない。

　〈ライン〉という言葉の使用法はかなり多様である。場合によっては，カルトすなわち儀礼複合を意味するものとして使われるが，より一般的には，〈ライン〉とは儀礼的コンテクストを指定する際に言及されると言えるだろう。「家系」は，「親族関係」について語られるという点で〈ライン〉とはことなる。い

くつかの「家系」は，養子 (filho adotado) や里子 (filho de criação) として編入されたものも含めて，多数のメンバーを擁している。ここでも里子や養子という観念が，一見異質にみえる憑依霊が同一の「家系」に含まれていることを巧みに説明するのに役立つ。

「家系」と〈ライン〉の中間に位置するような観念として，tribo あるいは povo というものがある。前者は文字どおり「部族」という意味で使われ，ほぼ例外なくインディオの部族を意味している。そのような部族の構成員に関しても親族関係は語られうるが，より普通には，族長に率いられた共同体というイメージである。後者は「一族郎党」という意味で使われることが多いが，より広い意味で使われる場合もあり，その場合は一定の領域と結びついた一群の「ひとびと」という漠然としたイメージである。

以上のような分類は，知られている憑依霊のすべてを遺漏なく分類しつくすものではないし，そのようなものとして意図されているわけでもない。単に一群の憑依霊が互いに無関係ではないことを語っているにすぎない。同一の群れをなす憑依霊については，一定の共通性が語られることはある。しかし後に詳しく論じるように，ミディアムの個々の「頭」における憑依霊の個性は，そうした共通属性を凌駕するものである。

7. exu: トリックスターの末裔

つぎに取り上げるのは，非常に異質な憑依霊の一群である。それは exu とよばれるカテゴリーのものである。ミナナゴ「保守派」においては，儀礼で exu が憑依することはない。そこでも特別の小屋が儀礼空間の外部に設けられ，儀礼に先立って「儀礼を妨害しないように」供物が捧げられるとはいえ，儀礼で憑依する存在ではない。exu は，アフリカのヨルバ族の神界においては，orixá のひとつであり，orixá 相互の間，人間と orixá の間の仲介者の役目をはたすトリックスターである。つまり，儀礼に先立って供物が捧げられたり，最初に儀礼歌が歌われたりするのは，本来は，他の orixá を呼びに行くという任務のためである。しかし，そうした理由を説明する神話が失われてしまえば，単に追い払われる存在として解釈される可能性が生ずることは，容易に予測できる

だろう。それに加えて，通常トリックスターがそうであるように，その性格は両義的で善悪の埒外にいる存在であるがゆえに，アメリカ大陸・カリブ海のアフリカ系宗教の多くで，キリスト教の悪魔と同一視される本質的に邪悪な存在とされてきた。しかしウンバンダでは，exu は，その女性版である pomba gira とともに，邪悪であるがゆえに強力な呪術的力をもつ存在として重用され，儀礼でも頻繁に憑依する。「憑依して仕事をする exu」はウンバンダの儀礼にとって欠かせない[16]。ミナナゴの内部でも，大多数の「変革型」では，「exu が憑依して仕事をする」ための儀礼を行なうのが普通である。

さらに exu については奇妙な語りが存在する。ミナナゴの exu は，「実は curupira なのだ」という語りがそれである。curupira とはアマゾンの民間伝承に登場する精霊であり，密林に住み，足が前後さかさまについていて，猟師を密林のなかで道に迷わせる悪戯者である。また，タバコと砂糖黍酒を好み，それを贈り物として与えれば，他人に危害を与えることも含めて様々な仕事の依頼に応えるとされている。curupira はミナナゴの儀礼でも実際に憑依し，漠然と caboclo の一種であると考えられている。「exu は curupira なのだ」という語りの根拠を推定することは困難ではない。両者とも砂糖黍酒を好み，贈り物と引き換えにいかなる依頼にも応ずるとされており，非道徳的な存在だからである。

8. 憑依霊の道徳性

orixá は人間をはるかに超越した本性的に道徳的な存在であり，orixá が人々に病気などの災厄を生じさせるとすれば，それは，その人をミディアムとして選択したことを知らせるためであるか，あるいは「責務」の実行を怠っているミディアムに対して注意を喚起するか，罰を与えるためである。orixá の道徳性についての語りは，キリストや聖人の道徳性についての語りと同種のものである。ほとんど実際に憑依することがないという点も考慮するならば，orixá は，「聖人化」した憑依霊であるとさえ言える。

それに対して，caboclo の道徳性について一般的な結論を下すことは困難である。なかには高潔な者もいると語られるが，caboclo の言動は概して非常に

気紛れで身勝手で，道徳的に一貫していないという意味で非道徳的な存在である。人々は caboclo の言うことに熱心に耳を傾け，それを尊重することにやぶさかではない。しかし他方で，caboclo は嘘をつくこともあると語られる。実際に憑依した caboclo にみられる振舞いは，酒を飲みタバコを吸い人々と馬鹿話に興ずるなど，人間と同様の悪癖にそまった存在であり，ときには常軌を逸してさえいる。いずれにせよ，caboclo は一貫して道徳的であることを期待できない存在なのであり，そうした意味できわめて「人間的」な存在なのである。

exu の道徳性については複数の語りが錯綜している。ミナナゴ「保守派」的な見地からすれば，それは儀礼を台無しにしかねない存在である。他方，ウンバンダ的な語りとなると，exu はもともとは反道徳的な存在であるが，訓育によって進化しうるものであり，「進化した exu」(exu evoluido) あるいは「洗礼をうけた exu」(exu batizado) は，人々に福利をもたらす仕事をする存在である。しかし他方で「進化していない exu」の力を借りて他人に危害を与えることもできると語られ，しばしば妖術には exu の関与が指摘される。ミナナゴ「変革型」の exu 観は，祝祭的タンボール儀礼のコンテクストでは，ミナナゴ「保守派」と見方を共有し，憑依霊が「仕事」を行なうセッションでは，ウンバンダ的な見方を共有していると一応は言うことができるが，それはかなり図式的なまとめであるにすぎない。全般的傾向としては，アフロアマゾニアン宗教のなかで，exu についてのウンバンダ的な語りが徐々に優勢になりつつある。

9. 憑依霊の所在

憑依霊がミディアムに憑依しているときに物理的にどこにいるのかについての観念は明白ではないし，論議の対象とされることもない。個人にとって最も重要な orixá が「頭の主」とよばれるように，orixá との関係における「頭」の重要性は，ミナナゴの観念の基底にある[17]。もちろんそこでいう「頭」を物体としての頭と同一視する必要はないが，憑依したときに憑依霊がミディアムの「頭」のなかに入っているのだとは考えられていない。ミディアムが憑依状態にあるときに，その人の「魂」(alma) がどのような状態にあるかについても，語りは錯綜している。「それは憑依状態でないときと同様であり，もし魂が身体か

ら抜け出たりすれば，それは死を意味する」と語る人もいれば，憑依状態下では「魂は身体を抜け出て，その近くにいるのだ」と語る人もいる。

　「憑依」を意味する言葉としては，incorporação が最も一般的である。「憑依状態になる」のは，incorporar-se あるいは atuar-se と表現される。前者は，文字通りには「corpo（身体）のなかに入られる」ことを意味するが，憑依霊がミディアムの物理的な身体のなかに入っているかどうかについての人々の説明は曖昧である。atuar-se とは，日常用語としては「動かされる・機能をはたすようになる」ことを意味する。「憑依状態である」ことは atuado，「憑依状態ではない」ことは，「しらふ」といった語感で，puro と言う。特定の憑依霊に憑依されることに力点が置かれる場合には，その憑依霊を receber（受ける）という言い回しが一般的である。憑依霊は，人が「呼び」(chamar)・「降ろす」(arriar)ことによって「降りてきて」(baixar)，「憑依」(incorporar) し，再び「昇っていく」(subir)。もちろん儀礼の場で儀礼歌を歌って呼んだからといって降りてくるとは限らず，呼ばなくても儀礼のコンテクスト以外で勝手に降りてくることはある。いずれにせよ上昇と下降を表わすことばによって憑依霊の出現と退去は表現される。しかし物理的に上方から去来すると考えられているわけではない。つまり，ミディアムに憑依霊が憑依するという現象についての人々の語りは，まるで空間化されていないのである。

　憑依されるときの身体感覚について，たいていのミディアムは，憑依霊が「背後から覆いかぶさるように」感ずると説明する。その時の感覚については，「穴に落ち込むよう」，「眠りにおちるよう」，「波打ち際から海のなかに入っていくよう」であるなど様々な仕方で表現する。そして憑依された後のことについては，圧倒的多数をしめる「意識のないミディアム」(médium inconsciente) の場合，まったく記憶がないことになっている。憑依状態から回復したときの感覚については，「夢から醒めたよう」あるいは「解放されたよう」などと語られ，暑さ・呼吸困難などを感ずると語られる。

　憑依していないときに憑依霊が物理的にどこにいるのかという人類学者好みの問いは，人々の強い関心を惹かない。信者の関心は，いまここに来ている憑依霊の言動のほうにあるからである。しかし，「どこにいるのか」という問いに対しては，概ね二通りの答え方がある。ひとつは，「見えないけれども我々人間

と同一の空間を共有しているのだ」というものである。この語りの場合は、「同一の空間にいる」ということよりも、強調点は「人間との違いは見えないことだ」という点に移行している。いまひとつは、憑依霊には、ここではない居所が確かにあるというものである。この答え方には2種類ある。一方では、きわめて漠然とした場所が、憑依霊が人間に憑依していないときの居場所として言及される。「アルアンダ」(Aruanda) あるいは「エンカンタリーア」(Encantaria) などがそれである。「アルアンダ」は、どこか上方にある世界であり、ときには「空の下で雲の上」などと実体化され、ウンバンダ由来の儀礼歌にはしばしばこの言葉が登場し、この言葉は強い「ウンバンダ的な香り」がする。他方、「エンカンタリーア」は、漠然と下方、しかも川底の世界として想定されており、このような言葉が語られはじめるとき、語りはパジェランサ的な語りに移行しつつある。1960年代に「憑依霊 (encantado) は深み (fundo) のものであるのに対し、聖人は空 (cêu) のものである」と語る人々がいたということである (Leacock and Leacock 1972: 55)。現在でもそのような語りは聞かれることがあるが、「深み」(fundo) は、すべての憑依霊の居場所ではなく、パジェランサに由来する種類の憑依霊の居場所として特化しつつあるように見受けられる。

「居場所がある」という答え方の2種類目のものは、それぞれに特定の「居所」があると語るものである。この種の語りでは、多くの場合、儀礼歌の歌詞が参照される。これについても2つのタイプを区別できる。一方では、カテゴリーとしての「居所」が語られる。例えば、Oxum は河川(淡水)、Iemanjá は海(海水)、Xangô は岩場、Jurema は密林のなかの集落という具合である。この場合は、「供物」を置きに行くのは、どこの河川でも、どこの海でもよいという普遍性がある。この種の説明はウンバンダ的な語りのなかに頻出し、ウンバンダは、そのような意味でも、特定の土地を越えて受容されうる汎用性をもっている。他方、マラニョンのコドー出身とされる povo de Legua やマラニョンの特定の海岸の海底に王国があるとされる Rei Sebastião のように、実在する場所が語られる場合もある。この種の地理的に特定化された「居所」は、特にアフロアマゾニアン宗教特有の憑依霊についての語りのなかで頻出する。

しかしいずれの場合も、「憑依していないときに何処でどうしているか」についての人々の関心は希薄である。ある特定の憑依霊の居場所について詳細に語り

うるのは，たまたま，それについての語りが儀礼歌などのかたちで存在したり，憑依霊自身がそのように語ったからにすぎないのである。

第8章　カーザ：儀礼の舞台

1. カーザ (casa) の世界

　憑依霊がそれぞれ特定の人々を憑依する対象として，つまりミディアムとして選択し，憑依しつづけることの上にミナナゴの儀礼は成立している。言い方を変えれば，ミディアムがそれぞれの憑依霊から受けた「指示」(preceito) に従って，その憑依霊に対する「責務」(obrigação) を履行していく場として，あるいは憑依霊のそれぞれとミディアムのそれぞれの特定的関係が具体的に表現される場としてミナナゴの儀礼がある。儀礼は一般にグループによって実施されるが，すべての儀礼が集団的なものだというわけではない。しかし，ミナナゴのミディアムでありながら，グループで実施される儀礼にまったく関与していないということはありえない。なぜならばミナナゴのミディアムであるということは，太鼓を用いる集団的な憑依儀礼であるタンボール儀礼に現われる憑依霊のいずれかの憑依を受けることであり，その憑依霊への「責務」として，その種の憑依儀礼に参加して踊り，その憑依霊に対して，儀礼の場に姿を現わして自己表現をして人々とコミュニケートする機会を提供しなければならないからである。その「責務」を履行するために，自らがリーダーとして儀礼を主宰する場合もあるし，他の人の主宰する儀礼へ参加するという場合もある。しかしいずれにせよ，ミナナゴの儀礼を行なうためには，グループが必要になる。そのような儀礼実施単位は，テヘイロあるいはカーザ (casa) とよばれる。その構造について述べておくことにしたい。

　今までにもしばしば，一定の一貫性と均質性をもつシステムが存在するのは，

1人のリーダーに率いられたグループのレベルであることを指摘してきた。そうした意味で，自律的な儀礼実施単位であるカーザがひとつの世界なのである。私もひとつのカーザのみに留まって調査をしていたならば，もっと容易にシステムを描きだすことができただろう。そこでは「しかるべきやり方」で儀礼が行なわれており，儀礼では，なじみのミディアムたちと，なじみの憑依霊(caboclo)たちに会えるというわけである。

　カーザ(casa)は，まず第1に，物理的な意味での家屋であるが，居住空間としての家屋ではない。ミナナゴのカーザに不可欠なものは，儀礼を行なうための特別な空間であり，その中心が憑依儀礼の舞台となる儀礼フロアーであり，それが狭義で用いた場合のテヘイロの語が指し示すものである。それゆえにカーザの全体も広い意味でテヘイロとよばれる。儀礼空間としてのカーザは，リーダーの住居と同一家屋の場合もあれば，同一敷地内に別棟として建てられている場合，住居とはまったく別の所に建てられている場合もある。しかし，リーダーは，テヘイロもしくはその近くに生活して日常的に行き届いた注意を払い続けることが望ましいと考えられている。それゆえにリーダーを指して「憑依霊の世話人」(zelador do santo)という表現がしばしば使われる。しかるべき儀礼手続きを経ることによって，しかるべき「基礎」(fundamento)の上に開設されたテヘイロは，儀礼が行なわれていないときでも特別な空間であり，それをしかるべく手入れしつづけることは，リーダーの重要な「責務」なのである。儀礼家屋内部の詳細はテヘイロごとに相当ことなるが，基本的構造は共通する。一例に即して説明することにしよう[口絵写真2～15, 17, 21]。

　この事例のテヘイロの名称は，Terreiro de Nagô de Santa Barbara である。通常テヘイロの名称には，そのグループ(あるいはリーダー)にとって重要な聖人か(「頭の主」あるいは後述する guia-de-frente にあたる)憑依霊の名がつけられている。このテヘイロの場合，一般家屋を一部改造して使用しており，外観からは一般の住居と区別することができない。こうした形態は非常によく見られる。リーダー(pai-de-santo)の男性は独身で，すでに成人に達した養女2人は別の所に住んでおり，ミディアムの女性の1人が住み込みで家事をしているほか同居人はいない。但し，出入りはあるとはいえ(一時期の私も含めて)使い走りの子供や親類縁者など常時居候がいる。それ以外にも，食事時にきまって現われ

図1 テヘイロ

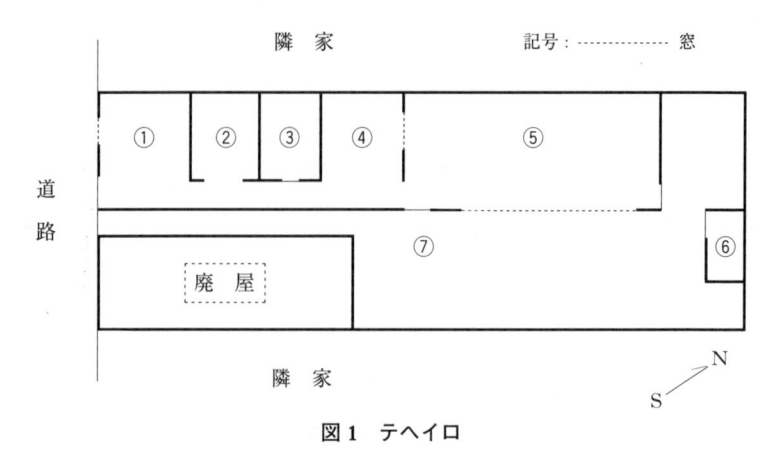

る人々や，テレビを見にくる常連もいて，彼がプライヴェートな時間を過ごせる空間は皆無である。さらに予告なく現われるクライアントにも対応せねばならず，彼の全生活はミナナゴのリーダーとしての「使命」（missão）に捧げられていると言って過言ではない。図1に敷地と家屋の平面図を示す。

　このテヘイロは，市の中心ではないが，市街地にある。テヘイロを開いた20年前には，ここもほとんど森のなかであった。現在では周囲を一般の住宅に囲まれており，前の道は舗装されている。ベレンの家屋の通例にたがわず，道路に面した狭い間口から奥へと鰻の寝床のように部屋が並んでいる（間口4.6 m・奥行23.5 m）。壁は土壁で屋根はヤシの葉で葺かれ，非都市部に一般にみられる粗末な家屋と大差がない。隣家が廃屋になっているため庭の空間があり，祝祭的な公開の儀礼の日には，道路から庭に通ずる木戸が開けられ「見物人」たちが自由に出入りする。

① 客間（sala）
② 寝室（quarto）
③ 聖所（roncó, capela, camarinha）
④ 台所（cozinha）
⑤ 儀礼フロアー（barracão, sala de dança, terreiro）4.6 m × 7.4 m
⑥ exuの小屋（casa de exu）
⑦ 庭（quintal）

これらのうち③⑤⑥が儀礼家屋としてのテヘイロにとって最も重要な場所である。儀礼は儀礼フロアー⑤で行なわれ，そこが狭義の意味でのテヘイロにあたる。大多数のテヘイロで，儀礼フロアーは建物の最も奥まった所に位置している［口絵写真 5］。フロアーの正面の隅には，このリーダーにとって重要な caboclo である Mariana の等身大の立像が置かれている。これは信者からの贈り物であり，リーダーによれば「単なる飾り」にすぎない。こうした等身大の憑依霊像はウンバンダではより頻繁にみられ，ときには何体もが所狭しと並べられていることもある。⑤の中央と太鼓の床下には「聖物」(assentamento) が収められており，しかるべき手続きに従ってそれが収められていないならば，「基礎」(fundamento) が欠けているがゆえに，正しいテヘイロとみなすことはできないし，そこで儀礼を行なったとしても，それは憑依霊に対する「責務」を正しく果たしていることにはならない。このテヘイロの儀礼フロアーの床は一般にそうであるようにセメントのたたきであるが，ミナナゴ「保守派」のいくつかのテヘイロでは床は地面であり，そこでは「本来ならばそうあるべき」と主張されている。儀礼フロアーの正面の壁には，このテヘイロの守護聖人的な地位をしめる Santa Bárbara の像をのせた台が掛けられている。その下には，上面のみに獣皮を張った縦型の太鼓 (tambor あるいは atabaque) 3 つが木製の台に据えられており，太鼓叩きは壁を背に座席に座って素手で両手で叩く[18]。ミナナゴ「保守派」では縦型の太鼓のほかに両面に獣皮を張った横型の太鼓 (abatá) も併用する所が多いが，後者はサンルイスのテヘイロでは一般的なものである。

③の「聖所」の隅には祭壇 (altar) が設けられ，カトリック聖人像が所狭しと置かれており，一見すればカトリックの祭壇としか見えない［口絵写真 3］。祭壇の下は通常は布に覆われて見えない。その背後の床の上に，数個ずつ石 (otá) の入った白い小鉢が十数個置かれている。小鉢のそれぞれは，フェイトゥーラを既に開始しているミディアムのひとりひとりに属しており，石は，海岸などでリーダーがしかるべく発見したものであり，各ミディアムの「頭の主」にあたる orixá を表象する。この石は，フェイトゥーラの全プロセスを終了した際に，本人に手渡されることになる。タンボール儀礼に際しては，儀礼の開始と終了の時点にリーダーに率いられたミディアムたちが祭壇前で跪いて拝礼する。またフェイトゥーラの際の「籠り」が行なわれるのもこの「聖所」である。さ

らにこの部屋は，リーダーもしくは彼の憑依霊がクライアントにプライヴェートに応対するのにも使用される。

⑥は儀礼家屋の外に建てられた exu を祀る小屋であり，外壁は白く内部は赤く塗られている。その内部には，exu やその女性版である pomba gira の像やそれらを象徴する鉄製の品々が置かれているほか，Santo Antônio の像がある。後者が「対応」する orixá である Ogum と exu が関わりがあるというのが，この聖人像がここに置かれている理由である。⑥は儀礼家屋としてのテヘイロの外部に置かれるべきものであり，通常は施錠されている。タンボール儀礼に先立って，あるいはクライアントのために exu の助力で仕事をする際に，exu への供物が置かれるのはこの小屋の中である［口絵写真4］。

①は通常の客間として使われ，タンボール儀礼の日には人々と憑依霊が談話する場でもある。②のリーダーの寝室は，儀礼の日にはミディアムたちの更衣室として使われる。④の台所では日常の炊事のほか，儀礼関係の調理（憑依霊に供える食物など）も行なわれる。リーダーによれば，本来ならば両者は別の台所，すくなくとも別の竈を使うべきものである。クーラ（治療）を目的とする儀礼の際には庭に面した窓は閉じられたままだが，祝祭的なタンボール儀礼の日には窓も跳ね上げられ，儀礼フロアー内の壁際のベンチにあふれた人々が鈴なりになり，外の庭から中の儀礼を見ることができる。庭には，Oxossi の聖木であるデンデヤシが植わっているが，Oxossi がこのリーダーの「頭の主」のひとつが Oxossi であることが理由で，どのテヘイロにもあるわけではない。さらに敷地内・家屋内にはそれぞれに曰くのある品々が充満している。

部屋の具体的な配置はテヘイロごとに相当ことなっており，儀礼フロアーはほぼ例外なく家屋（ないしは敷地）の奥に位置しているが，テヘイロによっては，道路に面した部屋にカトリック祭壇があって，③にあたる小部屋がその背後に隠されている場合もあれば，儀礼フロアーの太鼓の背後にある場合もある。また方位に関しては，各リーダーの独自の趣味は別として特別な考慮は一切払われていない。以上が儀礼家屋としてのカーザである。

第2に，カーザは一定の範囲の人々である。その中心には1人のリーダーがいて，儀礼を主宰する責任を負い，カーザ内部で起こることすべてに命令を下す立場にある。リーダーは例外なく憑依霊による憑依をうける能力をもつ者（す

なわちミディアム)であり，男性なら「パイ・ヂ・サント」(pai-de-santo)，女性なら「マンイ・ヂ・サント」(mãe-de-santo)とよばれる。それぞれ「宗教的な父」「宗教的な母」を意味する。リーダー以外にカーザにはつぎのような人々がいる。儀礼に参加して憑依霊の憑依を受けるミディアム(男性なら filho-de-santo，女性なら filha-de-santo とよばれる)。ミディアムではないが，そのカーザの儀礼で一定の役割を果たしている filho-da-casa とよばれる人々。前者は「宗教的な意味での(リーダーの)息子あるいは娘」であり，後者は「そのカーザの子供たち」という意味になる。以上のような人々がカーザを構成する人々である。タンボール儀礼に際して，その日の儀礼の対象である憑依霊に対する「責務として用意された料理」の共食がなされる場合，それに与るのは原則的に以上の人々のみである。

　ミディアムの場合，「草や葉を浸した水」で頭を定期的に洗う儀礼 (banho de amaci) を受けることがカーザに所属するために必要だと語られはするが，むしろそのことよりは定期的にそのカーザの儀礼にミディアムとして参加して踊ること，つまり複数のカーザの儀礼を渡り歩いたりせず定着していることが重視される。ミディアムがフェイトゥーラのプロセスを開始すれば，リーダーとの関係はフォーマルなものになり，「約束」(compromisso) にもとづく責任をともなう関係になる。ミディアム以外の人々の場合は，filho-da-casa とみなされるための形式的手続きは存在しない。その構成は多様であり，太鼓叩きの男たちや，色々な半端仕事を手伝う女たちなど，言わば内輪の人々がテヘイロに出入りし，儀礼の日にはたむろしている。そのようにしてそのカーザの儀礼の常連であることが内輪の人間とみなされるための重要な条件である。

　ミディアムたちは，同一のリーダーの「息子」あるいは「娘」であることによって，互いに「宗教的な意味でのキョウダイ」(irmão(irmã)-de-santo) の関係にある。このように，カーザを構成する人々の関係は親族用語で表現され，「息子」や「娘」たちは，リーダーにむかって「父」(pai) あるいは「母」(mãe) という呼称を用いる。カーザの人々は，様々な形で日常生活において相互に扶助しあうことが期待されており，それがひとつのカーザに所属することによって人々が手にする安心感の根底にあることは疑いえない。さらに後述するように，リーダーの憑依霊をはじめとして，そのカーザのミディアムたちに憑依する憑

依霊による助言や援助も期待できる。つまり「私(たち)のカーザの憑依霊」との親密な関係を手に入れることができるのである。

　ひとつのカーザに所属するミディアム (filho-de-santo) の数には，相当の変異がある。各地に散らばっている者も含めて100人を超えると豪語するリーダーもいるが，カーザと恒常的な関係を維持しているミディアムの数は，一般に10〜30人程度で，50人を超えるものは稀である。この事例のカーザの場合，祝祭的なタンボール儀礼に参加して踊るミディアムは，通常10人前後から30人前後であるが，ときには，独立してテヘイロをもつ弟子が自らのグループのミディアムを引きつれて参加することもあり，そうした場合は儀礼フロアーは，立錐の余地もない状態になる。

　ミディアムの男女比は著しく不均衡であり，女性が多数を占める。こうした状況は1960年代でも同様であり，180人のサンプルについて女：男＝134：46という数字が報告されている (Leacock and Leacock 1972: 102)。この不均衡について，儀礼衣装を着て公開の儀礼で踊る男性に対して，外部の人々のあいだには，女性的もしくはホモセクシュアルであるとの見方があり，女性に混じって踊って憑依霊に憑依されるのを待つという受動的行動も明らかにブラジル社会の「男らしい男」(macho) という理想的イメージに反し，そのことが男性がミディアムとなることの阻害要因となっているのだとリーコックは解釈している (ibid.: 103–105)。そうした見方は，ある程度まで，女性の憑依霊に憑依された際の男性ミディアムの女性的な振舞いの与える印象にもとづいていると言えるが，一般社会よりも有意に多い比率でミディアムのなかに一見してそれとわかるホモセクシュアルの男性が含まれていることも事実である。しかしホモセクシュアルであることがミディアムとしての能力の優劣に関係があるとは一切語られていないし，憑依霊がミディアムとしてホモセクシュアルの男性を望むとも語られていない。つまり人々の語りは，この件について何の説明も用意していないのである。

　他方，フライは，ホモセクシュアルであることがリーダーとして成功するために有利に作用するという点を指摘している。その理由は，家族の扶養の責任がないために財をすべて儀礼活動に注ぎ込むことができ，その結果，盛大な儀礼を頻繁に行なうことができ，それがリーダーとしての名声を高め，多くのミ

ディアムやクライアントが彼のテヘイロに集まるという成功のサイクルを生み出すという指摘である。さらにまたフライは，ホモセクシュアルの男性リーダーが，性的に両義的な存在であるがゆえに強力な呪力をもつとみなされるであろうことが，リーダーとしての成功につながると解釈している (Fry 1982)。

実際，男性の場合，中年以上であるのに，リーダーとして自らのテヘイロをもたず，他のリーダーの儀礼にミディアムとして参加しているという例はきわめて稀である。つまり，男性のミディアムの圧倒的多数は，リーダーもしくは若者である。この点についてリーコックは，男性ミディアムに対する前述のような見方があるなかで，リーダーであれば，ミディアムやクライアントから受ける一定の尊敬によって，女性的であるとの周囲からの非難を回避することができるからだと解釈している (Leacock and Leacock 1972: 107)。以上の解釈は，なぜ女性ミディアムが多いかではなく，なぜ男性ミディアム（特にリーダーでないもの）が少ないのかについての解釈として説得力をもつものである。本書では，それらに替わる解釈を用意していないが，この問題について考察する際には，サンルイスの「最も伝統的」とみなされる Casa das Minas および Casa de Nagô ではリーダーをはじめとしてミディアムは全員女性であり，男性はミディアムとしての参加を許されていないという事情は当然考慮すべきであろう。しかし同時にミナナゴで，「ミディアムは本来女性であるべきであるのに」と語られることがないことにも注意を向ける必要がある。要するに，憑依をめぐる語りにおいて，ミディアムの性別やホモセクシュアルであるか否かは，ミディアムとして憑依霊との関係を構築していくプロセスにとってレレヴァントな事柄ではないのである。

第3に，カーザとは儀礼を行なう単位であり，それぞれが一定数の定期的儀礼からなる儀礼暦をもち，それにフェイトゥーラにともなう儀礼など随時の儀礼を加えたものが，実際に行なわれる儀礼である。儀礼単位としてのカーザについては後で詳しく述べる。

第4に，カーザは，一定の憑依霊のグループである。儀礼で実際に現われる憑依霊のラインアップは，カーザごとにかなり相違がある。儀礼に参加するミディアムたちが異なり，さらにミディアムのそれぞれに憑依する憑依霊が異なるからである。つまりカーザとは，そこの儀礼で現われる憑依霊のグループと

して見ることもできる。それは固定的なものではなく，ある1人のミディアムにおいてさえ実際に憑依する憑依霊は変化しうるし，さらにミディアムが死亡したり，遠隔地に転居したり，リーダーとして独立したりといった理由でそのカーザの儀礼に参加しなくなれば，ある憑依霊はそのリストから脱落するし，新しいミディアムが加わったり，もとからいたミディアムが新しい憑依霊を受けるようになったりすれば，リストは増大することになる。そのような変動はあるとはいえ，カーザが人々だけでなく憑依霊をもメンバーとしているのだという視点は，ミナナゴの憑依儀礼を理解するために不可欠である。憑依儀礼は，まず何よりも，そのような意味でのカーザが一堂に会する場だからである。カーザに「所属する」憑依霊のなかで，リーダーに頻繁に憑依する特定の憑依霊が指導的立場に立ち，リーダーが儀礼の最中に（まさに憑依を受けているために）不在である間，儀礼を滞りなく進行させる役目を負っている。

　以上を要約すると，カーザとは，1人のリーダーを中心とする人々のグループであって，物理的な儀礼空間を有し，そこで儀礼を実施する単位であり，その儀礼で現われる憑依霊群をも含むコミュニティなのである。そしてそれが「語りの共同体」の最小かつ最重要な単位をなしている。後述するように，憑依霊のうちでも caboclo のカテゴリーのものは，儀礼で頻繁に憑依し，そのミディアムの「頭」におけるその憑依霊をめぐって様々な語りが紡ぎ上げられていくことになるが，その舞台となるのは，何よりもまずカーザとしてのテヘイロである。

2. グループの形成と分派

　ではそのような単位としてのグループ（カーザ，テヘイロ）はどのようにして形成されるのか。この問題は，人々がどのようにして憑依を受けはじめミディアムとなり，さらにリーダーとなっていくかというプロセスと切り離せないものであるが，その詳細な考察は後に行なう。ここではグループ形成に関わるグループ内部のダイナミクスについてのみ述べておきたい。まずひとつ留保すべき点がある。太鼓を儀礼で使わないウンバンダのグループの場合，リーダーとなるためのフォーマルなイニシエーションは存在しないか，きわめて簡単なも

第 8 章　カーザ：儀礼の舞台　　　　　　　　　　　　　　　　　109

のであり，それゆえに短期間他のグループに出入りしただけでリーダーとなって自分のグループを組織するというようなことがしばしばある。

　ミナナゴのリーダーとなってテヘイロを組織するためにはフェイトゥーラが必要であり，それゆえに，むやみにテヘイロが新設されることはない。したがって，ミナナゴのミディアムがリーダーとしてテヘイロを主宰している場合，そこにいたる道筋は2種類しかない。ひとつは，既存のテヘイロでリーダーを補佐する立場にあった熟練したミディアムが，リーダーの死去に際して，その後継者となるケースである。この場合，前任者の死後1年間テヘイロを閉じた後に活動を再開することになる。いまひとつは，テヘイロを新設するケースであり，それが可能であるのは，既存のテヘイロでフェイトゥーラの全プロセスを終了した後に，自分のテヘイロを開設する場合のみである。系列のテヘイロを多く生み出してゆくかどうかという点に関して，2つの典型的な形態を指摘することができる。この形態は，ある程度まで前述のミナナゴの「保守派」と「変革型」の違いに対応する。それぞれを代表する2つのテヘイロの事例に即して，その違いを述べることにしよう。

　ミナナゴ「保守派」のあるテヘイロにみられる形態をAタイプとする。そこではミディアムは，独立して自分のテヘイロを開設するよりは，同一のテヘイロに所属しつづけることが当然と考えられている。それゆえに，新しいリーダーを養成するために不可欠なものとされるフェイトゥーラをミディアムに施すことは重視されていないし，頻繁に実施されることもない。つまりミディアムとして一人前になっても，複雑で費用と時間のかかる本格的なフェイトゥーラは必要とは考えられていないのである。こうした特徴をもつために，系列のテヘイロが形成されていくことはほとんどなく，外部に勢力を拡張していくことは困難である。そのかわり，長くそのテヘイロに所属しつづけて，そこでのしかるべきやり方を知り尽くした熟練したミディアムを多く抱えることができる。彼(女)らはリーダーに代わって儀礼歌を適切にリードするなどの能力をもつし，経験を積んでいれば有能な憑依霊と関係を結んでいる可能性が高いから，儀礼はそれだけ充実したものになりうる。このタイプのテヘイロの場合，リーダーの潜在的なライヴァルになりうるような技量をもつミディアムたちがリーダーと協力的関係にあるかぎり，非常にまとまりのよい安定した状態が生み出

される。ミディアムたちは互いを知り尽くしているし，他のミディアムに憑依する憑依霊についても熟知している。つまり「リズム」を共有しているのである。サンルイスの Casa das Minas は，このタイプの極限的な形態にあたる。そこでは「完全なイニシエーション」は行なわれなくなって久しく，それを執行することができる人はもはやいなくなっている。従来は多くのテヘイロがこのタイプで，それゆえにテヘイロの数が極端に増加することはなかったとみられる。

　ミナナゴ「変革型」のあるテヘイロにみられる形態をBタイプとしよう。そこでは，ミディアムはフェイトゥーラを受けることが望ましいとされ，その全プロセスを終了したミディアムは，独立して自らのテヘイロを開くのが当然と見なされている。その結果，系列のテヘイロを多くもち，外部に勢力を拡張しうる反面，熟練したミディアムが次々にテヘイロを通過していくということになり，Aタイプに比べて安定性に欠けるという結果になる。次々に有望なミディアムをリクルートすることによって，はじめて儀礼は充実したものでありつづけることができるのである。このタイプの場合，独立を望むミディアムが意に反していつまでもリーダーのテヘイロに留めおかれるという状態は生じない。それゆえに，ミナナゴのリーダーになろうとするミディアムは，このタイプのテヘイロに加わってフェイトゥーラを受けることを望む。連盟はミナナゴのテヘイロを開くためにはフェイトゥーラを受けることを譲れない条件としているからである。フェイトゥーラを求めてくるミディアムの背景は様々である。例えば前述のソフィアの場合のように，パジェランサやクリンバを経てきている場合もあるし，エスピリティズモからウンバンダを経てきている場合もある。このように，異質なものが外部から侵入する可能性につねに曝されており，それはテヘイロ内部の均質性を保つために脅威となりうる。聞いたこともない儀礼歌が歌われたり，見慣れない憑依霊が儀礼で登場したりするかもしれない。そうした状況の下で，そのテヘイロの様式を堅持しうるかどうかは，リーダー（とその憑依霊）の力量にかかっている。

3. 儀礼単位としてのテヘイロ

　以上のようなテヘイロを儀礼実施単位としてミナナゴの儀礼は行なわれる。テヘイロのそれぞれで行なわれる儀礼に関しては一定のシステムが存在する。ミナナゴのリーダーが「ミナナゴの儀礼のやり方はこれこれだ」と言うとき，それは，「私のテヘイロの儀礼のやり方はこれこれだ」ということを意味している。そして，あるテヘイロの儀礼に参加しているかぎり，人々は，そこのやり方にしたがって儀礼に参加することを期待されている。それは儀礼を開始する際の所作であるとか，冒頭で歌われる儀礼歌の種類と順序であるとか具体的かつ細部におよぶ。このような詳細な差異こそが居心地の悪さとして感じられ，テヘイロの違いを実感させるものなのである。それゆえに，よほど親密な関係にあるテヘイロ（そのような場合，儀礼の様式の差異が小さいことが予想されるが）を除いて，リーダーが他のテヘイロの儀礼に，招待客として列席するためではなく，踊って憑依霊を受けるというかたちで参加することは非常にまれである。リーダーではないミディアムの場合も，ひとたび特定のテヘイロの一員となった後は，あちこちのテヘイロの儀礼で踊るというようなことはなくなる。私の知るかぎり，それが裁可をともなって禁じられているわけではない。しかし，それはあたかも隣のクラスの同窓会に紛れ込んだようなものになるだろう。仮にそこでそのミディアムに憑依が生じたとしたら，その憑依霊にとってもその居心地の悪さは同様であろう。このように，テヘイロは，一定の了解事項と「リズム」を共有した人々と憑依霊から成り立っている世界なのである。

　ミディアムは，憑依霊への「責務」として儀礼で踊らなければならず，リーダーは，「責務」として儀礼を主宰しなければならない。リーダーがすべての憑依霊に対して儀礼をするわけではないし，ミディアムが，所属するテヘイロで行なわれるすべての儀礼に参加するわけでもない。とはいえ，リーダーの各々には，彼（女）がどうしてもやらなければならない儀礼があり，ミディアムの各々には万難を排して参加しなければならない儀礼がある。儀礼の実施・儀礼への参加は，特定のミディアムと特定の憑依霊との関係のなかで受ける「指示」によって生ずる「責務」だからである。その結果として，いついかなる儀礼を挙行するか，いかなる儀礼に参加しなければならないかは，個々人で違いうる。

それゆえに，集団的な儀礼の場合も，「個人的な責務」の履行としての儀礼の集積という側面を無視できない。しかしその「個人的な責務」の履行のために，集団的な儀礼というコンテクストが必要になるのである。

こうした特性をもつために，あるリーダーが語ったように，「本来ならば(特定の憑依霊との関係ゆえに)参加することが期待されている儀礼にミディアムが来ないとしても，それはその人の問題」なのである。ここにも「伝統的」カンドンブレとの大きな違いがみられる。カンドンブレの憑依儀礼では，しかるべき順序に従ってミディアム各々にしかるべき orixá が憑依し，それらの間に神話上の出来事を再現するドラマが展開することが意図されており，それゆえに儀礼はすべての演者がそろってはじめて幕を開けられる芝居のようなものだからである。それに対してミナナゴの儀礼は，その日に来ることができた役者だけで即興的に構成される芝居のような様相を呈するという面がある。そしてその役者とは，ミディアムだけでもなく，憑依霊だけでもない。ミディアムと憑依霊の憑依を介しての結びつきによってはじめてそこに出現する存在なのである。

第9章 「責務」としての儀礼

　ミディアムとしての生活は，すべて特定の一定数の憑依霊に対する「責務」(obrigação)として展開している。憑依儀礼すなわち憑依が生ずる儀礼を実施すること，それに参加して憑依霊の憑依を受けることは，そうした「責務」の最も重要なものであるが，それが「責務」のすべてではない。まず憑依霊に対する「責務」として行なわれている儀礼であるが，憑依儀礼ではないものについて見てみることにしたい。

1. テヘイロの聖人行列

　カトリック的な儀礼を実施したり参加したりすることも，憑依霊に対する「責務」をなしていることがある。しかし，それが「責務」の履行であるか否かは，外見からは判断できない。
　ミナナゴのテヘイロの儀礼暦は，カトリック教会暦と切り離すことができない。カトリック聖人の祭日に，その聖人を「崇敬」する orixá のための祝祭的憑依儀礼が実施されることは既に述べた。他方で，カトリック教会暦との結びつきのゆえにテヘイロが祝祭的な憑依儀礼を絶対に行なうことがない期間がある。「聖週間」(Semana Santa)，あるいは，それに先立つ「四旬節」(Quaresma) を含む全期間がそれである。この期間は，復活祭が移動祝祭日であるため毎年ことなるが，太鼓を使った祝祭的な憑依儀礼は決して催されない。「聖週間」は，ミナナゴの儀礼暦のなかで祝祭的儀礼の非在という意味で非常に特別な期間なのである[19]。その理由として「キリストの受難のときであるから祝祭的儀礼は慎しむのだ」という理由が語られるのが普通である。聖週間の開ける「復活の

日曜日」の前日の「聖土曜日」の夜には，ほとんどすべてのテヘイロで祝祭的タンボール儀礼が実施される。それを行なう理由は「キリストの復活を祝う」ためであるが，同時に，キリストに「対応」する orixá である Oxalá に対する「責務」として行なわれるのだと説明されるとき，実施されている儀礼が，公式カトリシズムの枠内にはおさまらないものとなっている。それは憑依霊に対する「責務」をなしているからである。

この「聖土曜日」のタンボール儀礼のときにだけ行なわれるものとして，「石の上でのお仕置き」(peia na pedra) というものがある。それは，リーダーをはじめとしてミディアムがつぎつぎに憑依霊 (caboclo) の憑依を受けて，Ogum の儀礼歌が歌われる中，床に跪き，床あるいは太鼓の前に置かれた石に両手を激しく何度も打ち付けるものであり，それまでの1年間に犯した過失に対する償いであると説明される。この時に償っておかないと，それからの1年間に本人に災いがおこると語る者もいる。これらの語りから，「聖土曜日」がテヘイロの暦の区切りであると考えることができるが，ミナナゴの暦の上で1年が開始する期日については，1月1日あるいは12月4日の Santa Bárbara の祭日のタンボール儀礼だと語る者もおり，一定していない。

さらに，聖人行列 (procissão) と祈禱 (ladainha) も，憑依霊に対する「責務」の一部をなしていることがある。現在これを行なっているのは主としてミナナゴ「保守派」であるが，マラニョンのタンボール・デ・ミナでは，より一般的に見られること，ベレンでもかつては現在よりも多くのテヘイロが聖人行列を行なっていたと語られることからして，ウンバンダの影響の色濃いグループが多数出現する以前には，テヘイロが行なう聖人行列は一般的なものだったと推定することができる。

テヘイロが実施する聖人行列は，主としてその聖人の祭日に行なわれる。その形式も内容も通常の聖人行列や祈禱と同じものであり，聖人像をのせた台を担いで賛美歌を奏でる楽隊とともに近隣の街区をめぐる聖人行列をみるかぎりは，そこに非カトリック的な色彩はまるでない。楽師も報酬を支払って雇った半専門的な人々であるし，楽器も音楽もミナナゴの儀礼で使われるものとはまったく別のものである。行列に付き従うミディアムたちも平服で，もちろん行列に途中で憑依が生ずるなどということもない。

しかしその聖人行列がテヘイロを出発する前に，既に短時間太鼓をたたき儀礼歌を歌って踊ることによって，すでに憑依霊のためのタンボール儀礼は開始されている。つまり，聖人行列の間，憑依儀礼は中断されているにすぎない。通常使われる言い方に従えば「既にタンボール（太鼓）は開かれている」のである。さらに夜に儀礼が再開される前にテヘイロの祭壇の前でなされる「祈禱」では，儀礼衣装に着替えたミディアムが参列している。しかる後に夜になってタンボール儀礼が本格的に催される。このように日中にテヘイロの外の街路で行なわれる聖人行列と，同日の夜にテヘイロ内で行なわれる憑依儀礼は，時間的・空間的に区別されており，強いて言えば「祈禱」が両者を媒介していると言えないこともない。しかし，既述のカトリック聖人と憑依霊との「対応関係」のゆえに，台に載せられ担がれて街を行く聖人像が，既に憑依霊の表象となっていないとは断言できない。

　テヘイロが聖人行列を行なっている場合，聖人が選ばれる基準は一様ではない。ある若い男性リーダーが過去に8年間にわたって行なっていた Santa Luzia（聖ルジア）の聖人行列は，彼自身が以前眼病を患ったときに快癒を祈願して行なった「誓約」（promessa）を「支払う」ものであって，彼がカトリック信者として私的に行なっているものであり，カトリックの聖人信仰の通常のパターンに沿うものである。Santa Luzia は眼病に特別な効力をもつ聖人として知られているが，彼にとって主要な憑依霊とは関係がない。

　他方，ある老齢の女性リーダーが São José（聖ジョゼ）の祭日に行なっている聖人行列の場合は状況が異なる。彼女にとってこの聖人が重要であるのは，彼女の主要憑依霊が Dom José Rei Floriano だからであり，それがこの聖人と特別な結びつきをもつからである。当日は，教会で São José の聖人像のためのミサをした後，聖人行列を行ない，同日の晩にはテヘイロで「祈禱」をした後に，太鼓を用いた祝祭儀礼を実施している。

　別の年配の女性リーダーの場合は，さらにそれとも異なる。彼女のテヘイロで40年以上にわたって続けられている聖人行列は，7月26日の Santa Ana（聖アンナ）のためのものであり，4日つづきのタンボール儀礼の初日に行なわれる。この儀礼は orixá である Nanã と Iemanjá のためのものとされているが，前者は Santa Ana を，後者は前者の娘である Virgem Maria を「崇敬」する。

しかし，彼女の「頭の主」は Dom João と Fina Joia であり，それぞれ São João Batista と Santa Luzia を「崇敬」し，Santa Ana とも Iemanjá とも特別な結びつきはない。実は，このリーダーがこの聖人行列および祝祭的憑依儀礼を催す理由は，先代のリーダー，つまりこのテヘイロの創立者の「頭の主」が Dom João と Iemanjá だったことによる。テヘイロの名称も創立以来同じ（Terreiro de Dom João Rainha Iemanjá）であり，当のテヘイロと Santa Ana という特定のカトリック聖人との間に特別な結びつきが想定されているがゆえに，現リーダーにとっても，聖人行列をすることが「責務」となっているのである［口絵写真 18］。

　ミナナゴのテヘイロが実施する聖人行列は，以上のようにその実施理由によって少なくとも 3 つのタイプに分けることができる。いずれも特定の人物と特定の聖人との特別な関係に基礎をおいているが，最初の事例のように個人と聖人のダイアディックな関係に基づくものと，あとの 2 例のように憑依霊をも含むトライアディックな関係に基づくものがある。ダイアディックなタイプのものは，民衆カトリシズムの聖人信仰にみられるものと同形のものである。他方，トライアディックな関係となると，民衆カトリシズムの枠組みだけでは捉えきれない面を含んでいる。特定のカトリック聖人と聖人行列の主催者との間に，特定の憑依霊が介在しており，聖人行列がその憑依霊に対する「責務」としてなされているからである。後者の場合，当の聖人行列で台に載せて担がれる聖人像は何の表象であるのか，それと同日の晩の儀礼の主役たる憑依霊との関係はどのようなものなのか。

　聖人と「対応関係」をもつ orixá のカテゴリーの憑依霊が，非常に稀にしか憑依しないという意味で，言わば「憑依霊性」が薄れつつあることについては既に述べたが，そのことも考慮するならば，テヘイロの儀礼というコンテクストのなかでの聖人像は，聖人信仰と憑依霊崇拝を結び合わせる結節点として二重の意味を負わされていると解釈しうる。既述のように，orixá と聖人とは「相互反照的」関係にある。そうであるならば，同日に一連のものとして行なわれる聖人行列と憑依儀礼も同様に「相互反照的」な関係にあると言うことができるであろう。そうであるからこそ，テヘイロの行なう聖人行列は，カトリック的見地から見て非のうちどころのないものである必要があり，しかし，それだ

けのものであってはならないのであり，聖人像も正真正銘の聖人像であり，かつそれ以上のものとなっているのである。

2. クーラとタンボール

　以上のような「カトリック的」儀礼をのぞけば，ミナナゴの他の儀礼は，憑依儀礼，すなわち憑依霊に対してミディアムに憑依する機会を提供するものである。いかなる期日にどのような種類の憑依儀礼を行なうかは，テヘイロごとに異なりうる。なぜならば，それらはいずれもリーダーをはじめとするミディアムが，それぞれ特定の憑依霊に対してもつ「責務」の履行として実施されるからである。

　ミナナゴで行なわれている憑依儀礼には，形態的特徴と明示的趣旨という点から大きく2つの類型を区別できる。一方は，グループの関係者やクライアントの一身上の問題の相談にのり，その解決を目的とする儀礼である。これには，クライアントを除けば，原則的に内輪の者しか出席しない。この種の儀礼は，「仕事」を意味する名称（sessão, trabalho, serviço）などでも呼ばれるが，各種の個人的問題に対処するという意味での「治療」（cura）を目的とする点で共通しており，それを「クーラ儀礼」と総称することにする。他方は祝祭的な公開の儀礼で，太鼓（tambor）をはじめとする楽器の作り出す喧騒のなかで，ミディアムが歌い踊り憑依霊を受けるものであり，「太鼓」あるいは「太鼓を叩くこと」を意味する名称（Tambor, Toque, Batuque）で呼ばれる。そのような呼称から，太鼓がこの種の儀礼の不可欠の構成要素であることがわかる。この種の憑依儀礼を，太鼓(をはじめとする楽器)を用いる儀礼という意味で，「タンボール儀礼」とよぶことにする。ミナナゴのテヘイロで行なわれる憑依儀礼は，儀礼の様式の詳細はテヘイロごとに著しく多様であるとはいえ，基本的にクーラ儀礼とタンボール儀礼から成り立っている。

　クーラ儀礼で対象とされるのは近代医学的な意味での病気に限られるわけではない。個人の身の上に生じた多種多様な異常が「治療」の対象とされうる。この種の儀礼が対処する問題は大別して2種類ある。一方は，病気をはじめと

する災厄の除去を目的としている。狭義の意味での「治療」(cura)は，この種の問題に対処する儀礼のみを指すのだと言う人々もいる。他方は，商売繁盛，恋愛成就などを目的とするものであり，後者に限って報酬を受け取ると言うリーダーもいるが，両者は必ずしも明確に区別されているわけではない[20]。この種の憑依儀礼は，一般的にはミディアムが単独もしくは少数で行なう。曜日を決めて定期的に実施しているリーダーやミディアムが多いが，クライアントの依頼に応じて臨時に行なうこともある。クライアントがいなければ実施しないというものでもない。儀礼を実施すること自体が「責務」だからである。また，憑依される機会をミディアムに定期的に提供するという意味もある。憑依霊との関係を安定したものとしていくためには，儀礼で繰り返し憑依を受けることが重要であり，タンボール儀礼はそう頻繁には実施されないからである。

クーラ儀礼では太鼓を使わないのが普通であるが，「憑依霊がそのように指示した」という理由で太鼓を使うグループもないわけではない。タンボール儀礼の基本的構造が，詳細は別としてどのテヘイロでも共通しているのに対して，クーラ儀礼の場合は，テヘイロごとの様式の差異は非常に大きい。それには，既にソフィアの事例に即して述べたように，大別して2つの極を指摘しうる。一方は，儀礼形態・儀礼用具・出現する憑依霊などの点でパジェランサの特徴がしばしば濃厚に見いだされるタイプの儀礼で，「ペーナ・イ・マラカ」などの名称で呼ばれていることが多い。他方は，太鼓は使用しないが集団的な儀礼で，立ち並んだミディアムたちが手拍子を打ちつつ歌をうたい憑依霊を呼び出すというもので「クリンバ」などと呼ばれている。「ジュレーマ」という名称は，人によってどちらの形態のものに対しても使用される。

他方，タンボール儀礼は，特定の憑依霊を主役にすえた祝祭的儀礼であり，例外なく集団で行なわれ，誰もが観客として見物できる公開の儀礼である[21]。リーダーの指揮の下にテヘイロで行なわれ，ミディアムたちが参加し，さらに常連や行きずりの人など多くの参会者がやってくる。タンボール儀礼は(リーダーも含めて)特定のミディアムの特定の憑依霊に対する「責務」として挙行されるが，結果として，あらゆる憑依霊に対してミディアムに憑依する機会を提供している。またそれは祝祭であり，支障なく儀礼が進行し，たくさんの憑依霊がやってきて賑やかに盛り上がれば，つまり人々の言い方では，タンボール

が「熱く，美しいもの」であれば，そのこと自体が儀礼の成功を意味する[22]。そうであるがゆえに，タンボール儀礼が成功するためには，多彩な自己表現をなしうる様々な憑依霊の憑依を受けるミディアムが数多く参加することが不可欠であると同時に，それらの憑依霊と交流する観客の存在も重要な意味をもっているのである。

タンボール儀礼が催されるのは，つぎのような機会であり，通常一晩のみだが，そのテヘイロにとって特に重要なものについては三晩もしくはそれ以上引き続いて実施される。

① 特定のカトリック聖人の祭日
② カトリック暦上の重要な日：聖土曜日，クリスマスなど
③ フェイトゥーラに伴う「籠り」の「入り」と「明け」
④ リーダー／ミディアムの主要な caboclo の「アニヴェルサリオ」（誕生日・記念日）

orixá を対象とするものは基本的に「対応する」カトリック聖人の祭日に催されるために，（例外はあるが）期日がテヘイロをこえて共通している。しかし，どの orixá に対して儀礼を行なうかは，テヘイロごとに違う。そのテヘイロの「主」(dono) やリーダーの「頭の主」にあたる orixá が「崇敬する」聖人の祭日のタンボール儀礼は，最も重要なものとして欠くことができない。それ以外で多くのテヘイロで実施されるタンボール儀礼としては，São Jorge や Santa Bárbara の祭日，キリストに「対応」する Oxalá のための1月1日や「聖土曜日」のものがある。③ は，フェイトゥーラに際して随時設定される。フェイトゥーラをうけるミディアムの「頭の主」である orixá のうちのひとつの定期的タンボール儀礼の期日に合わせてセットされることもあるが，必ずしもそうではない。

私が最も注目するのは，④のタンボール儀礼，つまり caboclo の「アニヴェルサリオ」つまり「誕生日・記念日」として行なわれるものである。これは，その人にその憑依霊が初めて憑依した日，もしくは初めて名のりをあげた日であり，当然のことながら，同じ憑依霊を対象とするものであってもミディアムによって日付はまったく異なりうる。そうした意味で，①や②のように広く共有された儀礼暦のなかから，それぞれのテヘイロが特定のものを選んで儀礼

を実施するというのとは，変異のもつ意味合いが根本的に異なる。この儀礼のもつ意味については，第3部で再びとりあげられることになる。

　定期的なタンボール儀礼の回数は，テヘイロによってかなり差がある。高名なリーダーの率いる多数のミディアムを擁するテヘイロで回数が多いことは事実であるし，フェイトゥーラに際して催されるタンボール儀礼の数も，当然，フェイトゥーラを施す頻度の高いリーダーのテヘイロほど多くなる。また高名なリーダーであれば，クーラ儀礼などの謝礼による収入も多いと見られているので，それをタンボール儀礼を実施することで人々に「還元」することが，ミディアムとしての能力を使って私腹を肥やしていないことを周囲に示すためにも重要になる。野心的な若いリーダーは，多数のタンボール儀礼を催すことによって自らのリーダーとしての力を誇示しようとする傾向があるが，それはしばしば年配のリーダーたちの間に「経験もないのに無理をして身のほど知らずである」との非難を呼び起こすことになる。他方，ミナナゴの「保守派」のテヘイロの場合，最も重要な憑依霊については数日続きの盛大なタンボール儀礼を挙行するとはいえ，総数として他のグループに比べて極端に多くの儀礼を行なっているわけではない。しかし，そのことによって「少なすぎる」と非難されることはない。タンボール儀礼を頻繁に行なうことが，ただちにテヘイロとそれを率いるリーダーの名声につながるわけではないのである。しかし，憑依霊との関係ゆえに「責務」となっているものが万難を排して実施されるのは勿論のこと，(資金その他の条件が許すかぎりで)多くのタンボール儀礼を主催したいとリーダーたちが考えていることは確かである。それゆえに，定期的な儀礼暦を尋ねると，多くのリーダーが「この日はできればタンボールをしたいのだが今年はできない」あるいは「本当なら3日続きでタンボール儀礼をすべきところなのだが，もう数年来1日だけのタンボールで我慢している」などと嘆くことになる。

　要約しよう。儀礼複合としてのミナナゴは，クーラ儀礼とタンボール儀礼という2つの儀礼形態を焦点として形成されている。ミナナゴのテヘイロであれば，ほぼ例外なく，この2種類の儀礼を行なっており，ミナナゴのミディアムは多かれ少なかれ両者に関与しており，その程度・関与の様式が個々人で異なるのである。そして，そのような個人的変異は，特定の憑依霊との関係によっ

て説明されることになる。

3. 憑依儀礼への憑依霊の関与

では憑依霊は2種類の儀礼にどのように関与しているのだろうか。クーラ儀礼とタンボール儀礼では「儀礼に来る憑依霊が基本的に異なっており，例外的に両方の儀礼に現われる憑依霊の場合は，儀礼歌が異なる」と語られている。では実際にどのように違うのか。クーラ儀礼に来る憑依霊群とタンボール儀礼に来る憑依霊群は，それぞれ何らかの共通性をもっているのだろうか。この点に関していくつかの原則を指摘することができる。

まず第一に，senhor（orixá）のカテゴリーの憑依霊は，原則的にクーラ儀礼には現われない。それらは，儀礼に「力」(força)を与えてくれる存在ではあるが，実際にミディアムに憑依して自ら仕事をすることはないのである。この点は，部分的には，ミナナゴのクーラ儀礼が形成された歴史的過程から説明することができる。パジェランサは，orixá とは無関係の儀礼複合であり，ウンバンダの「セソン・デ・カリダーヂ」では，orixá は「下位の憑依霊」を名代として，仕事をするために派遣し，自らは憑依することがないからである。どちらの系統のクーラ儀礼にしても，orixá は憑依する存在ではない。

他方，caboclo のカテゴリーの憑依霊の場合は，クーラ儀礼にのみ来るもの，タンボール儀礼にのみ来るもの，両方に来るが名前や歌を変えるもの，両方に来るが名前は同じで歌は違うものがあると言われる。さらに，両方に来て名前は同じで同じ歌もうたうが属性は違うとされるものもある。そうした基準によって caboclo の分類表を作成することが可能であろうと考えるとすれば，その期待は満たされることがない。ミディアムを特定すれば，ある caboclo がどのような種類の儀礼に現われ，そのときにどのような性格・行状を示すかについて人々の意見がかなりの程度まで一致する。しかしある caboclo が一般的に上記のどの場合にあたるのかという点については意見は一致を見ない。

そうなると，同じ名前をもつ caboclo の同一性はどのように認識されているのかという疑問が生ずる。そうした事柄については「caboclo 自身のみが説明しうる」と考えられているが，この点に関してミディアムは，自分に憑依する

caboclo については何らかの答えを用意していることが多く，その説明で頻繁に現われるのが〈ライン〉の概念，あるいは「〈ライン〉をクロスする」の概念である。「caboclo A は私の場合には〈クーラのライン〉で来る」，「私の caboclo B は〈クーラのライン〉と〈タンボールのライン〉をクロスしているので，両方に来るが名前を変えてくる」というぐあいである。こうした説明がなされる場合，つねに「私の場合」として語られていること，つまり「頭」が特定されていることは注目に値する。それゆえに，ときには，あるミディアムが「私の頭では，caboclo A はタンボール儀礼では A という名で現われるが，クーラ儀礼では B という名で現われる」と語っているのに，他のミディアムは「私に憑依する caboclo A は，caboclo B とは別の憑依霊である」と語るということさえ起こり得るのである。

　クーラ儀礼とタンボール儀礼の両方で憑依する caboclo の場合，それぞれで憑依する目的が違うのだと多くの人々が語る。リーコック (Leacock and Leacock 1972: 251) も指摘しているが，憑依霊はクーラ儀礼には「仕事をするために」(para trabalhar) 来るのに対して，タンボール儀礼には「楽しむために」(para brincar) 来るのだと語られている。既に略述したような儀礼の特性からして，それは納得できる。しかし，caboclo は，どのようにして仕事をし，どのようにして楽しむのか？　つぎに，2種類の憑依儀礼の詳細について，実例に即して記述することにしたい。

4. クーラ儀礼

　ミナナゴ「変革型」のあるテヘイロの実例にそって見てみることにしたい。このテヘイロのクーラ儀礼は，基本的にクリンバとよびうる形態のものであり，ウンバンダの影響が濃厚であるが，パジェランサ的な色彩も随所にみられる。このリーダーは毎週火曜と金曜の夜に定期的なセッションを行なっている。特にクライアントがいなくても儀礼は行なわれる。それが「責務であり使命だから」である。リーダー以外に数人のミディアムが参加しているのが普通であり，太鼓はもとより楽器はまったく使わず，リーダーもしくは彼に憑依した憑依霊のリードで儀礼歌がつぎつぎと歌われ，他の人々が復唱あるいは「コール・ア

ンド・レスポンス」形式で応える。歌によっては手拍子をともなうが，概して静かな雰囲気のなかで儀礼が進行する。儀礼ではリーダーにいくつかの憑依霊がつぎつぎに憑依し，自分の「もち歌」である儀礼歌を歌い，人々と挨拶をかわし，あるいは会話し，クライアントがいればその相談にのり，必要とあれば「治療」も施す。儀礼を開始して憑依霊が来るまでに歌われる一連の儀礼歌は，いつでもほぼ一定している。しかし憑依霊が登場した後は，その憑依霊自身が，あるいはその憑依霊のために儀礼歌を歌うことになるので，予め知ることはできない。その日の儀礼にどの憑依霊が来るかは予期できないが，セッションでリーダーに憑依する，言わば常連というべきいくつかの憑依霊がいる。ミディアムにも憑依が生ずることはあり，その場合，相談にのって「治療」を施すなど仕事を行なうこともあれば，そのような仕事はせずに自らの儀礼歌を歌うだけの場合もあるし，歌うことさえせずに去ってしまうこともある。彼のセッションには当然一定の形式がある。しかし，その日にいかなる問題をかかえたクライアントがいるか，その日にどのミディアムが参加しているか，リーダーをはじめとするミディアムにどの憑依霊がくるかといった要因によって，儀礼の展開の仕方は非常にことなる。個別的依頼に応じて臨時のセッションを行なうこともあり，つぎに述べるのは，そのようなものの一例である。

[記述]
　1985年3月21日。夕方，私が居候していたテヘイロに戻ると，玄関脇にローソクが灯り，リーダーのパイ・ベネ[23]はセッションで着用する白い服に着替えている。今日は定期的にセッションをする火曜でも金曜でもない。昨日電話で依頼があったので「特定個人のための仕事」(serviço particular) をするのだと言う。ローソクは Rompe Mato という憑依霊の加護を祈願して灯してあるのだ。夜9時前，20代半ばの女 (A) と30代の男 (B)，少し遅れて2人の女 (C: 20代，D: 40代) が訪れ，儀礼フロアーで待っている。パイ・ベネによると，先に来た2人は恋人同士で，彼らのために「仕事」をするのは初めてではない。連れの2人は彼女のオバと同居人である。今日の儀礼は「解く・無効にする」(desfazer) ためのものだと言うので，誰かが何かを「行なって」(fazer) 良くないことがおこっているのかと尋ねるとパイ・ベネは黙って頷く。

9時過ぎに，住み込みのミディアムのルシアが香炉を振ってテヘイロ中を浄めてまわる。香煙がたちこめた薄暗いフロアーでは，パイ・ベネがイスに座って彼らと話している。台所では居候のイルカばあさんとルシアーノと私が裸電球の下の食卓で夕食を食べている。寝室のベッドに腰掛けたカルメンとクリスチーナ(パイ・ベネの養女と孫娘)が夕食の皿を手にテレビを見ている。外では雨が降っている。イルカによると，病床にある大統領の快癒を祈るためにパジェやインディオがブラジリアに行ったそうだ。民政移管後の初代大統領として選出されながら就任式前夜に病に倒れ，何度も手術を重ねて危機的な状態にあるタンクレード・ネーヴェスの病状は，あたかもそれが新生ブラジル(Nova República)の将来と重ね合わされているかのように全国的な関心の対象となっており，テレビは一進一退するその経過を連日克明に報道しているのである[24]。

9時半頃，パイ・ベネが裸足で太鼓を背に立つ。数本の首飾りとクーラ儀礼用の赤い帯を首にかけ，帯の両端を握って祈り始める。太鼓の脇のイスにAが座り，壁ぎわのベンチに残りの3人が腰かけている。反対側の閉め切った窓を背に，イルカとルシアと私が立っている。太鼓の前の床には，ローソク(白2本，赤1本)が灯され，赤ワインの2つのコップ，それぞれデンデ油と蜂蜜と水が入った3つのコップ，傍らに壜入りの赤ワインと砂糖黍酒が置かれている。カトリックの祈りにorixáの名が混じる長い祈禱を終えた後，パイ・ベネはいつものように儀礼を開始する一連の歌を始める。途中から手拍子が入り，その後は数曲Oxossiのための歌が歌われる。Oxossiはパイ・ベネの「頭の主」のひとつである。歌の途中で，Aに裸足になってフロアーの中央に前を向いて両腕を挙げて立つように命ずる。他の人々も起立させ，Aの背後で紙に包んだ火薬を燃やす。その後Ogumの歌を歌いながら，その場で数回まわらせる。São Jorgeの歌を歌いながら，Aからはじめてクライアントたちを香煙で浄める。皆着席する。Santa Bárbaraの歌をいくつか歌う。

パイ・ベネは歌いつつ「エィエィ」の声とともに額を掌で拭い，上着を脱ぎ，赤帯だけ首にかける。憑依霊が来たのである。正面を向いてフロアーの中央で，自分がRicardinhoだと歌いだす。その場で旋回しつつ歌っていたRicardinhoは，Aに近づき，両腕を握って立たせ，左肩そして右肩を合わせ，額を擦りあわせ，手を握ったまま，彼女の体をその場でまわす。その後，歌いながら同じ

ことを他のクライアントとも繰り返す。ゆっくりと旋回しつつ歌う Ricardinho に合わせて，ルシアやイルカが「私は」の部分を「彼は」と変えて応ずる。さらに一曲「波間に去る」という趣旨の Ricardinho の歌を歌い，「エィ」の声とともに少し後退りし，一呼吸おいて別の歌を始める。

今度来たのは José Tupinambá である。歌いながら A の前まで行き，右手どうし左手どうしを握り，左肩つぎに右肩を合わせ，さらに，握ったまま両腕を上にあげて強く握り，掌で A の腕から指先へと撫で下ろす。他の 3 人にも同様に繰り返す。その間も歌いつづける。しばしの間の後，「エィ」と声をあげて別の歌を始める。歌い始めるまえに既に，パイ・ベネの「頭」における Mariana を知る人々には，その陽気な表情から登場したのが彼女であるとわかる。歌い終えると，「弥栄！」(Salve!) の言葉とともに次々に orixá の名をあげていく。その後つづけて数曲 Mariana の歌をうたう。

歌い終えると「わたし万歳，神様万歳」と言って A に向かって冗談めかして話しかける。ルシアが赤いスカーフと赤い毛糸の帽子をもってきて Mariana に渡す。これが「彼女」の衣装なのである。スカーフを肩に羽織り，帽子を被ってイスに座ったまま歌いだす。イルカが Mariana に挨拶しに行く。Mariana が話し始める。なじみの私たちには「うまくいってる？」といった軽い調子だが，クライアントたちに対してはやや慇懃である。A には「ご機嫌いかがですか御嬢様」，B に対しては「いかがですか若旦那」といった調子である。C だけが Mariana と旧知の間柄のようで，「どうしてあんたの名前は××なのか」とか「あの女の子[A]は，何かに悩まされているのか」といった質問に調子を合わせている。ルシアがタバコを持ってきて Mariana に渡す。Mariana は黄色のローソクの束から，クライアント 4 人に 2 本ずつわたし，exu の小屋に灯すよう命じ，彼らがそうしている間に，白いローソク 3 本を庭のデンデヤシの根元に灯し，戸口にいたパイ・ベネの孫のクリスチーナを抱きあげたりしている。数分後に皆フロアーに戻る。席に戻りながら，A と B は太鼓の横においてあったタバコから「ちょっと失敬」と言って 1 本ずつ抜き取って火を点ける。Mariana は「タバコを 1 本ぬきとったら，3 箱買って返せ」と笑いながら言う。2 人が座ってタバコを吸っている間に，Mariana は外に出て exu の小屋に施錠する。

戻ってきた Mariana に C が小声で賭博狂いの男について相談している。A

とBも小声で何事か相談をもちかける。2人が席にもどるとMarianaは座ったまま歌を2～3曲歌ったのち，Cに向かって「あんたの旦那が死んだとき長く患ったのか」と尋ねる。「そんなでもないけど」とCが答えて，「何かDona Marianaと話すことはないの?」とBに声をかける。「いいや」と答えるBに向かってMarianaは含み笑いをしながら「もう心のなかで話し合ったもんね」と言う。Bを恋人扱いしているようなMarianaの口調に皆が苦笑する。Marianaは，ビールをヒョウタンの器で飲みながら，子供のように両足をブラブラさせながら話す。ルシアの飼っている犬がフロアーで寝そべっているのを見て犬をフロアーから連れ出すように彼女に命じたのち，ルシアは妖術師だとか，ハンモックで犬と寝るとか，本当の名はマリア・ルシアではなくて，マリア・カショレイラ[←カショーロ＝犬]だとかひとしきり馬鹿話をした後，クライアントたちに向かって「なんとかうまくいくようになる」と言う。ルシアに辺りを香煙で清めさせたのち，庭から黒い雌鶏をつかまえてくるよう命じて，Cに「蛇がほかの蛇を呑み込む，蛇が同じ蛇を呑み込む，そういうことでしょ」と囁く。DがMarianaに歩み寄って何か小声で相談する。もう11時を過ぎている。Marianaは，雌鶏を抱えて台所にいたルシアに「私にもう何もないのか」と言って器の底をたたく。ルシアがもう1本ビールをもってきて器に注ぐ。あるリーダーの噂話をしていて，酒におぼれて少量をたしなむことを知らない女の話になる。Marianaは「つまり私のように飲めば飲むほど飲みたくなるというわけね」と言う。彼[パイ・ベネ]の「頭」では，ひどい酒飲みは私だけで，Herondinaは砂糖水やワインしか飲まないなどと，他の憑依霊の話もする。「私の息子[パイ・ベネのことを指す]は酒飲みの悪癖はない。パーティや会合のとき飲むだけだ」とも言う。さらに「タンボール儀礼の招待状を限られた人にだけ送ったりするリーダーがいるが，そんなのは愚行だ。ここでは誰も招待なんかしない。テヘイロの扉は開かれているんだから，そうでしょ? だから犬も入ってくるし，ある人は真実をもとめ，ある人は健康をもとめ……」ひとしきり話をしたあと，また別の歌を歌いだす。ルシアが雌鶏を抱えて座っている。さらに歌をうたったのち，Marianaは突然また話しはじめる。「宮殿のような大邸宅などは意味がない。私のcavalo (馬)[パイ・ベネを指す]の家は古ぼけているが，子供たちはみな大学を出て結婚して働いている」とパイ・ベネの養女たちの自慢話になる。

第9章 「責務」としての儀礼

　11時50分頃,「たくさん馬鹿な話をしゃべった,さあ」と言って太鼓を背にして立ち,Aを正面に向かって立たせる。Bが並んで立つと「お前さんは,彼女のための仕事なのに横取りしようとするのか」と言う。「どかなければいけないか」とたずねるBに,「いてもいい」と笑いながら言う。雌鶏を右手にさげて,新たな儀礼歌を歌い出す。皆その場で立つ。歌いながら,何かを擦り取るようにAの全身に雌鶏をなでつけた後,鶏をもってフロアーの外に出て,再び戻ってきて,あとの3人にも同様にする。その間中も歌い続ける。それがすべて終わったところで,頭越しに鶏を後に投げ,指をならして歌を止める。さらにつぎの歌をうたいつつ,立っているAとBの背後の床で火薬を燃やし,彼らの身体の両脇で指を鳴らす。つづいてOlorumの歌をうたいながら,フロアーの中央の2人の頭にデンデ油で炒ったポップコーンをふりかけ,参会者全員にも同様にする。また別の歌を始め,クライアントたちを香煙で浄めてまわる。白布に乗せたヒョウタンの器をルシアにもたせ,砂糖黍酒を注いで火をつけ,Aの両腕,額,項にそれをなすりつける。他の3人にも同様に。終わると太鼓の前の床にその器をふせて置き,回りに壜の残りの砂糖黍酒を撒き,火をつける。青白い炎を立ててアルコールが燃える。

　Marianaは全員を香煙で浄めてまわりながら,首に儀礼用の首飾りをかけたイルカに向かって「恋でもしているのか,たくさん着飾って」などと軽口をたたく。また歌いだす。今度はPena Verdeの歌である。歌い終えると,Aに「あなたのguia-chefe［主要憑依霊］はPena Verdeだから,彼のためにローソクとmarafo (＝砂糖黍酒)と水を供えよ」と命ずる。「あなたのも彼だ」と言われたCが「私が特別に信心しているのはJoão da Mataだ」と多少不満げに応ずると,「Pena VerdeもJoão da MataもOxossiの〈ライン〉だから同じことだ」と説明しつつ,なぜJoão da Mataに特別な信心があるのか問い質す。Cはその理由は答えずに「いつもローソクを灯しワインを供えている」と言う。Marianaが「彼女［A］のsenhora［頭の主である女性のorixá］は,Iansãだ。剣を帯びた女戦士でSanta Bárbaraを崇敬している。彼女はBarbasueiraなのだ」と言い,Cに向かって「あなたのは,Fina Joiaだ」と告げる。さらにCに向かって「仕事をするのに必要だから亜麻布とビラクルーという鳥を準備せよ,ベンジュイン・アレクリン・蜂蜜・白バラの花弁を入れた香を焚け,毎週火曜

と金曜に私にビールを買ってよこせ。明日，身体を浄める液（banho de amaci）を取りに来い」などと種々の指示を与える。「みんな彼女のための仕事を勝手に利用して，それなのに私のためにビールも買ってこない，タバコをくれるどころか，私のタバコを吸ってしまった」とMarianaが冗談めかして非難する。「今日の仕事は上首尾でしたか」というAの問いにこたえて，Marianaは「最高だった。ここ［人間界］の地獄は大変な苦労でしょ」と言う。CとAに2本ずつ，Bに1本の白いローソクを渡して，庭のデンデヤシの根元に灯すよう，さらにAに壜に残っているワインも根元の地面に流してくるよう命ずる。Marianaは歌いはじめる。

歌の途中に3人が戻ってくる。Aをフロアーの中央に立たせ，壜に残った砂糖黍酒を両腕になすりつけ，他の3人にも同様にし，残りを床にこぼして火を点ける。ルシアが辺りを香煙できよめているなかで，Marianaは「悪いことが去り，良いことが入ってくるよう，聖母マリアよ人々を清めてください」という趣旨の歌をうたっている。立ち上がってさらに1曲うたったのち，儀礼を終える歌を始める。他の人はハミングで応ずる。

この歌を終え，加護を願うカトリックの祈りをしたのちMarianaは，クライアントたちに向かって「あなたたちは帰ってよい，私は去らない」と言う。4人はMarianaに挨拶して帰る。帰りぎわに男が謝礼を手渡そうとするとMarianaは，「パイ・ベネに明日渡せ」と言って受け取らない。

0時46分。Marianaは，まだ居残って私たちと話している。彼女によれば，本日の儀礼はAのための仕事で，今まで何人もの男とつきあったがうまくいかず，いつも結局別れることになってしまうため，それを打開してほしいという依頼だった。まともな男といずれうまくいくが，それは今日一緒に来た男ではない。Bは妻と別れてもう長く，今はAの恋人である。車の売買をしていて，商売がうまくいくようにという依頼である。Cは，ビンゴの賭博場を開いたがうまくゆかず，それが繁盛するようにというのが，彼女の依頼である。Marianaは，今日の儀礼の話のほかに，証人がいれば新郎新婦がそろって列席していなくても結婚式はできる話や，私と結婚して日本に行く話をしている。彼女は，「貧乏学生だから，あなたの航空運賃を払うことはできない」と言う私に対して，「飛行機の翼の上に乗って行くから金を払う必要はないのだ」と言ってきか

ない。イルカばあさんは，ここにはあなたの「子供たち」(filhos) がたくさんいるのだからと言って，日本行きを思い止まらせようとしている。午前1時過ぎになってようやく Mariana は去る。

[考察]

　この日のセッションはクライアントの依頼で臨時に開かれたものであり，リーダーに憑依したいくつかの憑依霊が「治療」を行なっている。現われた憑依霊のなかには，儀礼歌を歌うだけで去ってしまう場合がある。しかしその場合も，「見えない仕事」(trabalho invisível) をしてクライアントを浄めているのだという。一般にセッションでは，ミディアム(リーダー)に憑依するのは一定数の caboclo であり，それらの憑依霊の間に一種の分業システムができあがっていることが多い。たとえば，あるリーダーの場合，セッションで最初に来るのはつねに José Tupinambá という憑依霊であるが，caboclo のなかでも非常に強い力をもつ「彼」は，仕事の全体的内容を指示して全般的な力を与えるだけで，具体的な仕事はしない。実際に仕事を「具体化」するのは，Herondina という女性の憑依霊である。ただし「邪悪なものの除去」(descarga) とよばれる措置を行なう場合には，クライアントが男性ならば Pena Verde という憑依霊がそれを行なう。さらに Jarina という憑依霊は来ても人々と談話するだけである。もっと複雑な分業体制ができあがっていると語るリーダーもいるが，caboclo の分業が実際にどのようなものであるかは，ミディアムによってまったく異なる。ミディアムそれぞれの「頭」において複数の caboclo の個性が徐々に明確になるにつれて，それらの間に分業体制が構築されていくのである。それを構築するのはミディアムではなく caboclo たち自身である。

　この事例では，クライアントの身体に対して様々な処置が施され，さらにローソクを灯させるなど本人にも「治療」に積極的に参加させている。そこでの作業が，「邪悪なものを除去し，再び危害を及ぼさないよう防護する」ことであるのは明らかであろう。また，この日の儀礼では，憑依霊の側に憑依する意志があることが問題の原因だと「診断」されてはいない。しかし会話のなかでクライアントたちに対して，各人の「頭の主」の orixá, guia-chefe にあたる caboclo がどれであるかを Mariana が明らかにし，供え物をするよう指示して

いる点は注目される。この事例では,「あなたはミディアムであるから儀礼に参加して踊らなければならない」と明確に言い渡してはいないが,そのように命ずることもあり,その場合には「治療」は,その人がミディアムとして特定の憑依霊との関係を陶冶していく方向へと導びかれることになる。

この事例と同種の問題としては,夫が別の女のところに行ってしまった妊娠中の女性が,オバ,イトコ,イトコの恋人とともに参加したセッションなどがあり,いずれも(単なる開運祈願などではなく)「[何かを]無効にする」(desfazer)ことを目的としている。「無効にする」場合でも,災厄の原因が特定人物による妖術(demanda, trabalho)であることが明白な場合もあれば,そうでないこともある。前述の事例のクライアントの場合それは明らかにされていないが,つぎに述べる事例ではそれが明らかであり,「治療」ははっきりとその妖術を無効にすることを目的としている。

ある未亡人にトランプ占師が「あなたを亡きものにするため,ある女があるテヘイロのリーダーに依頼して妖術を施した」と告げた (12/6)。彼女自身は信じなかったが,2日後に交通事故にあい,1ヵ月間病床にあって信ずる気になり,その占師に教えてもらってこのリーダーを訪ねた (1/11)。リーダーの「子安貝占い」と「直感」によって,彼女の交際相手の男性の妻が妖術 (demanda) を依頼した人物であること,その妖術に対抗するために3回の仕事が必要であることが明らかになった。1回目には,妖術を無効にするための儀礼が上述の例とほぼ同様の形式で行なわれた。2回目には,墓地を司る orixá (Abaluaê) のための供物を墓地に供えた (1/31)。妖術を依頼した妻がそのようにしたからであり,「為されたことのすべてを逐一無効にしなければならない」からである。3回目として海水を司る Iemanjá に「対応」する Nossa Senhora das Candeias の祭日 (2/22) にベレン近郊のイコアラシの浜辺(淡水だがベレンでは海岸の代用とされる)に Iemanjá のための供物を置きにいく[25]。これは仕事の確実性をたかめるためである。そのように処置することによって,依頼人は「身体が閉じられている」(corpo fechado) 状態になるので,再び男の妻が妖術を行なっても被害をうけることはないはずである。

妖術をおこなうために最も頻繁に助力を請う対象とされるのは,exu である。orixá は妖術に手を貸すことはありえない。caboclo のカテゴリーの憑依霊が妖

第9章 「責務」としての儀礼

術に関与しうるかどうかについては，人々の語りは明瞭ではない。後述するタンボール儀礼の事例で，憑依霊同士の会話の中でそのことが話題に上っているが，そこでも結論は示されていない。この点については，1960年代も同様であったとリーコックが報告している。さらにリーコックは，当時何らかの問題の原因が妖術であると診断されることは頻繁ではなかったが，今後「妖術告発の事例が増加する可能性があり，それは近年 exu の重要性が増してきていることによるであろう」と予測している (Leacock and Leacock 1972: 278-279)。それ以前は儀礼を妨害しないように供物を捧げて慰撫して遠ざける対象であった exu が，実際に儀礼で憑依する存在として重要性を増し，その助力で仕事を行なうようになってきたのは，明らかにウンバンダからの影響である。リーコックの調査から20年を経て，exu による憑依がより一般的になってきていることは事実であり，それによって，妖術への exu の関与について語るイディオムが普及してきていることも確かである。しかしそれにともなって妖術の事例が増加しているか否かについて私は確たる資料をもっていない。

なおクライアントがそう望めば，具体的な相談はテヘイロ内の「聖所」(capela) でクライアントと憑依霊のあいだでプライヴェートに行なわれる。さらに重要な問題であれば，上述の妖術の事例のように，儀礼に先立って予め相談が行なわれており，子安貝による卜占などで行なうべき「治療」の手順が明らかにされていることが多く，儀礼の場でいきなり相談することはまれである。しかし他方で，儀礼の場で，人間関係上の問題(家庭内不和や恋愛問題)，職業上の問題(失業など)，軽微な疾病などについての相談を憑依霊にもちかけ，それに対して憑依霊が「身体や物品を洗うための液体」(banho) や「服用する液状の薬」(chá) や，「香」(defumação) を処方することもまれではない。それはフォーマルな相談の形式をとらずに，憑依霊を交えた雑談のなかでもちだされる。また前述の事例のように，その日の儀礼が目的としている特定の仕事と直接に関係しないように思われる多種多様な話題が，憑依霊と人々との間の会話に登場していることが注目されるであろう。さらに Mariana という憑依霊とのそのような雑談が，冗談をまじえたごく打ち解けたもので，ときには滑稽でさえあることも注意をひくはずである。このリーダーのセッションでは必ず最後には Mariana が彼に憑依するが，彼女は真面目に仕事をしているかと思え

ば，その一方でその言動はトリックスター性を帯びている。

　クーラ儀礼は，具体的な仕事をする場である以上に，リーダー(ミディアム)に憑依する特定の caboclo と語り合い，そのミディアムの「頭」におけるその憑依霊についてのテクストが集積していく場なのである。この点は，依頼人のいない場合は，いっそう明白である。その場合，いくつかの憑依霊が現われ，儀礼歌を歌い，人々と挨拶を交わし，人々と雑談するだけである。そのようにして，特定のミディアムの「頭」における特定の caboclo がどのような現われ方をするのかが徐々に明らかになっていき，人々の記憶のなかに沈殿し，人々にとってその caboclo が語りうる対象となっていく。

5. タンボール儀礼

　祝祭的な公開の憑依儀礼であるタンボール儀礼を，クーラ儀礼を紹介したのと同一のテヘイロの実例にそって見ておきたい。私は第1回のフィールドワークの際にベレンだけで16のテヘイロでのべ78回のタンボール儀礼に立ち会ったが，そのうち33回はこのテヘイロでのものである[26]。このリーダーは，非常に頻繁にタンボール儀礼を行なっている。もともと定期的なものが多いことに加えて，多くのミディアムにフェイトゥーラを施していることも回数がふえる理由である。以下に記述するのは，数日続きのものでもなく，フェイトゥーラに際してのものでもない，ある意味では，重要性の低いものであるが，そうであるがゆえに，儀礼の基本的構成を示すのには適している。この事例の儀礼は，3月19日 São José の祭日の夜に行なわれる Dom José (orixá のひとつ) のためのものである。

［記述］

　1985年3月19日午後。数人のミディアムが白衣で憑依霊に供える料理 (comida de santo) を作っている。儀礼によっては，その日の儀礼の対象である orixá のために(儀礼フロアーで)前もって適切な動物の供犠をしかるべき様式にしたがって行ない，その肉を使ってその orixá にふさわしい供物の料理を用意し，ミディアムたちが儀礼の途中に交替で「聖所」でそれを食べることにな

るが，この日の儀礼で用意されたのは，すべてのタンボール儀礼に欠かせないexuのための「責務」としての供物のみである[27]。暑さも多少やわらぎ辺りも暗くなってきた頃，ぼつぼつ他のミディアムたちが姿を見せ，世間話をしている。7時すぎにリーダーのパイ・ベネは，ミディアムたちに手伝わせて，ファリーニャ(マニオク粉)に各種の飲料を混ぜたもの，デンデ油でファリーニャを炒めたファローファの上に鶏の羽根とデンデ油で調理した鶏の頭と脚をのせたものからなる，exuのための供物を「exuの小屋」に運びこんで施錠する。太鼓の下の穴の中の7つのグラスに赤ワインとシャンパンを注いで穴のなかに納める。ここには以前に供犠した雄山羊の頭蓋骨などが入っており，テヘイロの基礎をなす「聖物」(assentamento)のひとつである。

　その頃までにミディアムたちは，テヘイロの裏手で，順番に「草を浸した水」(banho de amaci)[28]を浴びて，儀礼衣装に着替えおえている。女性の儀礼衣装は，胸元や袖口にレースの縫いとりのある白い木綿製の上衣と，同様の仕様のスカートを数枚重ね着したもの。髪はまとめてレース編みや白布の頭巾(帽子)で覆い，白い低い踵のサンダルを履く。憑依状態になるとサンダルは脱ぎ捨て，帽子を振り落として髪は解けてしまう。男性は，白い綿のズボンで，上衣は女性と同様のものを着る者もいるが，一般的には簡単な半袖開襟シャツである。女性のスカートと男性の上衣は，白あるいは，その日の儀礼の対象である憑依霊にふさわしい色のものを用いる。しかし何種類もの儀礼衣装をもっていない者も多く，その場合は白で代用できる。このテヘイロでは，フェイトゥーラのプロセスを開始した女性ミディアムは，白いレース布を胸から腹にかけて巻いている。しかし，ある「保守派」のリーダーによれば，それは「本来は憑依霊が来ていることを示すものであり，男性の憑依霊なら腰に，女性の憑依霊なら胸に巻くものであるから，私のテヘイロでは憑依状態でもないミディアムがそんなふうに布をまとうことはない」。

　儀礼の前日から性交渉はタブーであるし，生理中の女性は儀礼で踊ってはならない。その理由は，「不測の事態が生じうる危うさ」のためであり，「汚れ」がことさらに強調されてはいない。なおミディアムとして踊る者は，儀礼当日の昼食はとるべきではない。食物が胃にある状態で憑依を受けることは身体によくないからである。さらに儀礼の前に行水することも含めて，身体を浄める

ことの重要性は強調されるが，そこから精緻な「浄・不浄」論や「身体」論が構築されてはいない。すべては，「危うさ」を回避して「確かさ」(segurança)を増して，儀礼が首尾よく終了するためである。

　7時半頃までにフロアーの太鼓の上の白布を整え直す。ミディアムの1人が太鼓の前に白いローソクを灯して柏手を打ち，指を組んで掌を太鼓の方へ向ける。その後，フロアーから始めて，テヘイロ全体と人々の身体を香炉の香煙で浄めてまわる。香煙の匂いが既に儀礼の開始を予感させる。台所ではミディアムたちが参会者に振る舞う食事をつくっている。ベレンのタンボール儀礼では，憑依霊のための酒類や清涼飲料水などのほか，参会者に振る舞うために飲食物が用意されるのが普通である。

　8時頃には，フロアーのベンチにはもう6〜7人の人々が待っている。儀礼開始の後は，フロアーでは飲酒・喫煙が禁じられているのはもとより，静粛にしていることが期待されている。フロアーを横切ってもいけない。また参会者に腕や脚を組むことを禁じるテヘイロも多いが，その理由は，exuが司る十字路を想起させるからである。太鼓叩きたちが，太鼓を覆う白いレース布を取り去り，金具を締め直したりして太鼓の準備に余念がない。試し打ちの音が静かなテヘイロに響く。このテヘイロの3つの太鼓は，上面のみに皮が張られ「口がひとつの太鼓」(tambor com uma boca)とよばれる縦型のものである[29]。

　9時過ぎになると，白い上衣と白(あるいは水色)のスカート／ズボンの儀礼衣装に着替えたミディアムたちが数人，フロアーのベンチに所在なげに座っている。私の知らないミディアムもいる。おそらくヒバマールのテヘイロのミディアムたちであろう。彼は，近々パイ・ベネによってフェイトゥーラを受ける予定なのである。既にオモロコのリーダーとして長い経験があるにもかかわらず，彼がミナナゴのフェイトゥーラを受けることにしたのは，「オモロコよりミナナゴの方が奥が深い」からであり，カンドンブレを選ばなかったのは，すべてが「アフリカの言語」(língua)で難しく，それ以上に，従来から彼にとって重要なcabocloのための儀礼を行なうことができなくなるからである。ベンチでは，すでに14〜15人が儀礼の開始を待っている。

　10時すぎ，鈴(adja)を振るパイ・ベネを先頭にミディアムたちが縦列でフロアーに入場し，反時計まわりに回る。タンボール儀礼の開始である。ミディア

ムはフェイトゥーラを受けた順に並び，その後に他のミディアムが続く。輪を
なして踊る場合と憑依が生じた後を除けば，この序列はくずれることがなく，
太鼓の置かれた正面に近いほど序列が高い。鈴の音に太鼓が連打で応じる。他
の楽器も加わる[30]。楽器を受け持つのは常連の人々である。この時点で 35 人の
ミディアムがいる。フロアーを数周回った後に，パイ・ベネを先頭に正面を向
いて跪く。彼が orixá のひとつである Verequete の歌を始める。太鼓がそれに
応え，ミディアムたちが唱和し，他の楽器も加わる。その歌が続く中，ミディ
アムたちは輪をなして踊り始める。その後は儀礼の終了部分までは，正面にむ
かって身を屈めるこの形式は現われない。速度の速い Barbasueira (Barba Çuêra)
のための儀礼歌が始まる。この orixá は Santa Bárbara を「崇敬」する。それ
からしばらくリーダーが歌のリードをとりつづけ，orixá それぞれのために何
曲かずつ儀礼歌が歌われる。儀礼の始めの部分で歌われる儀礼歌のなかには，
língua すなわち非ポルトガル語のものも多く，どの orixá のためのものかは明
白でも，内容はリーダーにさえ不明のものもある[31]。

　ひとたび儀礼が開始すれば，儀礼が終わるまで歌は途切れることがなく，そ
れに合わせて太鼓が鳴り続け，ミディアムは憑依霊が憑依するのを待って踊り
つづけ，ミディアムに憑依が生ずるはずである。太鼓叩きは，歌をリードして
いる人物(ないしは憑依霊)が 1 回歌い終わるか終わらないうちに叩きはじめ，
他の楽器も加わり，同じ歌が数回繰り返される。歌は「コール・アンド・レス
ポンス」の形式である。リズムや踊りの形式は歌によってことなる。リズムに
は少なくとも 4 種類のものが区別され，多少の装飾音が付加されることはあっ
ても，大半の儀礼歌のリズムは，そのいずれかである[32]。踊りには大別して
「正面を向いた縦列」と「反時計回りの輪状」のものがあり，(特にステップの
違いから)さらに下位区分される。踊りは総じてステップなど下半身の動きが中
心で，わずかに曲げた両腕を脇からあまり離さずに前後に振るほかは上半身は
あまり使われない。しかし憑依状態に入ると，急速な旋回など動きの速い個別
的な踊りがみられるようになる。

　15 分ほど経った頃，パイ・ベネは少しバランスを崩す。すぐ後ろで踊ってい
たミディアムが用意の白布を肩に羽織らせる。彼は Iemanjá の歌をはじめる。
するとすぐに，目を閉じて歯を食いしばるようにして全身を震わせていたルル

ジがサンダルを脱ぎすて頭巾を降り落として憑依状態になる。マルタもふらつきはじめる。しばらく Iemanjá の歌がつづくなかでダウバが揺れだし，フロアーの中央で掌を上に向け両腕を前にさしだした状態で，小刻みに震えながら立っている。彼女をパイ・ベネが支えると，ゆっくりとその腕に身をまかせる。イスに座らされた彼女は，目を閉じて体中の力がぬけたような状態で，暑そうにハンカチで顔を仰ぎ，3〜4分後，眼鏡をかけなおして立ち上がり，フロアーを去る。彼女に「頭の主」である Iemanjá が憑依してほんの5分ほどで去ったのである。一方，パイ・ベネに憑依した憑依霊は「私の父が呼んでいるからもう去る」と歌っている。ミディアムたちは，それに呼応して踊りつつ歌う。パイ・ベネにどの憑依霊が来ていたのか知り合いのミディアムにたずねると Jarina だという。パイ・ベネの「頭」では Jarina は caboclo だが淑女として来る。

　暇乞いの歌を歌い終わるやいなや別の歌を歌いだす。ミディアムたちがつぎつぎに彼と右手を握りあい左肩そして右肩を合わせてあいさつを交わす。彼に憑依したのが Mariana であることは，歌と表情から「彼女」を知る人には明白である。熟練したミディアムの場合には，前後して複数の憑依霊が憑依することは稀ではない。Mariana は，「彼女」のおなじみの儀礼歌をいくつか歌いつづけ，ミディアムはそれに応えて歌い踊る。その最中にベンチに座っている若い女が何かに両腕を掴まれて揺さ振られているようになり，壁や両脇の人に激しくぶつかっているが，皆無視している。彼女がそうなるのは毎度のことであるが，彼女は「頭がちょっとおかしい」のだと語られるだけで，その振舞いは決して憑依として扱われることがない。Mariana の歌が続くなか，目を閉じて棒立ちになっていたマリセが両肩をはげしく震わせて憑依状態になる。Mariana は，いつもの陽気な調子で歌いながら，ベンチの人々や窓に鈴なりの見物人たちと抱き合ってまわっている。歌が途切れると，フロアーの後から Mariana が「エッパ！　みんな啞になったのか！」と叫ぶ。パイ・ベネが憑依状態になった時点で(鈴を渡されて)リードを任されていたヒバマールが Rei Floriano の歌を始める。Mariana は踊りながら客間の方に去っていく。このあとは，ときおり様子を見に戻ってくる以外は，Mariana は人々と談笑しているのが常である。他のミディアムも，ひとたび憑依霊に憑依されたならば，勝手気儘にフロアーを出入りする。憑依霊には儀礼フロアーで踊り続ける義務はなく，人々

と好きなように交流するからである。

　フロアーのなかは人々の熱気で蒸し暑い。歌が再開するとすぐにハイムンダに憑依が起こり，正面中央で腰を折って前傾して踊り始める。ルルジが何度も布をかけてやるが，落としてしまう。結局歌わずにルルジに手を引かれて少しずつ後の方へ退く。歌わない憑依霊が太鼓の前を独占していたのでは支障をきたすからである。到着したときにしかるべく儀礼歌を歌えることは，その憑依霊とミディアムとの関係が安定したものとなっているための不可欠の要件である。歌・踊り・太鼓が渦巻くなかで，ジョルジが急に仰け反って旋回しはじめる。その一方で，ベンチの私服の若い女性に憑依が起き，立ち上がって腰から上を前傾させて両手を垂らして揺れている。そのとき，歌をリードしていたヒバマールがサンダルを脱ぐのをみて，彼の弟子が白布をもってきて肩に羽織らせる。その頃，しばらく前から席を外していたマリア・ジョゼが少ししかめ面で戻ってきて，眼鏡を外し，彼女の「頭の主」Abaluaê の白黒の首飾りを外し，赤・黄・緑の首飾り（caboclo の表象）をたすきがけにする。少しの間の後，サンダルを脱ぎ，激しく踊り始め，太鼓の正面に出て歌いはじめる。今日もお待ちかねの Manezinho がやってきたのである［口絵写真17参照］。憑依状態で踊っていたマリセは結局歌わず，両肩を後から抱き抱えられて仰け反って憑依状態を脱し，イスに座らされている。一方，憑依になって揺れていた私服の女は急にガクッと膝を折って床に跪き，助け起こされてベンチに座らされた瞬間に仰け反る。儀礼開始後1時間ほどした頃，太鼓叩きが交替し，ヒバマールが歌を再開し，輪になって踊りはじめたとき，ジョゼフィーナが急に頭巾を振り落として裸足になり，肩に布をかけられる。歌は Badé の歌に代わり，別の男性ミディアムがその後十数曲リードする。憑依状態のヒバマールとマリア・ジョゼはフロアーから台所の方に去る。

　フロアーで踊るミディアムたちのなかで，ジョゼフィーナだけが憑依状態である。彼女はベンチに座った女のところに来て，胸の白布の結び目を手で叩き，女が解いて背中からかけてやり，その端を手に握らせようとすると，その手を握ったまま肩合わせのあいさつをしたかと思うと，仰け反って，手で髪をかきあげながらベンチですわる。結局彼女の憑依霊は歌わずに去ってしまったのである。Nanã の歌で輪になって踊るなか，ジョルジが憑依状態になり，女性用

のつば広帽子と金色の布を受け取って，布を腰にあてて踊りながら前に進み出る。特定の caboclo が特定のミディアムに憑依するとき，一定の装身具を身につけることが多い。帽子はそのなかでも憑依霊が頻繁に用いる装身具であるが，あくまでもそのミディアムの「頭」におけるその caboclo の個人的嗜好なのである。

　Joana gunça に憑依されたジョルジが精力的に歌のリードをとりつづけるなかで，ソフィアの弟子のミディアムが憑依になりかかり，彼女の頭上でソフィアが鈴を振ると憑依状態になる。耳元で鈴を振るのは，憑依状態になりかかった場合に，それを促進するために用いられる手段のひとつである。そのほかに，リーダーや憑依霊が手を握って旋回させるなどの方法がとられることもあるが，それらはすべて偶発的になされるもので，システマティックにミディアムたちに憑依状態を引き起こす手段が講じられることはない。儀礼で誰にも憑依が生じない場合にどのような手段がとられるかは不明であるが，私の知るかぎり，そのようなケースは存在しない。

　何人ものミディアムに立て続けに憑依が生じている。憑依霊は活発に好き勝手に踊るので，フロアーは騒然としてくる。テヘイロのあちこちで憑依霊たちが人々と肩を抱き合ったり，話したり，叫び声をあげたりしている。ソフィアも，少し前から眼鏡をはずして揺れながら額に手をやっていたが，ついに憑依状態になって活発に踊り始める。正面で歌っていたジョルジが後へ退くと，間髪を入れずソフィアに憑依した caboclo が正面に進み出て歌い始める。他の憑依霊たちはそれに構わずに，人々とあいさつして回っている。10分ほど歌ってからソフィアがフロアーを去ると，別のミディアムが Ogum Beira Mar の歌を始める。「何人」かの憑依霊と何人かのミディアムもフロアーに戻ってきて活発に踊る。フロアーで憑依状態で踊り続けていたミディアムの1人が常態にもどり，自分の脱ぎ捨てたサンダルを探している。ジョルジは上着を変えてズボンの裾をまくりあげて戻ってくる。若い男のミディアムが色柄の上着に着替えてきて人々と抱き合ってあいさつを交わしている。これも彼自身ではなく caboclo である。Ogum の歌が続くなか，憑依状態の女が床に倒れ，助け起こされ，振り回されるように踊り，また倒れる。

　0時頃，激しい輪の踊りが続く中，パイ・ベネに憑依した Mariana がフロアー

に戻ってきて様子をみている。歌が途切れたところで Mariana が Ogum の歌を始め，ミディアムたちが応える。観客は最盛期の半分ほどに減っているが，まだ窓には人々が鈴なりになって飽きることなく儀礼をみている。人々は玄関脇の客間や台所のそこここで憑依霊たちと話したり，食事をふるまわれたりしている。つぎつぎに歌われる歌に太鼓が遅滞なく応じ，ミディアムたちが呼応して歌う。Ogum の歌の後，Nanã の歌で太鼓の連打の下でミディアムたちは平伏す。そのとき男が少しゆれていたかと思うと，仰け反って眼鏡を外して憑依状態になる。歌がつづくなかで，憑依状態だったミディアムがベンチに倒れこみ常態にもどり，目を閉じて暑そうにしているのを，他のミディアムが扇いでやる。

　熟練したミディアムになると，このように急転直下といったぐあいに憑依霊が去ることは稀で，しかるべく暇乞いの歌を歌って去ることができるようになる。それはしばしば憑依状態であることを疑わせるほどに穏やかなものであるが，他方で同じ儀礼の場で，身体のコントロールができないような激しい憑依が生じていることが，憑依というものの信憑性を高めていることは明らかである。それと同時に，儀礼歌もまともに歌えないような激しい憑依が到達していくべきモデルを，熟練したミディアムの憑依霊の振舞いが示しつづけているのである。つまり，多くのミディアムに生じている様々な状態が，全体として，憑依として語られるべきものの幅を人々に提示していると言うことができる。歌は Oxossi の歌に移って，いくつもの歌が速いリズムで途切れることなく続いている。

　私が庭に出ていて，フロアーに戻ってみると，Mariana が私のカバンを持って行ったと言う。「彼女」は客間にいて，何人かの人々や caboclo を相手に談笑しているところで，例のごとくタバコを吹かしながら，ヒョウタンの椀でビールを飲んでいる。隣にいた女に，パイ・ベネに Mariana の前に来たのは誰かを尋ねると，Iemanjá だと言う。しかし Mariana 本人は「最初に来たのは私で，Iemanjá を受けたのはダウバだ」と言う。アネリアが自分のテヘイロで，23 日に José Tupinambá のためのタンボール儀礼をすると話していると，Mariana は「お前さんはフェリスミーナの結婚式のタンボール儀礼には行かないのか」と尋ねる。2人ともパイ・ベネの弟子で，既にフェイトゥーラを受け

てテヘイロをもっている。フェリスミーナのテヘイロで，パイ・ベネの手で彼女の結婚式をしたのちにタンボール儀礼を催す予定なのである。アネリアは「行かない。前から23日にはタンボール儀礼をすると言っているのに……」と，パイ・ベネが彼女の儀礼に来てくれないどころか，Mariana がそれをやめてフェリスミーナの儀礼に出ろと要求しているのが不満な様子である。

　何人かのミディアムが平服に着替えて，Mariana に挨拶して引きあげる。深夜に及ぶ儀礼が翌日の仕事に差し支えることもあり，本人にとって特に重要な儀礼でなければ早退することもある。フロアーでは歌・太鼓・踊りが続き，客間では憑依霊との懇談がつづく。ときおり私たちにも飲めと言って，ヒョウタンの器を廻してよこす。それは有り難くお相伴しなければいけない。しかし「彼女」が勧めてもいないのに，ビールをねだったりすると冗談まじりに「泥棒！」などと言われるかもしれない。その場の雰囲気は，打ち解けた仲間同士のパーティに面白い女の子がいて，人々はその子に対しては尊敬すべき老婦人を前にしているかのごとく礼を失しないよう気をつけているといったものである。

　太鼓は儀礼の間中途絶えることなく鳴り続けるべきであるとされ，太鼓叩きたちは，太鼓が力（força）を失わないよう交替する。彼らは出番待ちの間にリーダー提供の砂糖黍酒などを啜っているので，酩酊気味の者もいる。何も知らない人が垣間見たならば，タンボール儀礼が佳境に入った時点のテヘイロの客間・台所・通路などの様子は，深夜の酒盛りのごとくに映るだろう。そしてそのように見えるがゆえに，社会一般からの非難の対象となり，連盟もまた「太鼓の管理」に重大な関心を寄せるのである。話の途中で，老齢のアリセが，憑依状態の（若い男である）ジョルジを指して「彼女は私の［洗礼の］代母（madrinha）だから，一緒の写真を撮ってくれ」と私に言う。彼に憑依している女性の caboclo である Joana gunça が，アリセがカトリックの洗礼を受けたときの代母だったというわけである。

　フロアーでは，ソフィアに憑依した Zé Pilintra がいつもの黒いカウボーイハットを被って歌をリードしている。もう午前1時をまわっていて見物人は20～30人ほどに減っている。まだ14人のミディアムが踊っていて，Maria Legua が，太鼓の前で跪いたり，両手を翼のようにして跳び回ったりしながら，「もう私の村に帰る」と歌った後，仰け反る。憑依霊が去ったそのミディアムは，ベ

ンチに座らせられ，他のミディアムが彼女の頭を抱えて髪を撫で付けるようにしている。本人は唸っている。

　午前2時近くなった頃，Mariana はフロアーに戻って João da Mata の歌を2曲ほど歌った後，儀礼を終了させる歌を始める。フロアーの外に散らばっていたミディアム(と憑依霊)たちも戻ってきて，総勢20人ほどが輪になって踊る。Mariana は首に下げていた十字架のついた首飾りを床の中央に置き，その上につぎつぎに，ミディアムたちが，腕に掛けていた布を置いてゆき，しかる後に逆の順番で，屈んで口でくわえて拾って肩に羽織り，Mariana を先頭に頭を垂れて両手を擦り合わせつつフロアーを回る。つづいて「私の vodum を連れてゆく」という歌詞の歌を歌いながら，列をなして「聖所」の祭壇の前まで行って跪き，再びフロアーに戻ってきて，太鼓の方を頭に床に平伏し，Mariana が orixá のひとつである Abaluaê の歌を始め，太鼓が連打で応える。しかる後，立ち上がって，羽織っていた布を頭上で振る。ミディアムたちが大きな白いレースの布を天蓋のように掲げ，「ウンバンダ讚歌」を歌いつつ，順にその下で旋回する。道化者の Manezinho は輪のなかに入らずに私のところに来て，フィールドノートを取り上げ，それをブツブツと読み上げ，諦めたふうな滑稽な仕草でノートを返してよこす。周囲から忍び笑いが聞こえる。Manezinho は金をせびったり，傘をさして踊ったりと，いつも笑いの中心である。ミディアム全員が布の下で回り終え，歌が終わると同時にその布を太鼓の上に被せ，その瞬間に太鼓の音もピタリと停止する。互いに抱き合ってあいさつしあい，これで今日のタンボール儀礼は形式上は終了したことになる。

　フロアーの窓は閉じられ，電気も消される。しかし憑依霊たちは，みな去ってしまったわけではない。いつものことながら，まだ居残っている憑依霊たちが「何人」もいる。この日はまだ「5人」残っていた。ソフィアに憑依している Zé Pilintra は，脛に血の滲んだガーゼをテープで止めている女性とベンチで話をしており，どうも薬の処方をしているらしい。ソフィアの弟子が処方を書き取って女に渡す。ミディアムたちは，フロアーのベンチに三々五々座って，お互いにあるいは憑依霊と話をしている。玄関脇の客間では，ミディアムやその家族たちとともに Mariana が話をしていて，Zé Pilintra も加わる。再び23日のことが話題になっている。アネリアが自分の所の儀礼があるから，フェリ

スミーナの所には行けないと言い張り，Mariana と口論になる。アネリアは「[大統領に当選したネーヴェスが就任前に病死したとき，副大統領候補だった]サルネイがどうして大統領になったのかと言えば，準備したものを無駄にはできなかったからだ。私のタンボール儀礼も同じことだ」と主張する。Mariana は「ところでアネリアの所のタンボールというのは，一体全体何のタンボールなのだ」と人々に尋ねる。「リーダーはミディアム全員を平等に扱わなければならない。リーダーの身体をいくつもに分けることなどできないのだから」と Mariana は説教する。どうも両者の間で妥協点は見いだせそうもない。話題は別の方向へそれる。「妖術をするのは，exu や curupira だけで，José Tupinambá は妖術などしない。それを解消するだけだ」と Mariana が言うのに対して，Zé Pilintra は，José Tupinambá も「妖術」をするのだと言ってきかない。議論は平行線である。憑依霊同士の口論に人々は模様眺めの体である。憑依霊たちは意気軒高だが，人間はもう疲れて眠そうである。一方，台所では，着替えおわったミディアムたちが，何人か食事をしている。食事の後，近くに住む者は夜道を歩いて帰り，始発のバスを待つ者は，フロアーにむしろを敷いてしばらく仮眠する。

　3 時頃にアネリアは家族とともに引き上げる。彼女は Mariana の説得にもかかわらず，23 日には自分のテヘイロで José Tupinambá のタンボール儀礼をするだろう。彼女の「責務」だから中止できないのである。3 時近くになっても，Mariana はシャンパンの大瓶を開けさせ，皆にも少しずつやれと命ずる。皆しかたなくお相伴に預かる。人々がいくら疲れて眠くても，憑依霊自身が「帰る」というまでは，帰れというわけにはいかない。3 時 50 分。Zé Pilintra が台所で，「私 Zé Pilitra はお暇する」という趣旨の歌を 20 回以上も繰り返して歌っている。居合わせた人々は，それに応えて「私の」の部分を「あなたの」と言い換えて歌う。人々と抱き合いながら後に倒れそうになる「彼」を 2 人が支えている。別の歌を始める。「中央駅の汽車が笛をならす，笛をならす，笛をならす，笛をならす，そこで Rosinha が待っている，ならず者はお暇する，マウア広場へ」。Rosinha は「彼」の妻で，マウア広場はリオにあると言う。2〜3 回繰り返して歌った後に，「彼」はようやくソフィアの身体から去る。

　しかし Mariana は依然として意気軒高で一向に立ち去ろうとしない。4 時す

ぎになってようやく「彼女」が「もう帰る」と言うと，居合わせた人々は「彼女」と抱き合って別れの挨拶を交わす。Mariana に「土曜はフェリスミーナの所に行くのか」と尋ねられたマリレーネは，「行かない。アネリアの所で踊る」と答える。Mariana は，この一件によほどこだわりがあるとみえる。4 時 20 分頃になってまた Mariana が「もう帰る」と言うので，1 人ずつまた「彼女」と抱き合って挨拶する。面倒になって挨拶に来ようとしないミディアムも，Mariana に催促されて再び別れの挨拶をしに来る。そしてもう一度「もう行く」と言いながら，まだ「シャンパンをくれ」と言い出す。空の壜を見せられるとやっと諦め，座ったまま額に手を当てて「エィ」と小声で叫んで数回小刻みに仰け反り，Mariana は去る。パイ・ベネは，元気一杯だった Mariana とはうって変わって，眠そうにあくびをし，食事をするために台所の方へ歩いていく。

[考察]
　以上に詳細に記述したものは，あるテヘイロのあるタンボール儀礼にすぎない。しかし，多数のテヘイロのタンボール儀礼に参加しての観察から判断するかぎり，儀礼の展開の様式はテヘイロごとにことなり，同一のテヘイロでも儀礼ごとに実際の展開はことなるとはいえ，タンボール儀礼の一定の基本構造というものは存在する。
　タンボール儀礼の重要な特徴は，儀礼に不可欠な楽器である太鼓を始めとして，各種の打楽器が用いられることである。その結果，まさに喧騒と形容するにふさわしい雰囲気がつくりだされる。それらの楽器の演奏にあわせてミディアムたちが歌い踊り，その過中に多くの憑依霊がミディアムの身体を借りて儀礼の場に姿をあらわす。儀礼は「太鼓を開く」(abrir tambor) ことによって開始し，「太鼓を閉じる」(fechar tambor) ことによって終了する。この事例の場合，1 日だけのものなので，最初に開かれた太鼓は，最後に閉じられているが，数日続きの儀礼の場合，あるいはフェイトゥーラの「籠り」に際してのタンボール儀礼の場合，その期間中太鼓は「立てかけられている」(encostado) だけで「閉じられていない」ので，最終日まで「太鼓を閉じる」プロセスは行なわれない。
　儀礼の始めの方の部分では，orixá のための儀礼歌が，それぞれ数曲ずつ歌われる。それらの儀礼歌には，歌詞が「リングァ」(língua) とよばれる「アフ

リカの言語」のものが多く含まれている。これらの意味不明の歌詞をもつ儀礼歌は，圧倒的多数の人々にとっては，「アフリカの言語」というよりも「憑依霊の世界の言語」としてとらえられており，世界のどこかにそれを日常言語として用いている社会が実在しているとは考えられていない。orixá のための儀礼歌が歌われている間は，リーダーの主導の下にミディアムが並ぶ序列にもはっきりとした秩序があり，憑依が生ずることは稀である。

　それがある時点をすぎると儀礼の雰囲気は一変する。前述の事例で言えば，パイ・ベネに Mariana が憑依した時点以降は，つぎつぎと憑依が生じて雰囲気がまさに祝祭的なものに転じ，それまでの序列が解体している。到着した憑依霊は，それぞれ自らの「もち歌」である儀礼歌を歌い，他の憑依霊やミディアムたちと共に歌い踊り，お互いにまた信者たちと旧知の友人のように抱き合い，挨拶を交わし，会話を楽しみ，儀礼の最中でも儀礼フロアーを離れて歩き回り，それぞれの嗜好に応じて煙草を吸ったり酒や清涼飲料水を飲んだりして勝手気儘にふるまっている。少なからぬ caboclo が(それぞれの好みの)酒を飲むが，ミディアムが憑依に先立って飲酒することは決してない。儀礼の絶頂期の雰囲気はまさに祝祭的なものであり，儀礼の開始時点においては，儀礼フロアーのみが焦点であったのが，著しく拡散していることが明瞭であり，憑依霊も人々もそれぞれ個別的に交流を繰り広げている。

　別の論文(古谷 1991a)で詳細に論じたように，タンボール儀礼は「音の集束 → 拡散 → 集束」という経時的構造をもつ。そして焦点が拡散したフェイズにおいては，儀礼歌をリードしているのは憑依霊たちである。したがって，その日にどのような儀礼歌が歌われるかは，どのような憑依霊が現われたかに依存し，憑依霊が歌う歌がまた他の憑依霊を呼び出すという関係になっている。誰かがある儀礼歌を歌えば，その後しばらくは，同一の憑依霊のもの，あるいは同一の「家系」のものなど，言わば連歌のごとくに，何らかの意味で関係のある儀礼歌がつづくことが多い。そしてそれがまた，同一の「家系」の別の憑依霊を呼び出すことになる可能性は高い。開始と終了の部分以外では，儀礼歌を歌う一定の順序があるわけではないが，言わばイモヅル式にいくつかの儀礼歌が一連のものであるかのごとく歌われることが，テヘイロごとに慣例となっている傾向があり，つぎに歌われるであろういくつかのものを予想することは不可能

第9章 「責務」としての儀礼

ではない。歌われている儀礼歌と出現する憑依霊の間に特別な関係がなければならないというものではない。いかなる時点であれどの憑依霊も出現しうる。ミナナゴのタンボール儀礼の全体をひとつの曲の演奏にたとえるならば,あたかもジャズのジャムセッションのごとくに展開し,それがどのように展開するかは,その日の儀礼がどの憑依霊のためのものであるかよりは,儀礼にいかなる憑依霊がやってくるかに依存し,どの憑依霊がどのミディアムにどの時点で現われるかを前以て予測することはできないのである。

タンボール儀礼の展開構造について,リーコックは,「早い時間には,憑依された踊り手たちは威厳にみちた立居振舞いだが,儀礼が進むにつれて陽気さが増していく。参加者のなかには馬鹿げた振舞いをしたり冗談を言う者もいて,儀礼の雰囲気はとても明るい調子になり,踊り手同士も友人同士のように暖かくふるまう。尋ねてみると,この変化はある特定グループの霊,つまり caboclo たちが現れたことによるのであり,これらの霊は楽しい時をすごすために降りてきてカルトメンバーに憑依すると信じられている」と述べている (Leacock 1964b: 95)。ミナナゴの儀礼に orixá が現われないわけではない。ただしそれらは,来る意志があるなら,儀礼歌が彼らのために歌われている時間に来るのであり,上述の「威厳にみちた立居振舞い」というのがそれにあたる。前述の事例では,ダウバというミディアムに Iemanjá という orixá が憑依している。「タンボール儀礼で真夜中以降には caboclo が来る」としばしば語られるが,真夜中以前に caboclo が来ないわけではない。前述の事例では,開始後数十分を経ずして caboclo が現われ始めている。しかし,タンボール儀礼は概ね,senhor (orixá) のための前半と caboclo のための後半に分けられている。こうした展開構造はマラニョンのタンボール・デ・ミナのタンボール儀礼にもみられ,儀礼は真夜中に「森へと転ずる」(virar para mata),つまり「caboclo が次々に来るようになる」と報告されている (M. Ferretti 1985a)[33]。

このようにお祭り騒ぐ行状からして,caboclo がタンボール儀礼には「楽しむために」(para brincar) 来ると語られるのは納得がいく。タンボール儀礼でも,人々の相談に乗ったりはしているが,仕事をしに来るわけではない。旧知の caboclo がやってきて人々と消息を尋ね合い,とりとめのない世間話や他人(や他の caboclo) の噂話に興じ,活発に歌い踊り,酒を飲みといったことのすべて,

すなわち caboclo に「楽しむ」ための機会を提供すること，それがタンボール儀礼の主旨なのである。そして，それは caboclo による，さらに caboclo についての語りが集積していく重要な機会となっている。

6. 儀礼，ミディアム，憑依霊

以上のように，いかなる憑依霊が来るか，どのような目的で来るかという点で，クーラ儀礼とタンボール儀礼ははっきりと区別されている。ただし，多くのミディアムは，「責務」としてクーラ儀礼とタンボール儀礼の両方に関わらざるをえない。自らのテヘイロで定期的な祝祭的タンボール儀礼を行なう一方で，毎週のセッションでクーラ儀礼を行なうリーダーもいるし，また，自宅では単独でクーラ儀礼を行なう一方，リーダーの催す祝祭的なタンボール儀礼に参加する者もいる。あるいは，毎週のセッションでさえ太鼓を使用し，小規模なタンボール儀礼として行なうリーダーもいるし，さらにまたクーラ的な儀礼にはほとんど関与せずにタンボール儀礼のなかでミディアムとして経験をつんできた者もいるのである。

そうした差異は，ミディアムのそれぞれに「いかなる霊が憑依するのか」，そして「そのミディアムの場合，その霊がどのような指示をあたえるのか」に基づくと解されている。しかし，ある特定の憑依霊に憑依されると，自動的にある種類の儀礼に参加するようになるわけではない。この点は特に強調しておきたいと思う。したがって，実際に行なわれている儀礼の多様性を理解するためには，ミディアムと憑依霊との間に織り上げられていくきわめて個別的な関係に注目することが不可欠になる。繰り返しを恐れずに言えば，特定のミディアムと特定の憑依霊の関係が代替不可能なものとして現実性を帯びることのなかにこそ，アフロアマゾニアン宗教の憑依文化は存在するのである。

第2部では，ベレンのミナナゴを焦点として，アフロアマゾニアン宗教の憑依文化について述べてきた。それは通常「ミナナゴの信仰・儀礼システム」といった表題の下に記述されることがらである。確かにミナナゴというカルトには一定の共有された形式的な特徴がある。しかし他方で，再三指摘してきたように，グループの各々，ミディアムの各々の実際の営為をみれば，著しく多様

である。そしてそうである理由は，様々な憑依宗教の伝統が流入していることによる著しくシンクレティックな状況の所産であることは間違いない。利用しうる素材は豊富すぎるほどなのである。しかし，そうした多様性を，既存の複数の儀礼システムの要素のたんなる組合せと考える罠に陥ってしまうならば，人々と憑依霊がともに関与することによって継続的に展開しているプロセスとしての憑依文化のもつ「創造的改変」(creative modifications) (Leacock and Leacock 1972: 320) の側面に対して目を覆ってしまうことになるだろう。そこにあるのは，まず第1に，語られるものとしての特定の憑依霊による特定個人への個々の憑依であり，個々の憑依についての語りだということ。そしてそのような継続的な営み自体が，人々の宗教的実践にほかならないこと。これがすべての解釈の出発点とならなければならない。そして，そうした個々の人々の実践は，非常に異なっていようとも互いに理解可能なものであり，その点において憑依文化を共有する「語りの共同体」が成立しているのである。では，ミナナゴ(アフロアマゾニアン宗教)の憑依は，どのようにしてその憑依文化のなかに生きる人々にとって現実的なものとして成立し，憑依霊はどのようにしてリアルなものとして存在しえているのか。それを論ずることが第3部の目的である。

第3部

憑依・語り・個性化

第10章　憑依の語り

1. 憑依のイディオム

　これまで述べてきたのは舞台装置にすぎない。それを舞台として，何事かが憑依として語られなければならない。そしてそこに憑依される人間であるミディアムと，ミディアムに憑依する憑依霊とが現われる。その人間もその憑依霊も，人間一般ではなく，憑依霊一般でもない。ある特定の人間にある特定の憑依霊が憑依し，それが憑依として語られることによって，憑依という現象は成立しているのである。さらに踏み込んで言えば，そこに憑依としての語りが成立することによって，ある特定の憑依霊に憑依されるものとしてのある人間と，ある特定の人間に憑依するものとしてのある憑依霊が成立しているのだと言うことができる。それ以外のところに憑依というものはない。また，それは特定の憑依の文化のなかではじめて成立するものであって，特定の憑依の文化を離れて一般的に憑依というものが成立することはありえない。

　ある人物の体験としてあらわれるある種の出来事が憑依として語られることによって憑依という現象が成立するという立場をとると，そのように語るためのイディオム，「憑依のイディオム」(possession idiom) というものに注目することが必要になる。ある特定の憑依の文化が用意している憑依のイディオムによって何事かが憑依として語られるのだからである。憑依のイディオムという概念は，クラパンザーノ (Crapanzano 1977) の用法を基本的に踏襲しているが，彼によれば，憑依は，憑依の文化のなかで生きる人々に「一定の体験をアーティキュレイトするためのイディオムを提供する」(*ibid.*: 10)。そこでいうアー

ティキュレイション（articulation）とは「ある出来事を解釈して，いやむしろ構築して，それを意味あるものとする行為」（ibid.: 10）であり，それは「出来事を受動的に表象するという以上のものであり，本質的に出来事の創造」（ibid.: 10）である。ここで記述上の便宜から，アーティキュレイションを「整序」，アーティキュレイトを「整序する」と言い換えることにしたい[1]。つまり憑依の体験は，憑依として整序されることによってはじめて憑依の体験として成立しているのである。整序の行為は「整序のための媒体つまりイディオム」（ibid.: 10）を必要とする。そのようなイディオムは「現実が解釈されるのに使われる枠組みに基盤を提供するもの」（ibid.: 11）である。クラパンザーノが示唆しているように，発話がたんなる無意味な音の連鎖ではなく意味をなすためには，それがある特定の言語の発話として整序されなければならず，音がそのように整序されるためには，その言語のイディオムに従っているものとしてとらえられる必要がある。それと同様の意味で，ある体験が憑依として意味をなすように整序されるためには，憑依のイディオムに従っているものとして，その体験がとらえられる必要がある。さらに，そのイディオムは「要素から構成されており，それはシステマティックに相互に関係づけられており，その相互関係性から意味を得ている」（ibid.: 11）。憑依する憑依霊と憑依される人間は，憑依のイディオムの不可欠の要素である。つまり，人間に憑依するものとしての憑依霊とはどのようなものであるのか，それと同様に，憑依霊に憑依されるものとしての人間とはどのようなものであるのか，そして〈憑依する―憑依される〉という関係にある両者の関係とはどのようなものであるのかという点が，憑依のイディオムの核心部分を構成している。そのような意味で，憑依のイディオムとは「憑依霊論（demonology）であると同時に人間論（anthropology）」（ibid.: 11）なのである。

　以上のような意味でのイディオムによってある体験を整序する言語的および非言語的行為を，ここで「語り」とよぶことができるだろう。この場合，言語的行為は，「あれはかくかくの憑依霊による憑依なのだ」という解説，「あれはかくかくの憑依霊なのだ」という認定，「あの人に憑依しているかくかくの憑依霊はこうなのだ」という言及，そして憑依霊自身との会話など様々なかたちをとる。他方で，非言語的行為は，例えば，ある時点のある人物に対して，憑依

霊と挨拶を交わすのにふさわしいような様式で挨拶するなどの行為を含む。そこで発話がなされなかったとしても，その振舞い自体が，それが憑依であり憑依霊であること，そしてその挨拶の仕方が「身分の高い憑依霊」に相応しいものであるとすれば，それが高い身分の憑依霊であることなどを語っているのである。そうした点を考慮すると，非言語的行為をも含んだひろい意味で「語り」という用語を使用するのが適切であろうと思われる。要するに，憑依のイディオムは，何事かを憑依として語ることを可能にする。憑依とは，まず第 1 に，そのような仕方で語られたものとしてある。そしてそのように語られたものとしての憑依は，それ自体がひとつのテクストを構成し，そのテクストは，様々なかたちで読まれうるものとなる。それは二重の意味で「様々なかたちで」読まれうるものである。第 1 に，それが言語的・非言語的行為によって語られているものであるがゆえに，読み取るという営みも単に実際の発話の意味を読み取ることに限定されはしない。第 2 に，そこに唯一の正しい読み方があるわけではないという意味で，「様々なかたちで」読まれうるものなのである。

　以上のように，ある人間に現われるある体験が，憑依のイディオムによって整序され，語りとしての憑依が構築されることによって，憑依というすぐれて文化的な現象は成立するのである。むしろ，憑依のイディオムによって整序されつづけることのなかに憑依という現象が構成されつづけると言うべきであろう。憑依のイディオムであるからには，最低限，何が何に憑依するのかという点についての了解と，何かが何かに憑依するとはどういうことなのかという点についての了解がふくまれている。それは一般に人間が何かに憑依されるというかたちをとり，本書が対象としているのも，そのような憑依である。その何かは，原理的には何でもかまわないのであるが，人間ではないが人間のような人格をもつものであることが多い。そのような何かは，西洋近代のうみだした精神分析理論という別のイディオムでは，憑依される人間の内部の，おそらくは無意識といった領域にある，通常の生活においては現われない，あるいは現われないようにされている，あるいは現われることを許されていない心的内容であるというふうに解釈される。そしてその何かがある人びとによって外在するものとして理解されるという事態は，「投影」（projection）という心理学的イディオムで整序される。そうしたイディオムに基づく解釈の下では，憑依霊な

どという存在は当然のことながら実在しない。個々の人間の心理の内部にあるものが外部へと投影された幻であり、ある種の人びとにとってのみ人間に外在するものとして実在すると主観的に感じられているものである。そして、そのような歪んだ主観は矯正されなければならない病であるとされる。どちらのイディオムが正しいかという議論をすることは、ここではまったく不毛である。さらに、両者は別のレベルに属するものであり、科学的イディオムたる心理学的イディオムは、憑依のイディオムをも処理し得る上位のレベルのものであるという議論も無効である。投影のイディオムに基づけば、どのような体験であれ、それを憑依のイディオムで整序することは誤謬である。しかし、憑依のイディオムに基づけば、投影のイディオムというのは、きわめて奇妙なものであろう。憑依される人間とはまったく別の存在である憑依霊を、その人間の一部であるとし、それが奇妙なしかたで外側に幻のように投影されるというのであるから。重要な点は、特定の文化において人々の体験を整序するために使われているイディオムは何かという点だけである。

　多くの社会で人々の体験を整序するために用意され、また実際に使われている憑依のイディオムの語るところによれば、憑依霊は、たしかに客観的に実在するものであって、憑依する対象である人間に内在する何かが外側に投影された幻などではない。しかも、憑依される人間と憑依する憑依霊の非同一性は疑うべくもないことであるとされ、それこそが憑依というイディオムに基づく語りが成立するための前提条件である。ここで、憑依霊が憑依される人間に外在していると言うのは、すこし危険であろう。そのように、憑依する何かを物質的な実体としてとらえ、それを物理的にどこかに位置づけなければならないという見方は、すでに特定の憑依文化の憑依のイディオムから逸脱している可能性がある。憑依のイディオムにおいて重要な点は、憑依霊が物理的に人間の外にいるか否かではない。それが憑依を受ける人間に対して〈他者〉でなければならないという点である。そのような〈他者〉としての憑依霊こそが、憑依というイディオムの不可欠の要素なのである。

　それと並んで重要なことは、憑依というイディオムによって、ある体験が〈他者〉とのある種の〈関係性〉の体験として整序されるということである。つまり、何かが何かに憑依するということのなかで成立している〈関係性〉こそ

が，憑依のイディオムの要点であり，個々の憑依文化の憑依のイディオムとは，そうした〈関係性〉をめぐる語りのスタイルであると言うことができる。それゆえに，憑依というイディオムがある人物の体験の整序に用いられ，その憑依の文化の内部にある人々にとってそこに憑依という出来事が成立するとき，ある種の〈関係性〉の成立が語られているのであり，それとともに，いまやその〈関係性〉のなかに，当の人間とともにおかれるべき〈他者〉が現われることになる。要するに，ある〈他者〉とある種の〈関係性〉のなかにおかれているある〈自己〉が，そこでは語られることになる。このように，憑依のイディオムによって整序されるとき，そこで語られていることの要にあるのは，まずひとつの〈関係性〉なのである。

しかしそれにもかかわらず，憑依をめぐる民族誌記述はしばしば非常に素朴である。素朴だと言うのは，憑依とは，「超自然的存在」が一時的に人間の身体の内部に物理的に入ることによって，あるいは入らないまでも何らかの方法で，人間の意志や感情や行為に支配力をおよぼして，その間のその人間の行為は，その「超自然的存在」の行為となるという，奇妙ではあるが単純素朴な観念であると理解して事足れりとしているようにみえるからである。さらに，個々の憑依霊というものは，その文化のシステムのなかに予め憑依するのをまって完成されたかたちで用意されており，実際の憑依は，その憑依霊が現実化し，可視的なものとして動きだすことにすぎないと考えているように見えるからである。そのように考えるならば，ミディアムとは，出来合いの憑依霊が可視的なものとして現実化するための受動的な機械・媒体であるにすぎない。こうした前提に基づく民族誌記述の素朴さは，憑依という現象は「ばかげているように見えるが，人々はそのように信じている」と，前半を呟き後半を大々的に述べ，あとは何らかの還元論を適用しさえすればよいのだと考えるところでピークに達する。しかるのち憑依についての研究者の解釈は，しばしば，より奇妙さが少ないとその人自身には思える別の問題へと置き換えてしまう還元論におちいる。そうした還元論は「心理学的還元論」あるいは「社会学的還元論」など様々なかたちをとるが，結局，ある人間が何かに憑依されるということがどのように語られることによって成立しているのかについては，奇妙さに目をつぶって放置してしまう。

そこで見失われるのは，憑依のイディオムで語られることによって成立している〈関係性〉と，その〈関係性〉の内包している構成的な側面である。人類学にとっての課題は，「ばかげているように見えるが，人々はそのように信じている」と言うことでもなければ，それを何か別のものに還元することでもない。人々が憑依のイディオムによって語っているということについて，どのように語りうるかということである。予め外にある〈モノ〉が，〈モノ〉として予め存在している人間の身体の中に入り，それを支配するのだという一見自明のようにみえる語り方は，憑依という〈関係性〉そのものに注目することなく，関係づけられている両項を実体化することのうえに成り立っている。そのような実体化する解釈では，ひとつの〈関係性〉としての憑依，そうした〈関係性〉の成立ないしは開示としての個々の憑依というもののもつ意味を充分にとらえることができない。さらに，憑依として解釈される個々の出来事に先立って，あらかじめ出来合いのものとして憑依霊が用意されており，人間であるミディアムは，それに表現のための媒体を提供しているにすぎないという見方では，憑依のもつ構成的なプロセスとしての側面を無視してしまうことになる。ここでは，アフロアマゾニアン宗教の憑依と憑依霊についての考察を通して，憑依というイディオムのそうした側面を明るみに出すことを意図している。

　そこでとられる立場は，つぎのようなものになる。第1に，憑依のイディオムの要点は，憑依される人間と憑依する憑依霊という独立した両項について以上に，ある種の〈関係性〉について語るものなのだという点に注意を払いつづけることである。第2に，その〈関係性〉は，そのなかにおかれた両項を構成しつづけていくような〈関係性〉であるがゆえに，憑依される人間と憑依霊との関係を，あらかじめ完成済みのものとしてある両者が初発的には恣意的に結びつけられ，その後はその憑依霊によるその人間の身体の使用が惰性的に反復されると見るのではなく，憑依として語られる現象を両者が体験しつづけることを通じて，両者が構成されつづけると見ることである。第3に，ある人間の身に起こった不定形な体験を憑依のイディオムによって解釈して，それが憑依として分類されて一件落着し，その後に生ずる憑依はその惰性的な反復にすぎないと見るのではなく，毎回の憑依が憑依として整序されつづけ，あるいは語られつづけることによって憑依という現象が成立しつづけると見ることである。

このプロセスは惰性ではない。なぜならば，憑依のイディオムは，特定の憑依霊による特定の人間への憑依ということの外側にあるのではなく，個々の憑依が語られる，その語られ方のなかにあるのだから。以上のような観点は，本書で対象としているアフロアマゾニアン宗教という特定の憑依文化を理解するためには不可欠のものと思われる。さらにそれは，憑依文化の憑依のイディオムについて一般的に妥当するものであり，アフロアマゾニアン宗教という特定の事例において，より鮮明に現われているにすぎないと私は考えている。そのような意味で，本書(なかでも第3部)は「一般憑依論」の一部をなす作業として位置付けられるべきものである。

第11章　ミディアムへの道

1. アフロアマゾニアン宗教の憑依

　すべての憑依文化がそうであるように，憑依なしではアフロアマゾニアン宗教は存在しえない。ここで言う憑依とは，体験が憑依のイディオムに基づいて整序されたものである。憑依のイディオムが存在しないにもかかわらず，憑依という現象がいわば裸の状態で存在するなどということはありえない。それゆえまず，憑依文化としてのアフロアマゾニアン宗教の核心にあるのは，固有の憑依のイディオムである。そして，そのイディオムに基づく語りに参加しつづけ，憑依を現実的なものとして出現させつづけることが，アフロアマゾニアン宗教の信者の生活であり人生なのである。そのような意味で，アフロアマゾニアン宗教は，憑依の文化を共有する「語りの共同体」なのである。

　アフロアマゾニアン宗教の提供する憑依のイディオムによれば，人間はすべて潜在的にミディアムである。ミディアムとしての能力は血縁によって継承されるものではない。人種や性別や年齢も，憑依霊がある人間をミディアムとして選択する際にレレヴァントな因子と考えられていない。つまり誰にでも（異国から来た人類学者にさえ）いつの日か憑依を受けるという「恩恵」に浴する可能性は存在している。しかし，実際に憑依として語られる体験を自らの体験としてもつようになるのは，人間のうちの一部にすぎない。すなわち憑依のイディオムを共有する人々のすべてが憑依を実際に体験するわけではない。

　人類学者には憑依のように見えるが，憑依のイディオムによって語られない現象を体験する人々もいる。現に，あるテヘイロのタンボール儀礼では，ほと

第11章　ミディアムへの道

んど毎回のように出席していて儀礼の最中にベンチで「ものに憑かれたように」のたうちまわる若い女性がいたが，彼女に対して人々がすることは，無視するか，周りの人に迷惑がかかるようなら儀礼の場から外に連れ出して落ち着かせることであって，彼女に生じていることについて憑依として語られることは決してなかった。それが憑依ではあるが望まれない憑依霊(後述するような「悩ます憑依霊」)によるものであると判定されたならば，それを排除する方向で対処されるはずであるが，そのような処置がほどこされることもなかった。彼女は，この憑依文化のなかでは，憑依を体験してはいないのである。なぜならば，それはミナナゴの憑依のイディオムによって憑依として語られていないからである。ここに例としてあげた女性の場合，日常生活でも私の目から見ても「少しおかしかった」ことはたしかであるが，重要な点は，何が判定の基準になっているにせよ，憑依は憑依として語られることがなければ，それは憑依ではないという事実が明瞭に示されていることである。

「どのような種類の現象がいかなる基準に基づいて憑依として語られる正当な資格をえるのか」という問いは可能である。しかし，機械的に結論が導きだされるリトマス試験紙のような判定基準を求めているのだとしたら，それは見当違いである。個々の人間の身の上に起こる体験が整序されたものとしての憑依は，憑依のイディオムを共有する「語りの共同体」のなかで徐々に憑依としての語りが紡ぎあげられていくなかで信憑性を獲得し，個人の幻想ではない社会的事実としての地位を獲得していくのだからである。

実際に憑依霊による憑依を体験する人々，すなわちミディアムなしでは，ミナナゴは成立しえないが，ミディアムとは，彼らのある種の体験が憑依のイディオムで語られることによって，かろうじて成立している文化的構築物なのである。主観的に憑依であると信ずることは，それが憑依として語られることを保証しない。他方，それが憑依として語られるようになることは，その語りが直ちに主観的に受け入れられることを保証しない。憑依のイディオムとは，なんらかの特定の種類の主観的体験の報告にたいして自動的に発動するようなものではない。それはいわば，憑依霊をもふくむ関係者全体をまきこんで進行する「交渉」のなかで，その一件について整序するためのイディオムとして妥当性を獲得してゆくものなのである。

2. ミディアムであること

　ミディアムの場合，生涯のある時点において，憑依のイディオムで語られることになる体験をもち，それが特定の憑依霊による憑依として語られるようになり，自らもそのような語りを受け入れ，それが周囲の人々によって承認されることによってミディアムとしての社会的認定を受けるという点では共通する。しかしミディアムとしての「使命」が明らかになるコンテクスト，それ以降たどる進路は一様ではない。まず第1に，どのような状況の下で生じたどのような体験が憑依のイディオムで語られるようになるのかという点に関して，個々のケースで非常に違いがある。第2に，一般的にミディアムであることはできない。必ず特定の憑依霊に憑依される存在としてミディアムなのであり，その憑依霊との関係を陶冶していくためには特定の形態の儀礼への参加を必要とする。その相違が結果として諸々のカルトのいずれかを選択しているというかたちになるのである。

　ここで「ミディアムとしての経歴」をどのように扱うべきかについて明らかにしておきたい。憑依という体験は，憑依のイディオムによって整序されることによってはじめて憑依の体験として成立している。そしてそれは，言語的・非言語的な語りをつうじて，私的な幻想をこえた社会的事実としての位置を人々の間に獲得していく。しかし，そこで整序されるのは，現に進行中の体験だけではない。ある体験がある時点で憑依として語られることによって，その個人の身の上に生じたそれまでの体験のすべてが，整序の対象とされる。それは，その特定の憑依霊が憑依しはじめた時点の，そのときには憑依だとはわからなかった，つまり憑依として整序されることはなかった体験のような，近い過去の体験から，出生以前の体験のような遠い過去の体験にまでおよぶ。そのようにして，回顧的に憑依のイディオムによって整序されることによって，その人のそれまでの人生の全体が語りなおされ，新たな意味を獲得することになるのである。それゆえに，それまでは憑依以外の様々なイディオムによってアド・ホックに整序されていた体験のすべてが，それ以外のものではありえなかったはずの道程として整序されなおすことになる。そしてそれまでの体験のなかから，憑依としての語りにとって有意性をもつ出来事がひとつの筋書きに

そって整序されることになる。そのようにして語られるのが，ある程度共通した物語の形式をとる所謂「ミディアムとしての経歴」である。したがって，そこで語られる体験が発生した時点に，現在語られるような形で，その体験が整序されていたと考える必要はまったくないし，現在語られている経歴が今後も同じように語られつづけなければならない理由もない。現在の体験が整序されつづけると同様に，過去の体験も整序され構築されつづけるからである。過去の体験が憑依のイディオムで語りなおされることによって，いままで理解できなかったことがすべて明らかになるわけではない。理解できなかったことが，憑依霊との関係を深めていくことによって明らかにされていくはずのものとして整序されなおすのである。ある老齢のミディアムが言ったように「人は学びながら死ぬ」のであり，ミディアムとして憑依霊による憑依を「責務」として受けつづけていくことによって，知られざる世界が開示されてくるのだと考えられているのである。

　ミディアムとして周囲に認められ定期的に儀礼に参加しているような人の場合，憑依する憑依霊は通常複数であり，しばしば多数である。それら複数の憑依霊の意向は多くの点で互いに異なりうるし，また実際に多くの場合に異なる。例えば，ある憑依霊は儀礼で太鼓を叩けと命じ，他の憑依霊はそれを望まないなどということが生ずる。同じミディアムに憑依する憑依霊のすべてが一挙に出現するわけではなく，ミディアムの人生のなかで長い時間をかけて徐々に出現し，いわばそのミディアムの「憑依霊レパートリー」に付加されていくことになる。往々にして新しい憑依霊の出現は，それまでとは別種の儀礼に関与する必要性を意味する。しかし，従来からの憑依霊が憑依しつづける以上，それまでその憑依霊の意向に従って従事していた儀礼を放棄することもできない。その結果，ミディアムは，より多くの憑依霊に憑依され，それらのために適切な儀礼を行なっていくにつれ，複数のカルトあるいは儀礼形態に同時に関与するようになる。かくして，ミディアムと憑依霊との共同作業の結果，複数のカルトが独自の仕方で総合される。あるグループの儀礼がどうして現在のような形になっているのかは，いわばそのグループの「ミディアムたちと憑依霊たちとの関係の歴史」によってしか説明のつかないものなのだと言える。

　憑依霊は，ミディアム個人にとって安定した関係を形成していくことが潜在

的には可能なものと考えられている。つまり，ある人の体験を憑依のイディオムによって整序しつつあるプロセスは，一般的には，その人間とその憑依霊との関係を対処可能な安定性をもつものへと導いていくプロセスということになる。しかし，そのような関係を樹立することが絶対に不可能だとされる場合もある。その種の憑依と判定されたならば，とられる対処策は，それを追い払うことである。そこでは，憑依として語られるようになることが，それを「憑依として語りえないもの」にする，より正確に言えば，「憑依として語られるものであったもの」にするプロセスになる。他の人間の発意による妖術の結果として憑依が生じていると判定された場合は，そこで設定される目的は，例外なくその憑依霊の排除である。憑依霊がその人間をミディアムとすることを要求しているわけではないからである。

　しかし，どのような種類の憑依霊が追い払われるべきものなのかを，カテゴリカルに示すことは困難である。「死者の霊」(espírito dos mortos) が許容されないことは，既に述べた。それは憑依として語られないのではない。まさに死者の霊による憑依として語られるからこそアフロアマゾニアン宗教の憑依儀礼からは排除されるのである。関係の樹立ではなく絶縁が目標として設定される場合，そこで憑依している憑依霊は，死者の霊も含め，「悩ます憑依霊」(espírito pertubador) と呼ばれることが多い。これは憑依霊の固有名でもないし，憑依霊群を指す名称でもない。関係を樹立する意図はまったくなく，単にその人間を悩ますだけの存在であると判定されるがゆえに，それはそのように呼ばれることになるのである。要するに，憑依している憑依霊の意図，その具体的な憑依に与えられることになった道徳的・倫理的な意味こそが，そこで憑依している憑依霊が「悩ます憑依霊」と呼ばれることになるか否かを決定する。いずれにせよ，進むべき道筋が関係の樹立であるのか，そうでないのかは，どのような語りがより説得力をもってそこに構築されていくかに依存する。そこで重要な役割をはたすのが，診断ないしは判定を下す者であり，それはミディアムあるいは憑依霊である。しかしそれは最終的な決定ではない。いわばそれは暫定的な指針であり，関係者(人々と憑依霊)はその線に沿って，共有されうる到達点へとたどりつくことを共同で試みてゆくのである。

3. 関係の開示：アントニオとアメリーニャ

　ミディアムの経歴において，まず最初に生ずるのは，何らかの対処を必要とする異常な体験である。それは，日常的なイディオムで語ることができなくなるという意味で異常なのである。そこでその人は，そうした不確定な状態を脱出するために，その異常を語ることができるイディオムを探し求めるプロセスを開始する。そして遅かれ早かれ，その異常な状態が憑依のイディオムで語られることになり，ミディアムとなってゆくわけだが，ここで重要なことは，誰かがそれを憑依のイディオムで語られるべきものであると語り始めなければならないことである。そうした端緒はどのように開かれうるのか。

［記述］　アントニオ[2)]
　アントニオは，1952年にベレンの町外れでカトリックの家庭に生まれた。妊娠中に母親が病気で，よばれたパジェが胎児が逆子であると診断し，男の子で病気がちであるからアントニオという名をつけて気をつけないと死んでしまうと予告した。パジェは生まれる子がパジェになるとも予言したが両親は信じなかった。幼少時は病気がちで，床に耳をつけて聴いていたり，病気の人が訪ねてきたとき裏庭の草で作った薬湯を飲ませて治して驚かれたりした。最初の憑依が起こったのは7歳のときのことである。高熱と頭痛で泣いたので医者にかかり，種々の薬をのんだが治らず，寝ていたとき憑依が起こった。母親は不安を覚え，そういうことに通じていた近所の女性を呼びにやり，彼女が対話を試みた結果，それが Sete Flechas (7つの矢) という名の caboclo であるとわかり，その憑依霊の指示した薬を21日間服用することによって回復した。そのとき Sete Flechas はアントニオがミディアムであり，好むと好まざるとにかかわらず「仕事」(trabalho) をせねばならないこと，彼が13歳になったら再び憑依するのでその日から「仕事」を開始せねばならないとのメッセージを残した。これらのことについて彼自身は記憶がない。

　その後もずっと病気がちで，13歳の誕生日に予告通りに再び同じ憑依霊が憑依し，用意すべき品を母親に指示し，「今後も憑依しつづけ他の caboclo も呼んでくる」と告げ，さらに，その caboclo は彼の「主導的な憑依霊」(chefe) で

あり，多くの「霊感」を与えるつもりであるとのメッセージを残した。母親は狼狽し，彼自身も後でそれを聞いてテヘイロなどには関係がなかったので嫌だったが，ともかくもその日から自宅で人に知られないようにして憑依霊を受け始めた。当時は憑依が不定期に起こったが，大抵はその 3 日前に前兆を感じて気分が悪くなった。次第に Sete Flechas 自身は来るのがまれになり，他の caboclo が憑依しはじめ，人々の知るところともなった。

　18 歳のときに自宅の裏庭に小屋を建ててセアラ (Seara de Umbanda Santo Antônio de Padua) を開き，セッションを開始した。次第にクライアントの相談にも応じるようになり，儀礼に参加するミディアムたちも現われはじめ，手拍子を打って儀礼を助けるようになった。当時していたのはクリンバとよばれる儀礼である。セッションでは Jarina をはじめとする caboclo が憑依して，人々に「お祓い」(passe) や「助言」(consulta) をしたり，薬 (banho や cha) を処方したりしていた。数年後のセッションで Tapinaré という憑依霊が現われ，次第に主導的役割を演ずるようになった。ほどなくして Sete Flechas が憑依して，Tapinaré の主導的立場に承認を与え，それ以降は Jarina に代わって Tapinaré がセッションをリードするようになった。セアラを開いて 3 年目に，彼の「頭」では活動的性格を示す Tapinaré が太鼓を叩きたがり，クライアントがくれた 2 個の太鼓を儀礼で使い始めたが，数ヵ月後に Tapinaré が「ミナの太鼓は 3 つだ」と言うので 3 つにして祝祭の儀礼でのみ叩いていた。その頃すでに毎週の [クーラ儀礼としての] セッション以外に Sete Flechas などのために手拍子による祝祭的儀礼をしていたのである。一方通常のセッションは，その後も従来通り手拍子だけだった。儀礼で太鼓を叩くことについては，Tapianré とそれを望まない Sete Flechas の間に意見のくいちがいがあり，結局タンボール儀礼については前者が全責任を負うということで両者の間に折り合いがついた。それぞれがアントニオに憑依することによって意見を表明し，その繰り返しによって妥協点が見いだされたのである。現在でも後者がタンボール儀礼の日に憑依することはほとんどない。

　彼は 1977 年に，ながくミナナゴをしてきたのちに既にカンドンブレに移っていたリーダーの下でミナナゴのフェイトゥーラを受けた。フェイトゥーラを受けることにした理由は，彼のセアラのミディアム (当時 11 人の女性がいた) の 1

人に「彼はフェイトゥーラを受けていないから何もできないとある人に言われた」と聞かされ，気分を害した彼は，何らその必要性を感じなかったがフェイトゥーラを受けることにし，以前から懇意だったリーダーに依頼したのである。彼によれば，彼は「すでに才能をもって生まれた」のであり，ミディアムとして一人前の仕事を行なうために「フェイトゥーラを施してもらう」必要はなかったということである。

[考察]
　この事例は様々な意味で興味深いが，ここではまず，どのようにして憑依のイディオムに基づく語りの端緒が開かれるのかという点に注目しよう。まず4つの点を指摘することができる。第1に，彼の出生以前にパジェつまりシャーマンが「生まれてくる子がパジェになる」と母親に語っていることである。彼の場合は，実際にミディアムとしての活動を始めるにあたっては，憑依霊を同定するなどのかたちではパジェは直接に関与していない。しかし，現在ミナナゴのテヘイロを主宰している人物がパジェランサのコンテクストでミディアムとしてのキャリアーを開始しているという事例は，しばしば見られ，既に見たソフィアの例でもそうであった。第2に，異常は幼少時の高熱というかたちで現われ，それに対して近代医学というイディオムは無効であり，まさにその渦中で（儀礼的コンテクストの外で）憑依霊が出現したことである。こうした身体的異常が憑依の前触れとしてみられることは例外的ではないが，ミディアムの経歴における不可欠の要素だというわけではない。第3に，彼自身も家族も「テヘイロなどには関係なかった」と語っており，憑依霊が出現したのちも，フェイトゥーラを受けるまでは，他のリーダーのテヘイロの儀礼に参加したりしてはいないことである。つまり憑依のイディオムによって彼の体験が整序されるようになるのは，ひとえに憑依霊自身のイニシアティヴによっている。第4に，最初の憑依が生じたときにすでに憑依霊自身が素性を明かし名前をなのり，具体的な指示を与えていることである。したがってこの事例の場合，憑依のイディオムに基づく語りを開始したのは，予言したパジェを除けば，憑依霊自身である。そしてその後，その憑依霊の信憑性，言い換えれば，彼の体験を整序するにあたっての憑依のイディオムの妥当性は，クライアントやミディア

ムがその周囲に集まるという形で構築されてきたのである。このように憑依霊自身が最初の憑依においてすでにアイデンティティを明らかにすることは稀ではない。アントニオが「フェイトゥーラなどなくてもリーダーとして優れた仕事をしている人は多い」と繰り返し強調しているのは，憑依霊との関係の安定化にあたって，第三者の介在を必要としなかったという彼自身の経歴と密接に関係している。

[記述] アメリーニャ[3]

アメリーニャは，1911年にベレンで生まれた。母親は病院の洗濯婦だった。子供の頃，あるテヘイロの儀礼で兄が太鼓を叩いていて，当時[1920年代]は他に楽しみもなかったので，彼女もしばしば儀礼を見に行っていた。その頃はウンバンダなどというものはなくて，ミナナゴとかバトゥーケとかサンタバーバラといった名で呼ばれていた。7歳のときのある晩，儀礼を見物していると，ある女性ミディアムに憑依していたDom José Rei Florianoという憑依霊が自分の儀礼歌を歌った。それを聞いていてアメリーニャは踊りたい衝動に駆られたが，母親に押し止められた。その憑依霊が，それに気づいて歌うのを止め，「お嬢ちゃん何をしたいの？」と尋ねた。「踊りたいの」と彼女は答えた。母親は憑依が起きたりするのではないかと不安を隠さなかった。Dom Joséは「何も心配することはない」と母親を諭し，アメリーニャを自分の前に立たせて踊りに加わらせた。その後，帰宅しようとしたとき，Dom Joséは母親に，「あなたが望もうと望むまいと，彼女は生まれつき私の娘（filha）なのだ。彼女を育てるのを私が助ける。彼女は私に仕えることになる。大きくなったとき，彼女に私は憑依するよ」と言い渡した。ある男性がお金を出してくれ，テヘイロの人たちが白い儀礼衣装を作ってくれた。そのようにして踊り始めた。

初めて憑依を体験した日はつぎのような具合だった。儀礼の最中にリーダーに憑依していたVerequeteがアメリーニャの身体をつかんで揺らしたときに憑依がおこり，そのあと儀礼が終わるまで太鼓の前に敷かれた布の上に横たわっていて，その間のことは何も記憶がない。憑依が生じたとき，ミディアムの1人にDom José Rei Florianoが憑依していた。この憑依霊はVerequeteの兄弟である。彼女に憑依した憑依霊はこの日は歌って素性を明かさなかったが，

「兄弟どうしのふたりの憑依霊」によって，彼女に憑依したのが後者の息子 Namazeninho であることが明らかにされた。儀礼が終わり布を持ち上げたとき正気にもどった。Verequete も他の人々も皆彼女を祝福して抱きしめた。

15〜17歳の頃，所属していたテヘイロ(1890年設立)のリーダーが亡くなり，関係者の協議の結果，彼女がそのテヘイロの後継者となった。そのときはもう結婚していた。当時は今のように21日間の「籠り」を含むフェイトゥーラなどはなくて，彼女が受けたのは，「セルヴィッソ」(serviço)とよばれる「頭を聖なる液で洗うこと」(banho de cabeça)だけだった。彼女の「頭の主」は Dom José Rei Floriano と Maria Bárbara (= Iansã) であり，彼女の今日があるのは，これらの orixá が，何か困難がもちあがったときに，つねに「道をきれいにしてくれた」からだ。今は老齢で病気がちなのでしていないが，かつては週に1回憑依霊を呼び出すセッション(chamada)をして人々の相談にのっていた。セッションでは太鼓を使わず，ときには手拍子で儀礼をしていた。クーラ(linha de cura)のときには羽根とマラカスを使い，Caboclo Igarapé das Alams などが来て仕事をした。これはタンボール儀礼では来なかった。Dom José や Maria Bárbara や Verequete はクーラの日にも来た。しかしタンボール儀礼(Linha de Mina)では Verequete として来る憑依霊が，クーラでは Pai Velho Benedito として来るという具合いに名前が違っていた。

[考察]

この事例も注目を引く数々の点を含んでいる。しかしここでもまず憑依のイディオムの端緒が開かれた経緯に焦点を絞ってみよう。彼女の場合，リーダーとミディアムに憑依した憑依霊が，彼女に生じた異常が憑依であると認定し，素性を明かす歌を歌わなかったにもかかわらず，彼女に憑依した憑依霊を同定している。しかしこの場合も，予言が存在したことに気づくだろう。Dom José Rei Floriano という憑依霊が実際の憑依に先立って，彼女がミディアムになること，さらに彼女が自分の「娘」であること，すなわち自分が彼女の「頭の主」であることを予言しているのである。さらに前の事例と大きく異なるのは，最初の憑依が儀礼的コンテクストのなかで生じていることである。儀礼で踊っている最中に異常が生じたからといって，彼女の場合のように直ちに憑依のイ

ディオムによる語りのなかに回収されるとは限らない。しかし，そうしたコンテクストがそれを容易にする方向で働くことは事実である。それがまさに憑依が起こるべきセッティングのなかで起こっているからであり，さらにまた，当の儀礼がいかなる憑依霊のためのものであったか，その瞬間にいかなる憑依霊のための儀礼歌が歌われていたのかなどが，憑依霊を同定するための有効な手がかりになりえ，語りのスムーズな構築を容易にする。さらに言えば，彼女の場合，憑依のイディオムによって整序されるべき体験が生ずるのに先立って，すでに語りの概要は出来上がっており，欠けているのは，その体験自体であったとさえ言うことができる。予言は，アントニオの事例でも存在していたが，その形態は両者で明らかに違う。しかしいずれにせよ，ある体験が憑依として語られ，その際に「それは何らかのかたちで既に明らかに予言されていたのだ」と語られることの重要な意味のひとつは，そのように予言に言及することによって，現に生じている憑依が「歴史的な深さ」を獲得し，その憑依霊についての語りの厚みが増すことである。

4. 憑依として整序される体験

　儀礼の最中に初めての憑依が生じたというミディアムは数多い。ただしそのすべてがアメリーニャのような理由で儀礼で踊っていたわけではない。第1に，ほんの行きずりの好奇心で儀礼を見物していて異常を体験し，それが憑依として語られることになるというケースがある。ある女性リーダーの場合，15歳の時にたまたま友人に誘われてウンバンダのセアラの儀礼を見に行ったときに，ミディアムに憑依していた憑依霊が彼女を呼んだ。憑依されそうな気がして呼び掛けに応じるのは嫌だった。身体が震え汗をかき寒気がしてきたので外に走り出ようとしたが，扉が閉まっていて出ることができなかった。「お祓い」をするだけだという憑依霊の言葉を信じて，その憑依霊のところに行くと，砂糖黍酒を彼女の両足に塗った。そこで意識を失った。意識を回復したとき，そのセアラの人々が「儀礼に参加してミディアムとしての能力を育てていかなければ苦しむことになる」と彼女に告げた。その後2ヵ月くらい迷っていた間，自宅でもしばしば憑依が起こったので決心した。この事例の場合，それ以前には憑

依の兆候など何もなかったと語られているが，同時に「当時病気がちだったが，セアラの儀礼に通い始めてから良くなりだした」とも語られている。彼女は，1ヵ月ほどそのウンバンダのセアラに通ったのち，オモロコのテヘイロに移り，さらに現在ではミナナゴのリーダーとなっているが，最初のセアラを去った理由は，そこの人々が「彼女の[憑依霊の]〈ライン〉はウンバンダではなくタンボールである」と言ったからである。

　第2に，それ以前に生じていた異常を「治療」するためのプロセスの一環として儀礼に参加していて，最初の憑依が生じたというケースがある。この場合，その異常はさまざまな種類のものでありうる。そうした異常に対しては，近代医学のみならず様々な民間医療も含めて「病気」(doença)というイディオムで整序する試みが繰り返されてきていることが多い。しかしそれを「病気」のイディオムのなかに位置づけることに失敗する。しかるのち，あるいは並行して他のイディオムが求められる。アフロアマゾニアン宗教はそのためにいくつもの入り口を用意している。そのような場合に，異常を体験している人は，クーラ儀礼を訪れたり，セッションを依頼する。相談相手を選ぶにあたって，知人・友人を介して紹介される場合が非常に多い。そこに人々が求めてくるのは，明示的には異常の解消であるが，そこでその異常を整序するためのイディオムに出会うことになる。

　身体の異常や生活上の度重なる不運などに見舞われて，セアラやテヘイロを訪れた人々が皆ミディアムになるわけではない。妖術のせいだったり，何の理由もなく「悩ましている憑依霊」の場合であれば，それを取りのぞく処置を施すことができる。この場合は，そのような妖術そのものを無効にする措置を講ずることによって，その憑依霊の介入を排除することができる。妖術の場合は，憑依霊自身がその人に憑依することを望んでいるわけではなく，単にある他人がその人に危害を加えようとする意図をもっていたにすぎないからである。憑依は妖術によって危害を与えるひとつの形態にすぎない。他にも事故・病気など様々な災厄が妖術に起因するものとされる。これらに対してミディアムあるいは憑依霊が相談にのり処置をほどこすのが，クーラ儀礼の主たる目的のひとつである。

　他方，その人の身に起こっている異常が，憑依霊がその人に憑依することを

望んでおり，ミディアムとしての「使命」を本人に知らしめるために憑依を引き起こしていると判定されると，そこで提示される選択肢はふたつにひとつである。ミディアムとなることを拒否して苦しみつづけるか，それを受け入れて，その憑依霊との安定した関係を樹立するために儀礼に参加するか，という二者択一である。その時点では，それがいかなる憑依霊によるものかは，必ずしも明白ではない。しかし，その憑依霊が安定した関係を結びうる種類のものであり，そうした関係を樹立しないかぎりは状況の改善は望めないとの判断が提示されている。その憑依霊が関係を樹立することを望んでいるがゆえに災厄を引き起こしているのだからである。したがって，関係を形成し，それにともなう「責務」を果たしていくことがそのまま「治療」になるのであり，「責務」を怠れば，その災厄はぶりかえすことになる。「あなたはミディアムなのだから，ミディアムの能力を陶冶していかねばならない」というのが通常本人に言い渡されることばである。ミナナゴのリーダーであれば，端的に「衣装を用意して儀礼で踊れ」と言うであろう。

　憑依霊が関係の樹立を要求していると判定されながらも，本人が年少であるとの理由でミディアムとなることを延期するような処置がとられることがある。アントニオの例では憑依霊自身が再来を予告しているが，憑依と判定したリーダーがそうした延期措置をとることもある。そのような例は数多い。その際に，具体的にどのような儀礼的処置が行なわれるのかは明瞭ではない。しかし延期措置を講ずる理由は明白である。ミディアムとしての「責務」の履行は多大の責任をともなうものであり，その能力が子供にはないからである。ところで奇妙なことに，最初の憑依あるいは憑依の兆候が現われたのが7歳のときだったと語るミディアムが，偶然とは思えないほど多い。7歳という年齢が何らかの意味で特別であるとする語りは一切聞かれないし，ここでは解釈を保留せざるをえないが，「7歳のときに初めて」という語りが，アフロアマゾニアン宗教の憑依のイディオムによって語る際の定型のひとつとなっているのかもしれない。

　憑依のイディオムで語られるべき異常だと判定されても，どのような外的症状を呈しているかは様々である。トランス（trance）といった「明白な症状」を体験している場合もあれば，そうでない場合もある。第2部で事例としてあげたソフィアの場合は「明白な症状」が現われている典型的なものである。彼女

の場合, 既に7歳のときに憑依を体験してはいるが, 25歳のときに「家中のものを壊す」ような激しいトランスを体験したことがミディアムとしての経歴を開始する契機となっている。しかし, 憑依のイディオムで整序されるべき異常, つまり民族誌でいう「憑依患い」(possession illness) の典型的症状といったものは, どうも存在しないのである。

　様々な憑依文化のなかで制度化されている憑依トランス (possession-trance) について, 多くの研究者によって uncontrolled / controlled あるいは involuntary / voluntary あるいは negative / positive という区別がなされており, しかもそれは通常,「憑依患い」に始まり「治療」を経て, 徐々に専門的憑依者になっていくというプロセスにおける前後関係として位置づけられている。すなわち, 憑依は当初には, 当人の意図とかかわりなく発生する不随意のもので, 統御することもできず, なすがままになっているにすぎず, 各種の危害を与えるなど当人にとって否定的な意味しかもちえない。それが一定の水路づけのプロセスを経ることによって, しかるべきコンテクストで意図的に発生させうる随意的なものになり, 当人はもとより周囲の人々にとって肯定的な効果を生み出すために使用することができるようになる。これが上述の図式の意味するところである。

　アフロアマゾニアン宗教のミディアムがたどるプロセスも, そのようなプロセスに概ね一致するものは数多い。しかし「憑依患い」というカテゴリーが「病因論」の一部として精緻に定式化されているわけではない。ある種の不調ないしは異常が, その種類ゆえに憑依霊に起因するものと判定されることはないし, ましてや不調や異常が詳細に分類されて, それぞれが特定種の憑依霊や特定の憑依霊に起因すると判定されることはない。あくまでも「病気」は, 憑依のイディオムによる整序化が軌道にのるまで異常について語るためのメタファーのひとつであるにすぎないのである。「霊的病い」(doença espiritual) だったと語られることも, しばしばあるが, その場合も, その一連の体験が憑依のイディオムによって語られることになったがゆえに, 回顧的にそのように表現されるにすぎない。

　身体的な症状がミディアムとして活動していく直接の契機になっていない事例としてつぎのようなものがある。アネリアは, 7歳になる前に憑依を体験し,

その憑依霊は Rainha do mar（海の女王）であると歌った。家族はそういうことに通じていなかったのでパジェに相談したところ，そのパジェは，彼女がミディアムであり7歳になったら7日間行方不明になることを予言した。家族の依頼によってパジェはそれを延期する措置を施したが，いずれミディアムにならなければならないと予告した。成人してから，知りあいのウンバンダのリーダーに同行して，あるミナナゴのテヘイロのタンボール儀礼で踊るはめになり，そこで Nanã borocô という orixá の儀礼歌が歌われているときに憑依が起こったが，憑依霊の名は不明であった。その後，夫がバイアに旅行して消息が不明になったので，あるテヘイロに相談にいくと，リーダーに憑依した憑依霊が「あなたはミディアムであるから，儀礼で踊らなければ夫は戻ってこない」と告げた。そのテヘイロの儀礼で踊るようになり，そこで憑依が起こり，その caboclo 自身が Herondina であると名のった。そのテヘイロの儀礼で彼女に憑依する Herondina と懇意になったクライアントが自宅にも訪ねて来るようになったので，定職である小学校教師をつづけながら毎週クライアントのためのクーラ儀礼をするようになり，テヘイロには通わなくなった。

　最初に儀礼で踊って憑依が起こったテヘイロのリーダーは，リオに去ってしまっていたが，彼に憑依していた caboclo である Joãozinho を彼女はとても気に入っており，色々助けてもらったので，その caboclo がどこかのテヘイロに再び現われることがあれば，そこのミディアムとして儀礼に参加するつもりでいた。あるときその Joãozinho が件のリーダーの弟子のひとりに憑依していることを妹から聞き，そのリーダーの儀礼を見物に行くようになった。ある日の儀礼で彼に憑依した Joãozinho と話をすると，その憑依霊が「お前さんの『頭』(coroa) はとても乾いている。『頭』を手入れする必要がある。お前さんの憑依霊 (guia) の憑依を受けなければいけない」と彼女に告げたので，彼女は結局そのテヘイロにとどまることになったのである。

　この事例では，それ以前にも憑依は生じているとはいえ，そのことによって直ちにミディアムとしての人生を踏みだしていない。特定の憑依霊が繰り返し憑依するようになり，クライアントの相談にも応ずるようになるなどミディアムとしての道をはっきりと選択するにあたっては，夫の出奔という問題について憑依霊が示した診断が重要な役割をはたしているのである。さらに最終的に

第11章　ミディアムへの道

　ミナナゴのテヘイロのミディアムとして定着するにあたっては，それ以前から懇意の特定の caboclo の指示が決定的重要性をもっていることも注目に値するだろう。この点については，後に再びとりあげられる。

　最終的に憑依のイディオムを受け入れるまでには，アネリアの事例のように時間がかかることも少なくない。遅延の理由としては，憑依のイディオムを受け入れることが困難だったと多くの人が語る。非常な苦悩をともなったと語られることも多い。特に本人も含めて家族が憑依宗教とは何の関わりももっていなかったような場合，その憑依のイディオムを受け入れることは，別のイディオムを完全に放棄すること，つまり「イディオムの改宗」を余儀なくされるがゆえに，状況は深刻である。またタンボール儀礼を見物に行ったり，時には caboclo に相談していたような場合，つまりある程度まで憑依のイディオムに親しんでいた場合であっても，自らがミディアムとなって儀礼に参加し憑依を受けること，つまり自らの体験を憑依のイディオムで整序されるべきものとして受け入れることは，別の問題であり，できればミディアムとなることを回避したいと考えて逡巡することが多くの事例から明らかである。非常に多数の事例で「できれば憑依なんか起こってほしくなかった。非常に苦しんだ。しばらく遠ざかった」などと語られている。すなわち憑依の開始は，多くの場合，突然の災難として語られ，ミディアムとして「責務」を果たし始めるまでの期間は苦難の日々として語られるのである。しかし結局はかなりの数の人々がミディアムとしての活動に従事するようになっていく。ミディアムとしての人生を選択しなかった人々について詳細に語るための資料を私はもっていない。しかしそうした人々について「語りの共同体」の内部にいる人々はつぎのように語る。「結局はミディアムとなることを受け入れることになるのだ，そうしなければ苦しみは消え去らないのだから」。

　慢性的病気・突発的災難・トランス体験などどのような種類の異常であれ，それが憑依のイディオムで語られはじめ，本人がミディアムとしての「使命」を受け入れはじめたならば，それまでのプロセスは，ある程度の共通性をもった形式によって回顧的に語られることになる。その語りのなかでは，つぎつぎに憑依霊が現われて繰り返し憑依するようになった経緯が重要な位置を占める。実際に憑依している憑依霊が同定されてはじめて，憑依のイディオムによって

はっきりとしたかたちで語ることが可能になるからである。それまでは憑依のイディオムの適用可能性が強く示唆されているにすぎない。安定した関係を樹立するためには，まず関係を樹立する相手が明確にならなければならない。そしてそれがミディアムとしての人生に踏みだすことを選択した人にとっての第1の課題であり，その人の体験が憑依として語られるための第一歩である。

第12章　ミディアムと憑依霊

1. ミディアムと「責務」

　私が個人的に詳しく話を聞くことができた人々は，そのほとんどが，場合によっては紆余曲折を経たうえであるとはいえ，結局はミディアムとしての「使命」(missão)を受け入れた人々である。他方，「卜占」などによってミディアムであると判定されながら，太鼓叩きとして儀礼に参加するなど代替的な「責務」をはたすことで，ミディアムとなることを回避したと語る人々もいるが，彼らは周囲の人々によって憑依として語られる対象となる明瞭な体験をもっていない。本書ではミディアムの語を，憑依霊の憑依を受ける，つまりその人の体験が憑依霊による憑依として語られ，その語りが一定の「語りの共同体」のなかで周囲に受け入れられつづけている人に限定して使用している。

　ミディアムは，médium（メヂウム），cavalo（馬）などとよばれるが，これらの名称の使われ方には相違がある。médium という語は，憑依一般，憑依霊と憑依される人間の関係一般についての語りで使われる語彙であり，ウンバンダからの借用である可能性が高い。他方，cavalo という語彙は，特定の憑依霊と特定の人間の関係に焦点をあてて語られる場合に使われる蓋然性が高く，憑依霊が自らが憑依する人間について言及する場合は「meu cavalo」（私の馬）というのが普通である。「馬」にあたる言葉は，アフリカでも，アメリカ大陸の他の地域のアフリカ系宗教でも，しばしばミディアムを指す名称として使用されている。憑依されるときの状態について「背後から憑依霊が負ぶさるように」と語られたり，「憑依霊によって肩に感ずる重さが違い，男性の憑依霊や有力な憑

依霊は重い」と語られること，あるいは「彼女はまだあの憑依霊を担う (carregar) ことができる段階に達していない」などと言われることから，「馬」という呼称のなかに，憑依霊を「担う者」という意味がこめられていると考えられる。なお，ミナナゴ「保守派」の年配の人々を中心として vudunço (vudunça) という言葉がミディアムを指して使われることがあるが，ほとんどつねに「古い」あるいは「昔の」という形容詞を付加して使われる傾向があり，今や「昔語り」においてのみ使われる語彙になっていると言ってよい。

　憑依霊と関係を結びミディアムとしての人生を受け入れた人は，その憑依霊に対して生涯にわたって一定の「責務」(obrigação) を負うことになる。それを忠実に果たしていくことが「使命」(missão) なのである。リーダーをはじめミディアムたちと話していて，「責務」という言葉ほど頻繁に耳にする言葉はない。それは一定の儀礼行為をも指しうるし，憑依霊への供物 (oferenda) をも意味するなど，様々なコンテクストで使われうる。既に詳しく見たように，クーラ儀礼やタンボール儀礼などの憑依儀礼を行なったり，それに参加することも，憑依霊に対して「憑依霊の食事」(comida de santo) を供物として捧げつづけることも，場合によってはそのために動物供犠 (matança de bicho) を行なうことも，すべてが特定の憑依霊に対する「責務」である。彼らの宗教的生活は，究極的に，ある一定数の特定の憑依霊への「責務」として展開していると言ってよいであろう。その「責務」の内容の詳細は決して同一ではない。特定のミディアムが特定の憑依霊にどのような「責務」を負うかは，その特定の関係のなかで「指示」(preceito) を受けて明らかにされるはずのものであり，それゆえに原則的に異なるはずのものである。「指示」は，憑依霊自身が言動によって明らかにすることもあるし，夢や直感によって「指示」を受けることもある。しかし，すべての場合において，その憑依霊が望むかぎり憑依を受けつづけることを含む。そうした「責務」を果たしつづけることを通じてしか憑依霊との安定した関係を維持し，その加護を期待することはできない。憑依霊は超人的な力をもって人間の生活に介入しうるものなのであり，ミディアムとして「責務」を果たしているかぎりにおいて，本人にとってポジティヴな形での介入を期待できる存在なのである。

　すでに繰り返し述べてきたように，ミディアムそれぞれにとって一定数の憑

依霊が格段の重要性をもって舞台の前面に位置をしめている。なかでも最も重要性をもつのは，やはり自らに憑依する一群の憑依霊である。すでにフェイトゥーラのプロセスを開始したミディアムにとっては，他のいかなる憑依霊よりも重要なものとして位置づけられるのが，「頭の主」とよばれる男女一対のorixáである。一定期間の後に，「頭の主」を補佐するいまひとつのorixá（juntóとよばれる）が明らかにされることもある。「頭の主」は子安貝による卜占を通じて知ることができ，フェイトゥーラの前に判定されていることが不可欠である。なぜならば，フェイトゥーラとは，「頭の主」を受けることができるよう「頭をつくること」(fazer cabeça)，別の言い方では，ミディアムの「頭」に定着するように「頭の主であるorixáをつくること」(fazer santo)だからである。そのような処置を経てはじめて，ミディアムと「頭の主」との関係は安定したものとなり，その憑依を正しく受けることができるようになる。この段階に達すれば，「頭が出来上がっている」(cabeça feita)あるいはミディアムとして「出来上がっている」(feito)とみなされる。しかし，その段階に達した後も，「頭の主」であるorixáは，実際にはほとんど憑依することがない。また忘れてはならないのは，圧倒的多数のミディアムがフェイトゥーラを受けることなく一生を終わることである。憑依霊のうち，ミディアムに頻繁に憑依して人々の生活で重要な役割を果たし，多くの語りがそれをめぐって紡ぎだされているのは，フェイトゥーラの有無にかかわらずミディアムであればだれもが受けるcabocloなのである。

2. ミディアムでない人々と憑依霊

　ミディアム以外の人々も，各自が男女一対のorixáを「頭の主」としてもつとされ，リーダーの手になる卜占などで知ることができる。自らの「頭の主」に対しては，何らかのかたちで帰依を表明する行為が期待されている。この場合，「頭の主」との関係は，民衆カトリシズムの聖人信仰における守護聖人との関係に似たものであり，そのorixáに対して催されるタンボール儀礼は，その人にとって守護聖人の祝祭に似た重要性をもつことになる。つまり出席することはもとより，何か供物を捧げる，あるいは何らかのかたちで援助するなどの

行為が期待されるのである。他方,「頭の主」以外の orixá を帰依の対象とすることも可能である。例えば,ある問題に関してその orixá の助力が得られたことに対して,返礼として帰依の対象とするといった場合がそれである。この点でも聖人信仰との形式的類似性を指摘できる。

しかし人々の日常生活において活発な働きをするのは,orixá ではなく,儀礼でも頻繁に現われる caboclo のカテゴリーのものである。人はたいてい特定のいくつかの caboclo と非常に親密な関係を結んでいる。この関係は,人々と憑依霊とが交際するなかで培われてくるものである。その場合,関係をとりむすぶ対象は,「ミディアム A に憑依する caboclo B」として特定化されているのが普通である。他のミディアムに憑依する同一の caboclo の信憑性を否認しているわけではないが,「私はこれこれの caboclo を信頼し頼りにしている」あるいは「これこれの caboclo が私をとても助けてくれた」などと語られるとき,そこで想定されているのは,ある特定のミディアムの「頭」におけるその caboclo なのである。したがって,信者は特定の caboclo とコミュニケートするために特定のミディアムを必要とする。別の言い方をすれば,特定の caboclo と特定のミディアムの結合があって,言わば連星のように構成されるその複合体があってはじめて,それが人々にとって親密な関係をとり結びうる対象となるということである。

3. 憑依霊の「名のり」

ある人の身の上に起こっているある体験が憑依のイディオムで語られうるものと判定されたとしても,そこで直ちに特定の憑依霊による憑依として語られ始めるわけではない。まず必要なことは,どの憑依霊による憑依なのかを明らかにすることである。orixá の場合は,憑依霊自身が自ら名のることはない。その orixá が憑依することを望んでいることが,リーダーの行なう卜占によって明らかにされてはじめて,それは憑依のイディオムで語られる可能性をもつものとなる。

caboclo による憑依の場合は,アイデンティティが明らかにされるプロセスは,orixá の場合とはまったく異なる。ミディアムであるという方向で体験の

第12章 ミディアムと憑依霊

整序がなされつつある者,言い換えればミディアム候補者は,まず儀礼に参加しなければならない。そうすることによって憑依霊にはっきりとした自己表明の機会を提供しなければならない。他方,アントニオの場合の Sete Flechas の場合のように,最初の憑依のときにすでに,憑依霊自らが自己表明をすることによって素性が明らかになっていることもある。そうした場合,憑依霊が自らの儀礼歌を歌うことによって素性を明らかにすることが多い。それゆえに,ある caboclo が最初に憑依した際の状況について話題にしているとき,「そのときその憑依霊は,もう歌ったんですか?」という問いが,「自らの名前を明らかにしたんですか?」という問いと同じ意味をもちうる。そのように憑依霊に名のる機会を与えるために儀礼に参加することが,まだ誰ともわからない憑依霊に対する「責務」として重要になるのである。儀礼に参加するなかで,憑依霊自身が自らの儀礼歌を歌ってアイデンティティを明らかにしてくれれば,それで関係を設定すべき相手は明らかになる。

しかし憑依霊は必ずしもすぐにアイデンティティを明らかにしてはくれない。歌うことも話すこともせずに,ミディアムをのたうちまわらせて去ってしまうことが,儀礼で踊り始めて日が浅いミディアムの場合には,しばしば見られる。ただし,ミディアムが儀礼に参加しつづけていれば,憑依霊がいずれ歌ってアイデンティティを明らかにすると期待されている。しかし,憑依霊がいつまでも名のらない場合には,カトリックの洗礼の儀式を模倣した「洗礼」(batismo)とよばれる儀礼的手続きを施すことによって,憑依霊が名のるように促す。ここで次の点にとくに注意を促しておきたい。それは,憑依霊との関係の樹立のために必要とされているのが,名づけではなくて,名のりだという点である。つまり人々が憑依霊に名前を与えるのではなくて,自ら名のるように「洗礼」を施すのである。

憑依霊が自ら名のることの意味について,ランベックがマダガスカルのマヨッテ社会の憑依文化に即して興味深い指摘をしている。第1に,公開の儀礼の場で憑依霊自身が名のりをあげる行為は,オースティンの言う「遂行的発話」(performative utterance)であって,その発話行為そのものが,そこで言われていることを成就しているという点である。つまり,隠されていたアイデンティティがいまや公に明示されるというのではなく,まさに名のられる瞬間におい

てその憑依霊のアイデンティティが成立するという見方である（Lambek 1981: 145-146）。第2に，憑依霊の側から名のることは，憑依霊が人々と交渉に入って関係を樹立する意志があること，言い換えれば，憑依霊の側のコミットメントを意味するという点である（*ibid*.: 150）。

　ミナナゴの場合も，名づけではなくて名のりであることは，憑依霊の側の自発的合意が不可欠であることを示している。それが既知の憑依霊のいずれかに分類することではないという点にも注目したい。私たち人間がすべての憑依霊を知っているわけではない。私たちが未だ知らない憑依霊が，ある人間をミディアムとして選んで憑依し始めるということは充分ありうる。そうであるならば，当の憑依霊の名のりを待たずして，そのアイデンティティをどのように知りえようか。もちろん結果的には，知られている憑依霊のいずれかであると判明するケースが圧倒的に多い。しかしそのことと，新しく出現した憑依霊を既知の憑依霊のいずれかに予め分類することとは全く別である。

　憑依霊の名前をめぐっては，さらに論ずべきことがあるが，それは後の部分に譲って，つぎに，当の儀礼が「洗礼」とよばれることについて考えてみたい。カトリシズムの洗礼は，カトリック信者から構成される社会へと編入する通過儀礼であり，それに際して洗礼名を与える。そこでアイデンティティを明かさない憑依霊に対して施される「洗礼」の場合だが，社会外的・前社会的存在から社会的存在への移行という点に重点が置かれているように思える。憑依霊が「洗礼」を施されることによって「ちゃんとふるまうように」（bem comportado）になったということが，しばしば語られるからである。「それ以前は泣いてばかりいたのに」などと注釈がつく例も少なくない。さらにリーコックによれば，caboclo の悪戯があまりにも度が過ぎていたり，飲酒が度を超しているような場合にも，憑依霊に対する「洗礼」が施される（Leacock and Leacock 1972: 82,307）。これらの点を考慮すると，憑依霊に対する「洗礼」とは，未だ社会的存在ではない幼児のような憑依霊を社会的存在として社会関係のなかに編入していく通過儀礼なのである。

4. 憑依霊の「誕生」と「成長」

　祝祭的タンボール儀礼が実施される機会として，リーダーやミディアムにとって重要な caboclo の「アニヴェルサリオ」(aniversário) というものがあることを既に述べた。その日付は，そのミディアムにその caboclo が最初に憑依した日か，あるいは最初に名のった日である。両者が一致しない場合は，重視されるのは，最初に名のった日である。「アニヴェルサリオ」という語は，日常的な意味では各種の記念日をも意味するが，もっとも普通には誕生日を意味する。これらのことから，名のりをあげることによって徴づけられる憑依の開始のメタファーとしての誕生という視点がひらかれる。

　すでにかなりの程度まで「病院化」された現代社会においては，人々は妊娠の場合も病気の場合も病院に赴いて医者の診察を受ける。しかし，ひとたび診断がつけば，その後の「治療」は，はっきりと異なったプロセスをたどる。例外はあるにせよ，妊娠の場合に設定される目的は出産であり，病気の場合は，病気の原因の排除である。憑依に対して社会が対処する仕方にも，これに対応した違いがみられる。「悪霊」（ミナナゴで言えば「悩ます霊」）が原因であるとして，その「病因」を排除して原状の回復をめざすという対処の仕方が一方にある。他方には，それをしかるべく手なづけて新しい状況を創りだすという対処の仕方がある。そして後者の場合は，その異常事態が「誕生・出産」の契機となる。そこで誕生するのは憑依霊である。しかし後に論じるように，それと同時に憑依霊を受ける人間も誕生しているのである。さらに両者の特定化された関係そのものが「誕生」するのだと言うことができるだろう。そうした意味で，最初に憑依霊が名のりをあげた日を記念するタンボール儀礼が「アニヴェルサリオ」とよばれるのは，きわめて適切である。それは憑依霊とミディアムの双方にとってまさに誕生日といえるからである。しかしここまでは，通過儀礼というものが一般的に死と再生のシンボリズムをもち，新しい地位の獲得はつねに新たな誕生であるという議論の範囲内にとどまっているだろう。私が言いたいのは，それを越えるものである。第1に，このようにして「誕生」した憑依霊とミディアムは，その後も「成長」をつづけ「個性化」されてゆくという点である。第2に，その際にその「成長」のプロセスは相互に独立に進行す

るのではなく，まさに両者の関係が決定的な重要性をもつということである。

　以上の点について，憑依霊としての caboclo に即して詳しく議論を展開するのに先立って，つぎにまずフェイトゥーラについて簡単に述べておくことにしたい。そこでは，逆説的にも，ほとんど憑依しないことによって重要視されている「頭の主」としての orixá との関係が，どのように設定されるのかが明らかにされるはずである。

第13章　フェイトゥーラと「頭の主」

1. フェイトゥーラ：過去と現在

　アメリーニャの例にもうかがえるように，ベレンのミナナゴでは，かつては以下にみるような複雑なフェイトゥーラは稀だったとみられる。彼女は草木を浸した水で頭を洗う儀式をミディアムとしての力を増強するために受けたと述べているだけで，それを「セルヴィッソ」(serviço) と呼んでいた。1960年代の状況についても，多くのミディアムは簡単な「セルヴィッソ」というものを受けているにすぎないと報告されている (Leacock and Leacock 1972: 306–307)。もう少し複雑なものもなかったわけではなく，さまざまな名称 (preparação, fazer bori, borizar) でよばれていた[4]。その際には，テヘイロの一室に一定期間籠り，特定の料理を憑依霊への供物として捧げること，「草葉を浸した聖水」で頭を洗うことなどを含む手続きをふむことが理想であった。今日でもテヘイロを主宰する資格要件としてのフェイトゥーラとしてなら，この種のものでも充分であるが，それは「フェイトゥーラそのもの」(feitura mesma) ではないと考えられている。なぜならば，それだけでは他の人にフェイトゥーラを施す資格を得ることができないからである。

　現在のように複雑なフェイトゥーラがミナナゴの「正式なフェイトゥーラ」として標準的なものとされてきた理由は，第1に，モデルとしてのカンドンブレの全国的規模での影響力の増大を背景として，ベレンでもカンドンブレの複雑なフェイトゥーラを受けたリーダーたちが現われてきたために，それが正統性をもつモデルとなってきたことである。第2に，州連盟のテヘイロ認可政策

の結果として，ミナナゴにおいても「正式なフェイトゥーラ」の必要性がとりざたされるようになったことである。連盟設立時にすでにタンボール儀礼をしていたリーダーのなかには，そのような「正式なフェイトゥーラ」を受けていない者が多かったために，連盟はフェイトゥーラの有無にかかわらずテヘイロとしての活動を許可した。しかしそうした人々は今日では高齢化しつつあり，連盟が方針を変更しないかぎり，今後は以下に述べるようなタイプのフェイトゥーラが標準的なものとみなされていくことが予想される。

つぎに記述するのは，私の調査当時に州連盟の「儀礼評議会」(Conselho do Ritual) の議長をしていたリーダーのテヘイロのものである。連盟はミナナゴのフェイトゥーラを受けようとする人に対して彼を推薦することが多い。彼のミナナゴは「変革型」とみなしうるが，彼にフェイトゥーラを授けたのは，サンルイスの高名なテヘイロのひとつ Terreiro da Turquia でフェイトゥーラを受けたマラニョン出身者であり，それらの正統性シンボルのゆえに「由緒正しい伝統的なミナナゴ」として周囲から見られている。

2. フェイトゥーラのプロセス

このリーダーの場合，彼のテヘイロの儀礼に参加して踊り始め，レギュラーに通い始めた後に頃合いを見計らって，ミディアム本人にその意志があれば，特定の数種類の植物の液によって「頭を洗う」(lavar cabeça) とよばれる簡単な儀礼を施す。この儀式は，ミディアムと憑依霊との関係の強化のためである。しかし，リーダーが責任を負うフォーマルな関係が成立するためには，「フェイトゥーラ・ヂ・サント」(feitura-de-santo) を受ける必要がある。これを実施する時期は，ミディアムの修行の進捗に応じて，その人の「頭の主」が与える指示によって決まるものとされる。

フェイトゥーラに際しては，「代父」(padrinho) と「代母」(madrinha) が選ばれる。代父母は夫婦である必要はなく，ミディアムである必要もない。彼らにはカトリックの儀礼における代父母と同様の役割，すなわち，それ以降さまざまなかたちで援助し支えていく役割が期待される。この場合，儀礼によって設定されるミディアムと憑依霊(「頭の主」)の関係に対する支援を期待されている

第13章 フェイトゥーラと「頭の主」

のだと考えることができる。

　フェイトゥーラは通算7年を要する長期にわたるプロセスであり，最初に21日間，3年目に7日間，7年目に21日間の「籠り」(deitada) を含む。「横たえる」(deitar) という言葉通り，ミディアムはテヘイロ内の「聖所」(roncó あるいは camarinha) のムシロの寝床の上に臥している。初回の「籠り」に前だってリーダーの行なう「子安貝による卜占」によって，そのミディアムの「頭の主」すなわち，主要な男女一対の orixá が判定されているほか，それら「頭の主」に対して様々な「責務」が行なわれている。「籠り」の日取りは，卜占や儀礼暦あるいは本人の仕事上の都合などの個人的事情を考慮して決定されるが，月が欠けていく時期は望ましくない。それはフェイトゥーラを成功裡に遂行するために必要な力 (força) の衰退を意味するからである。

　初回と最終回の「籠り」の初日には，リーダーの手で本人の頭髪が剃られ，手足の爪も切られる。頭髪と爪および剃髪に使った剃刀(新品)は，7年間の全プロセスが終了するまでリーダーの手元に置かれる。同じ日に動物供犠(「頭の主」の orixá によって異なる)も行なわれ，剃刀で傷をつけた頭頂に供犠獣の血が注がれる[5]。これは orixá に「食物を与える」ためである。その血は頭を伝って足元に置かれた「頭の主」を表象する石 (otá) の入った小鉢に流れ落ちる。これによってミディアムの頭と「頭の主」の表象との間に供犠獣の血を媒介とした連合が形成されていることを容易にみてとれるだろう。この石の入った小鉢は，通常「聖所」の祭壇の下に置かれている。3年目の「籠り」では剃髪もなく，動物供犠も四足獣は使われないなど簡略化される。「籠り」の期間中は，朝まだきに沐浴するとき以外は「聖所」の外に出ることは許されず，中に入ることができるのもリーダー，既にフェイトゥーラを受けているミディアム，最近親者に限られる。供犠で屠られた動物の肉や内臓はしかるべく調理して，「籠り」期間中の食事とされる。それ以外の食事も塩・砂糖ぬきの特別なものが用意される。この期間中に，リーダーと「導き手となる憑依霊」(guia) の助力の下に学ぶことになるミナナゴの奥義には，非ポルトガル語の儀礼歌の歌詞の意味なども含まれる。このようにフェイトゥーラは秘儀的なものであり，公開されるのは，「籠り」の「入り」(entrada) に一晩，「明け」(saida) に三晩，合計4回実施されるタンボール儀礼の部分のみである。

初回の「籠り」を終えたミディアムは，それまでの「アビアン」(abiã) とよばれる地位から，「イヤオ」(iaô) と呼ばれる地位に昇格し，他の人のフェイトゥーラに際して助手を務めることができる。またタンボール儀礼で，リーダーを先頭に儀礼フロアーに入場する際の順序，儀礼フロアーで並ぶ順序は，フェイトゥーラを受けた順に従う。アビアンおよびイヤオという呼称はカンドンブレからの借用である。7年目の「籠り」が終了する「明け」の儀礼に際して，リーダーからテヘイロの「基礎」(fundamento) の重要な一部をなす聖なる品々 (deká) が手渡される。それには，前述の髪の毛・爪・剃刀・「頭の主」を表象する石などが含まれるが，詳細は当事者以外には明かされない。これらの品々をしかるべく納めていないテヘイロは何の力もなく，そこで行なわれる憑依儀礼はたんなる馬鹿騒ぎにすぎないという。このようにして7年間の「捕われ」の身から「解放され」たミディアムは，他の人にフェイトゥーラを授ける資格を公に獲得する。この段階に達すると，男性なら「ババロリシャ」(babalorixá)，女性なら「イヤロリシャ」(ialorixá) とよばれるようになる。これらの呼称もカンドンブレからの借用である。

　フェイトゥーラの経費は，それを受ける者がすべてを負担する。必要な品々は数多く，タンボール儀礼で人々や憑依霊にふるまう飲食物，太鼓叩きへの謝礼など相当額に達する。さらに，登録代を連盟に，リーダーに「床の代金」(dinheiro do chão) という謝礼を支払う。したがって「フェイトゥーラを受けた」(feito) という状態に到達するためには，相当の時間と金銭がかかることを覚悟しなければならない。しかし，それでも，ミナナゴの場合，カンドンブレのそれに比べてはるかに安価なのである。逆から見れば，カンドンブレへと移行してフェイトゥーラを受けることのもつ意味のひとつは，この点にある。費用がかさむので誰もができるわけではないために希少価値だという点である。

　ここで儀礼としてのフェイトゥーラの詳細な象徴分析はしない。たしかに orixá のために供犠する動物の種類，あるいは「頭を洗うための液」(amaci) はどのような植物と動物の血を入れねばならないのかなどについてリーダーは話してくれるが，最も重要とされる「聖所」内部のことが秘儀とされている以上，私が知り得た事柄だけから象徴体系として分析を行なうのは危険である。ミナナゴがきわめてシンクレティックな宗教であることも忘れてはならない。一般

に「シンクレティック」の語で描写される状況の主要な特徴のひとつは、意味するものと意味されるものがともに過剰で、両者の従来の対応関係の自明性がゆらぎ、新たな関係づけが試みられ、それによって新しい意味が生成し、その意味相互の関係は一貫した整合性を示していないことである。このように言うことで、「正しいやり方がある」という主張の価値を低めようというのではない。私が言いたいのは、シンクレティックな対象に対しては、いたずらに内的整合性のある象徴体系として描くことを試みるよりも、むしろ生成のプロセスにこそ注目すべきだということである。

しかしひとつだけふれておきたい点がある。それはこの儀礼における「頭」(cabeça, ori) の象徴的意味についてである。フェイトゥーラは正しくはフェイトゥーラ・ヂ・サント (feitura de santo) とよばれる。フェイトゥーラ (feitura) という名詞は、「する・つくる・なす」(fazer) という動詞に由来し、そこで行なわれるのは、「サントをつくる」(fazer santo) あるいは「頭をつくる」(fazer cabeça) という行為である。これらの用法からして、「サント」(santo) は、「頭の主」たる orixá を指している。「つくる」とは、「頭の主」をミディアムの「頭」に定着させること、そのように定着するように「頭の主を据えること」、「頭の主」が据えられるように「頭を準備すること」である。それによって、「つくられて出来上がった頭」(cabeça feita) をもつことになる。

この点について、いますこし考察してみることにしよう。ミナナゴの語りには、しばしば「閉じた身体」(corpo fechado) という表現が現われる。それは、妖術や「悩ます霊」の餌食にならないよう身体が防護されていることを意味する。すなわち身体は閉じていることが望ましい。しかるにフェイトゥーラにおいては、頭頂に傷をつけて、そこから「頭の主」に食物を与える。これは、身体を危険な状態に敢えてさらすことである。しかし頭にそのような開口部をつくることなくして「頭の主」を定着させることはできない。それはつまり「意図的に開かれ、慎重にコントロールされた開口部」がミディアムと「頭の主」の安定した関係をつくりだすために不可欠であることを意味していると解釈できる。それが慎重にコントロールされた開口部であることは、供犠獣の血が注がれたのち、アフリカ製とされる「ペンバ」(pemba) とよばれる粉が振りかけられ、鳥の羽毛でしっかりと覆い、布でターバン状に覆う所作にうかがうことができる。

そしてその布は，ミディアムが慎重にコントロールされた状態にある「籠り」が終了するまで取り除かず，終了時には，頭に刻まれた開口部は閉じているのである。「籠り」の間はそれがまだ閉じていないということは重要な意味をもつ。なぜならば，「籠り」で聖所に籠っている間に「頭の主」によるはっきりとした憑依が初めて生ずるとされているからである。すなわちその開口部は，「頭の主」との憑依を通じての関係の開始を示すものであると言えよう。

さらに「する・つくる・なす」(fazer) という言葉に明確に表されているように，人為的介在が強調されている点が注目されよう。「つくる」(fazer) という行為を行なうのは，リーダーという第三者であるが，その行為を通じて，ミディアムと憑依霊との関係にかんして第三者ではなくなる。フェイトゥーラを施すことによって，リーダーとミディアムとの間には，「約束」(compromisso) が発生すると語られる。この関係の重要性は，そのリーダーが死亡したときに，その関係を儀礼によって解消する必要があることにも現われている。その儀礼的手続きは「手を取り除く」(tirar mão de vumbi) とよばれ，フェイトゥーラを施したリーダーの「手」を取り除くことを意味する。その時点まで「手」は，ミディアムの上に置かれていたのである。

初回の「籠り」を終えれば，テヘイロを開きタンボール儀礼を実施することが可能であり，連盟もそれを認めている。しかし最終的に「修了の証」(deká) を受け取るまでは，「捕われ」の身であり，フェイトゥーラの全プロセスを終了して「頭が出来上がった」ミディアムは，ようやく独立したリーダーとなる。もちろん「頭の主」に対する「責務」はそれで終了したのではない。確定された関係をもつにいたった「頭の主」に対する「責務」を，師匠の助けを借りずに履行していかなければならない段階に到達したのである。またフェイトゥーラを完了した者は，「儀礼を実施し供物を献ずる責務」を「する」(fazer) ことができるが，そうでない人々はミディアムも含めて，それに「参加する」(participar) ことができるだけだとされる。つまりフェイトゥーラを完了して初めて，自分の「頭の主」である orixá に対して本当の意味で「責務」をもつ主体となりうるのである。

すべてのミディアムがフェイトゥーラを受けるわけではない。その理由は「ときが満ちていないからだ」と語られる。「頭の主」である orixá がそれを未

だ望んでいないならば，言い換えれば，それに相応しい段階に達していると判断していないならば，それにもかかわらずフェイトゥーラを施すことはできない。ではいかにしてミディアムがその段階に達していることを「頭の主」は明らかにするのか。リーダーの行なう子安貝による卜占によってである。卜占こそが orixá がメッセージを伝える手段なのである。

しかし仮に「頭の主」がフェイトゥーラを要求していたとしても，経費は重大な問題である。遅延の理由としてしばしば経費の問題が語られる。ただし少なからぬ人々がフェイトゥーラの費用をクライアントや友人知人たちが負担してくれたとも述べている。クライアントたちは，そのミディアムの憑依霊に対する信頼のゆえにそうするのである。すなわち，あるミディアムのフェイトゥーラは，しばしば本人にとって重要であるというにとどまらず，彼の憑依霊をとりまく信者たちの願望でもある。

3. フェイトゥーラのタンボール儀礼

「籠り」の間に聖所のなかで「頭の主」である orixá による初めての完全な憑依が生じ，「明け」のタンボール儀礼に際して，「頭の主」(第1夜に男性の orixá，第2夜に女性の orixá) による憑依を受け，人々に披露される。「明け」のタンボール儀礼の最初の2日間は，披露される orixá の儀礼歌がフロアーで歌われる中，聖所のなかで「頭の主」がミディアムに憑依し，代父母等が天蓋のように掲げる白いレースの大きな布の下，鈴をふるリーダーの先導で，人々が待つ儀礼フロアーへと導かれ，そこで踊り，人々の祝福を受ける。しかし orixá 自身は歌わず，しばし踊ったのちに，登場したときと同様の形式で，今度は後退りしながら聖所へと戻る。その後の儀礼フロアーでは，他のタンボール儀礼のときと同様に，多くの caboclo による憑依が生じて儀礼は活気をおびてゆく。従来は「明け」の儀礼に際して「頭の主」である orixá の扮装をすることはなかったということであるが，現在ではカンドンブレあるいはウンバンダ風の扮装をする者も多い。

確かにそれは，すでにミディアムの「頭」に据えられた「頭の主」を人々に披露する機会にすぎない。しかしそのように同輩のミディアムとテヘイロの

人々に公に披露することによって，はじめて「頭の主」とミディアムの関係は確立されたものとなるとも言える。テヘイロが語りの共同体の最小単位であること，そこを舞台として憑依のイディオムで語られることによって，憑依という現象ははじめて成立しているということを忘れてはならない。「籠り」の核心部分は秘儀でなければならない。しかしそれが秘儀として重要性をもたされるためには，それは秘儀として公開されなければならないのである。

　第3夜の儀礼で披露される憑依霊は，erê とよばれ，それは caboclo のうちのひとつであり，guia-de-frente または caboclo-de-frente とよばれるものにあたる[6]。第3夜の儀礼でも，聖所でミディアムに憑依した憑依霊が儀礼フロアーに導かれて踊るが，天蓋のようにかかげられる布もなく，リーダーと腕を組んで登場するくだけた調子のもので，まず太鼓の前の正面で自らの儀礼歌を数曲歌い，その後もフロアーに長くとどまって踊りつづける。第1夜と第2夜には，orixá が踊っている間は，他のミディアムたちは憑依されることもなく，踊りもせず，orixá の前で跪いて敬意を表する以外は，周囲から見守っているだけだが，第3夜のタンボール儀礼では，ほどなく他のミディアムたちも踊り，それぞれが caboclo の憑依を受け，フェイトゥーラを受けたミディアムの caboclo と混ざって踊る。このように最終日の儀礼の雰囲気は，最初の二晩とは，はっきりと異なっている。この状態が，「籠り」を終了したミディアムにとっても，その人の caboclo にとっても，通過儀礼としての「籠り」の〈再統合〉の段階にあたることは明白である。隔離期間を終了して，両者ともに再びテヘイロの通常の一員として迎え入れられているのである。

第14章　guia-de-frente：ミディアムの「登録商標」

1. guia-de-frente と「アニヴェルサリオ」(aniversário)

　フェイトゥーラの事例で取り上げたテヘイロのリーダーの「頭の主」は，Oxossi と Iansã，それを補佐する juntó が Ogum である。それ以外に彼に憑依する多数の憑依霊のなかで最も重要なものが，guia-de-frente (caboclo-de-frente) とよばれる Mariana と João da Mata であり，これらは儀礼で頻繁に憑依し，彼の「頭」において主導的な立場にある。guia とは文字どおりには「導き手」であるが，一般に「憑依霊」という意味で使われる。de-frente とは「前面の」という意味である。したがって guia-de-frente とは，「前面に出ている(導き手たる)憑依霊」を意味する。一般に男女の憑依霊がひとつずつであるが，必ずしもそうではなく，ミナナゴ「保守派」では，ひとつであることが多い。男女一対の場合でも，より頻繁に憑依して周囲の人々によく知られているという意味で，どちらかが他方を凌駕していることが多い。事例のリーダーの場合も，Mariana はクーラ儀礼であれタンボール儀礼であれ，ほとんど必ず現われ長時間留まっているのに比べて，João da Mata が憑依する頻度は低く，滞在時間も短い。

　guia-de-frente は，必ずしも最初に出現し名のりをあげた憑依霊ではない。このリーダーの場合も，最初に現われて名のりをあげたのは Jassilema だが，結局彼の「頭」に留まらなかった。それ以降，女性の caboclo のうちでも，Mariana より前に Herondina と Jarina が名のりをあげており，Jarina が現われたのは，「頭を洗う」儀式の日だった。男性の caboclo では，João da Mata より前に，

José Tupinambá と Pena Verde が名のりをあげた。このように，憑依して名のりをあげた順番とは必ずしも関係なく，様々な憑依霊が出現してくるなかで，特定の caboclo がそのミディアムにとって特段の重要性をもちはじめ，他のものより「前面に」出て主導的立場を獲得するのである。

　一般に，ひとりのミディアムの「頭」において，いくつかの caboclo が guia-de-frente を囲んで，そのミディアムにとっての主要憑依霊群を構成している。どの caboclo がどれほどの重要性をもつか，どれが guia-de-frente であるかは，ミディアムごとにまったく異なる。以前から多くのミディアムに憑依して力能を発揮して名声を獲得してきたような caboclo は存在する。しかし著名であるのは，まさに多くの有力なミディアムの主要な憑依霊として名声を獲得した結果であるにすぎない。

　定期的なタンボール儀礼には，主として「対応」するカトリック聖人の祭日に行なわれる orixá のためのものと並んで，リーダーに憑依する caboclo のための「アニヴェルサリオ」(aniversário) としてのものが含まれており，当然，それには guia-de-frente の「アニヴェルサリオ」としてのタンボール儀礼が含まれている。ここで，上述のリーダーのテヘイロの定期的なタンボール暦の全体をみることにしたい（表 4）。（このリーダーのテヘイロは第 2 部でクーラ儀礼とタンボール儀礼の実例を示したテヘイロと同一のものである。）

　表 4 で太字で示したものが，特定の caboclo の「アニヴェルサリオ」のタンボール儀礼である。それ以外で，特定の orixá を対象としていない儀礼は，1888 年に最終的に全奴隷を自由身分とする勅令が発布された奴隷解放記念日に実施される preto velho のためのもの，São Bartromeu（聖バルトロメウ）の祭日に，この聖人と深い結びつきをもつとされる exu を対象として催されるもの，双子の聖人 São Cosme & Damião（聖コズミと聖ダミアン）の祭日に行なわれる幼児霊一般を対象としたものである。以上のもの以外は，それぞれ特定の orixá のために実施されるタンボール儀礼であり，3 つを例外として，それぞれが「崇敬する」聖人の祭日に行なわれる。例外の第 1 は，1 月 1 日のもので，これは新年の始まりを祝うためのものである。例外の第 2 は，Verequete のタンボール儀礼で，多くのテヘイロで，それが「崇敬する」聖人 São Benedito（聖ベネヂット）の祭日ではない 8 月 23 日に行なわれる。リーコック（Leacock and

表 4

日付	聖人の祭日 SANTO CATÓLICO	対象とされる憑依霊 ORIXÁ CABOCLO, etc.
1/ 1		Oxalá
1/20	São Sebastião	Oxossi
2/ 8	[São João da Mata]	João da Mata
3/19	São José	Dom José
4/22, 23, 24	São Jorge	Ogum
/ (聖土曜日)		Oxalá
5/ 1, 29, 30, **31**	Virgem Maria	Mariana
5/13 (奴隷解放記念日)		preto velho
6/13	Santo Antônio	Ogum
6/29	São Pedro	Badé
7/14		Jarina
7/26	Santa Ana	Oxum / Nanaburuque
8/23		Verequete
8/24	São Bartromeu	exu
8/25		Dom Luís Rei da França
9/27	São Cosme & Damião	(幼児霊)
9/28		Herondina
9/29	São Miguel Arcanjo	Xangô
9/30	São Jerônimo	Xangô
10/第二日曜	Nossa Senhora de Nazaré	Abé
12/ 3, 4, 5	Santa Bárbara	Iansã
12/ 8	Nossa Senhora da Conceição	Iemanjá
12/25	Menino Jesus	Oxaguiã
12/31* 連盟の儀礼に参加		Iemanjá

Leacock 1972: 315) が推測するように，もともとは高名なリーダーの「頭」における憑依霊の「アニヴェルサリオ」に由来する可能性があるが，今日では理由は不明である．例外の第3は，Dom Luís Rei da França のタンボール儀礼で，8月25日に実施される理由について，このリーダーは「以前からそうだ」と言っているだけだが，既述のように，この憑依霊はある女性リーダーが1930年代にサンルイスから導入したと語られており，サンルイスでも同じ日に儀礼が行なわれることから，たんに理由が不明になっているのだと思われる．なお，9月29日と30日の儀礼の対象とされている Xangô は，第2部でふれたように

「聖人の違い」ゆえに別の Xangô である。

　定期的タンボール儀礼のなかで三夜続きのものが São Jorge / Ogum のためのものと，Santa Bárbara / Iansã のためのものである。後者は彼の「頭の主」であり，かつ彼のテヘイロの「主」でもあり，儀礼フロアー正面にも Santa Bárbara 像が置かれている。しかし，そのような特別の理由がない多数のテヘイロもこの聖人の祭日のタンボール儀礼を実施するし，サンルイスでも同様である (M. Ferretti 1985a: 47)。さらに1938年に既述の民俗音楽調査のインタヴューに答えたリーダーが「この聖人が彼の宗派の守護者的存在である」と述べていたことも考慮すると，このタンボール儀礼がアフロアマゾニアン宗教のテヘイロにとって特別な重要性をもつことが推測されるが，その理由について，ベレンでは私の知るかぎり語られていない。São Jorge の祭日にも多くのテヘイロがタンボール儀礼を催す。5月は聖母マリアの月であり，このリーダーによれば，1ヵ月続きの祝祭とみなすべきものであるのに加えて，彼にとっては，5月31日が Mariana の「アニヴェルサリオ」であることによって5月の一連の祝祭の重要性がいっそう増している。

　caboclo の「アニヴェルサリオ」としてのタンボール儀礼の期日は，そのミディアムの「頭」においてその憑依霊が初めて名のりをあげた日である。それが orixá のためのタンボール儀礼の日と重なっていることがしばしばあるが，それは，そのタンボール儀礼の最中に初めてその caboclo がそのミディアムに憑依し名のりをあげたことの結果である。

2.　ハイムンダの Dona Jurema[7]

　ここで，あるミディアムの経歴を参照することにしよう。注目したいのは，彼女にとって guia-de-frente の位置をしめる Jurema という憑依霊との関係である。彼女はつねに，女性に対する敬称（dona）を冠して Dona Jurema と呼んでいるが，そのことにも，この憑依霊の格別の重要性が示されている。呼び捨てにできるような対象ではないのである。

第14章　guia-de-frente: ミディアムの「登録商標」

[記述]

　ハイムンダは，1932年にパラ州内陸の小さな町で生まれた。出産に際して母親が São Raimundo Nonato（聖ハイムンド・ノナート）に安産を祈願したので，その聖人に因んで命名された。生まれて15日目の朝に，母親が彼女を自宅の食卓の上に置いて席を外した間に彼女がいなくなり，家族や隣人が総出で探したが見つからず，翌朝24時間後に母親が置いた通りの状態で彼女を祖母が発見した。家族はカトリックだったが，ときには地元のパジェに相談することもあった。その一件の後，祖母が小川の対岸に住むパジェに相談すると，彼の言うのに「精霊(encantado)が川底に彼女を［パジェとして］仕上げるために連れて行った」のであり，「彼女は［パジェとなって］人々に慈善を施さねばならない」ということであった。程なくして家族とともにベレンに移った。母親は例の一件について驚き怖れていた。そこで祖母が São Francisco を代父として洗礼すれば聖人の奇蹟をおこす力によってそうしたことを回避しうると考え，司祭に頼んで1歳のとき教会で洗礼を受けた。洗礼の代母は彼女のオバであった。

　幼少時をつうじて「幻覚」(visão)があり，周囲には「ミディアムなのだから，その道に従事しなければいけない」と助言する人々がいたが，彼女自身は病気だと思い，それを望まなかった。例えば12歳のときには，夕食の蟹を見て「食べるな，食べると痛みをおこす」という声を聞いたので拒んだが，食べざるをえず，その夜ひどい苦痛を体験した。まわりがうろたえるなかで彼女は声を聞き，その指示した薬草の処方によって回復した。その後，母親が死に父親が僻地の役場に赴任することになり，生地の祖父母のところに預けられた。祖父が病気になったとき，祖母の相談をうけたパジェは，「御宅には治病師(curadeira)がいるから，精霊が治療に行くとき驚かないように」と言った。ある日ハイムンダが自宅の台所で妹のための食事を作っていたとき，戸の外に馬がたてがみを鳴らすような音がしつこく聞こえるので戸を開けてみると，首のない馬がいて，家族を大声で呼んだが，その馬を見たのは彼女だけだった。つまり精霊が首なし馬の姿で現われ，それを見たのが彼女だけだということは，彼女が「治病師」であることの証拠だというのが，この語りの趣旨である。

　ほかにもさまざまな幻覚体験があったが，憑依霊による憑依を初めて体験し

たのは，結婚後 24 歳のときである。その頃彼女は寒気を感じて戸外に飛び出したいような気分をしばしば体験したため，同居していた夫の母が，「彼女の亡きオジの霊が悩ましているのだ」との知り合いの女性の助言に従って，彼女をエスピリタ（心霊術信者）のもとへ相談のために連れて行った。しかし，そこでの診断ではそうではないということだったので，それ以上行かなかった。ある朝，自宅で水を汲みに出ようとして心身の異常をおぼえ，駆けつけた夫にベッドに寝かされた直後に大蛇が見え，それが犬のように彼女を舐めまわしたのち，憑依が起こり，その後のことは記憶がない。後で聞かされたところでは，Itamaracá, Princesa Flores Bela, Dona Jurema がつぎつぎに憑依し，それぞれ歌って素性を明かしたが何のメッセージも残さず，夜になって常態にもどった。近所の女性が，自分が通っているテヘイロへハイムンダを連れて行こうとした。彼女は行きたくなかったので拒んだが，映画に誘い出されて，映画館への途上で彼女に憑依した Dona Jurema によってそのテヘイロに連れて行かれた。そこには結局 1 ヵ月も通わなかった。その理由は，Dona Jurema がキンバンダ(Quimbamda)［アフリカ系憑依宗教に対する一般的に使われている蔑称］なんかに私の「娘」をおいておくわけにはいかないと言ったためである。

　その後，夫が隣の郡に買った土地へ移り住み，クーラ儀礼を始めた。それは，羽根とマラカスを振って憑依霊を呼び，その助力の下に煙草の煙で治療したり，薬草などを処方するものである。当時すでに複数の霊が憑依しており，最も頻繁に来て「仕事」をしたのは，Dona Jurema, Tango do Pará, Gurauna, Mestre Arueira などであった。その後，彼女が 27 歳のときに，夫の病気をきっかけに土地を売りベレンにもどった。夫が死亡する直前(28 歳の頃)に，クーラ儀礼をしていた知り合いのリーダーに偶然に道で会い，夫の病気のことなど話した。そのリーダーに誘われて彼の家へ行くと，彼女自身に Dona Jurema が憑依して，彼女の夫に別れを告げた。つまり彼の死を予言した。夫の死後しばらくは 3 人の子を育てるのに忙しくクーラ儀礼はしなかった。そのころ Dona Jurema が夢に現われてクーラをするよう指示することがあったが，何か不安でできなかった。

　ある年の São Cosme & Damião の祭日の儀礼の日に前述のリーダーを訪ねると，彼に憑依した Mariana が「(ミディアムとして)つづけるように」と彼

女に命じた。1年後の同じ日に彼の手で「ウンバンダのイニシエーション」(Confirmação de Umbanda) を受け，彼のクーラ儀礼にも参加して手伝うようになり，自宅でもジュレーマ(＝クーラ)を再開した。それから7〜8年後にリーダーがミナナゴのタンボール儀礼を始めた。彼女は「自分はクーラでジュレーマであり，ミナナゴではないので」4年間ほど彼の所から遠ざかった。その間に隣人が所属していたテヘイロにも5ヵ月位通ったが，儀礼でハイムンダに憑依した Dona Jurema が「ここにはこれ以上とどまらない」と言ったので行くのをやめた。

結局もとのリーダーを再訪し，彼に憑依した Mariana に「私を受け入れてくれますか」と尋ねると，Mariana は「衣装を買ってミナを踊れ」と命じたので，それに従った。その後，6年ほどして息子の勉強のことで問題があってリーダーに相談した。彼は Dona Jurema に対する「責務」として「籠り」をするように命じたが，彼女にはお金がなかった。しかし「Oxossi がすべてを与えてくれるから」と言って彼が重ねて勧めるのに従い，翌年に7日間の「籠り」をした。彼女の「頭の主」は，Oxossi と Oxum である。その3年後に3年目の「責務」として7日間の「籠り」をした。現在では，従来から行なっていたクーラ儀礼を自宅で独りで行なう一方，リーダーのタンボール儀礼に参加して踊っている。しかし「Oxossi の儀礼 (1/20) と São Cosme & Damião の儀礼 (9/27) を除いてタンボール儀礼では気分が悪くなる」ということである。

[考察]

ハイムンダは，自宅でクーラ儀礼を行なってクライエントに「治療」を施し，その一方でリーダーのテヘイロのタンボール儀礼に参加して踊っているという点で，ミディアムの活動形態のひとつのタイプを示している。しかし，テヘイロを開くつもりはないとしている点で，いずれは自分のテヘイロを開いてタンボール儀礼を行ないたいと望んでいながら現在は他のリーダーのタンボール儀礼に参加しているミディアムたちとは対照的である。上述の経歴に充分に明らかなように，ハイムンダは，出生直後の「事件」以来ほぼ一貫してパジェランサのコンテクスト内に留まっていると言えるだろう。

彼女のミディアムとしての経歴で注目されるのは，最初の憑依のときに現わ

れた Jurema が，その後も重要な局面で導き手として関与していることである[8]。いくつかのテヘイロの儀礼に参加したり止めたりするにあたって，Jurema が指示を与えているし，夫の死に際してもそれを予言している。夫の死後クーラ儀礼から遠ざかっていた期間には，夢に現われることによって，クーラ儀礼を行ないつづけることを指示している。さらに彼女が行なうクーラ儀礼では，そこで仕事をする最も重要な憑依霊は Jurema である。彼女は，現在では，あまり気が進まないながらも，タンボール儀礼に参加している。その理由は，彼女が信頼していたリーダーが，それまでのクーラに加えてタンボール儀礼をともなうミナナゴを始めたためであり，そのことが，前者には共感しても後者に関与したくない彼女にとってディレンマを提供した。その解決にあたっては，語られているかぎりのことからすれば，そこに Jurema は登場してこない。この選択における Jurema の沈黙は興味深い。

　ハイムンダは，タンボール儀礼のうち2つを除いて，参加して踊ると気分が悪くなると言う。例外のひとつは，彼女の「頭の主」である Oxossi のものであり，それに参加して踊ることは，彼女の「責務」である。いまひとつは，São Cosme & Damião のタンボール儀礼である[9]。この儀礼で気分が悪くならないのは，彼女にとって重要な caboclo である Caboquinho という名の憑依霊のゆえであると考えられる。この双子の聖人の祭日に行なわれるタンボール儀礼が「子供の憑依霊」のためのものであり，Caboquinho が彼女の「頭」では子供だからである。そうした例外を除いて，一般にタンボール儀礼で気分が悪くなることは，ハイムンダ自身によって，彼女に憑依する憑依霊がタンボール儀礼を好んでいないことを示すものとして解釈されている。ところで彼女の「頭の主」は Oxossi と Oxum であるが，彼女の語りのなかには，ほとんど登場してこない。頻繁に言及される Dona Jurema こそが彼女にとって真の「導き手」なのである。

3.　「登録商標」としての caboclo

　ハイムンダにとっての Dona Jurema がそうであるように，特定の caboclo が格段の重要性をもつようになり，頻繁に憑依するようになると，そのミディ

アムの「頭」におけるその caboclo についての語りは，非常に詳細かつ独特のものとなってくる。その憑依霊についての語りが，実際の憑依を通して紡ぎだされてくるからである。ここで caboclo が頻繁に憑依するだけでなく，憑依した際には長時間とどまって人々と会話を交わしコミュニケートするという事実が重要性をもつ。そのようにして人々の生活のなかに直接に参加する存在となっていくのである。そして特定のミディアムの「頭」における特定の guia-de-frente が，周囲の人々のあいだで社会的存在としての位置を確かなものにしていくにつれ，そのミディアムにとって「登録商標」(Vergolino e Silva 1976) とよびうるような存在になっていく。

しばしば，その憑依霊の名がそのミディアムの名前の一部を構成するようにさえなる。例えば，前述の事例のアントニオは，アントニオ・タピナレ (Antônio Tapinaré) という通称で知られているが，Tapinaré という憑依霊は，彼の guia-de-frente である。こうした例は枚挙にいとまがない。私の経験でも，しばらくの間，それが憑依霊の名を含む通称であることを知らずに，本名だと思っていたことすらある。こうした通称がそれほど定着していない場合でも，「あの caboclo [の憑依] を受けるマリア」というような言い方で人を特定することは頻繁に行なわれるし，マリアのようにありふれた名前の場合は殊にそうである。そのマリアは，まさにあの caboclo の憑依を受けるマリアというかたちで特定化され，それと同時に，その caboclo はそのマリアに憑依するときのそれとして，言い換えれば「そのマリアの頭における」その caboclo として特定化されているのである。前述の例に即して言えば，そのアントニオは，まさに Tapinaré に憑依されるものとしてのアントニオであり，その Tapinaré は，他でもないアントニオの「頭」における Tapinaré だという関係になっているのである。

では特定のミディアムと特定の caboclo が，どのようにして人々や他の憑依霊と社会関係を紡ぎ，社会的存在となっていくのか。それがこれから考察しようとする第 1 点である。さらにミディアムと憑依霊の緊密な結びつきが，両者にとってどのような意味をもつのか。それが同一の caboclo がミディアムごとに示す性質その他の驚くべき変異とどのようにかかわっているのか。それがこれから注目していこうとする第 2 の点である。この 2 つの論点をつらぬくのは，

特定のcabocloは特定のミディアムの「頭」において特定の個性をもつものとなっているということである。この点について考察するためには，憑依というイディオムによって整序されることによって個々の憑依が成立するなかで憑依霊が構成されるプロセスについて，やや一般的な見地から検討しておくことが必要になる。

第15章　憑依と個性化

1. 「客観的存在」としての憑依霊

　憑依という〈関係性〉のもつ構成的側面に注目するとき，個々のミディアムへの個々の憑依に先立って，その憑依霊は存在していないと言うことができる。これはおそらく奇妙な主張ときこえるだろう。なぜならば，ミナナゴ(アフロアマゾニアン宗教)の信者が，憑依のイディオムによって，ある個人の身に起こった体験について語るとき，つぎのように語ることは事実だからである。実際にこの人への憑依が起こる前から，この名前をもつこの憑依霊は，見えないけれども確かにこの世界に存在しているのだと。そして，その特定の憑依霊は概ねこれこれの属性をもつのだと。例えば Mariana も Tapinaré も Jurema も，特定のミディアムに憑依する前から憑依霊として実在しているのだと語られるし，実際に他のミディアムの「頭」で憑依してきている。既に個々の憑依霊について何事かを語ることができ，事実，何事かが語られている。つまり，ミナナゴの信者にとって，特定の憑依霊による憑依として整序される体験がある個人に生ずるのに先立って，憑依霊の各々が一定の属性と名前をもつものとして客観的に存在するのである。このことはミナナゴという特定の憑依文化に限られるわけではない。憑依というイディオムによって個人の身に起こる体験を整序している人々の語りに一般的に妥当する。

　共有された憑依のイディオムによって，体験が憑依として整序され構成されつづけることを通じて，憑依霊は，個々のミディアムへの個々の憑依の外部にあるものとしての客観性を獲得する。たしかに憑依霊は実在するのだというわ

けである。憑依のイディオムに基づく語りの共同体は、そうした共通了解のうえに、はじめて成立しうる。しかし憑依のイディオムが共有されていることが、ただちに特定の憑依霊についての定型化された語りが共有されていることを保証するわけではない。憑依する特定の憑依霊の属性について、個々の憑依に先立ってすでに何事かが語られうるのはなぜか。憑依霊が人々の前に現われるのは、具体的な個人の体験が特定の憑依霊による憑依として憑依のイディオムで整序されることを通じてである。それにもかかわらず、個々のミディアムの「頭」における憑依霊の個々のあらわれから独立に、Mariana や Tapinaré や Jurema という憑依霊について語りうるのはどのようにしてだろうか。

スリランカの宗教職能者の憑依を扱った『メドゥーサの髪』のなかで、オベーセーカラはパーソナル・シンボル (personal symbol) という概念を提出している。それは個人的な深層の動機づけが含まれる心理的シンボルで、主たる意義と意味が個人的生活と個々人の体験に存するものでありながら、間人的レベルに関しても意味をもち、相互伝達的な意味をおびた文化的シンボルである。スリランカの人々の霊魂の観念は、そうしたシンボルとしてあり、霊魂は範疇としては知られているが、名づけられた特定の存在ではないために、個人によって主観的体験と結びついた意味をもつものとして新たに創り出されつづける。しかし私的な幻想ではないために、それを介して表象される主観的経験は公的文化へと「客観化」されうる。また他方で、それと逆方向のプロセスがみられる。「主観化」のプロセスがそれであり、「文化パターンとシンボル体系が意識のるつぼに戻され、主観的形象とよぶ、文化的に許容されたイメージの組み合わせを創り出すために改装される過程」(Obeyesekere 1988: 273) である。主観的体験と公的文化がパーソナル・シンボルを介して架橋されるというのが、彼の議論の論旨である。

オベーセーカラの概念は、たしかに公的シンボル (public symbol) という概念ではすくいとれないプロセス、主観的な形象が、私的な幻想の位置にとどまらず公共性を獲得するプロセスに注目するために有効ではあるが、彼の議論では、あくまでも「個人的な深層の動機づけ」が強調されている。しかし本書での私の強調点は別のところにある。それは、「深層の動機づけ」との対比で言えば、「表層の語り」とでも言うべき側面である。そこではミディアムの各々がどのよ

うな深層の動機づけをもっているかは、さしあたり問題ではない。個々の憑依をつうじて開示される憑依霊のアイデンティティについての語りが、客観的存在としての憑依霊のアイデンティティについての語りとどのような関係にあるのかというのが、ここでの問題である。

2. 共有された語りとしての儀礼歌

ミナナゴの個々の憑依霊についての共有された語りは、主として儀礼歌(doutrina)のかたちをとっている[10]。ミナナゴの儀礼は、あたかも連歌のようにして次々に歌われる儀礼歌の連鎖のうえに成り立っており、一晩の儀礼だけで少なくとも数十曲が歌われ、総数を知り得ないほど多くの儀礼歌がある[11]。テヘイロが違えば儀礼歌のレパートリーも相当程度ことなり、同一の歌でも歌詞の部分的不一致がみられたり、旋律やテンポが多少異なったりすることも稀ではない。とはいえ儀礼歌は、基本的にテヘイロをこえて共有されていると考えられている。また、ミディアムが夢の中で啓示を受けて、新しい儀礼歌を導入したり、儀礼の場で憑依霊自身が今まで知られていなかった儀礼歌を歌いだすこともありうるとされるが、儀礼で実際に歌われるものの多くは、既に他の人々によって知られているものである。それゆえに、歌いだされた儀礼歌に他のミディアムたちもすぐに応じることができるのである。

そうした儀礼歌のなかの大多数は、ひとつあるいは複数あるいは一群の憑依霊と密接にむすびつき、特定の憑依霊(群)の儀礼歌とみなされている。憑依霊の名が明確に歌い込まれているものもあれば、そうではないが、ある憑依霊(群)の儀礼歌とみなされているものもある。憑依したときに caboclo は、自らのアイデンティティを明らかにするために「もち歌」とも言うべき儀礼歌を歌うが、それは、同一の憑依霊であれば多くの場合ミディアムの差をこえて共通している。もちろんあるミディアムの「頭」においては、つねに特定の儀礼歌しか歌わないといった「個人的」癖はある。しかし、若干の歌詞の相違はあるにせよ、儀礼歌が憑依霊についての共有された語りの一部であることは明らかである。

それゆえに、ある憑依霊が一般的にどのようなものであるのかを尋ねると、

人々は儀礼歌を引いて説明することが多い。「そのcabocloはかくかくである。なぜなら儀礼歌につぎのように歌われている」というぐあいである。しかし，ひとつの儀礼歌のなかで語られる属性さえ相互に矛盾しないわけではなく，複数の儀礼歌で語られている内容となれば，なおさらである。また，知られている儀礼歌に歌われていることだけが確信をもって語られ，歌われていない側面については曖昧なままである。つまり儀礼歌は，個々の憑依霊について，きわめて断片的でときには相互に矛盾する情報を人々に提供しているにすぎない。したがってそれは，憑依霊の属性を明確に規定するものではなく，むしろ解釈されるべき材料を提供しているのだと言える。「もち歌」としての儀礼歌の第1の機能は，個々の憑依霊のインデックスとしての役割であり，要するに「出囃子」のようなものである。つまり，その内容以上に，そのミディアムにその憑依霊が憑依したときには必ずその儀礼歌を歌うという点が重視されているのである。

　たとえばMarianaの儀礼歌のひとつは，「彼女は澱みを渡って，むこうの別の集団 (banda) からやって来た」と歌う。他の歌でも，しばしば「海の向こうからやってきた」という渡来者性が歌われている。別のいくつかの儀礼歌は，彼女は「美しいトルコ女」であり，「トルコ王の娘」であると歌うが，彼女は「水兵(船乗り)」で，「ブラジル海軍の跳ね返り者」であると歌う儀礼歌もある。さらに別の歌では，明白に Cabocla Mariana と呼ばれている。さらにまた別の歌では，別の属性を明らかにする。彼女は「アララ」（コンゴウインコ）で，「治病師の女王」である。「椰子の葉で葺かれた小屋で，足元に弓と矢と瓢箪の器を置いている」という儀礼歌もある。彼女が儀礼の場を退去する歌のひとつでは，「海の波間へと私は行く」と歌っている。

　これらは，Marianaの儀礼歌とされ，実際にこの憑依霊自身が儀礼で歌うものの一部にすぎない。このような共有された語りとしての儀礼歌すら，Marianaについてインディオ女，コンゴウインコ，トルコ王の王女，船乗り，ブラジル海軍の反逆者，等々として描写する。そこから明確に定義されたMarianaの「客観的アイデンティティ」を導き出すことは困難である。同一の憑依霊の矛盾しかねないような諸々の属性を，人々が話題にすることがないわけではないが，そうした場合つねに「私の場合は，その憑依霊はかくかくのものである」とミ

ディアムが断言すること,あるいはあるミディアムに憑依した憑依霊自身が「私はかくかくのものである」と断言することで終止符がうたれ,それ以上の詮索がなされることはない。要するに,ミディアムによって憑依霊の属性が異なるという事態は,解決する必要のある矛盾とは見られていないようなのである。

3. 憑依霊の「現われ」の実際と儀礼歌

ある人間に生じた憑依がいかなる憑依霊によるものであるかを判定する最終的かつ唯一の基準として儀礼歌が使われているわけではない。ランベックは,マヨッテ社会の憑依文化では,公開儀礼の場での憑依霊自身による名のりが重視されると言いつつ,それが周囲に受け入れられるか否かは,主として「慣習」(convention)に照らして判断されると述べている(Lambek 1981: 145)。どのような要求をするかが,憑依霊群によって違うことになっているからである。例えば,名のりをあげた憑依霊が白布を要求し,その憑依霊が属しているはずの憑依霊群が白い色を好むとされているならば,名のりの妥当性がたかまる。ところがミナナゴの caboclo の儀礼歌は,特定の憑依霊(群)の要求を特定するものではない。憑依しはじめた憑依霊の同定は,いつに憑依霊自身の名のりにかかっており,それは最も一般的なかたちとしては,その憑依霊のものとされている儀礼歌をしかるべく歌うことである。その儀礼歌に表現されている属性を公けに示してみせることによるのではない。したがって,憑依霊の同定に関して,儀礼歌はインデックスの役割を果たしているにすぎない。そしてその憑依霊が実際にどのような属性をもち何を要求するのかは,その憑依霊であると周囲に承認されてから,徐々に明らかになっていくことになる。儀礼歌として共有されている語りが,個々の出来事としての憑依における憑依霊の現われ方に影響をおよぼすことは事実である。しかしそれ以上に,個々のミディアムへの憑依を通じて現前する憑依霊は,その属性と振舞いにおいて不確定性をもった開かれたものでありつづけ,それぞれのまわりに語りが紡ぎだされていくことになるのである。

しかしそのような多様性にも自ずと限界があるだろうという疑問は当然のことながら生ずる。しかし,憑依自体が「憑依のふりをしている」(mistificar)ので

ないならば，つまり，それが真正の憑依として語られているのであれば，ある憑依霊の振舞いを，その憑依霊のしかるべき振舞いからの逸脱として糾弾することはできない。「偽りの憑依」(mistificação) がないわけではないと言われる。憑依が真正のものであるかどうかを判定するためには，カラオ綿に熱したデンデ油をしみ込ませたものを口にふくませる，掌で火薬を燃すなどの方法がある。それが真正の憑依なら，火傷することはないはずである。しかしそれによって判定できるのは，それが憑依であるかどうかであり，それが真正の憑依であるならば，憑依霊本人の言うことは受け入れなければならない。ただし，憑依霊自身が自らの力を誇示するために，公衆の面前でそうしたことをしてみせることは稀にあるにしても，あるミディアムの憑依が真正のものであるかどうかを判定するために，そのような「試験」(prova) がなされることは，私の知るかぎり，ほとんどまったくない。

　先に詳しく見たリーダーの「頭」において，Mariana は頻繁に憑依し，主導的な立場にある。Mariana は，一般的な見解からすれば caboclo だが，彼によれば，caboclo ではない。彼女の本名は，Sa Mariana Bela Turca da Alexandria というもので，Rei da Turuquia（トルコ王）の娘であるから，turca（トルコ人）であり，「王女」なのである。これは儀礼歌にも歌われている。この憑依霊は，このリーダーの「頭」では，ほとんどつねに若い娘として来る。「本人」によれば，今年14歳なら来年は15歳で，再来年はまた14歳なのである。しかし，他のミディアムの「頭」では，幼女であることもあれば，老女であることもある。彼のテヘイロには，寄進された Mariana の等身大の像が儀礼フロアーに置かれているが，それは金髪の若い白人女性である（口絵写真5参照）。しかし他のテヘイロには黒髪で水兵服を着た別種の Mariana 像が置かれていることがある。Mariana が水兵ないしは船乗りであると語る儀礼歌も存在するし，件のリーダーの儀礼でも，彼に憑依した Mariana 自身がその歌をうたうこともある。しかし，ある雑談のなかで黒髪の水兵服の像が話題になったとき，彼は「Mariana は水兵ではない。なぜならば，ある女性が裁縫師をつれてきて［彼の］寸法を測らせて，［憑依したときに着るように］水兵の服を作らせたのに，［彼に憑依したとき Mariana は］それを着ようとしなかった。水兵ではないからだ」と一言のもとに否定した。しかし他のミディアムに憑依する Mariana は，憑依し

第15章 憑依と個性化

たときに水兵服に着替える。儀礼歌が特定の憑依霊の属性について単一のイメージを示さないのに加えて，ミディアムごとに現われ方が異なりうることは，憑依霊のアイデンティティについての語りをいっそう拡散したものにする。それにもかかわらず，それがその憑依霊であるのは，「本人」がそのように主張し，周囲の人々がそのように呼び，そのようなものとして対応しているからである。

　では，儀礼歌として共有された語りと，個々の憑依を介して形成される個々の憑依霊の様態についての語りは，どのような関係になっているのか。後者の語りは様々なレベルの客観性を獲得してゆく。「あのミディアムに憑依した Mariana は，こんなことをした，あんなことを言った」という語りは，徐々にそのミディアムの「頭」における Mariana についての共有された語りとして蓄積されていく。しかし，別々のミディアムの「頭」における「複数の Mariana」についての語りが，それぞれ無関係のものとして蓄積していくわけではない。それらの語りは，人びとの共有する Mariana についての語りのなかへと投げ返されていくことになる。なぜならば，ある憑依霊が複数のミディアムの「頭」において，どれほど違った属性を示そうとも，それが別の憑依霊であるとは誰も言わないからである。たとえば Mariana があるミディアムの「頭」では冗談とビールが好きなすれっからしの少女で，別のミディアムの「頭」では，やんごとない淑女であったとしても，あるいは，一方ではトルコ王女で，他方では船乗りであったとしても，それが同名の別の憑依霊なのだとは誰も言わない。それらの言わば「複数の Mariana」は，それぞれが可能な現われ方のひとつなのだと考えられている。それゆえに，ミディアムの各々への憑依をつうじて開示される特定の憑依霊の特定の属性についての語りと，特定の憑依霊についての共有された語りは，互いにコンテクストとなりあう〈革新〉の関係にあり，その共有された語り自体は，個々の憑依から独立して固定化していくことができない。その結果，特定の憑依霊について，それがどのような憑依霊であるのか一般的に語ろうとすれば，それはいつまでも不確定なものにとどまらざるをえない。それは，確定したものとして一般的に語るべきものとして存在してはいないのである。別の言い方をすれば，唯一の本来のアイデンティティというものを語るべきものとして存在していないのである。

以上で明らかになったように,ミナナゴの憑依霊としての caboclo に関する
かぎり,公的に定型化され確定された属性をもつ憑依霊のリストというものを
前提し,各々の憑依はその固定的リストに定められている特定の憑依霊の役割
を受動的に一時的に提示するものにすぎないと考えることはできない。憑依霊
としての caboclo が提示している別の視点は,つぎのようなものである。

　憑依霊についての語りは,現実にわれわれが目のあたりにしている憑依霊の
言動によって紡ぎ出されつづけている。言い方を変えれば,神話はつねに作り
出されつづけるのであり,憑依は定型化された完成済みの神話のたんなる再現
ないしは上演ではない。したがって,憑依を,すでに完成済みの憑依霊に身体
を一時的に明け渡すことと考えて事足れりとするわけにはいかない。個々の憑
依霊は,ミディアムのそれぞれへの憑依を通じて,その度ごとに完成されはじ
めなおされるのである。別の言い方をすれば,憑依霊は,憑依を介しての特定
の人間との具体的で個別的な結びつきによって,はじめて特定の名づけられた
存在,個性ある存在になっていくのであり,言わば,生身の個々の人間に憑依
しつづけることによって構成されつづけるものなのである。つまり,憑依霊は,
信者にとって客体化されたものとして客観的実在として存在するものであるに
しても,くりかえし憑依し,人々に文字どおり「内在化」されつづけることに
よって定義されつづけるのである[12]。

4. 憑依霊の同一性と個性化

　一般的に憑依というものについて以上のように考えると,「洗礼」とよばれる
儀礼と「名のり」について述べた際に指摘した「誕生・出産」および「誕生日」
(aniversário) のメタファーの妥当性が理解されるであろう。特定のミディアムへ
の憑依を介してはじめて明らかになっていく憑依霊の個性のありかたを,そこ
に非常に明瞭にみてとることができ,その結びつきによって憑依霊は本当の意
味で誕生することになるからである。当初は,その憑依霊が何者であるかは明
らかではない。つまり,ある人間にある憑依霊が憑依し始めた時点では,その
憑依霊はまだ社会的存在としては誕生していない新生児のようなものである。
しかし,引きつづいて名前が明らかになることによって本当の意味において誕

生し，社会的存在としての一歩をふみだす。しかし，名前が明らかになった時点で，その憑依霊の個性が共有された語りに基づいて決定されるのではない。個性は，特定のミディアムへのくりかえされる幾度もの憑依を通じて開示されていくはずのものである。それが漸進的過程であることは強調しておく必要がある。個性は一挙に与えられるわけではないのである。そうした意味で，それは一種の成長の過程であり，しかもそれが「個性を獲得していく過程」（個性化の過程）であることは，開示されてゆくその属性がミディアムごとに相当程度ことなることに明らかである。この点は重要である。つまりそれは，公的に認められたある定型へとたんに近似していく過程ではない。以上のような過程を通じて，憑依霊は本当に名をもつ存在となっていく。つまり固有の存在として認知されてゆく。このようにして，憑依霊は，その憑依を受けるミディアムをとりまいて形成されている人間関係のなかに，さらに他の憑依霊とのいわば「人間関係」のなかに組み入れられて，社会的存在としての位置を獲得してゆく。こうしたプロセスはまさに，社会のなかに子供が生まれおちて成長していくプロセスとパラレルなものである。

　しかし，同一の名をもつ憑依霊の属性にまったく共通点がみられないのかというと，もちろんそうではない。ここで演劇における役と役者の関係と類似した関係を見いだすことができる。ある役者がある役を演じた演技は，それが優れたものであれば，その役の演技であると同時に，その役者の演技でなければならないはずである。要するに，そこには役という定型性をとおしての個別性の発露というものがみられる。この比喩で役者にあたるのは，ミディアムではない。あるミディアムと結びついたものとしての憑依霊である。そしてそれが，言わばある特定の名をもつ憑依霊の役割を演じているということになる。つまり，そこで顕になる個別性は，ある特定のミディアムに憑依する際の，その憑依霊の個別性なのである。信者の言い方では，ミディアムAの「頭」における憑依霊Bの個性としてである。そして「頭」がちがえば，つまりミディアムが別であれば，同一の憑依霊でも，その個性が一致するわけではないのである。

　しかしそれにもかかわらず，それは同一の憑依霊なのである。この点に関して興味深い事例に注目してみたい。ある女性ミディアムは，あるテヘイロの儀礼で踊っていたが，そこのリーダーはリオに転居し，ほどなくして亡くな

てしまった。彼がベレンを去るに際して，彼に憑依していた caboclo である Joãozinho Boa da Trindade が，今後は彼の弟子のうちの誰かに憑依することを予告していた。そしてしばらくして，その Joãozinho は，予告通りにあるリーダーに憑依し始めた。そこで，件のミディアムは，その別のリーダーのテヘイロに加わったのである。この caboclo は非常に人気があったために，その「後を追った」のは彼女だけではなかった。しかし，その同じ憑依霊の性格は，既に死去したリーダーの「頭」では，騒ぎ好き・冗談好きなものであったのに対して，現在その憑依をうけているリーダーの「頭」では，寡黙でむしろ生真面目である。そうなると，人々は Joãozinho の個性が2人のリーダーの間で異なるにもかかわらず，憑依霊自身が予告したという語りが存在することによって同一の憑依霊であると認知し，旧交を温めているということになる。人々がミディアムの差をこえて認知しているのは，Joãozinho 一般ではなくて，その Joãozinho なのである。このことは，ミディアムとの結びつきによって憑依霊ははじめて個性化した存在となっていくということと矛盾しない。むしろそれを裏書きするものである。なぜならば，人々は，どのミディアムであれ Joãozinho でありさえすれば旧交を温められると考えておらず，特定のミディアムと結びついた個性化された存在としての Joãozinho を追って来ているのだからである。この事例は，caboclo がどれほど重要な位置を人々の生活のなかで獲得しているかを示している。ミディアムが死んだ後でさえ，可能でありさえすれば関係を保ちつづけたいと人々がねがうほどの存在なのである。

　それがどれほど社会的に現実的な存在であるかは，憑依霊が人間と同様の資格においてフォーマルな社会関係に組み込まれている場合があることに明瞭に示されているだろう。カトリックの幼児洗礼に際して，その子供の代父あるいは代母の役割を憑依霊が務めるという場合がそれである。その場合カトリック教会での洗礼に際しては，その憑依霊が憑依するミディアムが代父あるいは代母として参列することになるが，実はその役割を引き受けているのは，人間ではなく憑依霊なのである。ある事例では，列席している代母が憑依状態であったのに神父はそれに気づかなかったと語られているが，必ずしも洗礼の儀式の際に，当のミディアムが当の憑依霊に憑依されているわけではない。さらに教会での洗礼とは別に，それに倣って，テヘイロで憑依霊を代父母にして幼児に

洗礼を施す場合もある。いずれの場合も，その子供の両親とその憑依霊は，カトリックの代父制度でそうであるように，「コンパードレ」(compadre) 同士の関係に入ることになり，互いにそのように呼びあうことになり，その憑依霊は，その代子 (afilhado/afilhada) に対して後見人的立場にたつことになる。ここで重要な点は，そのような社会関係に組み込まれているのは，特定のミディアムの「頭」における特定の憑依霊だという点である。

5. 語りと個性化

では，そのような「個性化の過程」は実際にどのように進行していくのだろうか。それはまさに，実際に特定のミディアムに憑依することによって，そのミディアムの「頭」において人々と交流し，人々に対して語り，人々がその憑依霊について語るという語りの集積を通じてである。一般に憑依霊とそれをとりまく人々との関係は，友人・知人との関係になぞらえるべきもので，上述の洗礼の代父母の例のようなフォーマルな裏付けがあるわけではない。クライアントとして仕事を依頼する，儀礼に際して懇談する，あるいは相談をもちかける，一定の援助に対して御礼をしたり，折りにふれて贈り物をするといった日常的な交流のなかで，ある特定のミディアムの「頭」における特定の憑依霊が個性を顕にしていくのである。あるミディアムの Mariana に対しては，ふさわしい手土産としてビールを持参し，いつもながらの「彼女」の冗談を聞くことを期待するといった具合いである。個性化の程度がどれほどであるか，言い換えれば，その憑依霊の個性がどれほどくっきりとしたものとして人々の間に定着するかは，憑依霊によって，そしてミディアムによって差異がある。一般に，ミディアムにもっとも頻繁に憑依し，しかも長時間滞在して人々と交流する密度が高いものほど，当然のことながら個性が明確である。第2部で記述したクーラ儀礼とタンボール儀礼の事例は，そのあたりの事情を明らかにしている。このテヘイロの儀礼に来る人々にとって，そうすることの最も重要な目的は Mariana とまた会って話ができることだと言っても過言ではない。もちろん，そこでは，常連とでもよぶべき他の憑依霊たちも，相互にそして人々と旧交を温めあっており，そのような重層的かつ拡散的な憑依霊との交流とコミュ

ニケーションの場としてミナナゴの儀礼は存在しているのである。そのような場では，必ずしも重要性をもつ新たなメッセージが伝達されているとは限らない。ランベック（Lambek 1981: 70-83）は，憑依霊と人々とのコミュニケーションの回路の再確認が，伝達されるメッセージに勝るとも劣らない重要性をもつと指摘しているが，ミナナゴの憑依儀礼にも，それはあてはまる。タンボール儀礼は，まさにパーティのごとく多くの人々が多くの憑依霊と一堂に会して，互いに消息を尋ねあい，絆を確認しあっている場ということができる。またクーラ儀礼でも，とりとめもない会話をつうじてコミュニケーションの回路が再確認されていることは，事例からも明らかであろう。

他方，ミディアムに憑依しても何の自己表現もできずに唐突に去ってしまう憑依霊もいるし，自分の儀礼歌をうたって到着を告知することはできても，人々と会話することができない憑依霊もいる。それは，ミディアムのミディアムとしての能力が充分に「陶冶」（desenvolver）されていないからであると語られ，それを陶冶していくためには，「責務」として憑依を受けつづけていくしか方法がない。自分の儀礼歌をしかるべく歌うこともできず，人々と話もできないようでは，人々の相談に応じたりクライアントのために仕事をすることなど覚束ない。それは個性化に程遠いのである。ミディアムとして一人前になっていくということは，とりもなおさず，その人の「頭」において，caboclo が明確な個性をもつ社会的存在となっているということなのである。仮に caboclo の名を Pena Verde とするならば，「だれそれの Pena Verde はこんな風だ」と人々に語られるようになって，憑依霊の性格が周知のものとなっていくようになることが，ミディアムとして充分に陶冶された能力をもつようになっているということなのである。

さらにまた，憑依霊は人々の日常生活のなかにも登場してくる。マリア・ジョゼというふだんは沈鬱な表情をして口数の少ない年配の女性は，タンボール儀礼では必ず Manezinho という至極陽気な caboclo の憑依を受けていた。バスの車中ですでに Manezinho に憑依され，陽気に歌いながら裸足でテヘイロに登場したこともある。彼女は，1960 年代にすでに儀礼の度ごとに件の Manezinho に憑依されていたらしいことが，リーコックの報告からうかがえる（Leacock and Leacock 1972: 203）。Manezinho は，言わば既に長い「人生」を生

きてきているのである。人々にとってマリア・ジョゼの「頭」における「陽気で悪戯好きのManezinho」は，その憑依を受ける者としての彼女以上に社会的に存在感のある位置をしめている。私はあるとき，町外れの路上で偶然マリア・ジョゼに出会ったことがある。そのとき，彼女は私に「バス代をくれ」と言った。私はそれが彼女自身なのかどうか確かめるのを忘れてしまったが，おそらくそのとき私が会ったのは，Manezinhoだったのだと思う。なぜならば，私はManezinhoとは親しかったが，マリア・ジョゼとは面と向かって親しく話したことがほとんどなかったからである。

憑依をコミュニケーションのシステムとみることの重要性は，つとに指摘されてきている。ランベック (Lambek 1981: 70-83) はとくに，憑依霊とミディアムのみならず，治病師(あるいはそれに憑依する憑依霊)あるいはミディアムの配偶者・近親者という第三者を含んで成立しているコミュニケーションを基本的なものとみている。そのようなコミュニケーションにおいて，第三者の役割は，まずは「伝言板」のようなものである。憑依の時点では，まさに憑依霊が現前しているがゆえにミディアム本人は不在であるために，憑依霊からミディアム自身へのメッセージは，ミディアム内部のモノローグとしてではなく，「伝言板」としての第三者を介した二重のダイアローグとして公共化される。それはそのミディアムの「頭」におけるその憑依霊をめぐる語りのなかへと公共化されるのである。しかし，第三者の介在は，そのような「伝言板」としての役割以上のものを意味する。典型的な形態としては，配偶者の間に，憑依によって「新たなコミュニケーションの回路が開かれる」というものである。配偶者間になんらかの問題が生じ，それについて両者が直接に話し合うことによって解決の道を探ることが困難になってしまっているような状況のもとで，憑依霊は，2人のうちのどちらでもないにもかかわらず，両者の関係を熟知し，その修復に重大な関心をよせる第三者として登場して，問題を明るみに出し，解決の糸口をさぐるために会話の成立を可能にする新たなコミュニケーションの回路を提供する。人間は，第三者としての憑依霊にむかって，妻または夫に対して直接には語りえないことを語り，憑依霊は第三者として意見を表明することができるからである。そのようにして，配偶者間の関係が，そこに一方あるいは両方に憑依する憑依霊が介在することによって「厚みを増す」ことになり，

憑依霊によって開かれた社会関係の「新たな次元」は，実際に憑依下にあるときだけでなく，ミディアムの生活の全体に及ぶことになる (*ibid*.: 83)．

ミナナゴの場合も，憑依霊としての caboclo の存在は，これまでも述べてきたように，新たな社会関係を開くだけでなく，既存の社会関係に「新たな次元」を導入し，その「厚みを増す」ことになっている．つまり憑依霊が確固とした社会的存在として介在するがゆえに，人々と憑依霊の間に社会的関係が形成され，人と人との間の既存の関係が，その一方もしくは双方に憑依する憑依霊の存在によって，単純な二者間関係ではなくなるからである．ランベックが強調するような配偶者間をはじめとする家族内の関係についても，ミナナゴの憑依霊は関心をよせる第三者として登場して問題を明るみにだし，その解決に到達するよう調停することがある (Leacock and Leacock 1972: 69-72)．いずれにせよ，ミディアムの日常生活においてさえ登場する憑依霊とミディアムの配偶者(および家族)との間の関係が，配偶者間(家族内)の関係に濃密な影をおとしつづけ，憑依霊はもはや無視し得ない社会的存在として共生関係を強いることになるのである[13]．そしてそれは，実際に憑依していないときでさえ，想起されることによって，あるいは実際に話題にされることによって，見えないけれども実在するものとして人々の生活の一部を構成するようになる．それは現実的な存在として語られうるものとなるのである．

こうしたプロセスを経るなかで，ひとりのミディアムに憑依する憑依霊の数が増加していき，また憑依にともなうトランスも統御されたものになっていき，guia-de-frente をはじめとする頻繁に憑依する caboclo が出現してくる．アントニオの Tapinaré のようにである．そこで Tapinaré という憑依霊は，アントニオに憑依する Tapinaré として社会的存在として認知され，アントニオの「頭」において個性を構築し，語りうる対象となってゆく．さらにまた他方で，Tapinaré という憑依霊に憑依されつづけるなかで，アントニオ本人がアントニオ・タピナレという通称さえ獲得するというようなことがおきる．つまり彼は Tapinaré に憑依されるアントニオとして社会的に知られるようになり，Tapinaré はアントニオの言わば「登録商標」になっているのである．

6. ミディアムと憑依霊の非同一性

　しかしアントニオ・タピナレという通り名で知られるミディアムが，Tapinaré という名の憑依霊と緊密に結びつけられるようになっているとしても，その人物が Tapinaré という憑依霊なのではない。つまり，憑依される人間と，その人間に憑依する憑依霊との非同一性は，信者にとって明白である。それどころか，その憑依が（憑依を装っている演技ではなく）真正の憑依であるためには，アイデンティティの点からも，利害関心の点からも，ミディアム個人の個性とは別のものとして憑依霊の個性が確立していることが不可欠であることを，信者たちは強調する。それが憑依のイディオムに基づく語りの譲ることのできない前提である。ある儀礼で突然憑依状態になった母親から引き離された1歳前後の幼児が，振舞いが急変した母親を見て怯え泣き叫んだとき，あやしていたミディアムは「あれは，おかあさんじゃなくて，caboclo なのよ」と熱心に言い聞かせていた。しかし子供さえも，憑依のイディオムに基づく語りの共同体のなかで育つうちに，両者が別の「人格」であるという前提に基づいて語るようになっていく。たとえば，ある5歳の女の子は，祖父に憑依する騒ぎ好きの Mariana に向かって「おじいちゃんは年寄りなんだから，あまり無茶はしないでほしい」と真剣に頼んだし，ある少女は，母親より彼女に憑依する Jurema という憑依霊のほうが「ぶたないから好き」と語った。

　ミディアムと憑依霊が別の存在であることは，憑依霊との会話のなかでも人称の使い方によって確認されつづけている。例えばあるリーダー（pai-de-santo）に憑依した憑依霊が彼の弟子（filho-de-santo）のミディアムと話している場合，そのリーダーについて言及するときは，ミディアムに向かって「あなたの pai-de-santo」と言うことによって第三者であることを終始はっきりさせている。また憑依霊に向かって，それが現に憑依している人物について言及する際には，人々は「あなたの馬（cavalo）」と呼ぶことによって憑依霊とその人物が別の存在であることを明確にしつづける。またミディアムの性別と無関係に，憑依霊の性別に応じて形容詞の語尾を変化させることも，ミディアムと憑依霊の性別が異なる場合には，両者が別の存在であるとの語りを構成することになる。

　このようにすべての語りは，両者が別のアンデンティティをもつことを一貫

して確認しつづけている。しかし，仮面と異なり憑依においては，生身の人間としてのミディアム本人が姿を消してはくれない。憑依霊に向かって話していれば，そこで目に入るのは本人の素顔以外の何物でもないからである。その素顔を前にしながら，それが別の「人格」であることを可能にするには，つまり，憑依されるミディアムと憑依する憑依霊のアイデンティティの峻別が可能であるためには，その憑依霊の独立の「人格」が説得力をもたねばならない。そこで，「下戸の女性ミディアムの酒好きな男性霊」や「内気な男性ミディアムのあばずれの女性霊」のようなアイデンティティの非連続性が著しいケースが多いことを，そうした非同一性の証拠として人々は引き合いに出す。そうした著しい差異は，ミディアムの性格のうちの抑圧された部分が憑依霊のアイデンティティの下に現われているのだといった心理学的解釈をしばしば導きだしてしまいがちであるが，むしろそこで注目しなければならないのは，憑依霊についての語りにおける説得力という側面なのである。さらに下戸のミディアムが酒好きの憑依霊に憑依されているときに飲んだアルコールは，憑依終了後にミディアムの身体に何の影響をもたらさないということも，両者がまったく別の存在であることの例証として，しばしば語られる。要するに，憑依霊はミディアムにとって一個の〈他者〉であることを憑依のイディオムが要請しているのである。

しかし，その〈他者〉である憑依霊は，ミディアムの身体を長年にわたって利用しつづける。ミディアムの身体は，もはや本人だけのものではなくなっている。しかし，憑依のイディオムによれば，その〈他者〉である憑依霊が，そのミディアムの人格の一部となってしまうことはない。両者が別の「人格」であることは，憑依のイディオムの譲れない前提である。しかし，特定の個性をもつ憑依霊は，特定のミディアムの身体を通じてしか社会的存在たりえない。人々は，そのミディアムの身体を一時的に占有する存在としての，その憑依霊と関係を結んでいるからである。ボディは，北スーダンのホフリヤット社会の「ザー・カルト」の憑依文化について論ずるなかで，ミディアムと憑依霊のアイデンティティは区別されているが，実際には区別はつねに明白なわけではないと述べ，それを見ている人々にとっての両者のアイデンティティの区別の曖昧さゆえに，それらが互いにメタファーとなって，コンテクストとなっていると

指摘している (Boddy 1989: 150-152)。

　超自然的存在とよばれるような非可視的存在を可視化する手法として，憑依は，人々が実際に目のあたりにしているのが憑依されている人間であるという意味で独特なものである。しかもミナナゴの場合，憑依に際して，帽子やスカーフなど若干の装身具をミディアムが身にまとうことがあるとはいえ，憑依霊の扮装をするわけではない。それゆえに，ミディアムと憑依霊のアイデンティティがまったく別のものであること，つまりミディアムにとって憑依霊が〈他者〉であることを保証するのは，そこで起こっていることが憑依であるとする語りだけであり，その語りがより説得力をもつためには，憑依霊がミディアム自身の個性とは明白に異なる個性をもっていることが不可欠になるのである[14]。

　しかしその個性化は，まさに特定のミディアムの身体を舞台にして展開するものであるがゆえに，その個性をもつその憑依霊と関わりあうためには，つねにそのミディアムの身体の前に立たなければならない。他のミディアムでは，同じ憑依霊でも「違う」からである。ここで役者と役の関係，とくに当たり役との関係を比喩として思い浮べることができるだろう。車寅次郎を見ようとすれば，つねに観客は渥美清の前に立たなければならない。両者が別の人格であることは観客も充分に承知しているが，彼らが知っている車寅次郎は，脚本のうえにあるのではなく，まさに渥美清の身体との結びつきによって構成されているものだからである。そしてしばしば渥美清が車寅次郎であると人々は錯覚することになり，渥美清を考える際に車寅次郎のアイデンティティを抜きにして考えることができなくなる。明らかに両者は互いにコンテクストとなっている。しかし本人の立場からすれば，役を演ずる役者と憑依されるミディアムとでは，そこに根本的な違いがある。役者は，その役を演じている自分というものを，演技の時点において意識的に顧みることが少なくとも可能であるのに対して，ミナナゴのミディアムは，憑依霊に憑依されている自分というものを，憑依の時点において顧みることができない。自らに憑依した憑依霊の振舞いについて顧みることができるのは，つねに憑依が終了した後にである。しかもミディアムは憑依中のことについて記憶がないとされているかぎり，他の人々が語ることを通じてのみ，それは可能になるのである。

その憑依霊はそのミディアムとの結びつきによってはじめて個性をもつものとして人々の前に出現しうるのに、まさにそれゆえに、そのミディアムはその憑依霊について直接の見聞に基づいて語ることができない。そもそもその日の儀礼で自分に憑依したのがどの憑依霊であるかさえ、他の人々に聞かなければならない。そのようにして直接には知り得ない〈他者〉である憑依霊の憑依を長年にわたって受けつづけ、本人が関与できないままに、その憑依霊が個性化されていくということは、ミディアム本人にとってどのような意味をもつのであろうか。ミディアムは、その人生の相当部分を特定の憑依霊のアイデンティティの下に生きることになるのである。こうした観点から考えると、個性をもつ憑依霊に対してミディアムは、単に身体を一時的に明け渡し、身体機能を提供するだけの存在だと考えるだけで充分なのだろうかと問わないわけにはいかなくなる。

7. 〈仮面〉の構造と相互的個性化

以上のような憑依霊とミディアムのアイデンティティの関係が、憑依という〈関係性〉の本質をめぐる議論へとわれわれを導く。それは、憑依とは分離と結合のパラドキシカルな結びつきだという点である。つまり、ミディアムに外在する憑依霊は、くりかえし内在化されるのだが、一体化して統合されてしまう（ミディアムが特定の憑依霊になってしまう）のではなく、くりかえし分離されつづけるのである。このように、憑依というイディオムでは、「引き離されつつ結びつけられること」が語られており、それがまさに憑依のイディオムで語られる〈関係性〉の本質なのである。この点について考察するために、いくつかの論考を参照することにしたい。

川田順造は、「よそおう」という行為について、それは「生まれながらの自分を変える、よそのものになる自己異化の願望と、同時に装うことで自分のアイデンティティを明らかにする自己同定の欲求の両面」（川田 1988: 220）を含むものであると述べている。この指摘は憑依の前述のような性質について考えるうえで、きわめて示唆にとむ。〈他者〉である憑依霊に憑依されるつづけることによって、ミディアムが繰り返し「よそのもの」になっているという意味で、憑

依には，憑依される人間から繰り返し分離され，しかも，結びつけられる〈他者〉と結びつきによる「自己異化」を見て取ることができる。しかしそれは何らかのかたちで同時に「自己同定」につながるものなのだと考えることはできないだろうか。一言でいえば，憑依とは「自己異化を介しての自己同定」なのではないか。

　この点について考えるうえで，仮面についての坂部恵の論考(坂部 1976)のなかで示されている「自己と他者の分離的統一」という概念は示唆に富む。坂部は，「〈わたし〉という主語」は「白紙の仮面ともいえる無限定な人称」としてとらえるべきものであり，「現実の一個の〈ペルソナ〉としての〈わたし〉は，……述語あるいは仮面に刻まれた面貌としての〈他者〉による規定を受けた，主語と述語の分離的統一としてはじめて，一個の〈ペルソナ〉として形どられる」(ibid.: 84-87)ことを指摘し，「一個の〈他者〉という述語規定を帯びることなしに〈わたし〉という主語は，形どりとあらわれの場をもちえない」(ibid.: 86)と述べ，「〈人格〉は，〈仮面〉の構造を，他者性による自己性の述語的規定あるいは自己と他者の分離的統一を必然的な構成契機としてはらむ」(ibid.: 87)と結論する。そこで，そうした〈仮面〉の構造によって人格が構成される関係の原型的なものとして，彼が「〈他者〉による〈わたし〉の占有ないしは憑依(possession)という現象」(ibid.: 94)をあげるのは，まったく納得のゆくことである。このように考えるならば，素顔は仮面に対して何ら特権的でないばかりか，それじたい〈仮面〉の構造にしたがう一個の〈仮面〉にすぎない。それは〈他者性〉を排除して自己完結することによる「自己同定」を支えるものではなく，様々な〈他者性〉によって「述語規定」をうけて主体として成立しているものに他ならない。

　「私はアントニオである」という言明と，「私はTapinaréの憑依をうける」という言明は，通常の語りのなかでは異なった重要性を与えられている。「私がアントニオである」ということが，その人間のアイデンティティの本質をなし，その個人がたまたまTapinaréの憑依をうけるのだ，それらはアントニオという個人に付随する形容にすぎないのだと通常は語られる。しかし，Tapinaréの憑依を受けるわけではない個人としてのアントニオとは，もはやその個人ではないと言うことができるのではないか。むしろそうしたすべての形容，言い換

えれば「述語規定」によって，はじめてそれらの集束する点として，それらの形容の指し示す対象としてのある個人というものが構成されているのではないか。そのように考えるならば，ミナナゴのミディアムにとって，いくつかの特定の憑依霊は，その人が他の人ではないその人であることにとって付随的なものではない。その人は，まさにその憑依霊に憑依される者として，その人だからである。坂部は「演者のおもてから外された」仮面を「不定形の動詞」にたとえる (*ibid.*: 86)。同様の意味で，ミディアムから外された憑依霊は「不定形の動詞」にたとえられるだろう。そしてそれは，ミディアムに憑依することによって「述語規定」を与えることを通じて「不定形」でなくなるのである。さきに「個々のミディアムへの憑依に先立って，その憑依霊は存在していない」と述べたとき意味したのは，まさにこのことである。以上のような〈仮面〉の構造のうえに成立しているものとしての〈人格〉という視点に立つことによって，憑依という〈関係性〉の〈構成的側面〉は，憑依霊についてのみならず，他方の項である，憑依を受ける人間にも当てはまるのではないかという視野が開ける。

　そのように考えると，憑依される人間の方も，統合されたものとして完成済みなのではなく，憑依されつづけることによって個性ある存在として構成され定義されつづけるものと見ることができる。しばしば指摘されるように，人間は「在るもの」ではなく「成るもの」であると言うことができるとすれば，そこでは人間は憑依をつうじて「成りつづけ」，憑依霊の方も「在るのではなく，成りつづけ」ているのである。そのような意味においても，クラパンザーノ (Crapanzano 1977: 11) の言うように，憑依というイディオムは，「憑依霊論」(demonology) であると同時に「人間論」(anthropology) なのである。

　したがって，名のりをあげた日つまり「アニヴェルサリオ」も，憑依霊にとってだけでなく，憑依を受けるミディアムの側にとっても誕生なのだとみることができる。それを通じて，憑依霊が特定のミディアムとの結びつきによって人間の世界のなかに誕生し統合されていくと同時に，その人間も特定の憑依霊との結びつきによって誕生しているのである。そのように考えるならば，憑依をうける人間の側にも，憑依を通じて成長し個性を獲得していく過程をみてとることができるのではないか。すなわち，ある個人とある憑依霊は，いまだ

充分な個性をもたないもの同士として結びつき，その関係を個別的なものとして育むなかで，互いを個性化していくとみることができるのではないか。憑依霊とミディアムが安定した関係を樹立するための儀礼的プロセスを，双方にとっての「通過儀礼」として見ることができることはしばしば指摘されているし（Lambek 1981: 115ff.），憑依が開始されることによって，ミディアムと憑依霊の双方の社会化（socialization）が開始されるとの指摘も，私が初めてではない（Boddy 1989: 156）。確かに，ミディアムは，自らの体験を憑依として受け入れるようにならねばならないという意味で社会化されねばならないし，憑依霊は社会的存在として人々とコミュニケートできるようになるという意味で社会化されねばならない。しかし重要な点は，そうした社会化は，一定の過渡的期間を経てミディアムと憑依霊の関係が確定することで終了してしまうものではなく，まさにそれを出発点として開始されるプロセスなのであり，しかも両者の完全な社会化に到達することは決してないプロセスなのだという点である。

　こうした視点から，前述のアントニオ・タピナレの例をふりかえってみよう。そこではTapinaréという憑依霊が彼の「登録商標」となることによって，アントニオという人物は，そのTapinaréに憑依されるアントニオとして規定されているということになる。さらにまた，そもそもアントニオという名前自体が，カトリックの聖人の名であることは注目に値する。ブラジルでは，カトリック世界で一般にそうであるように，圧倒的多数の個人名は聖人にちなむものである。そのことを念頭におけば，アントニオ・タピナレという通称は，Santo Antônioというカトリック聖人とTapinaréという憑依霊の名の結合と見ることができ，その人物はそうしたものとして規定されていることになる。そして，その人物との結びつきは，Tapinaréという憑依霊についての語りに新たな意味を付け加えることになる。仮にこのミディアムにSanto Antônioという聖人が憑依するとすれば，すなわち，聖人との関係が憑依のイディオムで語られうるものであれば，同様にしてアントニオという聖人についての語りにも新たな意味を付け加えることになると言うことも可能であろう。しかしカトリック聖人は，憑依霊ではないのである[15]。そしてこの点にこそ，憑依というイディオムによる語りにあらわれる〈関係性〉が明白に示されている。そうした結びつきは，結びつけられた項を新たな〈関係性〉のなかにおくことによっ

て，そのすべてに対して〈革新〉（innovation）（Wagner 1972）をもたらすのである。そのようにして Tapinaré はアントニオに憑依する Tapinaré として個性化されてゆき，アントニオは Tapinaré に憑依されるアントニオとして個性化されてゆくのである。

8. 人間の構築

　ミナナゴのミディアムが「責務」として儀礼に参加して特定の憑依霊の憑依を繰り返し受けつづけていくのは，各自の「ミディアムとしての能力」（mediunidade）を「陶冶」（desenvolver）していくためであると語られる。その過程で，いわば「できた人間」になってきたと語られもする。少なからぬミディアムが，たとえば，以前は怒りっぽく我儘だったのが，長年にわたって憑依を受けつづけてきた結果，今では感情の暴発をコントロールすることができるようになったなどと語る。そうした語りは，当然のことながら，以前の好ましくない出来事や状態のすべてが，彼（女）に特定の憑依霊が憑依する意志をもっていたのにそれが満たされなかったことによるのだとする語りのなかに埋め込まれている。しかし，いずれにせよ，憑依が繰り返され，憑依霊との関係が安定し，ミディアムとしての能力が陶冶されていくことによって，その人間はたんに以前の「正常な状態」に戻るのではなくて，そのプロセスがその人間に何らかの好ましい変化をうみだしていくのだと考えられているのである。つまりそれは成熟の過程なのである。

　そのようにミディアムとして成長・成熟していくことは，ミナナゴの場合，いくつもの caboclo に憑依され，それと安定した関係を結ぶようになっていくことを意味する。一般にリーダーなどミディアムとしての能力が陶冶されているとみなされる人の場合，すでに多数の憑依霊と恒常的で安定した関係を結んでいるのが普通である。しかし，そのそれぞれが「個性」を明確にしている程度には差がある。実際，ミディアムの経歴のなかでも，一度は憑依しながらその後は現われない caboclo や，非常に気紛れに憑依することがある caboclo がいるが，そのような憑依霊は，そのミディアムの「頭」においてくっきりとした個性を示すことがない。言い換えれば，くっきりとした個性を紡ぎだすほど

の語りが蓄積されることがない。熟練したミディアムの場合も，常連として憑依するいくつかの憑依霊こそが，そのミディアムの「頭」においてはっきりとした個性をもつ存在となっているのである。そのような一人前のミディアムにとって重要性をもつ憑依霊群の構成には，ミニマムセットとでもよぶべきものを指摘することができる。

まず第1に，ミディアムは，既述のように男女一対の orixá を「頭の主」としているが，それに対しては，実際に憑依を受けることよりはむしろ，供物を捧げタンボール儀礼を実施するなど「責務」を果たしていくことが，憑依霊とミディアムとの間の関係の実質なのである。その意味で，ほとんど憑依霊でないとさえ言えるかもしれない。

しかしそれはミナナゴの場合であって，カンドンブレでは儀礼で「頭の主」の orixá の憑依を受けることがミディアムの「責務」の中心にある。ゴールドマンは，カンドンブレの儀礼について「人間の構築」(construção de pessoa) のプロセスとしてみる必要を論じている。彼は，従来の議論が orixá のそれぞれをたんにパーソナリティ類型として見て，ミディアムの各々がそれに従って分類されて，その憑依を受けることによってアンデンティティが強化されるという治療的機能，あるいは憑依の下で一時的に人々の尊敬を集める orixá になることによって恵まれない日常が補償されるという機能があるという見方をとってきたことを批判し，憑依に先立って orixá も人間も個別化された存在としてあるのではなく，終生にわたって繰り返される「頭の主」による憑依を，「その人自身になっていくダイナミックな過程」として，つまり「人間が構築されていく過程」としてとらえるべきであるとする。そこでは，人間はまず「様々な要素が混在した存在」としてあり，繰り返される憑依を通じて「統合され統一された存在」(um ser uno e indiviso) に近づいていくが，それが完全に実現してしまうことは人間自身が orixá になってしまうことで，そのようなことは実現しない。それゆえに本来的に分離しているものの間を架橋していこうとする終わりなき試みとしてカンドンブレの憑依儀礼は理解できると結論している (Goldman 1985)。ゴールドマンの議論は，カンドンブレに限定されている。しかし，憑依が，予め出来上がっている憑依霊と人間が，後者が前者に身体を一時的に提供するというかたちで結びつくものに過ぎないのではなく，憑依される人間自身

の言わば完成を目指す過程なのだという指摘は，多くの示唆を含むものである。

9. 複数の声，farrista，かけがえのなさ

ではミディアムに複数のcabocloが憑依するようになり，そのうちのいくつかが明瞭な個性を獲得していくことは，人間としてのそのミディアムに何をもたらし，それによってミディアムはどのように「成長」あるいは「成熟」していくのだろうか。さらにそのことはミナナゴの人間観について何を明らかにしているのだろうか。この点について考えるうえで重要なことは，個性をもつ複数のcabocloが自らの身体を舞台に社会生活をくりひろげることによって，ミディアム自身がつねに否応なく複数の視点・声に取り巻かれ，それを調整する立場に立たされるという点である。憑依霊の視点・声はミディアム自身の視点・声ではない。しかし彼(女)の身体を通して提示される視点と発せられる声は，つねにミディアム自身に跳ね返ってきて反省的思考を迫ることになる。言わば，追い出すことのできない身勝手な同居人のようなものとして，憑依霊はミディアムに対して抜き差しならない関係を終生にわたってせまるのである。

ミディアム自身のものとは別の視点・声という意味でもっとも注目すべきものとして，farristaと呼ばれるものがある。これは，cabocloの現われ方の一種であり，例としては，既述の儀礼でのパイベネの「頭」におけるMariana，あるいは前述のマリア・ジョゼの「頭」におけるManezinhoがそれにあたる。farristaとして現われるときには，一般に陽気で冗談好きで酒を飲み，その放蕩ぶりはしばしば常軌を逸しており，言葉遣いもしばしば品を欠く。しかし機知に富む存在であり，思いがけない言動で人々を笑いに引き込む。また真剣に相談にのっていたかと思うと，不真面目な冗談を言って茶化す。欲望にしたがって生き，言動に道徳的な一貫性を期待することはできない。それが最も本領を発揮するのは，cabocloが「楽しむために」現われるタンボール儀礼においてであるが，クーラ儀礼でも，既述の事例でのMarianaのように，真面目に相談にのる一方で道化性を発揮する。さらに儀礼以外でも，日常生活のなかで前触れもなく突然出現して，後でそれを知ったミディアム本人が当惑するような言動をすることさえある。farristaとしての現われ方を一言で要約するとす

れば，それは明らかにトリックスター性であろう。そしてそれは，トリックスターが一般にそうであるように両義的存在である。それは老人のように知恵があり思慮深く，幼児のように無分別であり我儘である。そしてこの farrista としての caboclo こそが一般に憑依霊のなかで最も個性化された存在なのであり，そうである理由は，その言動がエピソードに事欠かず，それについての語りが厚みをもって蓄積しているがゆえにである。つまり，憑依霊自身がよく語り，憑依霊についてもよく語られるのである[16]。

　いくつかの特徴的なエピソードを取り上げてみよう。マリア・ジョゼの「頭」で数十年にわたって farrista として現われつづけてきた Manezinho の言動はつねに人々の注目の的である。人々に小遣いをせびるのは毎度のことで，あるとき私が「誕生日にあげるから，いつなのか教えてほしい」と言うと「明日だ」と答えた。またタンボール儀礼の終了プロセスが始まっているのもかまわずに，私のフィールドノートを取り上げて読もうとして読みそこなったり，儀礼フロアーに突然傘をさして現われて踊ったり，どこからか見つけた大きすぎるテニスシューズを履いて踊り，その滑稽な仕草で人々の笑いをかう。また，「彼」自身によれば「妻はいない。道で出会って気に入った女性はみな俺の妻」なのである。これらは私が居合わせたエピソードの一部にすぎず，長年の間に特定のミディアムの「頭」で個性に磨きをかけてきた farrista をめぐるエピソードには際限がない。

　こうした farrsita については，1960年代に調査したリーコックがその存在を指摘しており，そうした遊び好きで快楽主義者の憑依霊は「ミディアムに憑依して楽しいときを過ごすことに専念して」おり，その快楽追求の度が過ぎることもあるが，「一般論として，飲み騒ぐ憑依霊は，愛想がよく社交的でパーティを台無しにするよりは座を盛り上げることを望んでいる」と述べ，さらに，farrista はミディアムの身体を借りて楽しんだ返礼として，ミディアムが困ったときに助けてくれると考えられており，ミナナゴは「個人が快楽に耽ることによって超自然的恩恵をうけることができると信じられている数少ない宗教のひとつである」と結論している（Leacock and Leacock 1972: 66-69）。farrista の言動は，ミディアム自身なら決してしないようなものであることが多い。喫煙あるいは飲酒しないミディアムに憑依する farrista がヘビースモーカーであったり

大酒飲みであったりという事例も数多い。このようにミディアム本人の個性とまったく連続性がないような個性をもつfarristaによる憑依について，リーコックが提示している解釈は機能主義的なものである。すなわち，ミディアム自身には意識がなくミディアム自身が楽しんでいるわけではないことになっているが，ほとんどのミディアムは自らに憑依したfarristaの行動を好んで語るし，他のコンテクストでは不適当な行為も憑依霊の振舞いとなればミディアム自身が責任を負う必要がないから，farristaに憑依されることによってミディアム自身が相当の気晴らしを得ていることは明らかだと解釈している (ibid.: 66–67)。つまりfarristaによる憑依はミディアム自身の「憂さ晴らしと気晴らしの心理的欲求」を充足するという機能をはたしているというのがリーコックの解釈である (ibid.: 66)。

　ミディアム本人がfarristaに憑依されている際にどのような心理的満足を得ているかという問題をここで考察することはしない。端的に言って不明だからである。しかしここで「深層の心理」ではなくて「表層の語り」に注目するという立場をとるならば，重要な点が2つある。第1に，farristaの振舞いは，すべての憑依霊の場合にそうであるように，ミディアム本人とは別のアイデンティティをもつ憑依霊による言動だと語られていることである。それにもかかわらず，farristaの場合だけを，快楽を追求しているがゆえに，ミディアムも心理的満足を得ているはずだとして心理学的機能主義で解釈しようというのは無理がある。第2に，ミディアム自身も含めて人々がfarristaの振舞いについて好んで語るという点である。憑依霊の野放図な振舞いについて人々が語ることによって，それを語る人々が道徳的な立場をとることになるというマヨッテ社会の憑依文化についてのランベックの指摘 (Lambek 1981: 104–106) は，ミナナゴのfarristaについて考える際にも傾聴に値する。つまり「あのcabocloは，あんなことをして」と語り合い，そのcaboclo本人に向かって「ちょっとそれはやりすぎではないですか」とたしなめることによって，人々は従うべき道徳規範を確認しあい，その擁護者としての役割を演ずることになるという解釈である。しかし人々がfarristaについて語るときの調子は，その言動を承認できないものとして非難するよりは，トリックスターの愉快な話を楽しむといった調子のものである。したがって，人々の道徳意識を覚醒し，人々が道徳的にふ

るまうという以上のものが，farristaについて語ることのなかにはあると考えなければならない。

　まず第1に，farristaは非常に多くの場合，幼児でもなく成人でもない「思春期の青年」にあたるような年齢で現われることは注目に値する。憑依霊が社会化されつつも完全に社会化されない存在でありつづけるのであれば，そのような在り方を表現する年齢として思春期が適切なものであることは論をまたない。そこでは幾許かの責任感・倫理感と幾許かの無責任・非道徳性が混在している。人間の場合であれば，思春期は，いずれ成人の段階に達するまでの過渡的な段階にすぎない。しかし憑依霊の場合は，年齢は増加せず，いつまでも青年として現われつづける。この解釈が妥当なものであるならば，farristaとしてのcabocloは，単に特殊な現われ方のひとつであるというにとどまらず，憑依霊としてのcabocloに共通する特質を最も端的に示す存在であると言うことができるだろう。

　第2に，farristaとして現われるcabocloはミディアム自身と同性であることも異性であることもある。farristaがもっとも個性的な存在として本領を発揮するのは，その憑依霊がミディアムと異性のものである場合が多い。憑依霊とミディアムの性別が異なる場合のほうが憑依霊の〈他者性〉の提示が効果的であることは，しばしば指摘されるとおりである (Crapanzano 1977: 19)。しかもfarristaのように常軌を逸した憑依霊が真面目な性格のミディアムに憑依し，しかもそれが異性の憑依霊である場合，そのような効果はさらに大きいであろう。実際，真面目で責任感の強いリーダーのfarristaが非常に人気があるというケースは数多い。その結果，テヘイロを運営し，ミディアムたちを統括し，様々な問題を処理していくにあたって，リーダーとfarristaである憑依霊が絶妙のコンビを構成することになり，そこに相補的な個性をもつ者による集団指導体制のごときものが生まれる。言い方を変えれば，テヘイロのなかに，対照的な性格をもつ「両親」がそろうという状況である。そして実際，ミディアムたちが，リーダーに呼び掛ける場合と同様に，リーダーに憑依するそのようなcabocloに向かって，敬意と親愛の情をこめてpai（父）／mãe（母）という呼称を用いることは稀ではない。

　farrista自身が多くの語りを生み出し，またそれについて人々が多くの語りを

生み出すという点は，憑依と憑依霊というものが語りによって成立しているという基本的事実を，もっとも鮮明に示すものでもある。そしてそのような語りの累積によって，その憑依霊の個性はより一層くっきりとしてゆく。つまり caboclo のなかで farrista として現われるものの個性が，よりくっきりと形成されていくのは，人々がそれについてより多く語るからである。

また，farrista は極端な異質性をもつ視点・声を提供する存在であり，しかも複数の視点・声を既に自らのうちに合わせもつ存在である。farrista はつねに予期しなかったような視点をもちだす。Mariana は，あるとき私の携帯用のマイクを見て「それはコブラか」と尋ねたが，なるほど言われてみれば，V字形に開くことによって電源が入るマイクの端からコードが延びている様はコブラそのものであった。テヘイロに出入りする人々が勝手にポットのコーヒーを飲むのを見て，「これからは代金をとることにする」と言ったのも Mariana である。そのリーダーがそれからコーヒー代を徴収するようになったわけではない。Mariana は別の見方というものを人々に提示してみせ，リーダー自身は決して言わないメッセージを人々は受け取ることになる。farrista は終始冗談を言っているわけではない。多くの真剣な相談に対して助言をしたり処方をしたりもする。私がアマゾンの村々を旅行して水際の草叢に棲息するダニの被害にあって身体中に発疹が出来ていたとき，その治療法を指示すると同時に「何でも痛みというものはよいものだ。それによって人は何かに気づく」と言ったのも Mariana である。ビールを飲んで冗談を言っている Mariana からは想像もできないような深遠な教訓であるが，そうした視点・声の複数性こそが farrista を人々にとって魅力ある存在としているのである。

自らに憑依する caboclo が徐々に個性化されていくことによって，ミディアムが手に入れるのは，人々にとってかけがえのないものである憑依霊にとって自らがかけがえのないものであるという感覚であろう。そのようであるためには，その憑依霊はそのミディアムの「頭」で独特の個性をもつ必要がある。つまり，他のミディアムで代替することが不可能なものになっている必要がある。それによって，ミディアムは，自らがかけがえのない代替不能な存在であると信ずることができるようになる。そのように考えるならば，クーラ儀礼で仕事をすることも，タンボール儀礼で馬鹿騒ぎをすることも，すべてが特定のミ

ディアムの「頭」において，他に類するもののない独特の存在になっていくために重要な意味をもつ。そしてそのすべてを支えているのが，個性をもつ存在としてのcabocloについてのミディアム本人をも含んだ人々の語りなのである。この点にこそ，個々のcabocloが客観的存在としてのそのcabocloについての共有された語りから，なぜかくも乖離しがちなのか，ミディアムの差をこえたイメージを特定のcabocloについて想定することがかくも困難になるのかの答えがある。それはその憑依霊についての共有された語りの極限にまで達するほど唯一にして独特な属性を示すこと，言い換えれば，極限にまで個性化されることによってこそ，それはかけがえのないものとなるからである。

そのように個々のミディアムの「頭」において憑依霊が個性化されていくとしても，同一の憑依霊は，どのミディアムに憑依する際にも同一の憑依霊なのだという前提を再び強調しておきたい。それはあくまでも同一の憑依霊であると語られつづけるのである。その帰結として，ある憑依霊が個性化されればされるほど，極限まで個性化された「複数の個性」をもつようになればなるほど，その憑依霊について一般的に語ることは困難になる。ある憑依霊について一般的に語ろうとすれば，そこで示されるのは輪郭のはっきりした首尾一貫した属性ではありえない。つまり，同一の憑依霊がかくも多様な現われ方をすることによって，憑依霊のアイデンティティというものが重層的で不確定なものとして立ち現われてこざるをえないのである。そのような憑依霊のアイデンティティの在り方は，人間のアイデンティティについて考えるための参照点を提供するものとなりえる。

坂部は，先にあげた仮面についての論考のなかで，和辻哲郎を引きつつ，人は「間柄すなわち人間関係において，はじめて人である」(坂部 1976: 88)と述べ，前述のような「〈ペルソナ〉としての〈わたし〉」は，「〈ひと〉と〈ひと〉の〈間柄〉の場において構成される」(*ibid.*: 94)ことを指摘する。この指摘は，ブラジル社会における人間の構成についての，ダ・マッタ(da Matta 1976)のつぎのような解釈と共鳴しあう。彼は，モースやデュモンの研究(Mauss 1973; Dumont 1986)を参照しつつ，それ以上分割しえない単位としての〈個人〉(indivíduo, individual)という観念が，西洋近代において完成の域に達した特殊な人間観念であることを確認する[17]。しかるのちに明らかにされるのは，ブラジル

社会では、〈個人〉が、関係を欠いた無力な存在、普遍的規則に杓子定規に服従しなければならない存在、何者でもない存在として否定的にとらえられることである。それは、個性をもつ人間として扱われるために不可欠な何かを欠いた存在でしかない。ブラジル人の人間観の基本にあるのは、〈個人〉ではなくて〈人間〉(pessoa, person)なのである。〈人間〉は、〈個人〉とは違って他の人々との関係のなかではじめて定義されうる存在であり、その〈人間〉の価値は、彼(女)を人間関係のなかへとしっかりと位置づける関係の束の価値なのである。その関係の束が豊かなほど、つまり様々な面から定義されうる人(ただひとつの面だけで定義されつくしてしまわない人)ほど〈人間〉として豊かだということになる。以上のような骨子をもつダ・マッタの議論は、ブラジルの憑依宗教の憑依を理解するうえで、様々な点で示唆にとむ。第1に、ひとりの人間の価値、言い換えれば、その人の個性のかけがえのなさとは、それ以上分割しえない単位としての〈個人〉の自我の統一性・無矛盾性にあるのではなく、その人が〈他者〉との間に結ぶ関係のなかにこそあるのである。第2に、そのようなかけがえのない個性は、関係のそれぞれに応じて文脈依存的に異なった様相を示すのである。それゆえに様々な文脈で様々な関係によって開示される様々な個性を示しうることは、その人の価値を毀損するどころか、逆にその人の〈人間〉としての豊かさを示すものとなる。しかし、そのような在り方は、文脈に依存しない一貫したアイデンティティをもつ〈個人〉こそが人間としての基本的在り方だとする立場からすれば、カメレオン的不確定性として現われざるをえない。

　ブラジル社会において、そのような〈人間〉としての在り方が基本的なものとされているとするならば、アフロアマゾニアン宗教の憑依霊としてのcabocloのアイデンティティにみられる重層性・不確定性は、ブラジル社会において人々がもつ人間観を誇張したかたちで示しているとも言えるであろう。そこにあるのは、コンテクストに依存せず首尾一貫した相互に矛盾しない確固としたアイデンティティを個人が所有しているという人間観ではなく、「とどのつまり本来のアイデンティティは何なのだ」というような問いに対する答えが、さらにアイデンティティを拡散してしまうような人間観なのである。

第4部

憑依霊としてのCABOCLO

ミナナゴの憑依文化において，ミディアムのそれぞれの「頭」において個性化されてゆく caboclo というカテゴリーの憑依霊がもつ重要性を明らかにすることができたと思う。さらにそこでは，ミディアムへの実際の憑依をめぐる語りを通じて構成されていく，個々のミディアムの「頭」における caboclo の個性が重要であるがゆえに，ある caboclo の「アイデンティティ」についての語りが，儀礼歌に代表されるような共有された語りが存在するにもかかわらず，容易に明瞭な焦点を結ばないことも指摘した。そもそも憑依霊の世界が，多種多様な伝統が寄与して形成されているためにきわめてシンクレティックであり，明白に orixá あるいは exu のカテゴリーに分類されるもの以外は，caboclo のカテゴリーに分類されているとさえ言うことができるかもしれない。言い換えれば，憑依霊としての caboclo は「素性の知れない，どこの馬の骨ともわからないもの」の寄せ集めであるかもしれないのである。

　こうした点を考慮すると，アフロアマゾニアン宗教の憑依霊のカテゴリーとしての caboclo が何かを表象しているかもしれないと論ずることは，意外の感を与えるであろう。しかし個々の caboclo そして caboclo という憑依霊のカテゴリーについてどのような語りが生み出されているのか，いま少し考察してみることによって，なぜ caboclo とよばれるカテゴリーの憑依霊が重要性をもち，それがなぜ cabcolo とよばれるのかについて明らかにすることができるのではないか。それが第 4 部の目的である。そこでは言わば考古学の発掘調査で何本も試掘溝を入れるような具合に，様々な側面から憑依霊としての caboclo に光を当てることを試みる。それは決して網羅的なものではない。そこで検討されるのは，様々な caboclo をめぐる様々な語りであり，ある語りに別の語りが反駁するような関係にあったり，語りによって照射される光は乱反射して容易に焦点を結ばない。しかし試掘溝の入れ方が適切であるならば，アフロアマゾニアン宗教の憑依霊としての caboclo の，従来無視されてきた側面に光を当てることができるはずである。

第16章　アマゾンの caboclo

1. 憑依霊のカテゴリー：caboclo / senhor

　まずアフロアマゾニアン宗教の憑依霊の分類に立ち戻ってみたい。そこには，身分の高低にもとづく senhor と caboclo という2つのカテゴリーへの分類と，何らかの関係によって結びついた憑依霊群である「家系」(família) あるいは〈ライン〉(linha) への分類があった。まず注目したいのは前者である。senhor が caboclo より地位が高いことについては，人々の意見が完全に一致する。この2つのカテゴリーが対照されるとき，そこに関与している唯一の基準は，人種や民族的属性ではなく身分である。特殊な位置をしめる exu を除けば，アフロアマゾニアン宗教のすべての憑依霊は，そのいずれかに分類されるはずだというのが共通の理解である。しかし，個々の憑依霊の帰属となると，見解は必ずしも一致しない。その点に関して明らかになったのは，guia-de-frente に代表されるような特に重要視される caboclo については，「caboclo なんかではない」という主張が，その憑依霊を guia-de-frente とするミディアム自身によって頻繁になされるということであった。そうした主張の背後には，自分にとって特に重要な caboclo を他の caboclo よりも一般的に重要なものと見なしたいという欲求があることは否定できない。しかし，興味深く思われるのは，「それは caboclo である」という語りがなされる憑依霊がある一方で，「caboclo ではなく実は……であるが，〈caboclo のライン〉(linha de caboclo) で来ることもある」という語りが頻繁に聞かれることである。では，こうした語りがなされる理由は何なのか，そして「〈caboclo のライン〉で来る」というのは，どういうこと

を意味しているのか？

　まずミナナゴの caboclo が何を表象しているのかについて，既存の解釈をみてみよう。リーコックは，憑依霊を senhor / caboclo に二分するシステムについて，「ブラジルの社会システムに由来し，2つの基本的な階級への社会の分割を明らかに反映している」と解釈し，senhor が branco（白人）とも呼ばれることについては，白人という人種的意味ではなく，上流階級という社会的な意味で使われていると述べる（Leacock and Leacock 1972: 163）。この点について私も基本的には同意する。しかし若干補足しておきたい。ある憑依霊が「caboclo なんかではない」と主張されるとき，その理由として語られるのは，たいていの場合，それが「王族ないしは貴族だから」というものである。そこで問題にされているのは身分である。senhor とは，財の蓄積によって獲得しうる経済的地位であるよりは，高貴さを記号とする生得的な身分なのである。それが生得的な身分であることは，「実は caboclo であるのに，senhor として来る」と語られることが一切ないことにも明らかであり，そもそも憑依霊をめぐる語りのなかで〈senhor のライン〉（linha de senhor）という言い回しが使われることはない。

　リーコックはさらに，senhor のカテゴリーの憑依霊が敬意をもって遇されていること，それに対する人々の態度は，アマゾン社会で重要性をもつ社会関係である「パトロン゠クライアント関係」におけるパトロンに対する態度に類似しているということを根拠に，アフロアマゾニアン宗教は，バスティードがウンバンダについて指摘したような「下層階級からの抵抗の宗教」ではなく「現状是認的な宗教」であり，「下層階級が自らの分を知り，その分を守っている社会を反映している」と結論する（Leacock and Leacock 1972: 323-324）。

　他方，caboclo という名称そのものについてリーコックは，ベレンで憑依霊について使用される際に2つの意味をもつとしている。第1の意味においては「インディオ」であり，第2の意味においては，人種的・民族的属性とは無関係に，たんに「低位の憑依霊」を意味するにすぎず，後者の用法は「アマゾン低地におけるこの語の一般的用法にもとづくもの」であるとしている（Leacock and Leacock 1972: 164-165）。その一般的用法で描写されている人々としての caboclo とは，「田舎者もしくはその近い子孫で，通常インディオとヨーロッパ人の混血

であり，粗野で無教育で，洗練された作法を心得ていない。彼らの嗜好は，繊細で洗練されたものというよりは単純で肉体的なものである」(*ibid.*: 165)。

2. caboclo：アマゾンの住民

アマゾンでのcaboclo という語の一般的用法を描写するにあたって，リーコックは，アマゾン下流の町(仮称イター)についてのワグレイの民族誌(Wagley 1964) を参照している。ワグレイは，アマゾン地方で caboclo という呼称が使われるとき，インディオの形質的特徴と低い社会地位という2つの意味をもつと述べたうえで，一定の人々を描写するためにこの呼称が使われるとき，そこに一見相反するイメージがみられることを指摘する。一方は，「怠惰で野心を欠き，自己主張をするよりは，動物のように暮らすことに満足している人々」という否定的イメージであり，他方は，「優れた漁師・狩人であり，動物の習性に特別な感受性がある」という肯定的なイメージである。

以上のように，アマゾン地方の一般的用法において，caboclo の語について少なくとも4つの意味がこめられていることがわかる。①インディオ的な身体的特徴，②低い社会階層の人々，③自然環境についての深遠な知識，④都市的文化を身につけていない不作法・無教養な人々，というものがそれである。ここで①と③，②と④が強く結びついていると想像することができる。つまり「密林という自然のなかにあって，その秘密に通じ，そのなかで生きる術を心得ているインディオの末裔」というイメージと，「町にやってきて，しかるべき振舞いを心得ていない低階層の人々」というイメージである。しかし両者を非連続的なものとしてとらえるのは妥当ではない。実際には，①と②は，アマゾン地方で相当程度重なりあっており，caboclo は，そうした両義的な存在として両価値的なイメージを担っているのである (Furuya 1988)。

つぎに caboclo という呼称について，いま少し広い視野からみておきたい。caboclo という語の語源について定説はなく，「白人の家」を意味するトゥピ語に由来する curiboca が祖型であろうとの推定が有力視されている (Cunha 1989: 80)。caboclo という語について，辞書では通常つぎの3つの語義が示される。①文明化(非部族化)したインディオ，②インディオと白人の間の混血の人々，

③ 赤銅色の肌の田舎者。さらに，アマゾンの歴史のなかで，[①] → [(①) + ②] → [(① + ②) + ③] のように，時期的に指し示す対象が変化してきたことが知られている (Parker ed. 1985)。① の意味での caboclo は，歴史的にはイエズス会による教化村の建設の時期にまで遡りうる。この時期には，caboclo という呼称は，形質的にはインディオであるが「白人の家」に住むようになり，文化的に非部族化された人々，つまりヨーロッパ人の登場以前には存在しなかった「類型的なインディオ」を指していたのである。その後「ヂレクトリオ制」が施行される時期になると，インディオと白人との混血が奨励され，リングァ・ジェラルを禁止しポルトガル語を強制するなどして，インディオ労働力の植民地社会への同化が図られる。インディオとの混血の人々を指し示す ② の用法が定着したのは，少なくともこの時期に遡ることができる。パーカーのいうインディオの「カボクロ化」(caboclization) は，教化村にはじまり，ヂレクトリオ制の廃止 (1794) によって完成したのである (Parker 1985b)。そして最終的に（インディオの血を引いていることが多いにしても）人種や身体的形質を絶対的な条件とせず，アマゾンの民衆を特徴づける特定の生存・生活様式を営む人々を指す ③ の用法が現われてきた。③ の意味での caboclo の語の使用が定着したのは，19 世紀半ばのこととされる (Cunha 1989)。この時期は，カバナージェンの反乱が鎮定されることによって，インディオが決定的にアマゾンの主役の座を下りた時期である。そしてそれに替わる主役として登場してきたのが，ほかでもない caboclo なのである。

　以上の①②③を比較すると，caboclo であることの内容として，〈人種的属性〉の重要性がうすれ，それに替わって〈生存様式〉の重要性が増すという歴史的変遷がみられる。言い換えれば，〈生得的なアイデンティティ〉よりも〈習得可能な生き方〉の重要性が増してきたのである。しかしそのような変遷のなかで，ひとつの主題にもとづく 2 つのプロセスが展開してきたことを読み取ることができる。その主題とは〈異質な外者の内部化〉というものである。一方で，旧大陸から渡来した人々によって〈異質な外者〉とされた先住民族が，植民地社会ひいては国家・市場経済という〈内部〉へと〈内部化〉されていくプロセスがある。他方では，そうしたプロセスを経て形成されてきた一定の生活様式が支配するアマゾン社会に，外来者が〈内部化〉されていくプロセスがあ

る。前者のプロセスは，先住民族が，修道会や植民者に労働力を提供する文化的個別性を剥脱された「類型的インディオ」としてキリスト教世界と植民地社会に〈内部化〉されはじめることによって開始し，インディオと白人の間の混血化が進行し，最終的には，caboclo であるためにインディオの形質的特徴をもつ必要はなくなるまでに至る。後者のプロセスは，植民地時代の渡来者から近年の北東部からの移住者にまでいたるアマゾンにとっての〈異質な外者〉が，アマゾン地方の自然環境に適応した生活様式に従って生きるようになれば，caboclo たる資格をもつようになるという意味での〈異質な外者の内部化〉のプロセスである。

以上のようにアマゾン地方における caboclo という語は，一般的用法としては，現在では，都市文化の視点から，アマゾンの自然環境に適応した非都市部の生活様式を営む人々に対して使用される呼称となっている。それは，まず第1に，ある一定の生存様式である。しかしその物質文化・生存技術が，先住民族文化から多くを継承していることについては衆目一致の了解がある。さらにそのような生存様式をもつ人々の多くが，程度の差はあれインディオ的な身体的特徴を保持しているために，インディオの子孫であるというイメージもまったく払拭されているわけではない。そしてそのような caboclo がその適応戦略を駆使して本領を発揮しうるのは，アマゾンの自然のなかにおいてであって，町では不作法・無教養な田舎者としてしか扱われないのである。人々としての caboclo のイメージの背後にインディオのイメージがあることは疑いえないが，野生のインディオは，アマゾン地方では caboclo ではなく，端的に indio とよばれる。野生のインディオのイメージは，アマゾン地方における caboclo という語の一般的用法においては，その語に付託されている様々なイメージの無限遠の消失点としてのみ存在するのである[1]。

3. 人々としての caboclo／憑依霊としての caboclo

以上のことを確認したうえで，憑依霊としての caboclo に戻ることにしよう。リーコックは，人々としての caboclo について言われる「怠惰で無策」という側面を除けば，憑依霊としての caboclo についてのイメージも同様であると述

べる。さらに、「caboclo にみられる洗練と優雅さの欠如は、掛け値のない活力、率直さ、自然についての直観的理解によって埋め合わせがついている」(Leacock and Leacock 1972: 165) とも述べる。憑依霊としての caboclo がこうした両価値的なイメージでとらえられていることは確かである。しかしリーコックの民族誌では、そのような憑依霊がなぜ caboclo とよばれるのかという点についての解釈は、つぎのように横滑りしていってしまう。

　リーコックは、caboclo は儀礼に楽しむために来るのであり、飲酒・喫煙に耽り、粗野に大声で話す傾向があると指摘した上で、「実際、憑依霊としての caboclo の振舞いは、袴を脱いで我が家にいるときのミディアム自身のそれと、おそらく非常に近いのであろう。caboclo の役割を演ずるほうが、威厳のある senhor の役割の場合よりも、ミディアムの緊張は多分より小さいであろうし、caboclo が楽しんでいるとするミディアムの印象は全くもっともである」と解釈する (Leacock and Leacock 1972: 165)。この解釈の根底には、人々が憑依霊とミディアムの非同一性をいくら主張しようとも、caboclo として振る舞っているときミディアムはよりその人自身であるがゆえに、caboclo による憑依はミディアム自身の心理的欲求を充足しているはずだとする心理学的機能主義がある。

　儀礼に現われたときの caboclo は、友人や知人のように扱われ、信者たち自身と同様の欲求をもち言動をするという意味で、「人間的な存在」であると見られている。しかし、憑依霊としての caboclo がそのように呼ばれるのは、その振舞いが人々としての caboclo すなわちアマゾンの庶民のそれの反映だからだとして事足れりとするのには異論がある。そこにはもう少し重要なことが語られているというのが本書の立場である。アフロアマゾニアン宗教の憑依儀礼で頻繁に現われて、人々と親密な交流を繰り広げ、ミディアムや信者の人生・生活においてきわめて重要な意味をもつ憑依霊がなぜ caboclo とよばれるのか？ その caboclo は、アフロアマゾニアン宗教について何を語っているのか？ これらの問題について理解するためには、まず憑依霊としての caboclo について何が語られているのかを知らねばならない。

第17章　fundo と mata：クーラ儀礼の憑依霊

1. パジェランサとアフロアマゾニアン宗教

　第1部でアマゾンの民衆宗教の〈第1次ホライズン〉と呼んだものは，パジェランサなどの名でよばれるシャーマニズムが，聖人信仰を中心とする民衆カトリシズムに半ば組み込まれ，半ばそれと並置されるようなかたちで構成されていた。

　すでに何人かの事例に即して見たように，ミナナゴのテヘイロのリーダーあるいはミディアムとなっている人物が，ミディアムとしての経歴の初期の段階で接したのがパジェランサだったという事例は非常に多い。関わり方の詳細となると非常に多様であるが，パジェランサとミナナゴの関係は，ミディアムがまず前者のちに後者にも関与するというかたちで連接している一方で，両者が各自の儀礼システムのなかで独自のしかたで総合されるという関係になっている。

　最初に関与したのがパジェランサであるという事例が多い理由は，まず第1に，憑依のイディオムとしてそれが唯一のものである環境で育った人々が多いためである。現在中年以上の年齢のミディアムの場合，非都市部で生まれ育っていれば，周囲にテヘイロはなかった。しかし都市でも事情がそれほど大きく異なっていたわけではない。ベレン市内でもテヘイロは現在のように数多く存在したわけではなく，多くの人々にとって通常のイディオムで処理できない何らかの異常が生じた場合，よばれるのはパジェだったのである。

　しかしパジェの行なう治療儀礼とそこで憑依する憑依霊のなかに，既にアフ

第17章 fundo と mata: クーラ儀礼の憑依霊　　　241

ロアマゾニアン宗教的なものが相当程度含まれていることもあった。そうした事情について，アマゾン下流の町(仮称イター)の1948年の状況についての民族誌(Galvão 1955)が明らかにしている。当時のイターでパジェが呼び出していた憑依霊は「深みの仲間」(companheiro do fundo)とよばれ，河や小川や淵の深み(fundo)にある「魔法にかけられた王国」(reino encantado)に住んでいた。パジェの能力は呼び出せる「精霊」(companheiro)の数に比例し，有能なパジェほど数多くの「精霊」を呼び出すことができ，そのうち最も主要なひとつが「チーフ」(chefe)として他と区別されていた。とくに強力なパジェはサカカ(sacaca)とよばれ，大蛇の皮をまとって，「精霊」に会いに川の深みを訪ねることができるとされていた。パジェの行なうこうした治療儀礼は，基本的に，技法や道具の点でトゥピ系インディオのシャーマニズムを継承するものであることは疑いえない。

他方で，1948年当時のイターのパジェには，既にベレンやマナウスのアフロアマゾニアン宗教のみならずエスピリティズモ(心霊術)の影響も及んでおり，パジェが治療儀礼で呼び出す憑依霊のなかには，「caboclo霊あるいはインディオ霊」が含まれていたと報告されている(Galvão 1955; Wagley 1964)。それらが実際にどのようなものであるのかは詳細な記述がないので不明であるが，1948年のイターのパジェランサの憑依霊のなかに，ミナナゴあるいはウンバンダの憑依霊が含まれていたということであるのは確実である。こうした影響の背後には，田舎の住民が町や都市に移住したり，その後にまた郷里に戻ったりというかたちの，広域にわたる人々の頻繁な往来があり，ベレンでも周縁地区を中心に非都市部からの人口の流入が途絶えることなく続いている。

2. povo do fundo と povo da mata

すでに第2部で述べたように，ミナナゴのクーラ儀礼には，ウンバンダ的なクリンバとよばれる手拍子を打つ儀礼と，パジェランサ的なペーナ・イ・マラカとよばれる儀礼を両極とするさまざまなタイプがある。ここでまずクーラ儀礼をめぐる，アグリピーノというミナナゴのリーダーの語りを手掛かりにしたい。彼は1918年にマラニョン州東部の内陸の町カシアス(Caxias)に生まれ，サ

ンルイスでミナナゴのフェイトゥーラを受けた後に，同郷人の誘いで1956年にベレンに転居してテヘイロを開いた。彼によれば，ミナナゴのテヘイロのクーラ儀礼と，ミナナゴの外部で「クラドール」(curador)すなわち治病師が行なうクーラ儀礼は別のものである。ミナナゴのクーラ儀礼で仕事をするのは，Povo da Jurema を始めとする povo da mata（森のひとびと）であり，それらはみなcaboclo である。それに対して，「クラドール」のクーラ儀礼で憑依して仕事をするのは，povo do fundo（深みのひとびと）あるいは encantado である。このように，2種類のクーラ儀礼では現われる憑依霊の種類が違い，「caboclo は森(mata) のもので，encantado は，水底 (fundo da água) のものだ」というのがアグリピーノの説明である。

　詳細については各人各様であるとはいえ，他の人々の語りのなかでも，さまざまな呼称のもとに2種類のクーラ儀礼が区別されている。しかし，それはあくまでも理念型についての語りであり，実際に行なわれているクーラ儀礼は，各人によって両者が独特に総合されたものであることが多い。ミナナゴのテヘイロでも，パジェランサ的な儀礼，つまりアグリピーノの言う「クラドールのクーラ」に類する儀礼を行なうところもある。

　ここでミナナゴの caboclo について考えるにあたって，アグリピーノの語りで重要な点は，caboclo が povo da mata だということであり，そこで強調されているのは，mata（森）である。アフロアマゾニアン宗教の憑依霊としての caboclo は，どうも mata と特別な結びつきがあると考えられているようなのである。

3. nascer feito / fazer santo

　アグリピーノも含めて多くの人々が，「クラドール」とミディアムを対比し，前者の能力が生まれつきの才能であるのに対して，後者はフェイトゥーラを受けて学習を積み重ねることによって知識を深めていくと語っている。この指摘を裏書きするように，パジェランサのなかで経歴を開始し，それと深い関わりをもち続けているミディアムは，しばしばつぎのように語る。それは，病気の原因を発見したり治療法を処方したりする能力は「生まれつきの才能」(dom de

第17章　fundo と mata：クーラ儀礼の憑依霊　　　　　　　　　　　243

nescença）であって，他の人間から教わったことはなく，すべては憑依霊が教示してくれたのだというものである。したがって他人によってフェイトゥーラを施してもらうまでもなく，「生まれつき出来上がっていた」（nascer feito）のだと彼らは主張する。ソフィア，アントニオ，ハイムンダの事例でも，「生まれつきの能力」が強調されているが，つぎの事例では，その点はいっそう明瞭である。

　セリーナは1935年に生まれ，7歳のときに川縁近くの小川を渡っていて意識を失い，診断したパジェが，彼女がパジェになると予言し，15歳まで延期する処置を施した。その後15歳で憑依を体験し，「霊感」をうけて自宅でクーラの仕事をするようになった。20歳で結婚したのちもクーラをつづけていたが，夫が好まなかったので，だんだんしなくなった。その後，心身の不調を感じるようになり，情緒不安定で小声で話すようなありさまで，魚を食べても呑み下すことできず，脚を何かが這い上がっているように感じた。そこでパジェの治療儀礼をうけて一時回復し，そのパジェの指示に従って彼の儀礼に参加していたが，そのパジェの死後，病状がぶり返してしまった。そこで何人もの医者にかかったが治らず，ある医者の示唆に従って，エスピリティズモの影響の濃厚なウンバンダのグループの儀礼を訪れた。そこに通ううちに，ある日の儀礼終了後に憑依が起こった。しかしその憑依霊が entidade do fundo [= encantado do fundo] のひとつだったので，そのグループのものとは〈ライン〉が違うと言われた。その後，連盟の紹介で，あるミナナゴのリーダーを訪れた。彼女はあまり気乗りがしなかったが，憑依霊を取り除くことはできないと言われて，儀礼に参加し始めた。しかし，そのテヘイロの儀礼では最初に2度憑依が起きて氏名不詳の憑依霊が来たほかは，3～4年間憑依霊が来ることはなかった。しかしその間も，自宅で行なっていたクーラ儀礼には，憑依霊は来つづけていた。6年後にフェイトゥーラのプロセスを開始し，それはまだ終了していない。セリーナは，「既に始めてしまったから今更止めるわけにはいかないが，フェイトゥーラを受けたのは間違いだった。そもそも私は才能をもって生まれついたのだからフェイトゥーラなど必要なかったのに，それを始めてから，以前あった予知能力などが失われてしまった」と述べている[2]。

　ハイムンダの事例では，出生直後に神隠しのごときものを体験しており，アントニオの事例でも出生以前にパジェの予言があった。これ以外にも，パジェ

ランサへの関与の度合いが大きく,「生まれつきの能力」を強調するミディアムの場合,出生以前や幼少時の異常な出来事が語られることが稀ではない。例えば「既に子宮の中で泣いた」とか「子供のとき一度死んだのに生き返った」といったエピソードや,「他の子供と遊ばず独りで森や川の方に行ってばかりいた」などのエピソードである[3]。こうしたことがすべて,パジェとなるべき運命,パジェとなる不可欠の手続きだったとして整序されることになる。

　ミディアムとしての能力についての,このような見方の相違に関しては,既に別の論文(古谷 1988)で論じているので詳細は略すが,フェイトゥーラを受けるためには,それを執行するリーダーという第三者の介在を必然的に必要とするのに対して,ミディアムとしての能力が生まれつきのものであれば,ミディアムと憑依霊の関係をしかるべきものにするために第三者が介入する必要はない。フェイトゥーラによって「つくられる」(fazer)ものは,生まれつき「つくられている」(feito)か,ハイムンダの場合のように憑依霊によって「つくられる」ものだからである。ミナナゴのなかでフェイトゥーラを受けずにいるミディアムが多数いることを理解するためには,たんに経費の問題だけではなく,その必要性を認めていない人々が少なからずいることを考慮する必要がある。

第18章　Verequete：タンボール儀礼の媒介者

1.　「森へ転ずる」（virar para mata）

　すでに確認したように，caboclo は povo da mata なのである。つまり caboclo は，何らかの意味で「森」(mata) と結びつきがある。他方，タンボール儀礼では，最初の部分では一連の儀礼歌が orixá に向けて歌われ，orixá に憑依する意志があるならその部分で憑依することになっており，ある時点から儀礼は「森へと転じて」(virar para mata)，それ以降は caboclo が自由に憑依して自己表現をおこない，人々との打ち解けた交流が展開するという基本的構造がある。そこでつぎに，「森へと転じて caboclo が出現する」というアフロアマゾニアン宗教のタンボール儀礼の展開構造が，憑依霊のカテゴリーとしての caboclo について何を明らかにするのかを検討することにしたい。

　ベレンのミナナゴのタンボール儀礼で，儀礼を開始するための儀礼歌には，大別して2種類ある。どちらも非ポルトガル語のものであるが，一方は「バラボー」(Barabô) とよばれるもので，数日続きの儀礼では，こちらが歌われる。これは exu に向けて歌われるものだと説明されている。他方，1日限りのタンボール儀礼では，Verequete という名の senhor (orixá) のための歌によって儀礼が開始される。しかしミナナゴ「保守派」では，タンボール儀礼は，つねに「バラボー」とよばれる儀礼歌で開始されることになっている。そして儀礼のある時点(真夜中と言われることが多い)になって Verequete に対して歌うことによって，儀礼は「森へ転じて」caboclo が出現しはじめると語られている。「森へと転じた」後に来るのは povo da mata だと語る人々もいる。こうした語りから，

Verequeteという憑依霊がcabocloとmata（森）の関わりで，きわめて重要な位置を占めるものであることが予想される。またVerequeteのための儀礼歌を「森のバラボー」（Barabô da mata）と呼ぶ人々も少数ながらいるが，そのことは，「バラボー」がタンボール儀礼全体を開始するのと同様に，儀礼のmataの部分を開始する役割をVerequeteへの儀礼歌が担っていることを端的に示すものと言える。

しかし，「保守派」のリーダーたちや，「変革型」のリーダーでも古参の人々によれば，「かつては「バラボー」で開始し，Verequeteに歌うことで森に転ずるというやり方だった」のに「最近では最初にorixáのためにしかるべく歌うこともなく，いきなりcabocloが現われるなど目茶苦茶だ」と語られる。つまりもはやVerequeteに対してすら歌わないテヘイロが出現してきているのである。こうした語りから，cabocloとmataの部分がタンボール儀礼の中心になりつつある傾向があることがわかる。では，タンボール儀礼におけるVerequete, mata, cabocloは，いかなる意味を担わされている表象なのであろうか。

2. タンボール・デ・ミナのタンボール儀礼

タンボール儀礼が「真夜中にVerequeteに歌うことによって，森へと転じてcabocloが来る」という語りは，マラニョンのタンボール・デ・ミナにもみられ，既に形成されていた儀礼構造がベレンにもたらされたと考えて間違いない。そこでつぎにマラニョンのタンボール儀礼について，やや詳しく述べていくことになる。記述にはvodumという名称が頻繁に現われるが，それは，orixáに対応する。またVerequeteはAverequeteとも呼ばれている。まずここでの議論にかかわるいくつかの語りを確認しておこう。

マラニョン州都サンルイスと周辺の郡部には，少なくとも総数500程度のタンボール・デ・ミナのテヘイロがあると推定されており，Casa das Minasを除けば，すべてのテヘイロのタンボール儀礼でcabocloが憑依している（S. Ferretti 1985b; M. Ferretti 1985b）。また，サンルイスのほとんどすべてのテヘイロではSanta BárbaraとAvererequeのタンボール儀礼が催されており，「前者はタンボール・デ・ミナのテヘイロの守護者であり，後者はcabocloへの扉を

開く者である」(M. Ferretti 1985a: 47) と語られている。

儀礼で vodum も caboclo も憑依するテヘイロの場合，vodum は儀礼の最初に来るのが普通で，一般に最後まではいない。そして Averekete への儀礼歌が歌われた後に，タンボール儀礼は「森 (mata) へと転じ」つまり「caboclo へと転じ」，太鼓のリズムは速く強烈になり，caboclo が自由に儀礼歌を歌って自己表現し，「自由に踊り回って叫び声をあげたりする」ようになり，儀礼歌もほとんどがポルトガル語主体になる。儀礼が caboclo の部分に移行すると，caboclo は「喫煙したり話をしたり飲み物を摂ったりするために，いっそう頻繁にフロアーを出入りする」ようになり，最後に再びアフリカの言語で vodum (orixá) のための歌によって儀礼が閉じられると，「caboclo たちは気兼ねなく楽しみ，友人たちと談話に興ずるようになる」(M. Ferretti 1985a, 1985b)。こうしたタンボール儀礼の構造と，そこでの caboclo の行状が，第 2 部で描写したベレンのミナナゴとほとんど同一のものであることは，あらためて言うまでもないだろう。

ベレンのミナナゴとの共通性は，儀礼の構造にとどまらない。サンルイスでも，vodum は高位の憑依霊として敬意を払われているとはいえ，ミディアムは，guia つまり頻繁に憑依し指導的立場をとる caboclo へ同一化する度合いが高く，それゆえにミディアムが彼（女）に憑依する guia の名前で知られていることもある。また caboclo の「アニヴェルサリオ」としてのタンボール儀礼がある。さらに，サンルイスでも，歴史の浅いテヘイロのタンボール儀礼の場合，「アフリカの言語」で vodum や orixá に歌うこともせず，儀礼開始後すぐに Averekete に歌い始めてしまうところも多く，そこでは「caobclo の森のライン」(linha da mata de caboclo) が拡大しているのだと言われている (M. Ferretti 1985a)。これらのことから，サンルイスで最も一般的なタイプのタンボール儀礼が，ベレンのものと同形のものであることがわかる。caboclo の行動も同種のものであり，さらに Verequete と「森」と caboclo の間に結びつきがある。Verequete によって「森」へ転じ，caboclo への扉が開かれるというのが，アフロアマゾニアン宗教のタンボール儀礼の展開構造なのである。

ではアフリカのいずれの憑依文化の伝統にも存在しなかった caboclo はどのような経緯でタンボール・デ・ミナに登場したのであろうか。M. フェヘッチ

によれば，憑依霊としての caboclo は，「[アフリカ生まれの] 創立者たちの指導の下にあった 19 世紀に既に導入されていたものであり，決してアフリカの伝統の『放棄』を示すものではない」(M. Ferretti 1985a: 60)。caboclo が導入された経緯については，どのように語られているのだろうか。あるリーダーによれば，憑依霊としての caboclo は「Caxeu あるいは Caxias とよばれるアフリカの民族集団の出身で [マラニョン州東部の町] コドーに来た人々が導入したもの」であり，「自分たちの儀礼を実施するのに必要な状況を再現できなかったので，アフリカの他の民族およびブラジルで出会うことになったインディオ集団の宗教の要素を吸収した」のである (ibid.: 38)。別のリーダーは「Balanda あるいは Cambinda などバントゥ系の民族の影響も考えられる」とする一方，「パジェランサからの影響」あるいは「アフリカ人奴隷が到着する以前からの『土地の主』へ敬意を表したものかもしれない」と語っている (M. Ferretti 1985b: 7)。しかしこれらのリーダーはすでに自らの宗教の解説書を出版しており，半ば研究者の語りとして理解する必要がある。彼らの語っているのは，caboclo がアフリカの民族的伝統のいずれかに由来する可能性と，先住民インディオの文化と関係している可能性である。しかし，後者のリーダーのテヘイロで憑依する caboclo の大多数は，Rei da Turquia と Seu Tabajara の家系のものであり，これらは turco (トルコ人) であるとされている。憑依霊としての turco については後に詳細に論ずるが，それがアフリカのいずれかの民族に由来するもの，あるいは，インディオの文化に由来するものであるとすれば，それは実に奇妙なことと言わねばなるまい。

3. Casa de Nagô の caboclo

サンルイスのテヘイロのうち Casa das Minas と Casa de Nagô という 2 つのテヘイロが「アフリカ的・伝統的」とみなされ，女性しかミディアムとして儀礼で踊ることがないという点でも，残余のテヘイロと歴然とした差があることについては既に述べた。このうち前者の儀礼では caboclo は憑依することがない。ここではまず，「アフリカ的」とされるにもかかわらず caboclo が憑依する後者に注目することにしよう。そこには，ベレンのミナナゴのタンボール儀

礼の基本的構造が既に見られる。

　1943〜44年の調査にもとづくコスタ゠エドゥアルドの報告によれば，Casa de Nagô の憑依霊には，ヨルバもしくはダホメーに由来するアフリカの言語の名をもつものと，ポルトガル語名をもつものがあり，後者はさらに2種類に分けられる。一方は，王族や尊称保持者であり，アフリカ由来の憑依霊とともに「高貴な者」に分類され，他方は caboclo である (Costa Eduardo 1948: 81)。ここに既に憑依霊を senhor / caboclo に二分するシステムがみられる。またこのテヘイロの憑依霊は，海底にある「エンカンタリーア」(encantaria)に住み，「Nagô, Taipa, caboclo（すなわち mata）の3つの〈ライン〉(linha) に分けられている」(ibid.: 81) と報告されている。〈ライン〉という観念があり，そのひとつに「caboclo（すなわち mata）」の〈ライン〉があることがまず注意を引く。ここでも caboclo は mata と結びつけられていたのである。

　このテヘイロでは，ミディアムは「男女一対の orixá のほかに，ひとつの caboclo ［の憑依］を受けることができるが，それは叫び声をあげたりせず orixá と区別できないほど静かに行儀よく来る」。その理由は，そこでは caboclo は「躾けられているからだ」と語られている (Barretto 1977: 116)。しかし夜が更けて儀礼が終幕に近づき内輪の者だけになると，caboclo はもっと自由に歌い踊り，人々と抱き合ったり，談笑したりするようになる (M. Ferretti 1985b: 8)。こうした描写に明らかなように，ベレンのミナナゴの基本的な憑依霊分類のシステムと「男女一対の orixá + ひとつの caboclo」という憑依霊のミニマムセットが，「伝統的」とされる Casa de Nagô に既に存在していることがわかる。しかし興味深い相違もある。それは，初めてミディアムに憑依したとき，caboclo だけでなく orixá も自らが名を明かすという点である (Barretto 1977: 116)。orixá と caboclo の行状が区別しがたいという報告からもうかがえるように，両者がはっきりとした対照的特徴を示すに至っていないという点で，Casa de Nagô は，現在アフロアマゾニアン宗教において支配的なものとなっているパターンに至る移行的形態を示すものと見ることができる。

　タンボール儀礼では，まず冒頭で Lebara のために，その後に Ogum，さらにテヘイロの主である Xangô をはじめとする「ヨルバの神々」に対して歌われ，最後に Verequete に歌われる。これらは「Nagô の〈ライン〉」の儀礼歌

であり，つづいて数曲の儀礼歌が「Taipa（Tapaすなわち Nupe）の〈ライン〉」に歌われる。ここまでの歌の歌詞は基本的に「アフリカの言語」である。そののち儀礼歌は〈森のライン〉(linha da mata) に転じ，アフリカの言語のもの，それにポルトガル語が混じったもの，ポルトガル語のみの儀礼歌が歌われる (Costa Eduardo 1948: 94)。Taipa あるいは Nupe とは，民族学的知識によればアフリカでヨルバ族の北に居住する民族である (*ibid.*: 82)。興味深いことに，Taipa の〈ラインの〉儀礼歌が〈森のライン〉のための儀礼歌とともに，Verequete に歌われた後に位置する。すなわちテヘイロの主とみなされる憑依霊群とは別種の憑依霊群のための儀礼歌が始まる移行点に Verequete への歌が位置するのである。さらに注目すべきことは，Casa de Nagô でも，タンボール儀礼の「ある時点で太鼓のリズムが，より激しいものに変わり，カシアスの森へと転じたのだと言われる」(Correia Lima 1981: 24) ことと，すべてのタンボール・デ・ミナのテヘイロの「創設者たる Santa Bárbara が，儀礼を主宰すべく Verequete を『派遣』した」(Costa Eduardo 1948: 84) と語られていることである。Casa de Nagô から派生した他のテヘイロとなると，「アフリカの言語」による儀礼歌は申し訳程度に歌われるにすぎないか，まったく歌われることがなく，その代わりに不可欠なものとされているのが Santa Bárbara への歌と Verequete への歌である (*ibid.*: 91–94)。

　Casa de Nagô で使用されているのは横型の太鼓 (abatá) で，そのひとつは「[ブラジル帝国皇帝] ドン・ペドロ 2 世の贈り物であるとの伝承」(Barretto 1977: 118) があるが，その真偽は不明である。ベレンのミナナゴでは一般に 3 つの縦型の太鼓 (atabaque) が使われ，横型の太鼓をも併用するのは「保守派」のテヘイロのみである。またマラニョン出身のリーダーで，ベレンに移住したのちに横型の太鼓を使うのを止めた人々もいると語られる。太鼓の種類が注意をひくのは，それが儀礼類型・儀礼で現われる憑依霊の種類と無関係ではないからである。マラニョンでは，縦型の太鼓は，「caboclo の太鼓」(tambor de caboclo) とも呼ばれ，マラニョン州内陸地方のコドーでは，縦型の太鼓が「森の太鼓」(tambor da mata) とよばれ，横型の太鼓が「ミナの太鼓」(tambor de mina) とよばれていることを考慮すると，ここでの議論にとって太鼓の形状が重要な意味をもつことが理解できるであろう。

これ以上詳細には立ち入らない。重要な点は，Casa de Nagô が「伝統的」と言われながらも，既に憑依霊としての caboclo が存在し，それが「森」(mata) と結びついていること，しかも，それは特定の土地の「森」だと語られていることである。そこで言う「カシアス」は，もっとも穏当に解釈すれば，マラニョン州東部内陸地方にあるコドーに近い町カシアスであるが，それについて考察する前に，まずサンルイスで唯一 caboclo が憑依することがない Casa das Minas について検討することによって，Verequete という憑依霊がタンボール儀礼のなかで占める位置について明らかにしたい。

4. Casa das Minas：媒介者としての Averequete

Casa das Minas の創立は少なくとも 19 世紀半ば以前に遡ることができ，アマゾン地方で最も長い歴史をもつ (S. Ferretti 1985b: 58)。このテヘイロの由来について，興味深いことが明らかにされている。ヴェルジェー (Pierre Verger) らの研究によると，このテヘイロの vodum のなかに，西アフリカのダホメーのアボメー (Abomey) 王家の人々の名，殊に王族の一部を初めて奴隷として売った王であるとされるアドンザン王 (在位 1797–1818) 治世以前の王族の名が多数みられ，アゴンゴロ王 (在位 1789–1797) の未亡人で，のちのゲゾ王 (1818–1859) の母たるナン・アゴンチメが一族の一部とともにブラジルに奴隷として売られ，彼女によって Casa das Minas でアボメー王家の祖霊祭祀が始められたのだろうと推定されている (ibid.: 58)。このテヘイロの場合，ミディアムが独立して他のテヘイロを開いたということはいまだかつてなく，アフロアマゾニアン宗教のなかで孤高の位置をしめている。それは様々な意味で例外的存在なのである。

まず第 1 に，このテヘイロでは「ミディアムはふたつ以上の vodum をもつことはできない」(S. Ferretti 1985b: 92)。第 2 に，このテヘイロの憑依霊には caboclo は含まれていない。その理由について，caboclo の憑依をうける必要がない，なぜならば，彼らの vodum が「必要な援助をすべて与えてくれるのだから」(Costa Eduardo 1948: 105–106) とメンバーは語っている。したがって vodum 以外のものは儀礼で踊ることを許されず，そのようにして新奇な憑依霊が混入することを意図的に防いできたのである (ibid.: 71)。この点で，Casa de Nagô

との相違は明らかである。つまり「新奇な憑依霊」の出現に対して，それを新種の〈ライン〉として儀礼に編入するのではなく，まったく排除することで対処してきたのである。また総数 1,000 を下らないとみられる儀礼歌の歌詞の意味は，部外者に口外されることのない秘儀的知識であり，歌詞は「ジェジェ (Jeje) の言語にほんの少しのポルトガル語がまざる」(S. Ferretti 1985b: 175) だけであり，言語面でも伝統の純粋性を保持すべく努めている。

　Casa das Minas の憑依霊界と儀礼システムについて，主として S. フェヘッチの詳細な民族誌 (S. Ferretti 1985b) に拠りつつ，他の研究をも参照して，要点を簡略に述べておくことにしよう。このテヘイロの憑依霊は vodum とよばれるが，アフリカに由来しない憑依霊が現われないことを誇りにしているこのテヘイロで vodum が既に branco とも呼ばれていることは，憑依霊のカテゴリーとして branco という言葉が使われるとき，それが「白人」(branco) という人種的属性を意味するのではなく，「高い身分の者」のメタファーであることを明瞭に示している。現在メンバーの間では 60 ほどの vodum の名が知られており，4 つの家系 (Davice, Savaluno, Dambirá, Queviçoô) に分類されている。Davice の家系は，複数のリニージから構成されており，そのひとつを率いる Zomadonu がこのテヘイロの「主」である。このテヘイロは，Querebentan という別名をもつが，それは，ジェジェの言語で Davice の人々の王宮の名を意味する。このテヘイロの主にあたる Davice の家系は王族であり，「最初に到着してテヘイロを設立した後，他の家系の vodum を寄寓者として迎えた」。寄寓者の地位にある他の家系については，つぎのような語りがある。Savaluno の家系は「Davice の家系と友人であるが，彼ら自身はジェジェではなく，領土を失ってジェジェとともに住むようになったもの」である。Dambirá の家系は，病気治療に長じており，この家系を率いる Acossi Sapatá は São Lázaro (聖ラザロ) を崇敬しているので，この vodum のための祝祭 (1 月 20 日) では犬と子供のために食事を供する。ベレンのミナナゴでも，「保守派」のテヘイロでは，日付は別であるが，同様の儀礼を行なう。

　Queviçoô については，少し詳しく見たい。語られるところでは，この家系は，Nagô [ヨルバ系 (の神々)] であって，星界・天空・水界の vodum から構成され，雨・稲妻・雷を支配し，大風や嵐を打ち負かす。この家系は，Zomadonu に

よって仮寓を提供された寄寓者であり，大家族であるが，そのうち若干のものしか Casa das Minas には現われない。Quevioçô の家系の母たる Nochê Sobô は，Santa Bárbara を「崇敬」する。この家系は，雷鳴を司る Nochê Sobô，稲光を司る Badé，太陽を司る Liçá，風と嵐を司る Loco などのように，自然現象と結びついている。「海に落ちた星」である Abé は，Casa de Nagô の Iemanjá に対応し，Averequete は，Abé のお気にいりで，青年で……同じ家系の他の vodum を先に来て呼ぶ役割をつとめ，São Benedito を「崇敬」する。

儀礼に現われたときの行動には，家系ごとに特徴があり，それぞれに異なるリズムと踊りがある。Davice の家系の vodum の物腰は高貴で，荘重な話し方・踊り方をする。Quevioçô の家系は，非常に活発に反時計回りに輪をなして踊る。Dambirá の踊りは輪をなすか，行きつ戻りつの形式で，より緩やかである。儀礼で最後に憑依するのは，Quevioçô の家系の vodum であり，最後に儀礼フロアーを去るのも彼らである。儀礼の終了にあたって，他の家系の者たちが，踊りを止めようとしない Quevioçô の家系の vodum を説得して一緒にフロアーから退出させることさえある (Costa Eduardo 1948: 89)。要するに，Quevioçô の家系の vodum は，タンボール儀礼で他の家系のものより後で現われ，その踊りは輪をなす活発なものであり，しかも容易に去ろうとしないのである。この点は，caboclo が憑依するときの行状を思い起こさせる。

最年少の世代の vodum は，toquem (あるいは toqueno) とよばれ，ガイド，メッセンジャー，助手として，先に来て他の者たちを呼ぶ役目を担っている。つまり vodum と人々の間のメッセンジャー役を務め，儀礼で年長の vodum のために「道を開く」任務をもつ (Costa Eduardo 1948: 80)。年齢としては「15歳位」で，「フロアーを一方から他方に走ったり，回転したり，年上の者たちを呼んだりして遊び回るようにして踊る」。なお「toquem の大多数は，Davice の家系に属しており，Quevioçô と Dambirá の家系では，最年少の vodum がその役目をつとめる」。要するに，Casa das Minas のタンボール儀礼では，先に来て，自らの家系の他の者たちを呼んで，それに道を開くメッセンジャーの役割をしているのは toquem とよばれるカテゴリーの憑依霊なのである。

先に Abé と Averequete に注目したのは，Quevioçô の家系のなかで，それが toquem にあたるからである。「この家系の vodum の大半は，Casa das Minas

で［憑依したときに］はナゴの秘密をもらさないよう口をきかない」のだが、「最年少者である Averequete と Abé だけが、年長者たちの代理として話して toquem の役割を果たし、他の者は身振りでコミュニケートする」。他方、他の家系の「vodum が話すときは大抵アフリカの言語でまごつきながら話すが、それを理解できるのはかれらだけで、ミディアムがそれを理解できるのは非常に稀である」(Nunes Pereira 1979 [1947]: 36)。ここで vodum が「アフリカの言語」で話すという点が注意をひく。しかし祝祭の終了後も vodum たちは、ときには明け方まで話をしているという記述を見ると、ベレンのミナナゴの儀礼での orixá に比べれば、はるかに「社交的」である。

ここでつぎに、西アフリカのダホメー王国の vodum について、民族誌 (Argyle 1966) に拠って簡単に参照したい。本来の伝統に照らしてブラジルの状況の誤りを指摘することを意図しているわけではない。しかし、メッセンジャーの役割を果たす末子という観念について、Casa das Minas の現在のメンバーによる語りが得られていない以上、サンルイスでテヘイロを設立したアフリカ生まれの人々が、憑依霊として caboclo を受け入れる際に Averequete について何を知っていたのかを理解する手掛かりは、アフリカでの語りにしか求めることはできない。

ダホメー王国の宗教は、様々な時代に様々な地域から導入された信仰・儀礼システムの複合体であり、vodum にも、本来は別の信仰・儀礼システムに属していたものが含まれる。主要なシステムとして、つぎの 3 つがあり、それぞれに属する vodum のグループがある。① Mawu-Lisa グループ、② Sagabata グループ、③ Hevioso [Quevioço] グループがそれである。

① のグループの vodum の主神たる Mawu-Lisa は両性具有神で多くの子供を生んだ。最初の三子 (Sagabta, Sogbo, Agbe) は、本来は別のグループに属していたものである。Mawu-Lisa が世界を諸領域に分割して子らに分け与えたとき、末子の Legba には何も残っていなかったので、キョウダイ同士そして彼らと Mawu-Lisa の間のメッセンジャーの役割を彼に与えた。また人々も vodum とコミュニケートするためには、Legba を介さねばならない。この vodum は、一貫した性格を欠き貪欲な属性の点からも役割の点からも明白にトリックスターである。② のグループは、天然痘の神々であると見做されていて、北部の

山岳地帯から導入されたと推定されている。

　③の Hevioso グループは，天空および海洋を司る神々であり，このグループの vodum を対象とする信仰システムは，海岸地方の湖沼地域のある集落に由来すると考えられている。天にすむ両性具有神である Sogbo は，最初に男女の双子（男神 Agbe と女神 Naete）を生んだ。Sogbo は地上を治めるために彼らを遣わし，彼らは海を居所とした。Sogbo がその後に生んだ多くの子らは，天に留まっており，その末子が Gbade である。Gbade は天と地とを自由に行き来し，雷鳴のなかにその声を聞くことができる。一方，Agbe と Naete は交わって数人の子を生み，その末子である娘が Avrekete である。Avrekete は両親の秘密をのこらず知っており，海の富のすべてを管理している。彼女は，このグループの vodum 同士そして彼らと人間のあいだのメッセンジャーであり，人々はその役割を①グループの Legba に比することができるとしている。さらに天に留まっている Gbade と同様の役割を海において果たしていると見られている。

　②グループでは，Alogbwe が，Legba, Avrekete, Gbade に対応するようなメッセンジャーとしての役割を果たしている。このように，どの vodum グループにおいても，末子が他の vodum 同士の間の，そしてそれらと人間の間のメッセンジャーの役割を果たしているのである。それは分離しているものをつなぐ媒介者として生産的であると同時に，気紛れで混乱をもたらす存在でもあり，一言でいえばトリックスターに他ならない。

　以上のことから明らかなように，既に西アフリカのダホメーの神話において，Avrekete (Averequete) は，Hevioso (Quevioçô) の家系の末子であり，メッセンジャーの役割を果たしている。ただし Casa das Minas では男性であるのに対して女性であるが，末子としての性格づけは同じである。さらに Averequete と海との結びつきが注目される。ベレンのミナナゴの Verequete の儀礼歌のひとつは，それが「海の王」(Rei do Mar) であると歌っているのである。しかし現在ミナナゴのなかで，なぜ「海の王」であるのかについての語りは，私の知るかぎり存在していない。

　ここで再び，Casa das Minas のタンボール儀礼の構造に立ち戻ることにしよう。そこで Averequete は，アフリカ由来の「メッセンジャーとしての末子」

の役割を果たしているのである。それは，自らの家系の vodum の先触れとして来ることに明らかである。しかしこのテヘイロでは，Averequete をめぐる新しい状況が出現している。「秘密を洩らさないために」口をきかない年長者たちのために通訳としての役割を果たしているという点がそれである。さらに重要なことは，Averequete によって先導される Quevioçô のグループが，〈寄寓者たる外者〉として位置づけられており，順番としては最後に憑依し，しかもその踊りは輪をなす激しいもので，雷・稲光・嵐などを司るとされていることである。そこに明確な「森」(mata) のシンボリズムは見られない。しかしタンボール儀礼の構造上，それまでの部分とは異質な現われ方をする憑依霊群を先導する役割を，Averequete が果たしていると結論することは困難ではない。つまり Casa das Minas のタンボール儀礼においては，このテヘイロの主である憑依霊群とは民族的伝統を異にする憑依霊群は，寄寓者の地位にあり，そのなかでも最も異質な現われ方をする Quevioçô の家系を先導する位置に Averequete が置かれているのである。

　しかしここで Casa das Minas のタンボール儀礼の展開構造が他のテヘイロのものとは異なっている点にふれておく必要がある。憑依に先立ってミディアム全員が踊る他のテヘイロと違い，vodum の憑依を受けた後にしかミディアムは踊らないというのが第1点である。ミディアム全員が憑依を受けた段階で，儀礼は30分ほど中断し，ミディアムは別室で vodum の衣装に着替え，改めて列をなして儀礼フロアーに入場して儀礼が再開する。その際に最後に入場するのが Quevioçô の家系のもので，そのなかでは年少のものが先頭である。第2に，vodum は，自らの家系の儀礼歌が歌われているときには太鼓の正面で踊るが，他の家系の儀礼歌が歌われているときは，踊らずに後で立っているか，動かずに調子を取っている。つまり，儀礼歌の歌われる順序ゆえに，Quevioçô の家系が最後に脚光を浴びることになるとはいえ，すべての家系の vodum が儀礼フロアーに同時に存在している (Costa Eduardo 1948: 87)。

　しかしその違いを考慮しても，Casa das Minas の儀礼の構造における Averequete の位置と役割と，他の大多数のテヘイロのそれとが，比較可能なものであることは明瞭である。Casa das Minas の儀礼において Averequete によって先導され，それを介して人々とコミュニケートする Quevioçô の家系の

vodum たちの表現様式（輪の激しい踊り）が，アフロアマゾニアン宗教において一般に caboclo の 表現様式と言われるものと類似していることも注目に値する。誰にでも容易にわかる現われ方の類似のゆえに，caboclo と Averequete が儀礼の構造の上で，さらに後述するような様々な語りのなかで結びつけられることになった可能性は否定できない。したがって，Averequete によって導かれる異質性とは，まず何よりも，現われ方・表現様式の異質性である。この点はベレンのミナナゴにおいて頻繁に聞かれる「実際は……であるが，caboclo として来る」という語りを理解するために重視すべき点である。

　Casa das Minas では，Avereqete が先導するのは Quevioçô の家系の vodum である。それに対して，他のテヘイロでは Averequete（Verequete）によって儀礼は「森へ転じて」caboclo が現われる。そしてそのような儀礼の展開構造について様々なことが語られているのである。「Santa Bárbara が Verequete を儀礼を指揮するために派遣した」という前述の語りは，Casa das Minas で「Sogbo が Santa Bárbara に対応するとされており」（Nunes Pereira 1979［1947］: 81），この聖人の祭日である「12 月 4 日には Sogbo のためのタンボール儀礼が催される」（S. Ferretti 1985b: 117）ことを知るならば，さらに興味深いものとなる。ダホメーで語られている神話では，前述のように，Avrekete（Averequete）は，Sogbo によって地上を治めるために派遣されて海に居所を定めた男女二神の末娘だからである。しかし，アフロアマゾニアン宗教の伝統においては，いまや Averequete は「caboclo に扉を開くものである」と語られるようになり，それへの儀礼歌によってタンボール儀礼は「森（mata）へ転ずる」と語られているのである。

第19章　Povo de Legua: コドーの森の「牛飼い」

1. タンボール・ダ・マッタ

　ここまでのところで明らかにされたのは，〈異質な外者〉である憑依霊にタンボール儀礼のなかで寄寓者としての位置を与えるシステムがあること，Verequete は，つねにタンボール儀礼の異質な部分へと架橋する媒介者としての役割を負わされているということである。異質な部分とは，caboclo が憑依しない Casa das Minas では，寄寓者として〈外者〉の位置にある Quevioçô という家系の vodum (orixá) が憑依する部分であり，その憑依霊群は嵐や雷など荒々しい自然現象，輪をなしての激しい踊りと結びついている。そして Quevioçô の家系の orixá が主人の地位にある Casa de Nagô となると，異質性を体現する役者は交替する。それはナゴ(ヨルバ系)とは別のアフリカの民族の伝統に由来する憑依霊であるか，それ以上に caboclo である。そして，それら2つ以外の圧倒的多数のテヘイロの儀礼では，異質な部分は caboclo の部分とよばれ，Verequete への儀礼歌が歌われることによりタンボール儀礼が異質な部分に移行することが，「mata へ転ずる」と表現されるのである。これらの点を考慮すると，「Santa Bárbara がすべての Terreiro de Mina の創設者であって，儀礼を指揮するために Verequete を『派遣』した」(Costa Eduardo 1948: 84) という語りは，mata に派遣したのだと読むのが適切であるように思える。もちろんここで mata を実体化してとらえることは危険である。以上のことから判断するかぎり，mata は，〈何かに対する異質性〉という関係性の表象であるにすぎない。そしてそれは何よりもまず，〈現われ方・表現形式・振舞いの異質性〉なのである。しかし，「タンボール儀礼が森へ転ずるとき，それはカシアスの森に転ずる

のだ」という語りは、mata について、〈何かに対する異質性〉という以上のことを語っている。

コドーやカシアスを中心とするマラニョン州東部の内陸地方では、綿花プランテーションが繁栄し、その労働力として1780年代から18世紀末を中心として多数の黒人奴隷が導入された。この地域には、現在でも多くのテヘイロがあるが、それはサンルイスのタンボール・デ・ミナとは別の伝統であるとされており、タンボール・ダ・マッタ（Tambor da Mata）あるいはテレコ（Terecô）と呼ばれている。この地域の憑依宗教の伝統が、各地にアフロアマゾニアン宗教が広まる上でも相当程度の影響を与えたことは、実際に跡づけることのできる人的交流からも明らかであるが、現在でもサンルイスとは別個の独特な伝統が失われてはいない。タンボール・ダ・マッタが形成される過程では、北東部内陸地方のシャーマニスティックな治病儀礼複合であるカチンボ（Catimbó）などが影響を及ぼした可能性があるが、それについては、他の所（古谷 1992c）で論じたので省略する。

現在コドーのテヘイロでは、タンボール・ダ・マッタのみを行なうか、それとタンボール・デ・ミナを「掛け合わせ」ている。両者の違いはまず第1に、使用する太鼓の違いである。ミナの儀礼で使われる（サンルイスで abatá とよばれる）横型の太鼓は、コドーでは「タンボール・デ・ミナ」（tambor de mina）とよばれ、それに対して、縦型の太鼓が「タンボール・ダ・マッタ」（tambor da mata）とよばれている。彼らにとっては、後者こそが「我々の伝統」であり、その mata とは「コドーの森」（mata codoense）以外のなにものでもないのだと語られる。さらに太鼓の違いは、リズムや踊りの様式の違いとして語られ、タンボール・ダ・マッタの特徴は、輪をなして踊る速い速度のものであるのに対して、タンボール・デ・ミナは、前後に行きつ戻りつしながら踊る緩慢なリズムのものである。これがコドーの人々の見る両者の違いである。

両者の伝統を掛け合わせているテヘイロのうちのひとつでは、タンボール儀礼では、まずミナ［の様式］で開いてマッタ［の様式］に移り、それに応じて太鼓もリズムも変わる。移行するのは真夜中とは限らず明け方のこともある。マッタに移行するのは「我々本来のリズムがマッタのものだから」である。このテヘイロを開設したマリア・ピアウイという通称で知られた女性（1916～1984）は、

ピアウイ州のテレジーナで生まれ，同州内のパルナイーバを経て，1936年にコドーに移り住んでテヘイロを設立し，コドーで最も有力なリーダーとなり，マラニョン州全域で名声を博すまでになった (Yasser Assad 1979)。このリーダーの主要憑依霊である Mestre Maximiliano de Aldeia de Alexandria は，儀礼の始まりの部分で現われて指示を与えてすぐに去り，その後に，最も頻繁に憑依する陽気で酒飲みの憑依霊である Caboclo Manezinho がリーダーに憑依するのが通例であった。Manezinho の父親は，Povo de Legua の総帥 Legua Bogi Boa である。この caboclo はミナの部分から既に儀礼の場に現われ，真夜中に「森 (mata) に転ずる」という趣旨の歌をうたい，そこで儀礼はタンボール・ダ・マッタの様式に転じるという形式がとられていた。

このリーダーがコドーにおいてタンボール・デ・ミナとタンボール・ダ・マッタが共存する儀礼システムの基本形を提供したと推測できる。コドーでは，タンボール儀礼における「森へ転ずる」という移行を語るのは，前述の2種類の儀礼が共存しているテヘイロの人々のみである。さらに，その移行がサンルイスやベレンの場合とは違って，Verequete とは直接に結びつけられて語られることがない。それはコドー自体の本来のタンボール儀礼がタンボール・ダ・マッタであると語られていることからして当然であろう。「森へ転じた」以降の部分がコドーにおいては中心的部分であり，ミナはごく一部のテヘイロで，言わばその前に付加されているにすぎないからである。そのような意味で「Verequete によって森へ転ずる」という表現は，サンルイスあるいはタンボール・デ・ミナの視点から出てくる言葉なのである。以上の考察からまず明らかになるのは，つぎのことである。すなわち，タンボール儀礼が「森へと転ずる」という語りは，まずは，サンルイスのタンボール・デ・ミナの儀礼のなかに，コドー(およびカシアス)のタンボール・ダ・マッタの様式が編入された歴史的プロセスについての語りとして理解できるということである[4]。

2. Legua Bogi Boa の一族

タンボール・ダ・マッタのなかで圧倒的にポピュラーな憑依霊が Legua Bogi Boa の一族，すなわち Povo de Legua である。この地方の憑依儀礼の伝統は，

第19章　Povo de Legua：コドーの森の「牛飼い」

縦型の太鼓を叩く儀礼で Povo de Legua が憑依する儀礼と要約することすらできるかもしれない。この一族がベレンのミナナゴでも頻繁に憑依することについては既に述べた。では Povo de Legua は，どのような憑依霊群なのか？ それはいかなる意味において mata と結びつくのか？ Povo de Legua がコドーの出身だという語りは，儀礼歌のなかにもふんだんに見られるし，人々の語りのなかでも繰り返し現われる。ベレンのミナナゴのテヘイロで憑依した Tereza Legua は，自分が「Legua Bogi の娘で，コドーの森から来た」と歌う。

Povo de Legua が一般に caboclo と考えられていることは間違いない。ベレンのミナナゴの儀礼で，Joaquinzinho は，自分が Legua Bogi Boa の息子で，父親と同様「コドー出身」であると歌う一方で，「私は caboclo da mata である」と歌っている。いかなる意味においても Povo de Legua はインディオであるとは考えられていない。コドーでかつて非常に有名だったリーダーに憑依したとき，Legua Bogi Boa は，「牡牛から牛車の車軸を外せ」「私は牡牛を繋ぐ」と歌っていたという。この例に限らず，この一族の歌には，しばしば牛あるいは牛飼いの生活・作業への言及がみられる。例えばベレンのテヘイロで Tereza Legua が歌う儀礼歌でも，「北からセルトンへ，私の牛の群れを連れてきた」，「私はマラニョン出身」，「牛が通る，牛の群れが通る，Legua の乙女も通る，牛の群れは彼女のもの」と歌う。また別の儀礼歌では，「もうマラニョンに帰る，私の牛の群れを連れて，山波の切れ目を抜けて」というぐあいである。このように，多くの儀礼歌が牛の群れを連れて移動する牧童の生活を主題としているにもかかわらず，コドーに限らずサンルイスでもベレンでも，「Legua 一族は牛飼いなのか？」という問いは断固として否定されることが多い。「牛飼いなんかではない」というわけである。

Povo de Legua について，ヨルバの神界の exu に対応するダホメーの神界の Legba との関係を指摘する研究（Costa Eduardo 1948）もある。しかし，詳細は略すが，この点に関して語りは非常に錯綜している。ここでの要点は，Povo de Legua について，Legba との関連を示す語りは大方が受け入れる優越した語りとなっていないのに対して，それがタンボール儀礼の caboclo の部分で現われ，caboclo として現われることについては，大方の同意が得られるということである。

3.「鎮撫平定」と「土着化」

　Legua Bogi Boa の父親が (Dom) Pedro Angaço であることについては，コドーでもサンルイスでもベレンでも共通了解がある。ところで，ベレンでリーコックが聞いたとしている奇妙な語りによれば，Pedro Angaço は「Rei da Tuquia（トルコ王）の副官であり，王のためにマラニョンのコドーの森を統治している」(Leacock and Leacock 1972: 140)。この語りが興味深いのは，アフロアマゾニアン宗教の憑依霊のなかで，多数のメンバーを擁し，儀礼に頻繁に現われる憑依霊グループである Rei da Turquia の家系と Legua Bogi Boa の家系との間の関係についての語りであり，しかも前者を後者の上位に位置づけ，さらに「コドーの森の統治」というテーマが現われている点である。あるミディアムに憑依した Legua Bogi Boa の娘 Maria Legua は，「私は高貴な乙女」と歌う。「トルコ王」の副官の孫娘であれば，確かに牛飼いではなく「高貴な乙女」なのであろう。このようにして儀礼歌は，共有された語りでありながら相互に不協和音を奏でる可能性をつねに孕んでいる。そして憑依霊について語るときに，儀礼歌の歌詞は，証拠として頻繁に引き合いに出されるにもかかわらず，憑依霊の確定したアイデンティティを提示するものではなく，あくまでも語りのための素材として引証されるにすぎないのである。しかし，この例に見られる不協和音は，それ自体興味深い。なぜならば「実は……」という caboclo をめぐって頻繁に語られる，本来のアイデンティティと現われ方の齟齬にかかわるものだからである。

　Povo de Legua は，タンボール儀礼が Verequete (Averequete) への歌によって「森」に転じた後の部分の主要な憑依霊であり，飲酒や荒々しい振舞いを特徴とするような憑依したときの現われ方が，caboclo としてのものであることについては，人々の意見は一致している。この憑依霊群がコドーを中心とする地域の「出身」であるとする語りにも一般性がある。そうしたなかで，サンルイスでは，「森へ転ずる」とはコドーやカシアスの森に転ずることであるとの語りが存在し，その「コドーの森」には Povo de Legua が跋扈しているのである。そうであるならば，Verequete によってタンボール儀礼が「森へ転じて，caboclo への扉が開かれる」という語りは，Povo de Legua が caboclo としてタ

ンボール・デ・ミナの儀礼のなかに導入されたことについての語りとして読むことができる。その場合に，Povo de Legua は，Casa das Minas における Quevioçô のごとき地位にあるもの，つまり〈内部化された異質な外者〉ということになろう。つまり，「森へ転ずる」という表現は，タンボール・ダ・マッタ（の憑依霊）という異質性が，タンボール・デ・ミナ（の儀礼構造）のなかに〈内部化〉されつつも，両者が混同されることなく前者の異質性が保持されているという状況についての語りであるとして，まず読むことができるのである。

しかし他方で，Povo de Legua について別の語りも存在する。Povo de Legua の父祖である Pedro Angaço が Rei da Turquia によって「コドーの森」を統治するために派遣されたという前述の語りがそれである。この語りに表現されている主題は，「征服」言い換えれば「鎮撫平定」である。その際に，征服され鎮撫平定されたのが何者であるのかについては，この語りは何も明らかにしていない。ただし，「コドーの森」が征夷大将軍なり行政官なりを派遣して統治すべき対象であると語られていることは重要である。そしてその任務を負って「コドーの森」に派遣されたのが，Pedro Angaço なのである。しかし，彼の子孫である Legua Bogi をはじめとする Povo de Legua は，儀礼歌で「コドー出身」であることを明言してはばからない。そうであるならば，この憑依霊の一族は，夷狄の土地に封ぜられて「土着化」した存在，あたかも守護大名のごとき存在である可能性がある。こうした変貌のなかに，Povo de Legua が caboclo であって caboclo でないとする，Povo de Legua の奇妙な位置づけについて理解できる手がかりがあるように思われる。要するにこの語りは，〈異質な外者〉を〈内部化〉するプロセスを語っているのであるが，同時に逆方向のプロセスを語っていることになり，Povo de Legua に与えられた地位は，そのそれぞれで異なっている。一方で，〈異質な外者〉を〈内部化〉すべく〈外部〉である mata に派遣された存在である。他方で，〈外部〉からやってきた〈異質な外者〉として mata へと〈内部化〉された存在である。この逆方向のプロセスにおいて〈内部〉と〈外部〉は反転している。前者の「鎮撫平定」の主題の下での〈内部化〉のプロセスにおいては，mata は〈外部〉であるが，後者の「土着化」の主題の下での〈内部化〉のプロセスにおいては，mata が〈内部〉なのである。そして，そのようにして外部から mata を「鎮撫平定」するために派遣されてきて，mata

で「土着化」したPovo de Leguaを主要な憑依霊とするタンボール・ダ・マッタは，Verequeteへの儀礼歌に架橋されることによってタンボール・デ・ミナのなかに編入され，タンボール儀礼のなかでPovo de Leguaはcabocloとして，儀礼がmataに転じた後に登場するのである。

　こうしたPovo de Leguaの両義的な位置づけと比較すると，Verequeteの位置づけは明瞭である。それは「cabocloへの扉を開く者」であるが，決してcabocloと混同されることはない。また「土着化」して「コドー生まれの子孫」を残すこともない。さらに注目すべきことに，ベレンでは，Verequeteは「もはや若い陽気なトリックスターとしては現われず，……年寄りの威厳あるsenhorとして現われる」(Leacock and Leacock 1972: 130)。つまり，Casa das Minasのタンボール儀礼では，cabocloのそれに類似するような表現様式を特徴とするQuevioçôの活発な青年であったのが，他の圧倒的多数のテヘイロでは，その面影は失われ，それ自身は異質性の体現者ではなく，異質性への媒介者としての位置のみを保っているのである。つまり，異質な憑依霊として扉を開けて出てくるのではなく，異質な憑依霊を迎え入れるために扉を開けてやる位置にあると言うことができるだろう。要するにVerequeteに関しても，語りの主題は〈異質な外者の内部化〉なのであるが，その役割は，あくまでも〈異質な外者〉を〈異質性〉を保持したまま〈内部化〉して，タンボール儀礼の周辺部にしかるべき位置を与えることにすぎない。タンボール儀礼の構造において，Verequeteによって前半と後半が分離されていることが，それを明瞭に示している。Verequeteは，両者を架橋する存在であると同時に，両者の混同を防ぐ任務を帯びているのだとさえ言えるだろう。

第20章　Turcos：トルコ王の末裔

1. 憑依霊としての turcos（トルコ人）

　アフロアマゾニアン宗教の奇妙な憑依霊のグループとして，つぎに turco（トルコ人）を焦点にすえることにしたい[5]。この憑依霊群については，多くの儀礼歌で「波に乗って海の彼方からやって来る」などと渡来者性が歌われている。つまり「土着の人々」ではないのである。しかし他方で，「アフリカの人々によって知られておらず，ブラジルで初めて……現われたのだからブラジル人である」(M. Ferretti 1985a: 53) とも人々は語っている。turco は，けっしてごく少数の特殊な憑依霊ではない。ひとつの「家系」に属す(養子・里子も含む)非常に多くのメンバーから構成されていて，儀礼でも頻繁に憑依する。家長は Rei da Turquia（トルコ王）で，王を父とするがゆえに，嫡子たちは王子・王女であると語られることになる。これまでに何度も言及した Mariana や Tapinaré もそのひとりである。しかし同時に，「senhor なのだ」と語られることもある Rei da Turquia を除き，他のメンバーは orixá ではないのだから caboclo であるとも語られる。要するに，turco については，一般的には caboclo であると語られながら，しばしばそれに続いて，「実は caboclo ではない」という語りが付け加えられることになるのである。では caboclo でありながら caboclo ではない turco とは，いかなる憑依霊群なのであろうか。

　憑依霊としての turco については，それが「生まれた」のは，アナスタシアというコドー生まれの黒人女性が1889年にサンルイスで開設した Terreiro da Turquia という名称のテヘイロであるとする語りが，ひろく聞かれる。このテ

ヘイロがいかなる系統のものなのかについては様々な見解があり，一定していない。彼女が Rei da Turquia の憑依を受けた最初の人物であるという語りも広く存在するが，その一方で，他の複数のテヘイロで既に憑依していた turco たちを，Rei da Turquia がアナスタシアのテヘイロに呼び集めたとの語りもある (M. Ferretti 1989: 206–207)。重要な点は，彼女のテヘイロで多くの turco が儀礼に現われていたこと，彼女が精力的に養成したリーダーたちが，各地でテヘイロを開設したため，それとともに憑依霊としての turco がアマゾン各地に広まった (M. Ferretti 1989: 207–208) ということである。

2. 民衆本，語り，民俗劇

憑依霊としての turco は本名を明らかにしないことが多く，インディオの名前や，民衆本『シャルルマーニュとフランク十二騎士』で語られているキリスト教徒とムーア人の間の戦争の逸話にもとづく渾名で知られていることが多い (M. Ferretti 1989: 208)。なぜそうなのか。この点について理解するためには，ブラジルで広く流布していた民衆本 (literatura de cordel)[6] である『シャルルマーニュとフランク十二騎士』，キリスト教徒の異教徒ムーア人に対する戦勝を演ずる民俗劇である「モウリスカス」(mouriscas) との関係が重要になってくる (Leacock and Leacock 1972; M. Ferretti 1989)。

M. フェヘッチが明らかにしているように，『シャルルマーニュとフランク十二騎士』の登場人物のうちの若干のものがタンボール・デ・ミナの憑依霊として現われている。そのうちで特に注目すべきものは，Rei da Turquia として儀礼に現われる Ferrabrás と，その父にあたる Almirante Barão である。これらのトルコ王たちについて民衆本で語られているのは，トルコ王である後者とその王子である前者が，シャルルマーニュと戦闘を重ね，その戦いのなかで捕虜となった Ferrabrás がキリスト教に改宗し，改宗せず抵抗した父王の軍隊がシャルルマーニュに撃退されて父王が逝去した後，王位を継いでトルコ王となったという物語である (M. Ferretti 1989: 209–211)。この物語では，キリスト教に改宗したトルコ王の子孫たちについては何も語られていないが，彼らこそが，憑依霊としての turco の大多数をしめているのである。

第20章　Turcos：トルコ王の末裔

「トルコ王」がマラニョンに来た経緯については，サンルイスのテヘイロには何種類かの語りが存在する (M. Ferretti 1989: 213-214)。ある語りによれば，Rei da Turquia は，憑依霊である「フランス王ルイ」(Dom Luís Rei da França) によって捕虜としてマラニョンに連行されたということになっている。このフランス王は，最後の十字軍を組織したルイ9世，フランス人が17世紀初頭にサンルイスを建設した際の幼王ルイ13世，さらにはルイ16世であると言う人もいる (Leacock and Leacock 1972: 159)。ここでどの「ルイ」であるのか確定するという試みは意味がない。そもそも同名の王という慣習自体が，個々の王を越えた王権の連続性を示すためのものであることは言うまでもない。

さらに別の語りによれば，Rei da Turquia は物見遊山のために海を渡ってマラニョンに来たのだが，彼を連れてきた Dom João とはぐれてしまう。道に迷ってしまった彼は，祝祭の最中の Caboclo Velho の集落に辿り着く。Caboclo Velho は，「タンボール・デ・ミナに受け入れられた初めての caboclo であり，caboclo の王である」との語りがある。Rei da Turquia は，その集落が気に入り，留まることにする。かくして両者は友誼を結び，互いに子供を育てあうなどしたために，多くの turco がインディオの名を持つことになり，インディオのうちのある者が turco の家系に属すことになった。こうした経緯で，Rei da Turquia は「caboclo に交じって」来ることになったのである。しかし彼の一族にインディオの血が混じっているのではなく，ともに酒好きであるなどの理由から友誼を結んでいるにすぎない。この語りで注目されるのは，turco が caboclo と関係をもつに至った経緯と，祝祭好き・飲酒癖などの点で turco が caboclo と嗜好を共有するという性格づけである。ここで caboclo が「楽しむために来る」タンボール儀礼の様子を想起されたい。

さらに別の語りによると，Rei da Turquia がマラニョンに来たのは，自分の娘たちを探しに来たのである。トルコを舞台として戦争が勃発したとき，彼は3人の娘を船に乗せて出帆させた。その船が針路を誤ってマラニョンの岸に辿りつき，彼女らは Rei Sebastião (セバスティアン王) の下に寄寓することになる。末娘の Jarina は幼かったために，Rei Sebastião の下に留まり，彼の娘と見なされることになった。他方，長女の Mariana は艦隊を組織してトルコに引き返し，戦場の近くまで来たとき，トルコ人の敗北を知ったのである。こ

の語りは,先にベレンのミナナゴで Mariana を「船乗り」さらに「ブラジル艦隊の跳ね返り者」として描写していた儀礼歌を思い起こさせるであろう。Jarina がベレンのミナナゴの儀礼で歌っている儀礼歌では,彼女がマラニョンのレンソル海岸の主である Rei Sebastião の娘であることが明瞭に示されている。さらに別の儀礼歌は,Jarina の奇妙な行動について語っている。そこでは,この「トルコ王女」は養父に許可を得て,「人々に命ずる」ためにインディオの地に赴こうとしているかのようなのである。またベレンでの別の語りでは,Jarina が「父王 [Rei Sebastião] によって Lençol 海岸の石の壁に幽閉されていたところにTurquia の家系の Mariana がブラジル艦隊を率いて到着し,Jarina を魔術から解き放った」という (Leacock and Leacock 1972: 140)。この語りでは,Jarina は Rei da Turquia の娘ではない。Jarina が王女であることは確かだが,2つの語りは,実父として,歴史的存在としては全く別の時代の別の王国に帰属する別の王を指定する。このように憑依霊としての Jarina は,さまざまな伝承の間を奇妙な形で架橋しているのである。

　以上のように,turco という憑依霊群については,物語の形式をもった語りが既に相当量蓄積されており,しかもその物語が民衆本という媒体にその重要な部分を負っているのである。民衆本は,文盲の民衆をまえにしてギターの伴奏で弾き語りされていたものでもあり,それ自体が活字と口頭伝承の中間に位置するものであるが,民衆本の登場人物が憑依霊に変じたことによって,活字化された物語には存在しなかった新たな語りが,憑依霊をめぐる口頭伝承として付加されている。なぜシャルルマーニュと戦った後にキリスト教に改宗したトルコ王がはるばるマラニョンまで来たのかについての語りは,当然のことながら,トルコを舞台とする戦闘をテーマとした民衆本の物語には含まれていない。それは,マラニョンのタンボール・デ・ミナのなかで憑依霊として出現しはじめた後に紡ぎ出されてきた語りなのである。

　その語りには,当然のことながら,実際に儀礼で憑依する turco 自身による語り,憑依霊としての turco をめぐる語りが影響を及ぼすことになる。つまり M. フェヘッチが指摘するように「Rei da Turquia が19世紀末に [タンボール・デ・] ミナに導入された後,シャルルマーニュの物語では知られていない逸話が憑依霊自身によって語られ,さらに,アナスタシアのテヘイロにおけるその憑

依霊の『地上における』行動についての語りが付け加わって，Ferrabrás の物語の内容が豊富になったのであり，…… Rei da Turquia の物語では神話と儀礼が相互に影響しあっている」(M. Ferretti 1989: 216) のである。そのようにして紡ぎだされた語りは，それを支える物的証拠すら生み出していくことになる。現在 Terreiro da Turquia には「トルコ王」(Rei da Turquia) とされる写真が保存されているが，それは，アナスタシアと付き合いがあったサンルイスの「トルコ人」から贈られたものとみられ，実在のスルタンの写真であると推定されている (ibid.: 206)。

　憑依霊自身による語りをも巻き込んで憑依霊について語りが紡ぎだされるプロセスにおいては，その語りのなかで何が客観的歴史事実に基づいているのかを詮索しようと試みるのは，まったく見当違いであろう。民衆本に語られている物語には史実が含まれているが，それは儀礼歌がそうであるように，実際に憑依する憑依霊をめぐる語りと相互に注釈となりあって重層的な語りを織り上げていくことになるのである。ここで，民衆本が散文ではなく韻文であり，公衆の前で弾き語りされるものであることにも注目すべきであろう。この点においても民衆本は儀礼歌と非常に近いところにある。それは黙読されるより歌われるものなのである。アフロブラジリアン宗教の儀礼歌の形式・文体・用語についての分析は，従来ほとんどまったくなされていないが，おそらく多くの点で弾き語りされる民衆本との連続性を指摘することが可能であろう。

　では儀礼に現われる憑依霊としての turco は，どのようなものなのか。かれらは「挨拶のために叫び声をあげる」性癖があり，「一般に好戦的で飲酒を好み，……その点でコドーの〈caboclo の森のライン〉の長である Legua Buji Buá (Legua Bogi Boa) の一族にも非常に似ている。……ミナでは両者ともに妖術の問題を解決するために呼び出される」(M. Ferretti 1989: 208–209)。儀礼に憑依霊として現われるときの turco は，立ち居振舞いに自ずと高貴さが滲み出ているような存在ではまったくない。要するに，彼らは，本来のアイデンティティが渡来者たる王族であるにしても，憑依儀礼での現われ方からするかぎり，Povo de Legua と同様に「caboclo として来る」のである。さらに興味深いこととして，Terreiro da Turquia の儀礼で憑依していた turco たちに対して「他のテヘイロのミディアムに憑依する Averequete が洗礼の際の代父となっていた」(ibid.:

215）と語られている。詳細な経緯は不明であるが，このテヘイロで Averequete (Verequete) と turco との間に形成されていた特別な結びつきが，アフロアマゾニアン宗教のタンボール儀礼において「caboclo への扉を開く」この vodum と caboclo の関係を強化したのかもしれない。

　つぎにベレンでリーコックが聞いたという興味深い語りに目を転じてみよう。その語りによれば，200 人のメンバーを擁する Rei da Turquia の家系は，偉大な戦士であって，多くの他の「民族」の憑依霊を戦闘で打ち負かし，敗北した側の憑依霊のなかには，里子あるいは和平の保証として turco のグループに加えられたものもある。Dom Pedro Angaço の家系もそのひとつであり，その結果，この憑依霊は，前述のように「トルコ王」の副官として「コドーの森にその土地の精霊を統治するために派遣され」，その際に息子のひとり Caboclo Nobre は Rei da Turquia に引き取られた (Leacock and Leacock 1972: 140)。この語りで注目したいのは，Legua 一族の父祖が，Rei da Turquia に敗北して服属したのちに，コドーの森を統治するために派遣されたと語られている点である。そこに〈内部化〉の 2 つのプロセスが見られることを既に指摘したが，「鎮撫平定」のために派遣された「征夷大将軍」が，実は敗北して服従した〈異質な外者〉であったということは，その〈内部化〉のプロセスがさらに重層的なものであることを示す。つまり〈内部化〉された〈異質な外者〉が，さらに別の〈異質な外者〉を〈内部化〉すべく派遣されたのだと読めるからである。そしてさらに，Dom Pedro Angaço を派遣した王である Rei da Turquia 自身もまた，民衆本に語られるシャルルマーニュとの戦いの逸話に明らかなように〈内部化〉された〈異質な外者〉だったということになると，事態はさらに重層的なものになる。つまり caboclo をめぐる様々な語りのなかで，「鎮撫平定」による〈異質な外者〉の〈内部化〉というプロセスが繰り返し語られているのである。

　リーコックは，turco について「かつてポルトガルでもブラジルでも宗教的祝祭の一部をなすものとしてポピュラーだったモウリスカスに遡りうることは疑いえない」とし，キリスト教徒とムーア人の戦いを再現するこの民俗劇において，ムーア人は「しばしば turco とよばれていた」ことから，憑依霊としての turco がこの民俗劇でのムーア人に基づくものであろうと解釈する。ここで turco という言葉が日常的には，中東出身者であれば誰に対しても用いられ，か

つてはムーア人 (Mouro) の同義語として使われていたことを確認しておこう。さらに民俗劇ではムーア人が敗者であるのに対して，憑依霊としての turco が勝者であると語られることについて，リーコックは，民衆本『シャルルマーニュとフランク十二騎士』においてムーア人が一度は勝者となることが語られていることに糸口があるとしながらも，黒人たちが民俗劇の登場人物としてのムーア人に秘かに自己同一化していた可能性を考慮する必要があり，「公の舞台の劇ではヨーロッパ人のキリスト教徒が勝利し，しかし私的なカルトの儀礼ではムーア人が栄誉を与えられていたのだ」と解釈する (Leacock and Leacock 1972: 130-133)。他方，M. フェヘッチは，既に民衆本を通じて民間伝承で戦士として知られていた turco が憑依霊として出現し始めた時期に，マラニョンの黒人たちは，多くの戦闘(バライアーダ，パラグアイ戦争，奴隷制廃止論争)に巻き込まれており，憑依霊としての turco は，黒人の大義を防衛する戦士として受け入れられた可能性があると指摘している (M. Ferretti 1989: 215)。

奴隷制社会の黒人たちが，最終的に敗北したにせよキリスト教徒の白人に戦いを挑んだ「ムーア人」に共感していた可能性は否定できない。しかしいまや黒人の宗教とはいえないアフロアマゾニアン宗教の憑依霊としての turco を理解するためには，別の視点が要求される。件の民衆本と民俗劇を重ね合わせて読むならば，turco についてさらに別の姿を読み取ることができる。それは，異教徒として敗北しキリスト教徒として勝利したという両義的な存在である。つまりキリスト教への改宗という契機を経ることで，turco は〈外なる外者〉から〈内部化〉された〈外者〉へと変換されているのである。

このように，アフロアマゾニアン宗教の憑依霊としての turco についての語りは，民衆本あるいは民俗劇と切り離して考えることができない。それは憑依儀礼とは直接に関係しないように見えながら，実際に憑依儀礼に現われる憑依霊としての turco による語り，さらに，それをめぐって紡ぎ出される語りと，相互にコンテクストとなりあっているのである。つまり，民衆本や民俗劇は，憑依霊の実際の振舞いについての注釈であり，現に目のあたりにする憑依霊の言動は，民衆本や民俗劇についての注釈となっているのである。

3. 「やつし」と「本来のアイデンティティ」

　議論をさらに絞りこむことにしよう。caboclo という憑依霊カテゴリーについて，憑依霊としての turco が何を教えてくれるのか。まず何よりも注目したいのは，憑依霊としての turco が caboclo に含まれるにせよ，それが「実は caboclo ではない」しかし「〈caboclo のライン〉で来ることはある」とする語りが，サンルイスでもベレンでも非常にしばしば聞かれるという点である。このような語り口は，「やつし」という興味深い論点へと私たちを導く。

　まず前述の語りでは，マラニョンに来た Rei da Turquia がいかにしてインディオの一族と友誼を結ぶようになり，それゆえに turco のなかには「インディオの名」をもつものさえいる事態になったのかが語られていた。つまり turco は，「本来はトルコ人であり王族である」にしても，最終的には caboclo に混じることになったのである。

　ベレンのアントニオ・タピナレについては，前章で詳細な経歴を紹介したが，彼は，自分に憑依する Tapinaré について「人々は Caboclo Tapinaré と呼んでいるが，実は caboclo ではなくて turco であるから，ブラジル人ではなく，しかも王子である。だから儀礼に現われたときには，床に直接に足が触れたりしないよう絨毯と椅子を用意すべきなのだ。それに本来は上等なワインかシャンパンを飲むべきなのだが，貧しい人々のなかで憑依しているので，彼もここの庶民の風習に従って，酒であれば何でも飲むのだ」と語っている。しかし「彼は私の『頭』において〈森のライン〉(linha de mata) でも来ることがある。そのときはインディオとして来る。しかし本当は王子なのだ」と語っている。

　Tapinaré はなぜ「トルコの王子」なのに caboclo として来るのか。別のミディアムはつぎのように語る。1904 年生まれで，サンルイスでミディアムとしての経歴を開始し，現在はベレンに住むイルカは，彼女の guia-de-frente である Tapinaré について，「caboclo だと言われているけれども，本当は caboclo ではない。Rei da Turquia の息子だから王子なのだ。turco は皆金髪の白人なのだ」と語り，その Tapinaré が caboclo と間違われるようになった経緯についてつぎのように語る。「あるとき父王の手紙を届けにいく途中で，彼は caboclo たちが祭りをしているのに遭遇した。それに見とれていると，caboclo

第20章　Turcos：トルコ王の末裔　　　273

のひとりが一緒に踊ろうと誘った。彼が『こんな王子の服装では』と躊躇していると，服を交換すればよいと言うので交換した。そして王子は caboclo の踊りに加わった。そういうわけで私の caboclo は王子だが caboclo として来るのだ。最近は来ない。おそらく父の下に戻って王位に就いているのだと思う」。さらに彼女は「かつてトルコ人の土地でフランス人が反乱を起こした。旧いトルコ王はその戦闘のときに死んだ。そうしたことを書いてある本を私が通っていたサンルイスのテヘイロのリーダーはもっていた」と語っている。これは明らかに上述の民衆本のことであろう。イルカの語りは，王族である turco がなぜ caboclo として来るのかについてのものであり，基本的にサンルイスでの共有された語りと軌を一にしている。ただし，前述のものが父祖としての Rei da Turquia を主人公とする turco 一族全体に関わる語りであるのに対して，彼女の語りは，自らの憑依霊である特定の turco すなわち Tapinaré についてのものであり，『王子と乞食』の物語を思わせるような服装交換のエピソードが加わって，個人的な潤色が施されている。ここにも guia-de-frente となっている憑依霊についての語りが独特の色彩を帯びる傾向があることを見て取れる。

　こうした語りで注意を引くのは，「turco は，実は caboclo ではなくて王族なのだが，〈caboclo のライン〉で来うる」というレトリックである。そしてその〈caboclo のライン〉がしばしば〈森のライン〉(linha da mata) と同一のものであるとされているのである。「turco が実は caboclo ではない」という語りを，たんに「turco は caboclo ではない」ということと同一の意味をもつものと解釈すべきではない。実は caboclo でなくて，たんに caboclo に「身をやつして」来るのだとしても，そのような現われ方をするという事実は疑いえないのである。さらに turco がどうして caboclo に混じることになったのかについての語りのなかで，「caboclo の(祭りの)踊りに魅了されてそれに参加する」というエピソードが現われることにも注目すべきだろう。これを重視する理由は，私たちが実際に見るのは，タンボール儀礼が mata の部分に転じた後に，テヘイロの儀礼フロアーに現われて，他の caboclo に混じって踊る turco だからである。これまでに取り上げてきたさまざまな語りは，実際に儀礼の場で見ることのできる憑依霊としての turco の振舞いについての膨大な注釈なのである。つまり，なぜ本来のアイデンティティとは相違する現われ方をするかについての

注釈なのである。

「本来は王族である」turco が，なぜ caboclo に身をやつして来るのかについて語りには，caboclo がインディオであるという暗黙の前提が隠されているようにも見える。ではやはり caboclo は野生のインディオなのだろうか？ この点について考察するにあたって，タンボール・デ・ミナでは「一般に『インディオ』は caboclo として，つまり文明化されたもの (civilizado) として来る」(M. Ferretti 1985a: 56) と語られていることを指摘しておきたい。したがって，turco が祭り・踊り・酒への嗜好のゆえに友誼を結ぶにいたった相手である caboclo は，かりにインディオであるとしても既に〈内部化〉された存在である可能性が濃厚なのである。Rei da Turquia が懇意になった Caboclo Velho について，前述のように「テヘイロに受け入れられた初めての caboclo である」と語られていることも，〈内部化〉された存在であることを示唆しているように読める。それに加えて，トルコ人と共に生活して友誼を結び，互いに子供を養子にやったりする caboclo は，そのことによっても，もはや野生のインディオではないだろう。さらに重要な点は，これらの「やつし」の語りは，なぜ turco がタンボール儀礼のなかで Verequete によって「森に転じた」後に来るのかについての注釈なのであり，儀礼のその部分で来る caboclo は決して野生のインディオのごとき振舞いをするわけではない。

つまり turco が caboclo とともに暮らして友誼を結ぶことによって身につけたのは，caboclo としての来方・現われ方であって，それを教えた caboclo についても，それが人種としてインディオであるにしても，これらの語りで重視されているのは，行動様式・生存様式の側面であると考えるべきであろう。既述のように，アマゾンの住民としての caboclo は，既に19世紀半ばには，人種としてのインディオ性よりは特定の生存様式を指標とするカテゴリーとなっていた。そして，caboclo のなかに混じり，その生存様式を体得した人々は，誰であれ caboclo として生きることになる。憑依霊としての turco は，本来のアイデンティティは渡来者(外国人)であり王族であるかもしれないが，caboclo に混じり，その踊り方(＝生き方)を体得したことによって，タンボール儀礼には caboclo として来るようになっているのだというのが，上述の一連の語りの趣旨なのである。

第20章 Turcos:トルコ王の末裔

アフロアマゾニアン宗教の turco をめぐる語りには，turco の変貌という主題を見て取ることができる。まず第1に，異教徒からキリスト教徒への改宗である。第2に，渡来者たる外国人から土着の人々と共生する存在への変貌である。第3に，王族から民衆への変貌である。そこに共通している変貌のプロセスは，〈外者〉を内部に編入する〈内部化〉のプロセスであり，それが一方では「キリスト教への改宗」のメタファーで語られ，他方では「caboclo の集落で caboclo と友誼を結ぶ」というメタファーで語られる。しかし，前者のプロセスが完全なものではないことが，「turco がキリスト教化されカトリック聖人を崇敬しているのだとする語りもあれば，まだ異教徒のままであるとの語りもある」(Leacock and Leacock 1972: 133) ことのなかに示されている。そして後者では，ほとんど caboclo となってしまうような同一化をはらみながらも，「実は……」という「やつし」のレトリックによって，本来のアイデンティティが完全に失われてしまっているわけではないことが語られている。要するに，内部に取り込まれながらも〈外者〉としてのアイデンティティを完全に失うことはないのである。これはかなり巧妙な語りの様式であると言わねばなるまい。〈外者〉としてのアイデンティティを完全には失っていないことは，憑依したときに caboclo が話すポルトガル語が訛っていることにも明瞭に示されている。かれらは，「bonita」(綺麗な)を「bornita」と発音するなど不要な音を加えたり，音を入れ替えてしまったり，妙な訛りがあったりして，まるでブラジルに長く住んでいながら，母語ではないために自然なポルトガル語が話せないかのようなのである。

ここでいま少し詳しく「やつし」のレトリックについて考察してみよう。注目したい点は，Povo de Legua に即して論じた土着化の語りとの共通点と相違点である。両者ともに〈外者の内部化〉のプロセスだという点では共通性があり，どちらも舞台は mata である。しかし turco の「やつし」の場合は，渡来者である〈外者〉が mata で土着の人々に混じることによって (mata という〈内部〉へと)〈内部化〉される。それに対して「鎮撫平定」の場合は，mata にいる土着の人々が〈外者〉であって，それが (mata とは別の，言い換えれば「非mata」である〈内部〉へと)〈内部化〉されるのである。その意味では，turco と Povo de Legua をめぐって語られる〈内部化〉のプロセスは種類を異

にしているようにみえる。しかし，Rei da Turquia に鎮撫平定のために派遣された Pedro Angço の子孫の Povo de Legua は，最終的には「コドーの森の生まれの caboclo である」と語られることになり，そこに「封じられた領地たる mata での土着化」とでもいうべきプロセスを読み取れることを示唆した。そのようにして mata の住人となってしまうのである。そして〈外者の内部化〉の舞台となるのが，つねに mata なのである。

第21章　Povo da Jurema：インディオ化する caboclo

1. Jurema

　さてここで mata とのかかわりで，もう一度立ち戻っておかなければならないのは，第17章のパジェランサやクーラ儀礼についてのアグリピーノの語りのなかに現われる「Jurema の森」(mata de Jurema) である。彼によれば，ミナナゴのクーラ儀礼に現われるのは Povo da Jurema をはじめとする Povo da mata であり，それは caboclo ということであった。ではそもそも，Povo da Jurema については，いったい何が語られているのだろうか。

　まずこの憑依霊群を代表する (Dona) Jurema の儀礼歌に目を向けたい。この憑依霊の歌は数多いが，ほとんどつねに Cabocla Jurema と呼ばれ，明らかにインディオの姿で描写されている。それは，褐色あるいは赤銅色の肌の女性で，森 (mata) のなかの集落 (aldeia) に集団で住んでおり，羽根の冠を被り，羽根飾りを身につけ，羽根の腰布をまとっている。また弓矢を携えていて，優れた射手・狩人であり，獲物を射そこなうこともない。森を熟知していて，森を駆け抜けても音を立てることがない。また戦士であると歌われる。さらに，これらの儀礼歌では，caboclo（あるいは女性形 cabocla）という言葉が明らかにインディオと同義のものとして使われている。他方，jurema とは植物の名でもある。現在ベレンのミナナゴやウンバンダの儀礼で歌われている儀礼歌のなかには，植物としての jurema に言及するものもあり，そこでは，たとえば「Jurema，おまえの葉は病を治す，Jurema，おまえの矢は殺す，でも Jurema に属す者は，森で決して迷わない」と歌われている。それらでは，病気治しの力，

植物としての jurema, 弓矢を携えたインディオとしての Jurema, そして森 (mata) との緊密な結びつきが明瞭に表されている。

2. caboclo のインディオ化

　Cabocla Jurema 以外にも，現在アフロアマゾニアン宗教の憑依儀礼に現われている憑依霊には，明白に「インディオである」と語られる多数の caboclo が含まれており，それらはしばしば Jurema（という名称）と結びつきがあるとされている。しかも注目すべきことに，これらの点について明示的に語っているのは，ウンバンダ起源であることが明らかな儀礼歌なのである。例えば「羽根製の腰布をまとい，弓と石弓を携えていて」「彼はインディオ，彼は射手，彼の足踏は残酷で，彼の竹籠を妻が背負う」「未開墾の森で」「マラカスと羽根をもって」などと描写され，これらの儀礼歌において caboclo が「未開墾の森に住む野生のインディオ」として描写されていることは疑いの余地がない。明白にインディオとして描写される caboclo のすべてがウンバンダからの近年の導入であると証明することは不可能である。しかし確実に言えることは，南東部のウンバンダの浸透とともに多くの「インディオたる caboclo」がアフロアマゾニアン宗教の憑依儀礼に登場するようになってきていることである。

　名前がよく知られている caboclo については，かなり標準化された憑依霊像が製造されてウンバンダ儀礼用品店で売られており，御礼や贈物として，ウンバンダのセアラはもとよりミナナゴのテヘイロにも持ち込まれる。それらは「単に飾りにすぎず，あってもなくてもよいものだ」としてあまり関心を払わない年配のリーダーも多いが，こうした caboclo 像が儀礼空間に登場したことの視覚的効果は無視できない。その姿形は明らかに羽根飾りをつけたり，弓矢を携えたりしたインディオであり，それが前述のような儀礼歌の語りを補強する役目を果たしていることは疑いえないからである [口絵写真 22 参照]。

　要するに，アフロアマゾニアン宗教のなかで現在進行しつつあるプロセスは，ウンバンダからの影響の増大という全般的傾向の下での，憑依霊としての caboclo の「インディオ化」という現象なのである。それは一方で，儀礼で憑依する憑依霊のなかに，明白にインディオとして語られ，歌われる caboclo が

増加し，その存在が顕著になってゆくプロセスである。また他方で，caboclo という名称が，人々にとって，「インディオ」それも「森のなかを弓矢をもって跋扈する狩人としてのインディオ」，「森のなかの集落に非インディオ世界から隔離されて自律的生活をおくるインディオ」という野生のインディオのイメージと結びついて理解されていくようになるプロセスである。

3. povo do fundo の残照

アフロアマゾニアン宗教の caboclo がますます「インディオ化」されつつある一方で，語られることが稀になり，儀礼で憑依することも徐々に少なくなっているのが，パジェランサに由来するとみられる povo do fundo（encantado）のカテゴリーの憑依霊である。その種の憑依霊の名は，ミナナゴのなかでは，現在ではペーナ・イ・マラカ的な色彩の濃厚なクーラ儀礼のなかでしか聞くことができなくなりつつある。そもそも povo do fundo の構成自体も著しく多様なのであるが，そのなかには，本来のアイデンティティが動物（bicho）なのだと語られる憑依霊が数多く含まれている。しかし，それらの憑依霊がその動物のような習性をもつのだと語られるわけではないし，儀礼で憑依したときに，その動物のような仕草をするわけでもない。

Gavião Real（Seu Gavião）という猛禽類の鳥[7]の名をもつものや，「河イルカ」（boto）だとされる boto tucuxi[8] などの憑依霊群などがそれであるが，それらはクーラ儀礼だけではなく，「名を変えて」タンボール儀礼にも現われることがあるとされる。例えば，あるミナナゴのリーダーの guia-de-frente にあたる Guapindaia は，Rei da Turquia（トルコ王）の息子で turco であるが，この同じ憑依霊がクーラ儀礼で憑依するときには Tango do Pará と名乗っており，儀礼歌も違えば性格も違い，前者が farrista であるのに対して，後者は生真面目だといわれている。Tangô do Pará という憑依霊の原型は，アマゾン先住民諸社会の神話に登場する tangarú-pará という鳥ではないかというのが，リーコックの推定である（Leacock and Leacock 1972: 135）。この他にも「実は動物である」と語られる憑依霊は少なくない。「トルコ王の息子」Tapinaré についても「実はジャガーなのだ」とする儀礼歌がある。リーコックの収集した語りでは，

Barão de Guaré (Barão de Goré) という憑依霊は実はサメ (tubarão) であり，名前の一部をなす Barão は tubarão が短縮されたものであるのに「男爵」(Barão) だと勘違いされており，その憑依霊自身が人々を欺いて身分が高いように見せかけているのだという (*ibid.*: 146)。

ミナナゴのクーラ儀礼には，多くの povo do fundo が同一の名のもとに，あるいは名を変えて現われつづけている。しかし，全般的傾向としては，アフロアマゾニアン宗教のクーラ儀礼において，パジェランサ的な憑依霊 (encantado do fundo; povo do fundo) は急速に影が薄くなりつつあり，「実は動物である」という趣旨の儀礼歌も非常にまれにしか歌われることがない。南東部先進地域のウンバンダに由来する caboclo たちが儀礼の場を跋扈し始める一方で，アマゾン河のマナティのように，ひっそりと消えつつある運命に直面していると言えるのかもしれない。

第22章　アフロアマゾニアン宗教の caboclo

1. 〈外者の内部化〉：現われとしての caboclo

　第4部では，アフロアマゾニアン宗教の憑依霊としての caboclo のイメージを探るために，様々な語りをとりあげて考察を加えてきた。そこで参照されたのは，儀礼歌であったり，儀礼についての語りであったり，憑依霊についての語りであったり，憑依霊自身による語りであったりというぐあいで，語られ方は一様ではない。また，それは決して網羅的ではなく，重層的な語りの集積に，いくつかの側面から試掘溝を入れてみたにすぎない。

　では，以上の作業の結果として，アフロアマゾニアン宗教の憑依霊としての caboclo について何を言うことができるだろうか。まず出発点として注目したのは caboclo と mata（森）との結びつきである。それには2つ側面があった。まず第1に，クーラ儀礼に現われて仕事をする憑依霊は caboclo であり，それは povo da mata であること。caboclo は「da mata」なのである（mata にいる；mata に由来する；mata から来る）。さらに第2に，タンボール儀礼がある時点から「森へと転じ」（virar para mata），それ以前の部分が senhor（orixá）のためのものであるのに対して，それ以後は mata の部分，すなわち caboclo の部分になるという展開構造がある。そして，その移行の担い手が Verequete（Averequete）とよばれる senhor（vodum）であることが判明した。さらに，ダホメーおよびサンルイスの Casa das Minas における Verequete の役割を検討することによって，この憑依霊がタンボール儀礼のなかで，〈異質な外者〉のための部分へと架橋する媒介者の役割を担うことが明らかにされたはずである。

つまり，そこにみられるのは，〈異質な外者〉である憑依霊群を寄寓者として憑依儀礼のなかに編入するメカニズムでありレトリックなのである。Casa das Minas の場合，〈異質な外者〉とは，アフリカの他の民族的伝統の憑依霊群である。そしてこのテヘイロにみられる Averequete を先触れとする Quevioçô グループの vodum を編入する様式が，他のテヘイロの儀礼において，アフリカの民族的伝統に由来しない異質な憑依霊群を編入する様式の基本形を提供した可能性があることを示唆した。

他方，このテヘイロを唯一の例外として，マラニョンでもベレンでも，一般にアフロアマゾニアン宗教のタンボール儀礼においては，Verequete への儀礼歌によって「森へと転じ」(virar para mata)，そして mata の部分で現われる〈異質な外者〉たる憑依霊群が caboclo なのである。そこでは Verequete は，caboclo が登場する mata の部分へと架橋する媒介者としての位置をしめている。しかし，ここまでの議論からするかぎりは，mata とは，周辺的に編入された憑依霊の異質性の表象であるにすぎず，それが caboclo が現われる場であると語られているだけである。

しかし，「森へと転ずる」というときの森 (mata) とは，実在する「コドーの森」であるとも語られている。そこでは，サンルイスのタンボール・デ・ミナの儀礼のなかに，タンボール・ダ・マッタ(の憑依霊)が編入されるプロセスが語られているのである。そしてその際に，mata を代表する憑依霊群が Povo de Legua である。さらに，さまざまな語りから浮かび上がってきたのは，この憑依霊群が mata を「鎮撫平定」するために派遣された「征夷大将軍」の子孫でありながら，言わば土着化してしまった存在だということであった。したがって，そうした語りのなかでの mata とは，征服し周辺的に内部化して服属させるべき異質性の表象であると同時に，外者が土着化して土地の流儀に馴染むプロセスの舞台ともなっているのである。しかし土地の流儀に馴染んでしまっても本来の異質なアイデンティティを失いはしない。そこで「実は……」と語られることになる。

こうしたプロセスがより明瞭に語られているのが，turco という憑依霊群の場合であった。彼らは異教徒・外国人・王族として明白に〈異質な外者性〉を帯びたものでありながら，キリスト教徒との戦いに破れて改宗し，マラニョン

に渡来し，Caboclo Velho のグループに混じることによって mata に土着化してしまったのである。しかしあくまでも土地の流儀に馴染んでしまっただけで，本来のアイデンティティを完全に喪失してしまったわけではないことが，頻繁に用いられる「実はトルコの王族であるが，caboclo として来るのだ」という「やつし」のレトリックによって語られることになる。さらにまた turco の総帥である Rei da Turquia は，Povo de Legua の始祖である Pedro Angço を mata に派遣したのだと語られており，mata を「鎮撫平定」する企てとも無縁ではない。つまり Povo de Legua についても，turco についても，「鎮撫平定と土着化」という様式による〈異質な外者の内部化〉のプロセスが語られており，そのプロセスの舞台がつねに mata なのである。そのようにして，turco も Povo de Legua も，実は何かほかのものであるのかもしれないが，タンボール儀礼では caboclo として mata の部分で現われるのである。それが「〈cabocloのライン〉で来る」というレトリックの意味していることなのである。

では，これらの mata と caboclo をめぐる様々な語りのなかで繰り返し現われている主題とはいったい何なのだろうか。それは端的に言えば，〈外者〉が本来の異質性を完全に失わないままに〈内部化〉されるプロセスだと言うことができるだろう。そのように〈内部化〉されることによって，〈外者〉は現われ方において同化する。つまり土地の流儀に馴染んでしまう。しかし本来のアイデンティティは保持される。ここに現われ方とアイデンティティが必ずしも一致するわけではないという重要な主題が語られている。

以上のすべてのことが，アフロアマゾニアン宗教のタンボール儀礼において，どのような理由で Verequete への儀礼歌によって「森へと転じた」後に現われる憑依霊がすべて caboclo であると言われ，それらが荒々しく激しい振舞いと，酒を大量に飲み人々とくだけた会話をするなど庶民的な言動を特徴とする振舞いをするのかについての注釈としての語りなのである。turco も Povo de Legua も本来のアイデンティティが何であれ，憑依儀礼の場ではそのような「現われ方」で憑依するのであり，それが「caboclo のようにして来る」と表現されるのである。

その際に重要な点は，アフロアマゾニアン宗教においては，「caboclo のようにして来る」とはけっして「インディオのように来る」ことではないというこ

とである。しかし他方で、きわめて興味深いプロセスが生じてきていることが多くの人々によって語られる。それは、ベレンでもサンルイスでも年配のリーダーが慨嘆をこめて語るように、タンボール儀礼の際に、「vodum や orixá にしかるべく歌うことなく、すぐに Verequete に歌って caboclo が憑依して儀礼を支配してしまうテヘイロが増えてきていて、ときには Verequete に歌うことさえしない」という現象である[9]。これは、タンボール儀礼において、caboclo としての現われ方を特徴とする mata の部分が支配的になりつつあるという現象である。

Casa das Minas の儀礼では、アフリカに由来する憑依霊のみを対象として「アフリカの言語」で儀礼歌が歌われていた。それに対して、アフロアマゾニアン宗教のそれ以外のテヘイロでは、caboclo のためにポルトガル語で儀礼歌が歌われ、caboclo が憑依する部分つまり mata の部分が出現し、それが重要性を増してきた。そしてついには、mata の部分しかないタンボール儀礼を行なう人々が現われてきて、古参のリーダーたちを嘆かせる事態にまで至っているというわけである。caboclo がタンボール儀礼を乗っ取ってしまって、アフリカの伝統、アフリカ由来の憑依霊の視点から見るならば、あたかも軒を貸して母屋をとられるという状況になりつつあり、言わばアフロアマゾニアン宗教のタンボール儀礼の全体が「森へと転じる」プロセスのなかにあるということなのである。

以上のような変遷は、タンボール儀礼の orixá の部分が縮小し、caboclo の部分が増大するという変化である。この変化は何を物語るのであろうか。Casa das Minas にみられるのは、〈外者の内部化〉を拒否する姿勢であり、アフリカに由来する「純粋な伝統」を〈内部〉として、それに属さない憑依霊を〈外部の外者〉として排除する姿勢である。既に確認したように、そこには〈外者の内部化〉の舞台である mata は存在しない。しかしアフロアマゾニアン宗教全体で mata の部分の重要性が増大するプロセスが進行するなかで、アフリカの伝統に忠実でありつづけようとする Casa das Minas が逆に〈外部化〉されるに至っているというわけである。ここに見られるプロセスは、ブラジルに外部から渡来した外来者がもたらした伝統を〈内部〉とするシステムから、それらの外来者によって〈異質な外者〉とされ周辺的に内部化された部分が、いま

第22章 アフロアマゾニアン宗教の caboclo　　285

や中心となり〈内部〉となってきたというプロセスなのである。

　こうしたプロセスが，人々としての caboclo がアマゾンの歴史のなかで占めてきた位置とパラレルなものであることは，あらためて指摘するまでもない。既述のように，アマゾンを舞台として，人々としての caboclo は，まずは非部族化されたインディオに始まり，徐々に人種としてのインディオ性が薄れ，その一方でアマゾンに特有の生存様式を担う人々としての側面が重要性をもつようになり，北東部からの移民すらそれに同化しうるようなものとなった。すなわち，本来のアイデンティティがどのようなものであれ「caboclo のようにして生きる」ようになるというプロセスが進行してきたのである。以上のことから結論できることは，アフロアマゾニアン宗教の憑依儀礼と憑依霊のなかに表現されているのは，先住民族が生活していた土地へ旧大陸から人々が渡来してきて以来，アマゾン地方で展開してきた「カボクロ化」(caboclization) のプロセスそのものだということである。アマゾンの土地と住民は，つねに外来者によって征服されるべき対象として位置づけられてきた。それは mata の「鎮撫平定」のレトリックによって語られるプロセスである。しかし同時に，外来者は mata に土着化してしまい，その土地の流儀を身につけることになる。その過程で，外来者は様々な変換を体験することによって mata へと〈内部化〉されるのである。異教徒はキリスト教徒へ，外国人はブラジル人へ，王族は民衆へ。しかし，mata という土地の流儀，言い換えれば，caboclo としての現われ方を身につけたとしても，本来のアイデンティティを完全には喪失しない。そのパラドキシカルな状況が「やつし」のレトリックで語られるのである。

　要するに，アフロアマゾニアン宗教の憑依霊としての caboclo をめぐる語りが表現しているのは，mata という領域が，野生のインディオが野生のままに跋扈する密林の隠喩である以上に，先住民と渡来者をともにある一定の〈現われ方・在り方〉へと同化させる場にほかならず，それは caboclo としての〈現われ方・在り方〉にほかならないというメッセージなのである。そのように見るならば，mata はアマゾンの特徴的な景観としてその換喩であり，それと同時に，憑依霊が現われるコンテクストとしての mata は，caboclo 形成の場としてのアマゾン史の隠喩となっていると解釈することができる。さらにそれは，「発見」以前にはどこにも存在しなかったブラジル人というものが形成されてきた

場としてのブラジルの隠喩となっているとさえ言うことができるかもしれない。つまり mata ― アマゾン ― ブラジルは,換喩的であると同時に隠喩的関係によって結ばれていると考えることができるのである。これに対して,ウンバンダの憑依霊としての caboclo が語るのは,まったく別の物語である。

2. ウンバンダの caboclo : ロマン主義的インディオ

そこでつぎに,ウンバンダの憑依霊としての caboclo について検討することによって,アフロアマゾニアン宗教へのウンバンダの浸透のもつ意味を明らかにすることを試みたい。

ウンバンダの儀礼では,orixá はあまりに高位なので憑依することがなく,「名代」を派遣する。実際に憑依する憑依霊の4種類のカテゴリー (caboclo, preto velho, criança, exu) のうち,「慈悲のセッション」(sessão de caridade) とよばれる儀礼でミディアムに憑依し,人々の個人的問題の相談にのって「診察」し,「治療」を施して問題を解決する憑依霊は,圧倒的に preto velho と caboclo である。ウンバンダの caboclo は,疑いの余地なく野生のインディオとして表象されている。勇敢で,雄々しく,誇り高く,奴隷となるよりは死を選ぶ,独立自尊の,密林に生き,密林の秘密に通じ,弓矢をたずさえた優れた狩人たるインディオである。ウンバンダの憑依霊としての caboclo についての「ウンバンダ神学者」の解説,研究者の解釈は,ほぼ例外なく以上のようなイメージを前提としている。オルティスによれば,ウンバンダの憑依霊としての caboclo は,ブラジル人の「先祖たるインディオの精霊であり,死後ウンバンダのなかで戦士となった」もので,「エネルギーと活力を表象」しており,そうした特性は,叫び声をあげて登場し,御しがたく反抗的で,拳で胸をたたき,尊大な態度で歩き回るといった,実際に憑依したときの caboclo の振舞いに見ることができる (Ortiz 1978: 65-67)。

しかしウンバンダが形成された南東部の大都市とは無縁にみえる「野生のインディオ」がどのようにしてウンバンダの憑依霊の caboclo へと変じたのだろうか? 研究者のあいだで定着している見方によれば,ウンバンダの caboclo の起源は,19世紀中葉のロマン主義的文芸運動であるインディアニズモ (Indianismo)の詩や小説が普及させたインディオ像である。インディアニズモの「インディオ」が現実に生活しているブラジルの先住民族とはほとんどまったく関係がなかったことについては，別の論文(古谷 2001)で詳しく論じているのでここでは深入りしないが，ブラジル独立後のこの時期に，知識人たちは，国民としてのブラジル人を特徴づける「ブラジル性」(brasilidade)を構築して，新生国家の言わば「起源神話」を創製するために，ロマン主義的なインディオ像を発明したのである。要するに，ロマン主義の著述家たちは，自分たちの都合にあわせて，ブラジルの本来の主である「インディオをブラジルの独自性のモデルに変換した」(Ortiz 1978: 66)のであり，それが憑依霊へと変換されたのがウンバンダの caboclo であるというのが共有されている解釈なのである。

他方，憑依霊としての preto velho (老黒人) は，奴隷制という苛酷な体験を経ることによって陶冶された人格をもつに至った慈愛にみちた老黒人として表象される。それは逃亡奴隷社会を拠点として奴隷化に抵抗した黒人ではない。つまり，caboclo にしても preto velho にしても，ブラジル社会の支配階層の視点・利益にそって構築された「のぞましいインディオ」「のぞましい黒人」のイメージなのである。

ここで，ウンバンダの憑依霊の構成についての，研究者による解釈をいくつか参照しておきたい。ビールマンによれば，ウンバンダでは，世界は，①自然 (natureza)，②文明化された世界 (mundo civilizado)，③周縁的世界 (mundo marginal) という3領域へと区分されており，そのそれぞれに，① caboclo，② preto velho，criança，③ exu が対応する (Birman 1983: 38-40)。プレッセルによれば，「ウンバンダの憑依霊の4つのカテゴリーのうち3つは，ブラジルの主要な民族的背景を象徴するもの」であり，caboclo はインディオ，preto velho はアフリカ人，exu は外国人あるいはヨーロッパ人を表しており，さらに criança は，以上のような歴史を経て形成されたブラジル人を象徴するかもしれない (Pressel 1982)。

他方，ブラウン (Brown 1986) は，ウンバンダで caboclo と preto velho が中心的位置を占めることについて，つぎのように解釈している。アフリカ由来の orixá が高位の神格として祀り上げられてしまって，実際には憑依せずに周縁化されているのに対して，「ブラジル人である caboclo」が儀礼で中心的位置を

占めていることは，ナショナリスティックな関心と「非アフリカ化」を表わす。また西洋文明を受容することで「未開のアフリカ性」と訣別し，ある意味で「白色化」された存在である preto velho が中心的位置をしめているのは，「アフリカの未開性・非合理性を飼い馴らし，アフロ・ブラジル性へと変換しよう」との関心を意味する点で，「非アフリカ化」の別の側面を表わす。要するに，ウンバンダの憑依霊の構成には，「ブラジル（人）のアイデンティティ」(identidade brasileira) の追求が表現されており，「アフリカ性」からの訣別の上に成立する「ブラジル性」の象徴，ブラジルのヨーロッパからの分離独立の象徴として，インディオに中心的位置が与えられているというのがブラウンの解釈である (Brown 1986)。

　以上のように，ウンバンダの caboclo についての解説は，一様に，それが野生のインディオとして形象化されていることと，ロマン主義的インディオ観の所産であることを確認している。ここでまず注意を喚起したいのは，このような野生のインディオは，まったくの〈外部の外者〉だという点である。くりかえし強調されるように，それがロマン主義的なインディオ観と自然観を基調とする 19 世紀のインディアニズモが生み出したインディオ像を反映しているのだとすれば，〈外部の外者〉であることは，むしろ当然と言えるだろう。それは，独立した新生国家ブラジルがアマゾン地方を編入するにあたって鎮圧した民衆反乱であるカバナージェンの主役としての caboclo とはかけはなれた存在であり，ブラジル国家の政治・経済・文化の中心である南東部大都市から，時間的にも空間的にも隔たったところに位置づけられるのである。つまり，悠か昔の征服時代であり，遥かなるアマゾンの熱帯雨林である。そうしたロマン主義的インディオ像は，現代社会に生きているインディオとは関係がない。そして caboclo という名称がそのようなロマン主義的インディオを指すものとして使用されるとき，アマゾンの民衆である caboclo の存在は，まったく無視されている。ウンバンダの憑依霊としての caboclo が，そのような〈外部の外者〉としての野生のインディオを表象するものであるならば，それは，アマゾン地方で 500 年にわたって展開してきた歴史的プロセスと，その所産としてのアマゾンの民衆としての caboclo を一切視野から放擲したうえで成立しているものと言わなければならない。

第22章　アフロアマゾニアン宗教の caboclo

この語りのなかでは，mata とは，野生のインディオが雄々しく滅んだ舞台である。彼らは，渡来者によって〈外者〉とされて mata を舞台に滅ぼされ，その mata は，あたかも無人の荒野のごとき〈外部〉として，渡来者の建設する社会・文明から排除されている。そうであるならば，独立したブラジルのアイデンティティ追求の核に野生のインディオが据えられ，それが外国に対しての「ブラジル性」のシンボルとされたというのは，逆説的なことと言わなければならない。そこでインディオは，野生の存在として，つまり〈外部の外者〉とされることによって，いまや〈内部〉となったブラジルのシンボルとされる資格を得たということだからである。そこで強調されるのは，本来の「土地の主」という側面だけである。そうであるがゆえに，ブラジルの国土を侵略・植民地化しようとする外国に対して，正統性を主張する根拠となりうる。しかし，そこには，歴史的所産としての〈内部化された外者〉であるアマゾンの caboclo は欠落しており，mata は〈外者が内部化される〉舞台ではなくて，端的に〈外部〉とされつづけているのである。

対外的に「ブラジル性」を主張しようとするときに，その柱となりうるのは，①征服・植民地化以前の「土着のブラジル」であるか，②ブラジルの歴史のなかで形成されてきた「クレオール性」であろう。ウンバンダの caboclo では，前者だけが強調され，後者は無視されている。そうであるがゆえに，caboclo は「本来の土地の主であって，侵略と奴隷化に抵抗して滅んだ野生のインディオ」であると語られなければならない。生き延びて mata を舞台に徐々に〈内部化〉されたりしてはならないのである。

オルティスが論ずるように，ウンバンダに体現されているのが，20世紀初頭に構築された「三人種混血の国ブラジル」という神話だという解釈は，一見妥当であるようにみえる[10]。しかし注意深く検討するならば，ウンバンダの caboclo と preto velho は，それぞれ純粋なインディオと黒人であって，そこに混血のシンボリズムは存在しないことがわかる。たしかにウンバンダは，ブラジルが三人種から構成されていることを語っているが，それらは別々の存在であって，混じりあっているわけではない。要するに，ウンバンダは，ブラジル国家の公式のイデオロギーと同様に，混血の国ブラジルを語りながら，実は三人種が混じりあわずにいる序列化された多元主義を体現しているのだと考えざ

るをえない。そこで賞賛されているのは，逆説的にも，「混血性」ではなくて「純粋性」なのである。それに対して，turco はもとより，ウンバンダから導入された「元奴隷の黒人」(preto velho) さえもが，ときには「caboclo の一種である」とさえ語られるアフロアマゾニアン宗教の caboclo こそ，アマゾンを舞台に展開したアマゾン人の形成，すなわち人種的・民族的背景にかかわりのない caboclo の形成についての注目すべき語りであると言えるだろう。

　アフロアマゾニアン宗教の caboclo とウンバンダの caboclo を，このように対照的なものとして解釈すると，アマゾン地方へのウンバンダの急速な浸透，つまりウンバンダ化のプロセスが，憑依霊としての caboclo にどのような変化を引き起こしているのかを読み取ることができる。つまり，いまや〈内部化されえない外者〉としての caboclo という語りが，〈外者を内部化〉する舞台である mata を侵略しつつあるということである。それが caboclo の「インディオ化」という現象のもつ意味なのである。

第 5 部

アフロアマゾニアン宗教のブラジル

第23章 アマゾンのウンバンダ化

1. カンドンブレ化とウンバンダ化の間で

　現在アフロアマゾニアン宗教は，全国的にみられる2つのベクトルの支配する磁場のなかにある。バイア州サルヴァドールのカンドンブレをモデルとする方向，すなわち「カンドンブレ化」と，リオやサンパウロのウンバンダをモデルとする方向，すなわち「ウンバンダ化」がそれである。この2つの方向は，明らかにまったく相反する方向であるが，地域的伝統としてのアフロアマゾニアン宗教を再編するという意味では，共通性をもつ。こうした状況はベレンに限られず，アマゾン各地でみられるものである[1]。本章では，この現象のもつ意味について，ブラジル・ブラジル人についての語りの齟齬という点から考察することにしたい。一言で言えば，憑依霊としてのcabocloをめぐる語りに生じつつある変化を，より広い文脈に置いてみようとの試みである。

2. カンドンブレ化：「アフリカの伝統」の称揚

　アフロブラジリアン宗教のリーダーたちのなかには，「アフリカの伝統に忠実な純粋なもの」として全国的な名声を獲得しているカンドンブレに「宗旨がえ」する者も多い。また，種々のメディア（マスメディアのみならず通俗的解説書や専門的研究書）や儀礼での見聞などに基づいて，儀礼に「カンドンブレ的な趣向」を付け加えるリーダーたちも少なくない。カンドンブレに移行するということは，つねに，その正統性の究極的根拠である「アフリカの純粋な伝統」の

価値を認め，それによって自らのテヘイロを格上げしようとの試みである。ミナナゴからカンドンブレに移行したリーダーたちは，カンドンブレがウンバンダはもとよりミナナゴよりも奥が深く，より深遠な基礎（fundamento）に基づくものであることを一様に強調する。誰もが理解できるわけではない秘儀的な「アフリカの言語」の使用は，そうした奥の深さを示すものと理解されている。カンドンブレのフェイトゥーラが長期間におよび，費用も高額で，誰もが受けられるわけではないという点も重要性をもつ。つまりそれは希少価値なのである。

　ブラジルについての語りとしてカンドンブレをとらえた場合，「ブラジル生まれ」の憑依霊を一切排除し，アフリカの伝統に由来する orixá のみを対象とするという点が特筆される[2]。この立場からすれば，アフリカ大陸の人々が奴隷として大西洋を渡る以前の状況こそが回復すべき原状であり，ブラジルで展開してきた歴史的プロセスと，そこで形成されてきたブラジル人・ブラジル文化，端的に言えばブラジルというもの自体が一切拒否される。賞揚されるのは，「純粋性」あるいは「純血性」である。そして伝統への回帰は，カンドンブレにとっては「再アフリカ化」に他ならず，アフリカに出向いて「正しいやり方」を修得し，アフリカの人々によるお墨付きをもらうことが高く評価される[3]。

　アマゾン地方でも，カンドンブレのフェイトゥーラを受けたリーダーは各地にいるが，実数としては，シンボルとしての「アフリカ性」に目覚めたごく少数の人々にとどまっており，いまのところまだ希少性をもつ例外的な存在である。また，「カンドンブレ化」は，全般的な「ウンバンダ化」が進行するなかで，自らのテヘイロを差異化して格上げしようとする試みとして理解できる面をもっている[4]。それらのことも含めて，アフロアマゾニアン宗教の全体が現在おかれている状況を理解するために，カンドンブレ化以上の重要性をもつプロセスが，ウンバンダ化である。

3. ウンバンダ化：ブラジルへの「統合」

　本書でも，既に多くの箇所でアフロアマゾニアン宗教へのウンバンダからの影響について言及してきたし，より特定的には，憑依霊としての caboclo につ

第 23 章　アマゾンのウンバンダ化　　　　　　　　　　　　　　295

いて，現在ではウンバンダ的な「野生のインディオとしての caboclo」というイメージが強まりつつあることについて詳細に論じてきた。それは，ウンバンダ化の重要な一側面であるが，ウンバンダ化は他にも様々な側面を含む多面的なプロセスとして展開してきている。

　第1部でも述べたように，ウンバンダは，1920～30年代に，リオなど南東部大都市を舞台として，新しいタイプのアフロブラジリアン宗教，あるいはウンバンダの独自性を強調する立場から言えば，まったく新しい宗教として現われてきたものであり，その背後には，都市化・工業化・階級社会化という社会の構造的な変化があった。その後，ウンバンダの名を冠する連盟があいついで設立され，第2次大戦後に急速に勢力を拡大し全国的に普及してきた。とくに1960年代以降は，連盟の数的増加がみられ，連盟の傘下に入るグループの数も増え，「連盟化」とよびうるプロセスは全国に波及し，ウンバンダという名称は飛躍的に知名度を増してきたのである。

　そのなかで，多種多様なものがウンバンダの傘下にとりこまれる一方，各地でウンバンダと自己規定するグループが多数出現してきて，もともと標準化されていない教義・儀礼面での多様化がいっそう進んできた。その結果，ブラウン (Brown 1986) やオルティス (Ortiz 1978) らが指摘するように，ウンバンダは，メンバーシップの面でも体現するイデオロギーの面でも，特定の人種や階級に限定されない「国民的・全国的宗教」(national religion) としての位置を獲得する一方，その裏面として，著しい変異を内包する宗教となっている。したがってウンバンダ化とは，特定の信仰儀礼形態の普及による均質化であると同時に，ウンバンダとよばれる宗教自体の多様化のプロセスなのである[5]。

　アマゾン地方でも，ウンバンダ化は，程度の差はあれ人口集中地域を中心として進行してきているプロセスである。それは第1に，ウンバンダと自己規定するグループの増加，第2に，ウンバンダの名を冠した連盟の組織化と社会的影響力の増大，第3に，新聞やテレビなどマスメディアを通じての「ウンバンダ」という名称の普及である。さらに第4の側面として，ウンバンダと自己規定すると否とにかかわらず，ウンバンダ的な語りが全般的に浸透し，ウンバンダに由来する用語や概念が頻繁に口にされるようになり，南東部のウンバンダのものと同一あるいは酷似した儀礼歌が増加してきている。こうした現象の背

景には,「ウンバンダ神学者」とよびうるリオやサンパウロの有力リーダーが多数の教義書や儀礼歌集を出版し,それが全国に流通しているという事実がある。従来の口頭伝承とは別次元の知の体系が生まれ,急速に全国に広まりつつあるのである。そうした大規模な知識の伝達にとって,そうした書籍の出版流通を担う「ウンバンダ産業」とよびうるものの存在が決定的な重要性をもつ。「ウンバンダ産業」の消費市場となっていくプロセスが,ウンバンダ化の第5の側面である。書籍の普及が直ちに教義の画一化を招くわけではないにしても,一部に積極的な受容者を生み出すと同時に,より広範な信者に断片的な新知識を普及させることになる。

　書籍以上に重要な意味をもつのが儀礼用品の供給である。いまやブラジル中の都市や町に,ウンバンダ儀礼用品店が存在し,そこで販売される規格化された品々がテヘイロに氾濫している。儀礼用品のなかで殊に注目されるのが,憑依霊像である[6]。アフロアマゾニアン宗教では,ウンバンダの憑依霊像が導入されるまでは,憑依霊（caboclo）は可視的な像をもたなかった。それゆえ,憑依霊の具体的なイメージは,同一の憑依霊がミディアムごとに異なった形姿で現われうるとする観念のうえに漠然と構成された可塑的なものでありえたのである。それに対して,憑依霊の可視的な像は,教義書や儀礼歌集以上に,神界の再編成,個々の憑依霊イメージの再構成を促す契機となる[7]。このようにして,儀礼が行なわれる空間は,全般的にウンバンダ的な様相を強めつつあり,そこで催される儀礼で憑依する憑依霊のなかにも,南東部大都市のウンバンダの憑依霊と共通するものが増加してきているのである。

　アマゾン地方のアフロブラジリアン宗教は,地域差はあるとはいえ,ベレンと同様のプロセスのなかにある。マナウス（アマゾナス州）で劇的なウンバンダ化が訪れるのは,マナウスが1967年に「ゾーナ・フランカ」（自由貿易地帯）に指定されて以来のことである。それにともなう南東部先進地域との人的・物的交流の飛躍的拡大と急激な社会変化の下で,それまで知られていなかった新種のcabocloが儀礼に出現するようになり,それを指してあるリーダーが「ゾーナ・フランカのcaboclo」とよんだのであるが,この現象こそマナウスのウンバンダ化を端的に示すものである（Gabriel 1985: 221）。サンルイスでもウンバンダ化の傾向は見られるが,従来はあまり顕著ではなかった。しかし現在ウンバン

ダの影響は強まりつつあり，古くからのテヘイロと全くつながりのないグループが増加している (Santos 1986: 116)。他方，ごく少数であるとはいえカンドンブレ化がみられ，サンルイスで初めてのカンドンブレは1970年代半ばに出現している (S. Ferretti 1985a)[7]。

　アマゾン地方のウンバンダ化は，第2次大戦後のウンバンダの劇的な伸張と全国的な普及というプロセスの一環をなすものである。それと同時に，特に1960年代以降の国家的アマゾン開発政策の下での，ブラジル先進地域への経済的統合のプロセスとの関係を無視できない[8]。社会現象としての本格的なウンバンダ化は，アマゾンと南東部を結ぶハイウェイが史上初めて建設された結果としての，人・モノ・情報の流通の飛躍的な活発化なくして出現しえなかったものであることは疑いえない。アマゾン地方が国家経済へと否応なく巻き込まれるという意味での都市社会化・工業社会化が進行し，その結果，「野蛮な都市化と受動的なプロレタリアート化」(Mitschein, Miranda, Paraense 1989) が進行するなかで，ウンバンダ化が進行してきたのである。そうした都市的状況の出現は，それに直面した人々に対して，様々な意味で「都市的」な問題を引き起こし，そのなかで，長期間におよぶイニシエーションを含まない簡便性や，都市的状況のもたらす問題に対する「呪術的ノウハウ」を備えているウンバンダが普及してきたのである。

　以上のような現象は，ウンバンダの全国的伸張についての従来の解釈を裏書きするものである。しかしそれは，アマゾン地方のウンバンダ化のひとつの側面であるにすぎない。アマゾン地方がウンバンダ化の波に洗われつつあるなかで，語りの伝統としてのアフロアマゾニアン宗教の憑依文化は，ブラジル国家・国民についての新しいイデオロギーと整合的だとされるウンバンダの語りと，どのような関係にあるのだろうか？　ウンバンダのなかで，ウンバンダによって語られているイデオロギーは，アフロアマゾニアン宗教の憑依文化の語りを呑み込んでしまっているのだろうか？　そうでないとしたら，アフロアマゾニアン宗教の語りは，ウンバンダが語る物語とは別の，どのような物語を語っているのだろうか？　これがつぎに問われなければならない[9]。

第24章　憑依宗教の語るブラジル

　アマゾンについての物語は，つねに外部に存在する権力の中枢にいる「著者」によって書かれてきた。外部が押しつける植民地化的な統合の物語のなかで，アマゾンの民衆は終始一貫して自己表現の機会を奪われてきたのである。ほとんど唯一の自己表現の機会であったカバナージェンが，新生ブラジル国家によって暴力的に完膚無きまでに壊滅させられてしまったことは，既にみたとおりである。その後のアマゾンの民衆（caboclo）が，ブラジル国家の公式の歴史に対抗しうるような，文字に書かれた歴史を生み出さなかったのは確かである[10]。しかし，それが別の書かれ方あるいは語られ方で表現されえなかったとは言えない。ここでの論点はつぎの点である。アマゾンの民衆宗教伝統にも「カバナージェンの史観」は書き付けられているのではないだろうか。なぜならば，それは民衆が手にしていた媒体だったからである。ここで言う「カバナージェンの史観」とは，ポルトガルそしてブラジルというアマゾン外部に位置する権力に対抗する，アマゾンの土着主義的な史観である。アマゾン地方は長くブラジルではなかったという歴史的事実を忘れてはならない。17世紀初頭から，外国勢力に対する防衛という見地から，北東部沿岸部におかれていた総督府から独立した別の管区（Estado）としてポルトガル本国に直属した植民地であったアマゾンは，カバナージェンの鎮定によって初めて，辺境としてブラジル国家に併合されたのであった。

　そのような視点から見るならば，アフロアマゾニアン宗教の儀礼で人々に憑依しつづける奇妙な caboclo たちは，「雄々しく滅んだロマン主義的インディオ」という，ブラジル国家の支配層にとって好都合な枠からはみ出すことによって，アマゾンの視点，アマゾンの caboclo の視点を提示しつづけているの

だと読むことができるだろう。言い換えれば，憑依儀礼を通してアマゾンの caboclo をめぐって語られる語りのなかには，ブラジル国家の視点から，そしてそれと整合性をもつウンバンダの視点からは欠落した何かが語られているのである。しかも，重要な点は，憑依霊は現在でもアマゾンの人々に憑依しつづけている存在だということである。すなわち，それは人々の不断のアイデンティティ構築のプロセスと密接に結びついたものなのであり，それをめぐって語りが紡ぎ出されつづけている存在なのである。

そうした読み方を唯一可能なものとして性急に押しつけることは慎しまなければならない。そうではあるが，サンルイスのあるリーダーのつぎのような一見奇妙な説明は，そうした読み方が，まったく的外れではないことを示唆している。彼は「caboclo とは何か?」という私の問いに対して，「資本主義者（capitalista）ではないものだ」と答えたのである。私はそのとき「憑依霊としての caboclo」について尋ねたつもりだったので，すこし当惑した。しかし，ブラジル国家によるアマゾン開発政策が資本主義的なものであることは論をまたない。そうした状況下で，アフロアマゾニアン宗教の憑依霊としての caboclo を，資本主義に基礎を置く政治経済体制に対して異議を唱える存在として想像することは，多くの示唆を含んでいる。

しかし憑依する caboclo は，冗舌でありながら，あからさまに資本主義を攻撃しているわけではない。本書に再三登場しているパイベネの「頭」における Mariana は，ある晩のクーラ儀礼で，20 年以上続いた軍事政権の後に民政への移行の担い手となるべき大統領として選出されながら就任式前夜に病に倒れ危篤状態にあったタンクレード・ネーヴェスについて，「前の大統領（軍事政権最後のフィゲイレード大統領）よりも 3 倍も良い」などとコメントしたうえに，儀礼の参会者に向かって彼の快癒を祈るように命じた。もちろんそこに長年続いた軍事政権に対する批判を読み取れることを忘れてはならないが，farrista の彼女にしては，まったく大した愛国者ぶりなのである。

タンボール儀礼では，senhor（orixá）に敬意を表して，それらに対する儀礼歌が歌われているうちは現われない caboclo たちは，階級意識を表明しているどころか生得的身分に基づく序列を尊重している。もちろん caboclo が好き勝手にふるまって儀礼の事実上の主役の位置にあることからすれば，序列の尊重

にも限度があると言うことは可能であるとはいえ、そこに抵抗のイデオロギーが直截に表明されているとは到底言えない。

さらに、多くの儀礼歌のなかで、障害を打ち砕く力をもつ戦士としてのcaboclo が歌われてはいるが、それは極めて個別化された敵に対抗する力であるにすぎない。ブラジルでひろく流布している民話のトリックスター的な主人公ペドロ・マラザルテスの機略縦横の攻撃は、社会全体の搾取構造に向けられるのではなく、人々を搾取している特定の農園主など個人を破滅させることを目的としていて、それゆえに、ある特定の悪辣な農園主は敗北しても、社会の搾取構造自体は温存されてしまうことになる（da Matta 1978）。憑依霊としてのcaboclo の攻撃も、そのようなかたちで個別化された存在に向けられるものであり、社会体制の全体が攻撃の的とされることはない。

ガブリエルは、マナウスのアフロアマゾニアン宗教において、憑依霊と人々との直接的コミュニケーションが重視されるがゆえに、人々が憑依霊に相談する個々の問題に対して臨機応変の柔軟な対処が可能になっていると同時に、問題の原因が「人々と憑依霊を直接に取り巻く環境」のなかに限定されてしまい、問題解決の枠が限定されてしまっていることを指摘している（Gabriel 1985: 246-248）。こうした特性の結果として、人々の直面する問題の原因は、社会体制の矛盾に求められることがなく、社会の現状を変更不可能な前提としたうえでの、個々人の間の利害のゲームにおける勝敗に帰着してしまう。このような特質をもつものであってみれば、リーコック（Leacock and Leacock 1972: 323-324）のように、アフロアマゾニアン宗教は庶民が所を心得た社会を反映したものであって、「現状肯定的な宗教」であると言いたくもなるだろう。

しかしそれらすべてのことは、アフロアマゾニアン宗教の憑依霊としてのcaboclo による語りを「ヘゲモニーに抗するもの」(counter hegemonic)（Boddy 1989: 264）として読むことを妨げはしない。憑依霊としてのcaboclo の言動と、それをめぐる語りをつうじて、人々が人々に向かって語っている物語は、様々に読まれうるものとして人々の日常生活の唯中で展開している。それがボディ（Boddy 1989）がホフリヤット社会の憑依について指摘するように、その憑依文化のなかで生きる人々に対して、「メタ文化的」な視点、つまり自らの生きる文化を外側から見る視点を提供し、日常についての「メタ陳述」として、それな

しでは気づかれずにいる何かを意識させる「反省的叙述」(reflexive discourse) となっている可能性は大いにある。

　caboclo は，異なる視点に基づく別の語りを，人々がそのなかで生きている現実について提供している。そうした異なる視点は，まず caboclo 自身による語り，なかでも farrista による語りが，日常生活のもつ自明性を覆す意外性に満ちていることのなかに見て取れる。farrista は，トリックスターが一般にそうであるように，日常を異化することによって，物事の別の側面を示しつづけている。

　さらに，caboclo が実際に憑依し，それについて語られれば語られるほど，ミディアムそれぞれの「頭」で個性化し，それゆえに caboclo のアイデンティティは拡散してしまうことのなかに，そして caboclo が現われとして A であるが実は B であると語りうることのなかに，不変のアイデンティティが確定したものとしてあるという見方を覆す視点が提示されている。その不確定性は，二重の意味においてそうである。第 1 に，アマゾンの民衆そしてブラジル人は，その歴史的形成の特質ゆえに，だれもが「実は……」と語りうる存在であり，しかも「実は何であるのか」についての語りが容易に明確な帰着点をもたない存在だということである。そのような重層的な「実は」を含んで彼ら自身のアイデンティティが構成されているのである。第 2 に，そもそも人間の本来のアイデンティティというものが，現われの背後にはたして確たるものとして実在するものなのだろうかという，より一般的なメッセージを，そこに読み取ることも不可能ではないだろう。少なくとも，そのように読まれうるテクストとして，caboclo をめぐるアイデンティティについての語りは展開している。

　「野生のインディオ」というイメージでは捉えきれないアフロアマゾニアン宗教の憑依霊としての caboclo をめぐる語りは，絶え間ない〈外者の内部化〉の集積によって形成されてきて，いまも形成されつつあるアマゾン民衆(そしてブラジル人)についての語りを構成しているのである[11]。20 世紀初頭の文芸運動モデルニズモの中心人物のひとり，マリオ・ヂ・アンドラーヂは，「特性のないヒーロー」であるマクナイーマを主人公とする『マクナイーマ』(Andrade 1987 [1928])を，アマゾン河からマデイラ川上流にまで遡った「民族誌的旅行」の前年に書き始め，旅行後の 1928 年に完成して上梓した[12]。俗語・造語を駆使した

斬新な表現によるこの奇想天外な物語は，「ブラジル人とは何か」というプロブレマティークに対する卓越した解答としていまや国民文学の位置を占めており，マクナイーマは，物語の最後におかれた字句にあるようにブラジル人にとって「我らがヒーロー」となっている。マクナイーマはブラジル人にとっての自画像なのである。

　オルティスは，すべての特性をそなえていながら，そのいずれでもないという意味で，ウンバンダは「宗教のマクナイーマ」であると述べている（Ortiz 1980: 108）。全国各地に広がり，それぞれの地方のアフロブラジリアン宗教に浸透しつつ，その過程で変貌を繰り返し，様々な形態をとるに至っているウンバンダの包括性・不定形性を表わすものとして，この比喩は適切である。しかし，著者自身がブラジルとブラジル人についての「ラプソディ」とよぶこの作品は，いますこし異なった角度から読むこともできる。

　マクナイーマは，アマゾンの密林に住むトゥパニューマ族の生まれであるが，2人の兄弟とともに，ブラジル各地を神出鬼没に縦横にかけめぐり，波瀾万丈の神話的遍歴の旅を展開する。その旅で彼を助ける兄弟の1人マアナペはパジェであり，もともとはインディオなのだが「色が黒い人」である。旅の途中に川で水浴したときに，最初に浴びたマクナイーマは肌が白くなり，つぎに浴びた兄弟は水が汚れていたので褐色になり，最後にマアナペが浴びたときには，もう水がほとんどなかったので，かろうじて掌と足の裏だけが白くなったのである。この作品は，様々な民族的伝統に由来する口頭伝承や博物学誌・民族誌のなかから取り出され，本来の文脈から外された多種多様な物語の断片のブリコラージュによって構成され，諧謔や言葉遊びが充溢しており，要約などを許さない類の物語であることを断ったうえで，筋書きを述べよう。

　主人公は様々な奇想天外な体験を重ねつつ，大都会サンパウロにやってくるが，妙な「機械」が氾濫するこの大都会にはとどまらず，結局は故郷のアマゾンに帰っていく。マクナイーマが，サンパウロまでやってきたのは何故か？　今は亡き愛しの女性の形見であるムイラキタンという貴石を，サンパウロに邸宅を構える人喰い巨人から取り戻すためである。そこでフランス女性に変身して巨人を拐かそうとするなど奇策を講じて何度も失敗し，リオのマクンバ（ウンバンダの蔑称）の儀礼に出てexuの呪術的な力さえ借りようとするが，最終的に

は自らの力で巨人の手から貴石を取り戻すことに成功して，アマゾンへと帰還する。しかし物語の結末では，水底の怪物ウルラウにムイラキタンを呑み込まれてしまい，彼は世をはかなんで天に昇り大熊座になる。あるときには，マクナイーマは「未開墾の原生林の皇帝」であると名のっている。しかし結局彼が本来のアイデンティティにおいて一体何者であるのかは明瞭ではない。その時々で彼は現われにおいて何者でもありうるのである。人種的帰属さえ曖昧である。彼は確かにアマゾンの密林のなかでトゥパニューマ族のなかに生まれ落ちたが，それゆえに野生のインディオであるとは到底言えない。物語の展開が許すならば「実はトルコ王女である」と言うことさえできたであろう。物語の副題にあるように，彼は民衆的想像力特有の自由さで変身を繰り返す「特性のないヒーロー」なのである。

　アンドラーヂのこの名作は，その内容のみならず表現形式までも含めてブラジルとブラジル人についての寓話であり，第一級の風刺文学である。そしてそれは如何ようにも読まれうるものとして読者に提示されている。そこで，この物語をアフロアマゾニアン宗教についての寓話として読んだとしても，著者から異論が出ることはあるまいと思う。そのようにして読むならば，マクナイーマのアイデンティティの不確定性と重層性は，憑依霊としての caboclo のそれを想起させる。しかも傍らにいて彼を助けるマアナペが「もとはインディオであった黒人のパジェ」であるというのは，アフロ＋アマゾニアンの混血の実に具体的な表象でありうる。では，マクナイーマが人喰い巨人から取り戻そうと悪戦苦闘したムラキタンは何の表象として読みうるであろうか。ここで人喰い巨人をアマゾンを暴力的に植民地的に統合しようとするブラジル国家の権力にたとえることができるならば，ムイラキタンは，それに抗がうアマゾンの民衆すなわち caboclo の物語であると読むことができるだろう。そしてその物語こそ，アフロアマゾニアン宗教の憑依霊としての caboclo をめぐって紡ぎ出されつづけている物語なのだと言うことは，アンドラーヂに対しても，アフロアマゾニアン宗教の憑依霊たちに対しても裏切りとはなるまいと思う。

　ボディは，北スーダンのホフリヤット社会のザー・カルト（Zar cult）の憑依儀礼が，それに携わっている人々によってあたかも西洋文学の「風刺的寓話」（satirical allegory）のごとく読まれうるものだと言う[13]。そこで言う「寓話」と

は，その表面的な筋だけでなく，それが暗に言及している別のレベルをも合わせ読むことによって真のメッセージが読み取られるような物語である(Boddy 1989: 338–339)。ヨーロッパからの借り物ではない真にブラジル的な表現方法を求めて，アクロバティックな言葉の技を駆使してブラジルとブラジル人を描きだそうとしたアンドラーヂの寓話が言及している現実は，憑依宗教であるアフロアマゾニアン宗教が，caboclo をめぐる語りを通じて言及している現実と別のものではない。マクナイーマの物語は，やっとのことで取り戻したムイラキタンを水底の怪物に呑み込まれてしまった主人公が，悲嘆にくれて天に昇り大熊座になった後に，「とてつもない寂寞」が支配する「アマゾン」を訪ねた著者に対して，金色の嘴をもつ緑色のオウムが語ったものである。私たちに対しては，歌うコンゴウインコであり，治病師の女王であり，船乗りであり，「トルコ王女」である Mariana をはじめとするアフロアマゾニアン宗教の caboclo たちが語っており，しかも（おそらくは不確定なままに保ちたかったであろう著者の意に反して）作品として紙面に定着してしまったマクナイーマの物語と違って，現在でも人々に憑依して語りつづけており，caboclo をめぐって「神話」は紡ぎ出されつづけているのである。

結論

憑依文化というのは奇妙なものである。まず第1に，憑依霊という見えないけれども実在する存在があるという点において奇妙である。第2に，それが人間に憑依するという点において奇妙である。そもそも憑依という現象自体が安易な理解を拒むような厄介な代物であるのに，それに加えて，本書で対象としてきた憑依文化は，著しくシンクレティックで，なおかつ憑依霊の現われと憑依霊についての人々の語りにおいて著しい変異がみられ，蔦や葛の生い茂る密林の迷路のごとき様相を呈している。フィールドワークを始める前の私に少しばかりの常識があったならば，そのような対象に関わることは避けたであろう。

しかし1983年の暮れに，サンパウロから60時間近くをかけて長距離バスでアマゾンの都市ベレンにたどり着いたとき，私は無謀にも他の目論見を抱いていたのである。それは，文化人類学がいやしくも人類の文化を対象とするものであるならば，容易に小綺麗な構造や体系を描き出せないような対象を忌避すべきではなく，むしろそのような対象こそが，モノとして実在するのではなく，人々の錯綜した営みのなかで構築されつづけることによって成立している文化というものを理解する「戦略的高地」となりうるだろうという目論見である。たしかに容易に小綺麗な構造を描き出せないという点で，私の予想に狂いはなかった。しかし，熱心に儀礼に参加し，人々や憑依霊の語りに耳を傾ければ傾けるほど，私が途方に暮れたことは事実である。

このような対象を前にすれば，それを首尾一貫したシステムとして描き出す試みは放棄するのが，良識ある態度というものであろう。ありもしないシステムをあてがってしまう過ちを犯すのが関の山なのだから。しかし憑依をめぐる人々の語りが，聞けば聞くほど拡散してしまうにもかかわらず，彼らの営みが私的な幻想へと解体してしまわないでいるのはなぜなのか。著しいシンクレティズムと個人的変異に目を奪われて，それを無秩序に等しいものであるかのように考えてしまうのは，おそらく人類学的レンズの焦点を合わせるレベルを誤っているからなのではないだろうか。それがアフロアマゾニアン宗教という語りの共同体のなかで暮らし，人々や憑依霊と語りあいつづけるなかで，私が

たどり着いた認識だった。この憑依文化にふさわしいレベルにレンズの焦点を合わせること。それが本書で私が試みたことである。

しかしそこにあるのは、首尾一貫したシステムをもつ均質な伝統ではない。研究者のだれもが「著しくシンクレティック」と形容することに同意するような対象なのである。一方の極には、身一つでアフリカ各地から連れてこられた奴隷たちがもたらした伝統があり、他方の極には、アマゾンの先住民族のシャーマニズムの伝統につながる営みがあり、その間に無数の組み合わせがある。この多種多様な営みの全体がどのような意味でひとつの憑依文化、ひとつの「語りの伝統」を構成していると言えるのか。それを明らかにするために、本書ではまず、冗漫と批判されることを覚悟の上で、アフロアマゾニアン宗教という憑依文化を構成する様々なカルトの関係についての考察に、多くのページを費やした。しかし、そうした多様性にもかかわらず、その根底あるいは核心には、特定の憑依霊の特定のミディアムに対する「指示」とそれに基づく両者の「責務」をともなう関係が存在し、まさにその「指示」と「責務」の個別性ゆえに、ときには混乱ともみえるほどの著しい変異とみえるものが生み出されているのだということを明らかにすることができたと思う。

アフロアマゾニアン宗教を理解するためにレンズの焦点を合わせるレベルとは、特定のミディアムと特定の憑依霊との特定的な関係なのである。人々の語りは、すべてがその関係をめぐって紡ぎ出されており、その関係を語るための語りのイディオムと様式こそが、語りの共同体としてのアフロアマゾニアン宗教に共有されているものなのである。したがって、その語りの様式は、人々の生きる世界全体を包括的に語るためのものではないし、憑依霊の世界の全貌について網羅的・体系的に語るためのものでもない。

本書では、憑依文化を対象とする考察においてしばしば重要な論点とされる、ミディアムの「深層の心理」という側面をまったく扱っていない。したがって、本書は心理学的分析を不当に軽視しているという印象を与えるとしたら、むしろそれこそが私の意図したことなのである。しかし、そのような手法をとることにしたからといって、憑依についての心理学的分析が重要性をもたないと主張するつもりはない。アフロアマゾニアン宗教についても、そのような側面に的を絞った考察はなされうるであろうし、またなされるべきであろうが、それ

は本書の射程外にあるということである。「深層の心理」を分析から放逐する一方で，本書で一貫して注目してきたのは，憑依をめぐる「表層の語り」とでもいうべき側面である。憑依はどのように語られているのか？ 憑依をめぐってどのような語りが紡ぎ出されているのか？ 語りのなかでどのようにして憑依が成立しているのか？ こうした問いを通してこそ，一見奇妙に見える営みを，私たちにとってなじみのある別の何かに還元してしまうことなく理解することにつながるのではないかというのが，フィールドワークのあいだ，そして本書を執筆するあいだに，私が思い描いていたことだった。

　憑依霊との特定的な関係についての語りに焦点を合わせることによって，私の眼前に現われてきたのは，憑依儀礼に現われて人々と交流しつづける存在であるcabocloをめぐって語りつづけることこそが，人々の営みの中心にあること，そのようにして語られ続けるなかで，ミディアムそれぞれの「頭」において個性をもつ社会的存在となっていくcabocloとの関係こそが，人々にとって抜き差しならない重要性をもつものだということだった。しかし，そのようにして憑依霊が個性化していけばいくほど，個々のcabocloについて客観的存在として一般的に語ることが困難になってしまい，そのアイデンティティは容易に焦点を結ばず，拡散していってしまうのである。私たちが目の前にして話している相手である，特定のミディアムの「頭」におけるcabocloの確かさと，そのcabocloについて一般的に描写しようとする際に現われる不確かさは，どちらも憑依霊としてのcabocloをめぐる語りに起因している。それは語りだけにもとづいているのである。それにもかかわらず，それが個々人の私的幻想へと解体してしまわないのは，それが共有された語りだからであり，それによれば，cabocloがミディアムの「頭」ごとにことなった仕方で現われうるのは当然のことであり，そのことによってそのcabocloの同一性が毀損されることがないのである。一見すると，こうした語り口は，多種多様な伝統が錯綜しているシンクレティックな状況を前にしての「逃げ口上」あるいは贔屓目にみても「巧みな戦術」であるようにしか見えないであろう。

　確かにアフロアマゾニアン宗教の憑依霊としてのcabocloにみられる以上のような特質は，本来はまったく関係のなかった諸伝統の偶然の交錯をとおして形成されたシンクレティックな状況の所産である。しかし，それを特殊な状況

における特殊な事例として例外視すべきだろうか。むしろそうした例外的な状況が，憑依というものの通常は看過されがちな側面を，ときには誇張するようなかたちで顕在化させる触媒の役割を果たしているのではないだろうかというのが，アフロアマゾニアン宗教の憑依について考える際に私がつねに念頭に置いていたことである。一般に憑依は，文化の用意している完成済みの憑依霊が，ミディアムとよばれる人々の身体を一時的に借用することで現実化するという，奇妙だけれど単純なものにすぎないと考えられがちである。そしてそのように考えるかぎりにおいて，憑依を受ける人間は，消極的な容器あるいは道具にすぎないとみなされてしまう。しかし，憑依のイディオムに含まれている〈関係性〉に相応の注意を払うならば，実は繰り返される憑依をつうじて，そして個々の憑依のなかにおいて，はじめて憑依霊というものが構成されているのだということがわかる。しかもそれが，アフロアマゾニアン宗教の場合，個々のミディアムの「頭」において個性化されていくプロセスをたどり，同時にミディアムである人間も，個性化された憑依霊に憑依される存在として個性化されていくということが，本書の第3部の主要な論点だった。語られつづけることのなかで成立するものとしての憑依。憑依のイディオムの核心としての構成的な〈関係性〉。これらの観点は，憑依というもの一般について考察するための重要な手がかりを与えてくれる。本書で示すことができたのは，その端緒にすぎず，憑依についての一般理論の構築は今後の課題として残されている。

　さらに本書の第4部では，caboclo をめぐる語りにさまざまな方向から試掘溝を入れることによって，なぜ caboclo とよばれるカテゴリーの憑依霊が重要性をもち，それがなぜ caboclo とよばれるのかについて考察することを試みた。そこで特に注目したのは，caboclo をめぐる語りのなかでくりかえしあらわれ，「本来のアイデンティティ」を曖昧なものにする「実は……」というレトリックだった。このレトリックの上に成立する caboclo のアイデンティティの重層的不確定性。それは，特定的にはアマゾンの民衆とブラジル人のアイデンティティ，より一般的には人間のアイデンティティの重層的不確定性について言及するものとして解釈できるのではないか。第4部の結末では，アマゾン地方の歴史のなかで進行してきた「caboclo 化」のプロセスが，アフロアマゾニアン宗教の憑依霊としての caboclo をめぐって語られているのではないかという解

釈を提示した。一言で言えば，〈外者の内部化〉によって，本来のアイデンティティは何であれ，現われかたとして caboclo になりうるのであり，そのプロセスが展開する場を指し示す言葉が mata なのである。

アフロアマゾニアン宗教の憑依文化のなかで，その語りの共同体のなかで，憑依と憑依霊をめぐって語りつづけている人々は，caboclo を〈外部の外者〉たる野生のインディオとするウンバンダの語りにも，それをアフリカの伝統と無縁な〈外部の外者〉として排除するカンドンブレの語りにもうまく取り込まれえない憑依霊としての caboclo を相手に，日々の生活を，そして1回かぎりの人生をおくっている。その彼らが憑依霊とともに紡ぎだしている語りに対して，「あなたたちは意識していないかもしれないが，あなたたちの語りは，ブラジルという国家，ブラジル人という民族について言及しているのですよ」などと言う意図も資格も私にはない。憑依をめぐる重層的な語りの諸々のレベルのなかで，「歴史・民族・国家についての語りとしての憑依宗教」といったレベルでも語ろうとするのは，人類学という語りの共同体の特質である。憑依をめぐる語りは，歴史や民族や国家についての寓話のごとく読まれうる。人類学者としての私がそのように読んでいることは，本書のなかに明らかである。それがどのようにして，憑依霊と人々が語り合い，読み取り合っていることと接点を見いだしうるのか，私には今のところ充分に明らかではない。

それを明らかにしていくのは今後の課題であるが，その際に意を留めるべき点がいくつかあるだろう。第1に，憑依というイディオムが人間のアイデンティティ構築の根幹にかかわるものだという点である。そして，歴史にしても民族にしても国家にしても，文字や装置として私たちに外在すると同時に，歴史意識，民族意識，国民意識というかたちで，日常的な人間のアイデンティティ構築の営みのなかで構成されつづけるものなのだという点である。第2に，憑依のイディオムにもとづく語りは，一貫性と整合性という制約を課されている人類学的記述以上に，さまざまなことについて語ることができる媒体だという点である。憑依によって語られうることの射程が，人類学によって語られうることの射程より必然的に狭いものであるとする理由はどこにもない。そして第3に，アフロアマゾニアン宗教という憑依文化のなかで展開している語りに対して，私を傍観者とみなすことはできないという点である。それは2つの意味

においてそうである。まず，フィールドワークの間中，語る者・語られる者として，私は憑依霊と人々から構成される語りの共同体の一部をなすことを余儀なくされていたし，今でも一部をなしつづけている。さらに，人類学者の語りとしての民族誌は，彼らに読まれうるものとしてあり，また実際に読まれているからである。その点で本書も例外ではありえない。ただし，私のフィールドノートを取り上げて読もうとした Manezinho のように，さかさにして読むのかもしれないが。

註

序論

1) Leacock and Leacock 1972; Lambek 1981; Boddy 1989; など。
2) 本書では，「語り」という用語は，意識的に非常に広い意味で使われている。まず「語られるものとしての憑依」というレヴェルにおいては，第1に，イディオムにもとづく「整序」（articulation）の行為を指す[本書第10章参照]。それはまた第2に，現実に流通する陳述・談話という「ディスコース」（discourse）を意味するものとして使われている。こうした用法は，部分的には，アーバンのつぎのような主張と共鳴しあう。

　言語人類学者のアーバンは，「社会的に流通するディスコース」として文化をとらえることを提案する。そのディスコースが発生する場が「ディスコースの共同体」（discursive community），すなわち私の言う「語りの共同体」である。そこでの意味の共有は，あらかじめ存在するのではなく，ディスコースに「公共的にアクセスできること」の結果であるにすぎない。その共同体のなかで，個々のディスコースが解釈されうるためには，個々のディスコースの集積としての「ディスコースの歴史」を一体のものと人々がみなしていることが必要であり，しかも，誰もが従来通りにディスコースに従事しつづけていると人々が思いつづけるためには，それが「連続し共有されているのだというメタ・ディスコース」が流通していることが不可欠である（Urban 1991）。本書は，アーバンの分析手法をアフロアマゾニアン宗教に適用したものではないが，語りの共同体における語りの集積として文化をとらえるという視点が，憑依文化に限定されるものではないことを示唆している。

　他方，「憑依の語るもの」というレヴェルにおいては，憑依をめぐる語りの重層的な全体が何について何を語っていると読むことができるのかという点が焦点となる。ここで「ナラティヴ論」の用語である「（語りのなかに）包含されている著者」（implied author）（Chatman 1990）に倣って言えば，「語りの総体のなかに包含されている語り手」が，その語りが流通している場の現実（特に歴史）について何を語っているのかという問いが俎上にのせられている。その際に，メキシコ系アメリカ人であるチカーノの文学についてサルディバルが言う以下のことが，微かに響いていることを予め認めておこう。彼によれば，「チカーノのナラティヴにとって，歴史は回復しなければならないサブテクストである。なぜならば，歴史自体がこの

ディスコースの主題だからである。この文学にとって，歴史をたんなる『背景』や『コンテクスト』として理解することはできない。それはこの文学の形式と内容を決定的に規定するものだからである」(Saldívar 1990: 5)。
3) 人名はカナで表記され，憑依霊名とカトリック聖人の名の表記にはアルファベットを使用する。なお記述に登場する人名は，存命であると否とにかかわらずすべて実名である。民族誌では仮名にする慣習があるが，本書の場合，仮名にすることによって失われるものの方が得られるものより大きいと判断してのことである。
4) 本書のもととなった博士論文は，以下のフィールドワークにもとづいている。
① 1983, 12～1985, 5: [トヨタ財団研究助成；東京大学大学院学生学術奨励金]，② 1987, 10～1988, 1: [文部省科学研究費補助金]，③ 1989, 7～1989, 9: [文部省科学研究費補助金]

第1部

1) アフロブラジリアン宗教の概要については，Bastide 1978a; Bastide et al. 1981; Valente 1977 など。古典的研究として，Nina Rodrigues 1935 [1900], 1977 [1906]; Ramos 1934, 1935 など。アメリカ大陸とカリブ海地方のアフロアメリカン宗教の全体については，Bastide 1971; Simpson 1976, 1978; Pollak-Eltz 1977 などを参照。
2) アメリカ大陸およびカリブ海地方のアフリカ人奴隷については，多数の研究が蓄積されている。例えば Kilson and Rotberg, eds. 1976。
3) 考察の対象とされている憑依宗教の歴史的形成の特質のゆえに，アフリカの特定の言語に由来する語句も記述に現われるが，その際には原語の正書法ではなく，ブラジルのポルトガル語において一般に採用されている表記法に従う。
4) ブラジル北東部の「伝統的」アフロブラジリアン宗教については，Bastide 1978b [1961]; Carneiro 1936, 1940, 1948, 1964; Elbein dos Santos 1976; Herskovits 1954; Landes 1947; Ribeiro 1952, など，北東部の「非伝統的」なタイプについては，Araújo 1979; Carneiro 1937; Dantas 1982, 1988; Motta 1976, 1977 などを参照。
5) 「ナゴの純粋性」(pureza nagô) という言説を考察対象とした研究のひとつ，ダンタスの研究（Dantas 1982, 1988）によれば，北東部セルジッペ州のひとつのテヘイロで行なわれている儀礼が，バイアの「カンドンブレナゴ・モデル」とは著しく相違しているにもかかわらず，それを正当化するために「ナゴの純粋性」というシンボルが説得力をもって通用している。
6) ウンバンダの形成と東南部における現状については，Bastide 1978a; Birman 1983; Brown 1979, 1986; Brown and Bick 1987; Camargo 1961; Concone 1987; Fry and Howe 1975; Loyola 1984; Ortiz 1978, 1980, 1985; Pressel 1973, 1977, 1982; Rio 1976; Trindade 1982, 1985a, 1985b; Velho 1977; Willems 1966 などを参照。なおウンバンダの成立過程および成立時期については論争がつづいている（Brown et al. 1985; Concone and Negrão 1985; Ortiz 1986）。争点は，南部の他の都市でもリオと同時期あるいは以前にウンバンダが存在したか否かであるが，従来のものとはまったく別の宗教として社会的に無視しえない存在として出現したのはリオであるという事実は重視すべきである。

註　　　　　　　　　　　　　　　315

7) 19世紀後半からブラジルで受容されはじめたカルデシズモは，フランスでの哲学的・科学的な性格は薄れ，神秘主義的宗教の色彩を濃くしたとはいえ，高学歴で専門職の中産階級のものでありつづけた。その中心観念は「霊の進化」(evolução espiritual) であり，霊的・物質的な「慈善」(caridade) を施すことによって霊自身の進化が促進される。「進化」の程度に応じて霊は序列化されており，インディオやアフリカ人の霊は低い位置しか与えられず，霊からのメッセージを受け取る交霊会から排除されていた。序列化は前世の所業の必然的帰結であり，現在のところ低い段階にある人間の霊にも進化の可能性はあるが，進化するためには中産階級的な倫理規範を遵守することが必須で，進化できない責任は本人にある。カルデシズモの教義については，Kardec 1857 など，ブラジルへの導入過程については，Warren 1968a, 1968b を参照。

8) 「ウンバンダ神学者」とは，意識的にウンバンダの体系化を図り，教義・儀礼の実施方法・儀礼歌などについて理論書や手引書を執筆している信者である。そうした出版物に詳述されている「しかるべきやり方」は，著者のそれぞれが憑依霊から直接に受けた啓示に基づくと主張されているが，人類学者の著作などからの孫引きもみられる。こうした教義と儀礼の体系化は，連盟への組織化とともに，「合理化」の重要な側面をなしている。ウンバンダにおける「合理化」については，Ortiz 1978 参照。

9) ヴァルガス革命は，寡頭勢力による政権独占に対して，1930年にジェットゥリオ・ヴァルガスが，軍の青年将校，新興工業を背景とした中産階級，都市労働者階級の支持を基盤としてクーデタを実行し大統領に就任したものである。その後，彼は1945年まで政権に留まり，大戦後も1951年から自殺した1954年まで，人民主義を基盤として政権に就いた。邦語文献としては，細野・恒川 1986; 山田（編）1986 などを参照のこと。

10) モデルニズモについては，Bosi n.d.; Damasceno 1988; Teles 1986; 古谷 2001, 他。

11) Geertz 1973.

12) アマゾン地方への黒人奴隷の導入は，16世紀末にさかのぼりうるが，まとまった数の奴隷の導入は18世紀半ば以降である。奴隷の出身地域については，18世紀後半に Bissau と Cacheu の港からの「輸入」が多かったとみられるほかは，充分なデータが存在しない。アフリカからの「直輸入」は1830年代には終了したが，その後，国内外の各地からの流入もあり，奴隷制末期に導入された奴隷の出身地域の検証は，ほとんど不可能である。アマゾン地方への奴隷の導入については，MacLahlan 1974; Rout 1976; Salles 1971, 等を参照のこと。ベレンの公文書館の資料を検討した研究（Vergolino e Silva 1971）によれば，1757～77年の間の国策会社による輸入 14,749人，その後1816年までの輸入数 38,323人，総計で少なくとも 53,072人がベレン港に輸入されたことが確認できる。

　綿花栽培は，1760年にマラニョンのイタペクル川流域などで開始され，その中心がカシアスであった。綿は1820年代までブラジルの主要な輸出品であったが，技術的に進んだアメリカ合衆国との競争に破れた（Bethell, ed. 1987: 318-325）。

13) アマゾン史については，Bethell, ed. 1987; BRASTEC 1966; Cruz 1973; Dias 1970; Hecht and Cockburn 1990 [1989]; Moreira Neto 1988; Penteado 1968; Salles 1971 などを参照。

14) この時代区分はガルヴォン（Galvão 1955）に基づくが，彼の区分で「(5) 現在」とされているものを，本書では，(5) 大戦・開発準備期，(6) 国家的開発期に分けている。

15) 現在のブラジルにあたる地域の先住民人口は，1500年の「発見」時には数百万人だったと推定されるが，現在(1980年代)では20万～30万人台である。Cunha 1987 など参照。

16) ポンバル侯爵の下でのポルトガルのアマゾン政策については，Moreira Neto 1988, Dias 1970, Cruz n.d. に依拠している。

17) インディアニズモにおけるインディオの位置づけについては，古谷 2001 参照。

18) ゴムブーム期のアマゾン社会については，BRASTEC 1966; Carneiro 1980; Coêlho 1982; Cruz 1973, n.d.; Ferreira Reis 1972; Hecht and Cockburn 1990 [1989]; Universidade Federal do Pará 1966; Weinstein 1983 参照。

19) 通称シカ・マカシェイラという女性によって，1917年にポルト・ヴェーリョ（現ロンドニア州）で最初の「ウンバンダ」のグループが設立されたとする資料がある（Penna Pinheiro 1986: 157）。しかし，1973年頃の儀礼を実見しての信頼できる報告によれば，そのグループは憑依霊や儀礼歌などから，マラニョン系のタンボール・デ・ミナであることが明らかであり，儀礼ではアヤワスカ（ayahuasca）とよばれる幻覚性植物飲料を摂取していたらしい（Nuenes Pereira 1979 [1947]）。マナウスで最初のテヘイロの設立は1900年前後であり，創設した女性はマラニョン州の内陸部の出身で，サンルイスの Casa de Nagô でイニシエーションを受けたとされる（Gabriel 1985: 146–149）。

20) アフロアマゾニアン宗教（Afro-Amazonian Religions; Religiões afro-amazônicas）という呼称は，私が考案したものであり，まだ研究者の間に定着しているわけではない。従来の研究では，タンボール・デ・ミナあるいはバトゥーケなどの名称が使用されてきたが，それらはアマゾン各地の同種の儀礼について一括して論ずるためには不適切である。

21) 従来の国勢調査の分類では，インディオは pardo（混血）に含まれていたが，現在(2000年)では独立の項目(先住民 Indigenas)が立てられている。

22) 1960年代に調査したリーコック夫妻は，活動的な信者の大多数は「低い社会・経済階層に属し」，「中流以上の信者は，高名なリーダーのクライアントや後援者として関与していることが多い」としているが，同時に，高官や医者など高学歴者や上流階層の信者もおり，中流階層の信者も多いことを指摘している（Leacock and Leacock 1972: 98–101）。

23) 1980年の国勢調査によれば，ベレン市内で Espírita Kardecista（カルデシズモ）が約 6,000 人，Espírita Afro-Brasileira（アフロブラジリアンカルト）が約 3,000 人となっているが，これは，明確に「カトリックではない」と自己規定した人々の数である。

24) カトリック教会による反ウンバンダ・キャンペーンについては，Kloppenburg 1961 参照。ウンバンダ攻撃のための書物が，皮肉にも網羅的なウンバンダ解説書となっている。

25) アフロアマゾニアン宗教については，カンドンブレのメッカである北東部沿岸地方やウンバンダの中心地である南東部大都市についての調査・研究に比べれば圧倒的に少ないとはいえ，既にある程度の数の調査・研究が蓄積されてきている。

マラニョン州については，サンルイスのタンボール・デ・ミナについてのヌネス=ペレイラの研究（Nunes Pereira 1979 [1947]）が最も初期のものであるが，これは例外的に「伝統墨守的」とされる Casa das Minas のみを対象とした民族誌であり，ここにも「伝統」志向を見て取ることができる。さらに，コスタ=エドゥアルド（Costa Eduardo 1948）が，サンルイスおよび内陸地方の黒人集落でのフィールドワークに基づく民族誌を発表している。彼の研究はハースコヴィッツの指導の下での「新世界黒人の文化変容」の研究であり，アフリカとの比較に基づく伝播と変容の考察に多くの部分が費やされている。より近年では，Casa das Minas を対象とする S. フェヘッチの詳細な研究（S. Ferretti 1985a, 1985b, 1989, 1991, 他），憑依霊としての caboclo を対象とした M. フェヘッチの一連の研究（M. Ferretti 1985a, 1985b, 1989, 1991, 他）が最も重要である。そのほかに，バレットによる概観的な民族誌（Barretto 1977）があり，リーダーの系統関係について整理したものをサントス（Santos 1986）が発表している。さらに，サンルイスの2人のリーダーによって，各自のグループの活動と概況についての解説を付した小冊子が公刊されている（Ferreira 1984, 1985; Oliverira 1989）。

パラ州については，1962〜63年および1965年にベレンでフィールドワークを行なったアメリカの人類学者リーコック夫妻が，詳細な民族誌を含む研究（Leacock and Leacock 1972; Leacock 1964a, 1964b, 1966）を発表しており，本格的研究は彼らを嚆矢とするが，それ以降研究を継続していない。他方，ベレン在住の人類学者フィゲイレードとヴェルゴリーノ=イ=シルヴァ(ヴェルゴリーノ=ヘンリー)が，継続的な調査にもとづいて一連の研究を発表してきている（Figueiredo and Vergolino e Silva 1967, 1972; Figueiredo 1975, 1979, 1983; Vergolino e Silva 1976, Vergolino Henry 1987）。その他，社会学者ディ=パオロによるウンバンダのベレンへの浸透についての質問表による調査（di Paolo 1979）があるほか，人類学者フライによる男性リーダーのホモセクシュアリティに対象を限定した論考（Fry 1982）が発表されている。

アマゾナス州については，人類学者ガブリエルによる，1973年と1977年のマナウスでのフィールドワークに基づく民族誌（Gabriel 1985）がほとんど唯一のものである。

さらにサンルイスとベレンについては，1938年にサンパウロ市文化局がマリオ・ヂ・アンドラーヂのイニシアティヴの下に北部・北東部に派遣した民俗音楽調査団の記録が後に刊行されている（Alvarenga 1948, 1950）。これらは分析としては見るべき点はほとんどないが，音響記録も含めた資料としては非常に貴重である。

26) ベレン市内(郡部を除く)の人口の変遷は，6,500人（1649）→ 6,574人（1749）→

10,620人 (1788) → 12,500人 (1800) → 13,247人 (1825) → 15,000人 (1848) → 18,000人 (1851) → 30,000人 (1868) → 34,644人 (1872) → 60,000人 (1888) → 96,500人 (1900) → 236,400人 (1920) → 225,218人 (1950) → 359,988人 (1960) → 572,654人 (1970) → 771,446人 (1980) (Penteado 1968)。概数や推定なども混じっているため，正確な比較はできないが，全体的な傾向は把握できるであろう。ゴムブーム下の19世紀後半から20世紀初頭に急激に増加したことが明白である。

1980年の国勢調査でのベレン市の人種 (cor) 別人口はつぎの通り。branca (白人): 250,213 (26.8%)，preta (黒人): 30,173 (3.23%)，amarela (黄色人): 1,747 (0.19%)，parda (混血人): 646,520 (69.3%)，不明: 4,627 (0.5%)。

同年の宗教別人口はつぎの通り。なおアフロアマゾニアン宗教の相当数の信者は，国勢調査の「宗教」の項目で，「ローマンカトリック」と回答している。

Católica Romana（ローマンカトリック）	825,728 (88.5%)
Protestante tradicional（プロテスタント）	23,320 (2.50%)
Protestante pentecostal（ペンテコステ派）	41,716 (4.47%)
Espírita Kardecista（カルデシズモ）	6,064 (0.65%)
Espírita Afro-Brasileira（アフロブラジリアンカルト）	3,047 (0.33%)
Orientais（東洋宗教）	1,354 (0.15%)

*ペンテコステ派を除く

27) ミナ (Mina) とは，奴隷制時代に西アフリカの黄金海岸を中心とするギニア湾岸地方から「出荷」されたアフリカ人奴隷を指していた呼称であり，ナゴ (Nagô) とはそのなかでもヨルバ諸王国出身の奴隷を指していた (Cacciatore 1977)。しかし現在の「ミナナゴ」の信者が，当該地方出身の奴隷の子孫ということではないのはもとより，この語が(一部の信者を除けば)アフリカの特定地方を指すと考えられているわけでもなく，あくまでも一定の信仰＝儀礼複合の名称として使われているにすぎない。

28) パラ州の黒人奴隷数について，29,706人 (1832)，30,623人 (1862)，10,535人 (1888)，パラ州の全人口について，149,854人 (1832)，156,775人 (1848)，215,923人 (1862)，238,489人 (1872) というデータがある (Ferreira Reis 1972: 134-135)。1839年のベレンの人口は，ある統計によれば総数9,485人で，その内訳は自由人6,613，奴隷2,439，外国人433である (Cruz 1973: 441)。

29) アマゾン地方のパジェランサについては，Figueiredo 1976; Figueiredo and Vergolino e Silva 1972; Galvão 1955; Maués 1977 など参照。

30) tauari (*Leticidaceas* 属) の樹皮で巻いた煙草。

31) マリオ・ヂ・アンドラーヂとモデルニズモについては，古谷 2001 参照。

32) サンルイスのタンボール・デ・ミナについては，1984年末，1989年7〜8月の合計1ヵ月ほどフェヘッチ夫妻とともに集中的にフィールドワークを実施した。

33) コドーならびにカシアスの調査は，1989年8月に約1ヵ月間おこなった。

34) ウンバンダのベレンへの導入時期については，州連盟首脳(1987年当時)の間にも

各種の意見がある。1987年11月の儀礼評議会後の雑談のなかでも，「ウンバンダは，マリア・アギアールが1950年代に導入した」「1940年代に既に手拍子のウンバンダはあった」「1940年代後半に Tupinambá などウンバンダの憑依霊が儀礼で憑依していたエスピリティズモのグループがあったが，当時はウンバンダという名はなかった」「半年ほどリオに旅行してきたマリア・アギアールが新しい儀礼歌を歌いだした」「彼女が導入したのは，ウンバンダという名称ではないか？ ウンバンダと呼ばれるようになったものは，その前からあった」「太鼓を儀礼で使うウンバンダなど聞いたこともない。彼女はミナ（ナゴ）だった」「［1947年生まれの］私が子供の頃，あるグループではウンバンダとミナ（ナゴ）の儀礼をしていて，Tupinambáはミナでは踊らないと言っていた」「1940年代は，祝祭の日だけ太鼓を使い，それ以外の日は手拍子だけで儀礼をするのが普通だった」など多様な意見が出た。この日の雑談は一定の結論に到達することはなかった。以上のような意見の相違の背後には，そもそもウンバンダとは何なのかについての見解の相違がある。

35) 1960年代にマラニョン出身者が，ウンバンダから導入された新しい憑依霊がベレンのミナナゴのなかに存在することを非難している（Leacock and Leacock 1972: 167）。

36) 連盟への登録義務については，定款第9条に定められている。「パラ州内のすべての terreiro, centro, associação, tenda, cabana ならびに，アフロブラジリアンカルトに関係する宗教活動を行なうすべての団体は，合法的に活動を行ない，……連盟の発行する許可証による権利を享受し，その活動を停止されないために，当該連盟に所属することが義務づけられるものとする」。

37) 1986年に連盟執行部内部の確執の結果，前会長を含む一部の有力リーダーの連盟脱退と別の団体の設立という「事件」が生じた。確執の理由は「連盟内政治」的な色合が強いとみられる。設立された団体はサンパウロの総連盟のひとつに加盟した。分離派は，他のリーダーの勧誘工作などもしたようだが，ごく一部を糾合しえたにすぎない。

38) 定款第16条によれば，連盟を代表するのは，総会，儀礼関係訴訟委員会，儀礼評議会，執行部，財務評議会である。総会が最高議決機関であり，年1回開かれる。儀礼関係訴訟委員会の委員は常任ではなく，儀礼評議会の裁定を公式化する機能をもつ。儀礼関係の事柄についての専門的な裁定を下す権限は，21人のカルトリーダーから構成される儀礼評議会にある。連盟を対外的に代表し，日常的な業務を行なうのは執行部であり，4年任期で全構成員の選挙で選出される「会長，副会長，総書記，第一書記，第二書記，経理責任者，渉外担当者，スポークスマン」によって構成される。

39) テヘイロ（terreiro）は，ポルトガル語の terra（土地）からの派生語。憑依儀礼用家屋の呼称として，ブラジル各地で広く使用されている。それに対して，セアラ（seara）という呼称をカルトハウスの意味で使用するのは，ベレンだけらしい（Cacciatore 1977）。

40) 連盟登録票の項目は，グループの代表者について，氏名・住所・両親の氏名・婚姻上の地位・国籍・出生地・生年月日・職業・勤務地・身分証明書番号・写真，グ

ループ自体については，カルトの種別（Categoria）・カルトハウスの名称・所在地・儀礼実施日および時間・主要憑依霊（Guia Chefe）の名である。私はすべての登録票を実際に参照した。なお添付写真によって多数のリーダーの形質的特徴について知りえたが，その知見からしても，アフロアマゾニアン宗教を黒人の宗教とよぶことは不可能である。

41) リーコック夫妻によれば，信者の用法では，「バトゥーケ」は「タンボール」と同じく，宗教自体ではなく，太鼓を用いる儀礼を指し，部外者はこの宗教を「バトゥーケ」あるいは「マクンバ」と呼び，信者自身は「ミナ，ナゴ，ウンバンダ」などと呼ぶことが多いという観察から，「より中立的かつ一般的と思われる」という理由で，「バトゥーケ」を記述では採用するとしている（Leacock and Leacock 1972）。この用法を踏襲する研究者（Figueiredo 1979; Vergolono e Silva 1976）がいる一方で，総称として「ウンバンダ」や「マクンバ」を使用した研究者（di Paolo 1979; Fry 1982）もいる。現在では，「今日バトゥーケがある」と言うより，「タンボールがある」，「トッキ（toque）がある」という言い方が一般的である。なお包括的名称としては「ウンバンダ」が一般性をもちつつある。本書では，これらの一連のカルト連続体を包括的にとらえる名称として，「アフロアマゾニアン宗教」という名称を考案した。

42) 連盟に所属する様々なカルトを実践する多数のグループが一同に会して儀礼を行なう点で，連盟主催の儀礼は，カルト間，グループ間の相違があらわになる機会であると同時に，そこに比較可能な共通性があることが実感される機会となっている。定款の定める年3回の儀礼が連盟本部で催される（1/1: Oxalá; 8/27 Xangô + Iansã; 12/31 Iemanjá［於サリーナス海岸］）。Oxalá は最上位の orixá であり，Xangô と Iansã は連盟本部のテヘイロの「主」であることが儀礼開催の理由である。海岸での Iemanjá の儀礼は連盟首脳部のリーダーの1人が単独で開始したものが連盟によって公式化された。これ以外に，5/27, 28 に連盟本部で Iemanjá の儀礼が催されるが，これは連盟の経理責任者の個人的「責務」として実施されるものであり，連盟主催ではない。

第2部

1) ソフィアの履歴はサンドラの名の下に既刊論文（古谷 1988a）に収録されている。
2) 伝承によれば，Cobra Grande は，夜（とくに雨期の雷雨の晩）に出現する。爛々と光る大蛇の姿をとることもあれば，乗組員がいないのに明かりを煌々と灯して航行する船（navio encantado）の姿をとることもある。優れたパジェ（pajé-sacaca）は，Cobra Grande の皮をまとって水底に旅する（Galvão 1955: 98–99）。
3) ソフィアは，「クーラ」という名称を「ペーナ・イ・マラカ」と同義のものとして，「ジュレーマ」という名称を「クリンバ」と同義のものとして使用している。
4) ミナナゴ「変革型」の「商品価値」については，別の論文（Furuya 1986）で詳細に論じている。アフロアマゾニアン宗教にとって不可欠な要素である「憑依霊としての caboclo」と「太鼓を用いる公開のタンボール儀礼」とを含み，ウンバンダ的な「治療儀礼」を行なって「現代的問題」に対処することによって都市的状況に適

応する一方，カンドンブレに匹敵するようなフェイトゥーラを施して「宗教的基礎」(fundamento) の強化を図っているという総合性が，ミナナゴ「変革型」の「商品価値」を高めている．

5) カトリック聖人と憑依霊の対応関係についての考察としては，Nina Rodrigues 1935 [1900]; Herskovits 1937b; Ortiz 1980, 他多数．
6) 例えば Iansã Bárbara のように．
7) 本書では，聖人名は，聖ゲオルギウスあるいは聖ヨハネのようにラテン語で表記せず，ポルトガル語のまま，São Jorge あるいは São João などのように表記し，初出の箇所でカタカナで読み方を併記する．
8) 聖人と憑依霊の「対応」関係については，隠喩についての「相互作用的」見方が有効であろう．両者が結びつけられることによって，既存の類似性が認識されているだけでなく，新しい意味が生じているのである．Turner 1991 参照．
9) 「子安貝の卜占」(jogo de búzio) は，16個の子安貝を卓上に投じて，散らばり方によって占う．この卜占の普及の背景には，カンドンブレに由来する「正統性」と，「運勢占い」の需要の増加などを指摘できる．カンドンブレの「子安貝の卜占」については，Bastide 1978b [1961]: 114–126 参照．
10) バイアのカンドンブレ・ナゴの憑依儀礼について：Bastide 1978b [1961]: 199ff.
11) 例：Dom João → Ogum; Fina Joia → Oxum; Rei Sebastião → Xapanã, Oxossi. 近頃ほとんど憑依しないと言われる orixá には，他の地域のカンドンブレやウンバンダでは知られていない名のものが多い．例：Mãe Sobô, Naveroarin, Dom Manoel, Clavina Roxa, Pedro Angaço, Rainha Eoá, Senha Abê, Principe da Espanha.
12) マラニョンのレンソル海岸の集落では，Rei Sebastião は「その土地の主である」と語られ，緋衣と武具に身を固めた若い戦士，あるいは額に白く輝く星をもつ「魔術的な牡牛」の姿で出現すると言われる．この集落の2つのテヘイロのうち，一方のリーダーに憑依する際には王冠・外套・剣を要求する．Rei Sebastião は卓越した「癒し」の能力をもち，儀礼で憑依して，特別な薬草を処方して治療を行なう (Posey and Santos 1985)．
13) ある集計 (Figueiredo 1983) では，400近い数の憑依霊が区別されている．
14) エスピリティズモの交霊会では，水の入ったコップや灯されたローソクなどの載ったテーブルを囲んでミディアムが着席して，神経を集中し静かに歌って霊を呼び降ろす．手拍子をともなう儀礼を行なうウンバンダのグループのなかには，この種の儀礼も行なうグループがある．メーザ (mesa) あるいはメーザ・ブランカ (mesa branca) とよばれる．
15) ミディアムが死去した際にどのような儀礼を行なうかについては，テヘイロごとに意見が違うが，リーダーの場合であれば「慟哭のタンボール」(Tambor de Choro) とよばれる儀礼を実施するという点でほぼ一致している．また，そのテヘイロを再開する場合には，一定期間後に「歓喜のタンボール」(Tambor de Alegria) を実施する必要がある．期間の長さについては意見が相違するが，少なくとも1年後だとのことである．
16) ウンバンダ信者の多様な exu 観に関しては，サンパウロの状況について，トリ

ンダーチ（Trindade 1982, 1985a, 1985b）が詳細に論じている。
17) カンドンブレでは，「頭」は orixá の居所とされている（Bastide 1978b [1961]: 29）。
18) 太鼓叩きは男性で，若い男性が多い。特定のテヘイロのメンバーの者，依頼に応じて儀礼に参加する者などがいる。多くの歌を聴き分け適切に対応するためには，才能と熟練が必要とされる。幼い頃から儀礼に参加して，見様見真似で習得した者が多い。
19) バイアのカンドンブレでは，太鼓によって orixá はアフリカから儀礼の場に呼ばれる（Bastide 1987b [1961]: 21)。カルナヴァルから聖週間の終わりまでの期間は，orixá はアフリカに戻っていると考えられているとの報告もある（ibid.: 93)。
20) ミナナゴのリーダーは，他に職をもっているのが普通であるが，現在では，本業がなおざりになっている者も少なくない。以前には，街頭の屋台でタカカ（tacacá，有毒マニオクの搾り汁をベースとする料理）を売ったり，洗濯婦をしたり，市場の露店で商売をしたりして生計を立てている者が多かった。
21) 「祝祭」においては，「観客」の存在が必要不可欠である。ここでの「観客」は，川田（1983: 93-98）のいう「会衆」の特性をもつ。
22) ハイチのヴードゥー（Vodou）でも，多くの憑依霊の憑依が生じて儀礼が盛り上がることを「熱い」（chaud）と表現している（Herskovits 1937a: 177）。憑依霊の分類や儀礼歌の機能などの点でも，アフロアマゾニアン宗教と類似点が多い（Métraux 1972 [1959]; Laguerre 1980)。
23) パイ・ベネ（Pai Bené）の経歴：1922 年にパラ州内陸の町で生まれ，幼少時には神父になりたいと思っていた。14 歳から仕立業を習い，19 歳でベレンに出て仕立屋に勤めた。32 歳の時にベレンの姉の家で初めての憑依を体験。ある女性リーダーのウンバンダのセアラに行ったところ，儀礼で彼に憑依した Pai Joaquim（preto velho）が「彼女にはリーダーとしての能力がない」と公言したので，彼女は彼をグループに受け入れることを拒否した。同年中にミナナゴのテヘイロをもつ通称クリオウロという黒人リーダーの下で，簡単なイニシエーションを受け，ミディアムとしての「使命」に従事し始める。そのリーダーがリオに転居した後，1960 年にマヌエル・コラソというミナナゴのリーダーのテヘイロに数か月通い，フェイトゥーラを受けた。程なくして，このリーダーもリオに去った。それ以前から，自宅に開いたセアラで 13 年間クリンパ儀礼をしていて，1969 年に「Mariana が命じた」のでテヘイロを開いてタンボール儀礼も始めた。クリオウロは，ベレンに初めてミナナゴを導入したと語られるマンイ・ドッカの弟子だった。マラニョン州カシアス出身のマヌエル・コラソは，カシアスで既にテヘイロを開いて名声を博し，その後，サンルイスの Terreiro da Turquia の創設者アナスタシアによってフェイトゥーラを受け，ベレンに移り，パラ州連盟設立に尽力した有力なリーダーである。
パイ・ベネは，自分が，マヌエル・コラソからベレンで正式なフェイトゥーラを受けた唯一の人物であることを強調し，自らの行なうミナナゴの儀礼が伝統的なものであると主張している。1984 年の時点で，彼のテヘイロには，フェイトゥーラを受けたミディアムが 20 人（女 14 / 男 6)，その他のミディアムが 15 人（女 14 / 男 1)

註　　　　　　　　　　　　　　　　323

いた。
24) タンクレード・ネーヴェスの病気については，ベレンでも様々に噂されていた。就任式前夜に突然倒れたというニュースは，政敵が「呪術」を依頼したのだという疑惑を呼び起こした。しかも，大統領代行に就任した副大統領ジョゼ・サルネイが，「マクンバの土地」として名高いマラニョン出身だったこと，米国から専門家を招聘して手術が繰り返されたにもかかわらず病状が改善しないことが，「呪術の介在」の語りの信憑性を増した。
25) 海岸で催される Iemanjá の儀礼は，現在ではブラジル全国で盛んになっており，大晦日に催されることが多い。マナウス，ベレン，サンルイスで始まったのは近年のことで，これもウンバンダ化の一側面とみることができる。
26) このテヘイロの定期的なタンボール暦については，本書 p. 193 の表 4 を参照。
27) exu への「供物」(comida) は，タンボール儀礼の度に供えられる。鶏を屠り，その肉を調理して供物に加え，血を「exu の小屋」の中の鉄製のシンボルに注ぐこともあるが，「乾いた食物」(comida seca) を供えて，ローソクを灯すだけでもよい。「乾いた食物」は，砂糖黍酒，デンデヤシ油（*Elaesis guineensis* の油），蜂蜜，水，赤ワインでマニオク粉をこねたもの 5 皿と，それらの液体を入れた 5 つのコップからなる。
28) amaci は本来は，植物の浸潤液に供犠獣の血を混ぜたものであり，植物だけのものは ariache とよぶべきだという人もいる。前者はミディアムの「頭」(ori, cabeça) を「強める」ために注ぐもので，後者は身体や儀礼用の首飾りなどを洗うのに使われる。後者を含めて amaci と呼ぶこともあり，通常どちらも単に banho という言葉で表現される。
29) このテヘイロの太鼓は木製 (cedro, andirova, mucajá など)で，上面に獣皮（シカ，ヤギ，ヒツジなど）を張り，鉄製金具で締め付けてある。下の開口部を塞がないよう台に立て，席に座って，両手で素手で叩く。初めて使用する前に，供犠獣（太鼓がどの orixá のものであるかによって異なる）の血を「食物」として与え，ときおりデンデ油を皮に塗って乾かし，破れるのを防ぐ。正面に向かって左から，胴体がそれぞれ緑，赤，濃青に塗られており，直径と高さは，28/100, 28/80, 28/75 (cm)。赤と緑の太鼓は，リーダーの「頭の主」である Oxossi と Iansã のもの。濃青の太鼓は Ogum のものだが，その理由は，exu は orixá の儀礼歌のなかで Ogum の歌だけは受け入れるからだという。
30) このテヘイロのタンボール儀礼で使われる他の楽器には，つぎのようなものがあり，巧みに扱えるなら誰でも演奏してよい。① cheque-cheque（直径約 6 cm，長さ約 40 cm の金属製の筒の中に金属片を入れて密封したもの。両端を持って振る)，② agogô（2 つの鉄製の円錐を平たくつぶし，その頂点を U 字形の柄でつないだ楽器。柄をもって鉄の棒で叩く），③ cabaça（結節点にビーズ玉をつけた木綿糸の網を，中を空にしたヒョウタンにかぶせたもの。ヒョウタンの柄と網の端をもち，上下に振る），④ triângulo（鉄製のトライアングル）。
31) língua というポルトガル語は，文字通りには「言語」を意味する。dialeto（字義通りには「方言」）とよばれることもある。ハイチのヴードゥーでも，儀礼のなかに

324 　　　　　　　　　　　　　　註

残存しているアフリカの諸言語の断片は，langage とよばれる（Métraux 1972: 23）。
32) 太鼓のリズムには，つぎの4つがある。① salvar o santo（憑依霊を賛美する）：連打，② dobrado（折り畳まれた）：ゆっくりしたリズム，③ corrido（走り）：小刻みで速いリズム，④ socado（拳で叩かれた）：速さは前二者の中間。
33) ハイチのヴードゥーでは，憑依儀礼は，「真夜中に rada の部から petro の部に移行する」（Laguerre 1980: 114）。

第 3 部

1) articulation は，「こと」に事と言と二重の意味をもたせて「こと分け」とでも訳すのがよいのかもしれないが，便宜上ここでは「整序」と訳した。しかしそれは単に「事を分ける」だけでなく，「言を分ける」すなわち，整序して表現することまでも意味する。蛇足だが，本書の文脈では「節合」と訳すのは適切ではないだろう。
2) アントニオの履歴は，ライムンドの名で既刊論文（古谷 1988）に収録した。なおアントニオは白人で独身である。本書 p. 115 の聖人行列の事例の1番目のものは，彼の行なっていたものである。2000 年に再訪した折には，ベレン市内の別の場所でミナナゴのテヘイロを主宰していた。
3) アメリーニャは白人である。彼女のミナナゴは「保守派」と分類しうる。本書 p. 115 の聖人行列の事例の2番目のものは，彼女のテヘイロの事例である。以前は多くのミディアムを抱えていたが，調査時には高齢であるため活動はかなり縮小されていた。その後，彼女の健康状態の悪化のせいもあり，1986 年から彼女の実の娘がテヘイロを継いだ。1991 年にアメリーニャは病死したが，翌年の Dom José Rei Floriano の儀礼（3 月 19 日）によってテヘイロは再開した。
4) バイアのカンドンブレでは，完全なフェイトゥーラに先行するイニシエーションの最初の段階が bori とよばれる。詳細については，Capone 1989 参照。
5) フェイトゥーラに際しての供犠獣のリストについては，古谷 1992c を参照のこと。
6) erê の観念は西アフリカのヨルバ族では報告されていない。バイアのカンドンブレでは erê とは，orixá による憑依の前後に生ずる軽い憑依トランス状態であり，フェイトゥーラ期間中に聖所の中でもそうした状態にあるとされる（Bastide 1978b [1961]）。
7) ハイムンダの履歴は，アントニアの名の下に既に発表している（古谷 1988）。
8) ハイムンダは，Jurema を見たこともしばしばある。例えば，自宅のソファーに座っていたとき，Jurema がまるでテレビの画面のように見えた。それは明るい肌の黒髪の混血女性で，黄色・赤・青の羽の頭飾りをかぶり，顔には彩色模様をほどこしていた。
9) São Cosme & Damião は双子の聖人で，祭日には多くのテヘイロでタンボール儀礼が実施され，ミディアムに幼児の caboclo が憑依し，子供じみた様子で歌い踊り，他の憑依霊や子供たちとともに遊ぶ。西アフリカのヨルバの神界では（双子を表象とする）「二元性」の原理だった Ibêji がブラジルのカンドンブレでは，双子の orixá と考えられるようになり，それが双子のカトリック聖人に「対応」させら

れ，その祭日に Ibêji のための儀礼が実施されるようになっている（Bastide 1978b [1961]: 207-212)。

10) 儀礼歌は，最も一般的には doutrina あるいは，その短縮形である dota とよばれる。doutrina は文字どおりには，教義・教理・主義・学説などを意味する。ときには ponto cantado とよばれることもあるが，これはウンバンダで一般的な用語である。

11) 儀礼歌が実際に儀礼で歌われるとき，同一の憑依霊や関連した憑依霊の歌がつづけて歌われることが多く，ひとつの儀礼歌のなかに 2 つの憑依霊の名が歌い込まれていて，それが繋ぎとなって別の憑依霊の儀礼歌へと移行していくこともしばしばある。

12) 憑依霊の個性の未確定性については，クラパンザーノも指摘している。彼によれば，憑依のイディオムは「個人とその状況，さらにその人自身や彼のおかれた状況の時間的変化の特異性と調整できるほどに柔軟性をもっていなければならない」し，憑依霊の特徴は「個人的な精緻化・特定化が不可能なほど出来上がってしまっていることはない。そうした精緻化や特定化は，どれほど特異的で風変わりのものにみえようとも，憑依者とそれを取り巻く人々との間の複雑な『現実をめぐる交渉』の結果」であり，特定の憑依霊の特徴についての宣言が「社会的な場で他者にむけてなされる」ことによって「レトリカルな力を獲得する」(Crapanzano 1977: 16)。彼の言う「現実をめぐる交渉」とは，語りが紡ぎだされるプロセスであり，「社会的な場」とは，「語りの共同体」に他ならない。

13) 妻がミディアムとしての「使命」に従事するのを夫が拒否したために，（憑依霊の怒りをかい）夫の死を招いたというケースもある。

14) クラパンザーノ（Crapanzano 1977: 16）は，「精霊の性格や要求は，憑依者が体験を整序する際に，精霊がはたしている 2 つのことなった機能を反映している。一方では，その個人の体験のなかで彼が認知あるいは受容することを拒んでいる彼自身かあるいは(投入されている ?)重要な他者の幾許かを反映しており，他方では，彼の位置にある人には受け入れられない欲望を整序する手段となっている」と述べている (ibid.: 17)。さらに，「憑依霊を担う者のアイデンティティと欲望は，精霊のそれの反対である。しかし憑依の下では，その人はその精霊とほとんど同一になる。……変換を許容する『非常に特別なコンテクスト』の下で，ネガティヴな隠喩が，同一性すれすれにまでポジティヴな換喩に変換されるのである」(ibid.: 19) と述べる。クラパンザーノの議論は，アイデンティティの問題を「深層の心理」の問題にしてしまうが，「表層の語り」に注目する立場からすれば，憑依霊のアイデンティティがミディアムのそれと異なることは，説得力の点から理解すべきである。憑依のイディオムによって整序されることで，両者のアイデンティティが別のものとして構成されることにより，それまでは，本人の性格と欲望の一部として，つまり換喩として解釈される可能性があったものが，はっきりとそうでないものになる。もはやその憑依霊は，そのミディアムの換喩ではなくなり，まさに換喩ではなくなることにより，まったく別のものの隠喩となりうる地位を獲得することになるのである。

15) カトリック聖人は憑依することはないが，聖人が聖人像において個性化しうるという点にも注目したい。民衆カトリシズムの聖人信仰では，しばしば聖人像は，シンボルではなくイコンであり，特定の聖人像の「事蹟」をめぐる語りが紡ぎだされる。つまり，聖人がひきおこす奇蹟は，特定の聖人像のおこなった奇蹟として語られることになる。
16) 自らに憑依する caboclo について語るミディアムは，自らの身体を通して憑依霊が現われているがゆえに，語り手（narrator）にとどまり，その物語の登場人物にはなれない。つまりチャットマン（Chatman 1990）の用語を借りれば，「語りの空間」（discourse space）のなかにとどまることを余儀なくされ，「物語の空間」（story space）のなかには入れない。言わば「いつでも存在しない語り手」（omniabsent narrator）なのである。自らの「頭」における憑依霊の行状についての語りには，泥酔中の自分の振舞いについて回顧するときのような逡巡は微塵もみられない。そこが重要である。ミディアムが，憑依状態下の自分の身体を借りて憑依霊がした言動について，第三者として語ることが，彼(女)の身体を舞台に展開することを憑依として整序する語りの説得力を増すのである。
17) 「個人」（individual）の観念については，古谷 1994 で論じた。参照文献として，Carrithers, Collins and Lukes, eds. 1985; Dumont 1986; Leenhardt 1979; Mauss 1973。

第 4 部

1) 人々としての caboclo は，「リングァ・ジェラル」由来の単語まじりのポルトガル語を話すアマゾンの農民だというワグレイ（Wagley 1985）の指摘は目新しくはないが重要である。caboclo は，先住民族の言語ではなく，ポルトガル語を話す存在なのである。
2) ハイムンダもフェイトゥーラ後に様々な能力が失われたと語る。例えば，私と話していながら，彼女はここに居ず，遠くの場所を見て，感じていて，私の話していることは理解できないといった，以前にはあった「遠隔視」の能力が今ではなくなった。
3) 強力なパジェは生来のものと言われ，母親の胎内で奇妙な叫び声をあげたり，幼時にひきつけや発作を起こしたり，奇妙な行動をしたり，他の子供たちと遊ばず，不思議なことができたりする。そうした徴候がみられたら，体内の精霊（companheiro）を「ちゃんとする」（endireitar）ためにパジェに処置してもらう必要がある。それを「ちゃんとする」ことができれば，子供の間は発作は止まり，その子は将来パジェになる。親が望めば，パジェは精霊を除去することもできるが，それに成功した場合は，その子のパジェとしての能力は失われる（Galvão 1955）。南米先住民文化に広くみられる「双児神神話」では，文化英雄たる夫を探す旅に出た母親に，子宮のなかから指示を与えて道案内をする胎児が，後に偉大なシャーマンとなる。Bierhorst 1988; Métraux 1944, 1948a, 1948b; Wagley and Galvão 1949, 他参照。
4) サンルイスのタンボール・デ・ミナで，初めてタンボール・ダ・マッタの儀礼を導入したのは，マクシミアーナ（1864–1974）というメアリン川下流域出身の黒人女性が 1925 年頃に開設したテヘイロだと言われている（サンルイスの「黒人博物館」

註   327

5) リオのウンバンダを調査している人類学者イヴォンヌ・ヴェーリョは，私の質問に対して「リオで turco とか Povo de Legua とかの名を聞いたことはない。また（アフロアマゾニアン宗教では非常によく知られている）Mariana, Jarina, Zé Raimundo, José Tupinambá などの名も聞かない」と答えた(1988 年 1 月)。

6) リテラトゥーラ・デ・コルデルは，脚韻をふむ民衆詩であり，本来は口頭で即興で演じられるが，安価な民衆本としても広く流通している。題材は説話から時事問題まで多様であり，北東部地方が中心であるが，現在では南部大都市でも発行され流通している。

7) Gavião Real = *Harpia harpyja*

8) boto tucuxi = *Sotalia fluviatilis*

9) ベレンでは，1960 年に既に，多くのテヘイロで，タンボール儀礼で最初に Verequete のための儀礼歌が歌われていた (Leacock and Leacock 1972: 130)。

10) ウンバンダ神学者たちの著作にもしばしば，そうした趣旨の記述がみられる。例えば，「ブラジルにおいて，[ウンバンダは]三人種すなわち白人(植民者)，インディオ(土着民)，黒人(アフリカ大陸から奴隷として連れてこられた)の精神的(霊的)な融合の自然な結果である」(Conselho Nacional Deliberativo da Umbanda n.d.: 13)。

第 5 部

1) カンドンブレもウンバンダも，近隣諸国をはじめブラジル国外に波及しつつある。ここでは詳細を論じないが，一例として Segato 1990 を参照。

2) バイア州のカンドンブレのうち caboclo を憑依霊に含むものは，カンドンブレ・デ・カボクロ（Candomblé de caboclo）という名称のもとに一括されて「非伝統的」な逸脱と見なされてきたが，そのような峻別に疑問をもつ研究者もいる。つまり，「伝統的」グループにも caboclo が存在していて，orixá とは別の儀礼の対象とされてきた可能性である (Teles dos Santos 1989a, 1989b, 1995)。それが事実であるならば，モデルとしてのカンドンブレを構築する語りにおいて，caboclo をカンドンブレから意図的・体系的に排除してきたということになるだろう。

3) カンドンブレの一部にみられる，シンクレティズムを戦闘的に拒否する動向については，Fry 1984; Walker 1990, 1991 参照。

4) サンパウロでは 1960 年代の初頭からカンドンブレのグループの増加が目立つようになった。この現象には，サンパウロのウンバンダのリーダーのカンドンブレへの移行と，北東部のカンドンブレのリーダーたちのサンパウロへの移住という 2 つの側面がある。さらに 1980 年前後からサンパウロのカンドンブレのリーダーのなかに，伝統を学び直すためのアフリカ詣でが目立つようになっており，そのようなかたちで「再アフリカ化」(reafricanização) が進行している (Prandi 1991; Prandi and Gonçalves 1987, 1989)。

5) ウンバンダには，〈体系的なウンバンダ〉(Umbanda sistemática) と〈普及型のウンバンダ〉(Umbanda popular) という 2 つの側面があり，ウンバンダ化についてもそれに対応する 2 つの方向がある。前者についてはさらに，神学理論的体系性を

重視する〈理論的ウンバンダ〉(Umbanda teórica) と豪華な儀礼やスペクタクル性を重視する〈演劇的ウンバンダ〉(Umbanda teatral) を区別できる (Furuya 1994a; 古谷 1991b)。

6) orixá のカテゴリーの憑依霊の像について若干付記しておきたい。Oxalá の像は両腕を拡げたキリストとして形象化されるが,十字架上のキリストではない。Iemanjá の姿は白人的容貌の黒髪の美女として画一的に標準化されており,同一の肖像画がブラジル中で見られる。その流通において,「ウンバンダ産業」の役割が大きいことは明らかである。

7) ベレンの公営市場内のウンバンダ儀礼用品店では,exu や caboclo の像はよく売れるが,preto velho 像はあまり売れないという。この店で売られている憑依霊像と聖人像は,主としてサンパウロとサルヴァドール(バイア州)で生産されたものである。

8) 第2次大戦後の国家主導の開発政策の概要と,それがアマゾン地方にもたらした環境破壊・人口増加・都市の膨張・貧困化については,Furuya 1994a; 古谷 1991b, 1999a で詳細に論じているので参照していただければ幸いである。

9) 先住民族のシャーマニズム,カトリシズム,アフリカ系憑依宗教が混淆したシンクレティックな宗教という点で,ウンバンダと比較可能なものとして,ベネズエラのマリアリオンサ・カルト (Culto de María Lionza) がある。ここでは3つの点のみを指摘する。第1に,諸憑依霊の要たる「3つの力」(Tres Potencias) とよばれるトリオが,白人的容貌の混血女性 (María Lionza),黒人 (El Nagro Felipe),インディオ (El Indio Guaicaipuro) であり,それが,「三人種」を表象する。第2に,「聖地」を国立公園化したり,首都に María Lionza の銅像を建てるなどして,政権は大衆の間でのこの宗教のもつ力を利用しようと試みてきた。第3に,1960年代以降,キューバのアフリカ系宗教サンテリーア (Santería) の影響下で,アフリカの神格や動物供犠が普及するなど,「再アフリカ化」が進行中である (Pollak-Eltz 1977, 1985; Salazar 1988)。このカルトのコロンビアへの浸透についてタウシグ (Taussig 1987: 183–187) がふれている。

10) 書かれた歴史は科学的な中立性をもつとする見方,また,それは事実を扱わない文学作品とは共通点がないとする見方は,批判されている。ホワイト (White 1987) によれば,書かれた歴史 (historical narrative) にとって,「物語」(narrative) という形式は副次的なものではなく,歴史が事実の集積以上のものであるために不可欠である。したがって,書かれた歴史の文学的側面は,単なる技法上の問題ではなく,それこそが歴史に意味を与えている。しかしその意味は「寓話」(allegory) として間接的に提示されており,それが読み取られることによって,その歴史の意味が理解されることになる。

11) 「人口学的真空地帯としてアマゾン地方を描写することは,近年になって,インディオに関心を寄せる人々からの鋭い反駁を引き起こすようになってきた。それゆえに,政府と研究者によって,アマゾンの caboclo の人々と彼らの文化がまるで存在しないかのように扱われていることは皮肉である」(Parker 1985a: xxxix) との指摘は,アマゾンのインディオと caboclo がブラジル国家のシナリオのなかで占め

ている対照的な地位を明らかにしている。〈外部の外者〉としてのインディオが，アマゾンの自然環境の保護が世界規模の焦眉の問題となるなかで脚光を浴びる一方で，caboclo は無視され，「受動的なプロレタリアート化」の犠牲になってきているという現実である。

12) アンコーナ=ロペス編纂の論集（Andrade 1988）は，『マクナイーマ』研究の到達点を示すものと言える。同書所収の論文で，編者は，様々な人物や逸話を本来の文脈から離して重ね合わさる表現様式について，民衆詩人の歌物語と同様に，（アンドラーヂ自身の用語に従えば）「可動的伝統」（tradições móveis）のダイナミクスにもとづく創造性が発揮されているものであると指摘する（*ibid*.: 270）。同様に，民衆本・民俗劇と憑依儀礼の相互作用のなかで，憑依霊をめぐっても伝統は可動的なものとして現われている。つまり憑依霊をめぐる語りにみられるような創造性と想像力をラプソディという形式の下に文学のなかに導入しえた点に，『マクナイーマ』の手柄があると言うことができるだろう。

13) 民族誌，憑依をめぐる語り，寓話文学の間の，そしてそれらと現実との関係は，きわめて興味深いテーマである。寓話としての民族誌という論点については既に多くの論考がある（Clifford 1986 他）。ボディ（Boddy 1989: 356–360）は，憑依と人類学が，ともに寓話としての特性をもつことに加えて，両者は互いに「寓話化」する関係にあると言う。つまり，フィールド体験が人類学者に提供するものは，憑依文化がそのなかに生きる人々に対して提供しているものと同種のものだということである。前者にとってはフィールドの人々，後者にとっては憑依霊という，他者の目を通して自らの文化を見つめなおす機会となり，その知見をテクストとして生み出しているのだ，というのがボディの主張である。

　ボディの主張の重点は，憑依霊とともに生きる営みが，その人々にとって，人類学者のフィールドワーク体験と同種のものであるという指摘として読むことができるが，憑依文化のなかで人々と憑依霊の会話に巻き込まれている人類学者は，彼（女)にとっての他者にとっての他者である憑依霊の声に耳を傾けることになる。ここで他者性は二重である。そこで人類学者に要求されているのは，人々の語りを介して憑依霊の世界について理解することを通じて，その人々の生きている舞台としての社会と，憑依霊との交渉を通じてその人々に対して明らかにされるものとしての彼らの社会について理解することなのである。

#　あ と が き

　本書は，1992年に東京大学大学院総合文化研究科に提出し，博士(学術)号を授与された学位請求論文,『憑依霊としてのCABOCLO：アフロアマゾニアンカルトの憑依文化』のうち，その約3分の2に相当する部分に加筆訂正をほどこしたものである。本来ならばもっと早く出版しなければならないはずのものを今日まで遅らせてしまったのは，ひとえに私の怠慢のせいである。なお一部については，既に学術雑誌などで公にしている (Furuya 1986,1988,1992,1993,1994a, 1994b, 古谷 1985, 1986, 1988, 1991a, 1991b, 1992a)。

　本書のもととなった博士論文は，パラ州ベレンをはじめブラジル各地において私が3回にわたって実施したフィールドワーク（1983.12.～1985.5; 1987.10～1988.1; 1989.7～1989.9）にもとづいて執筆したものであるが，特に註記がないかぎり，記述において「民族誌的現在」とされているのは，1年余り継続してベレンに滞在して調査を行なった1984～85年の時点である。論文執筆後も，数回にわたってベレンやサンルイスを訪れる機会があり，2000年には日本学術振興会の派遣研究者として，ベレンのエミリオ・ゲルヂ博物館に10ヵ月余り滞在し，その際に，アフロアマゾニアン宗教の現状についても追跡調査することができた。個々のテヘイロでは，さまざまな変化がみられたが，本書の全体的な議論の有効性は失われてはいないと私は考えている。

　しかし，議論の詳細に関していえば，人類学理論のめざましい転回を経た現時点から見て，自己批判すべき箇所も少なくない。ある意味では，私の博士論文は，やや異質な複数の問題意識(語られるものとしての憑依+憑依の語るもの)が並存している点で，私の研究上の移行期にあたっていたと見ることができる。それはまた同時に，1992年という象徴的な年にオースティンで博士論文を仕上

げていたときに私がひしひしと感じていた，1980年代後半から90年代前半にかけて人類学という学問が体験した大きな変化を反映していると見ることもできるだろう。そしてその変化は，人類学とその研究対象の関係の劇的な変化を反映するものであった。つまりいろいろな意味で，「それまで」と「それから」が奇妙なぐあいに節合しているのである。したがって本来ならば，最新のデータを活かし，人類学の理論的発展も充分に取り込んで全面的に書き改めるべきところだが，それについては別の機会にゆずることとし，あえて本書では，博士論文の構成・議論を大きく変更することをさしひかえた。この点について，読者諸賢の御海容を乞いたいと思う。

なお，紙幅の都合上，議論の細部や資料については，大幅に割愛せざるをえなかった。博士論文では多数収録されていた儀礼歌も，本書に載せることを禁欲的に断念した。註についても，本文の理解のために必要最低限のものに絞った。それらについて興味のある方は，博士論文に直接当たっていただけるようお願いしたい。

アマゾン地方のアフロアマゾニアン宗教については言うに及ばず，ブラジル中に存在するカンドンブレやウンバンダのような「著名アフロブラジリアン宗教」についても，フィールドワークにもとづいた本格的な研究書は，日本では皆無である。その点では，私が関心をもちはじめた1980年頃と状況にほとんど変化はない。そのようなものが存在することすら，日本では，ごく一部のブラジル通の人々を除けば，まったく知られていないと言ってよいだろう。ブラジルの文化と社会を理解する上でアフロブラジリアン宗教のもつ重要性，そしてそれを対象とする学術研究のブラジル内外における長年にわたる豊かな蓄積を考えると，実に信じ難いことと私には思える。自分の調査対象に対する身びいきから言うのではなく，音楽・文学・美術などの面でも，アフロブラジリアン宗教がブラジルの文化に及ぼしている影響は広く厚く深い。それとの交渉の歴史こそがブラジル文化を形づくってきたとさえ言えるかもしれない。日本のアカデミズム，出版，マスメディアにおける，テーマの著しい偏りについては，既に多くの人が指摘してきていることなので，ここでは繰り返さないが，大事件が起こってはじめて，少数の「有名地域」以外の場所で生きている人々の営みにも目を向けるという，度し難い視野狭窄については，どうにかならないも

のであろうか。

　本書はもともと，憑依を中心テーマとした学術論文であり，人類学を専門としない人々を想定したブラジル文化紹介書として書かれたものではない。しかし，本書をお読みになった人々が，憑依する caboclo たちと caboclo に憑依される人々が紡ぎ出している豊穣な世界に関心をもってくれるとしたら，私にとって望外の喜びである。他の人々に対する誤解は，しばしば想像力の欠如の結果である。私たちにとって一見奇妙にみえる営みを，こちらの慣れ親しんだ理解の枠組みへと押し込めて一方的に消化してしまうのではなく，その「奇妙さ」による居心地の悪さを安易に解消しようとせずに，他の人間たちにとって意味あるものとして成立している「世界」を想像すること。そうした試みのために，本書がなにがしかの貢献ができるとしたら，caboclo たちも喜んでくれるに違いないと思う。

　本書を上梓するにあたって，奇妙に思われるかもしれないが，まず誰よりも，Mariana をはじめとする憑依霊の諸兄姉に感謝したい。かれらとすごした時間がなければ本書は成立しえなかったからである。さらに，アフロアマゾニアン宗教の信者の皆さんにも深甚の謝意を表したい。全員の名前をあげることはもちろんできないが，Benedito Salaiva Monteiro（パイ・ベネ），Raimunda Prudência Silva（マンイ・ハイムンヂーニャ），José Ferreira（パイ・ゼジーニョ）のお三方に対しては，とくに名前をあげることで，異国から舞い込んできた詮索好きの私に対する多年にわたる惜しみない厚情に報いたいと思う。後二者はすでに故人である。ほかにも亡くなった方は少なくない。この機会をかりて冥福をお祈りしたいと思う。

　私のブラジルでのフィールドワークは，東京大学大学院在学中，日本学術振興会特別研究員在任中，東京大学および九州大学在職中に，トヨタ財団研究助成，東京大学大学院学生学術研究奨励金，文部省科学研究費補助金，日本学術振興会の援助によって可能になったものである。また，国際文化会館社会科学国際フェローシップを受けてテキサス大学ラテンアメリカ研究所に客員研究員として滞在中（1991～1993）に，本書のもととなった博士論文を最終的に完成させることができた。以上の諸機関と関係者に対しても感謝したい。

フィールドワーク期間中またその後も，多くのブラジル人研究者の協力を得ることができた。なかでもサンパウロ大学 Liana Trindade 教授，エミリオ・ゲルヂ博物館 Napoleão Figueiredo 教授，国立マラニョン大学 Sérgio Ferretti 教授ならびに Mundicarmo Ferretti 教授，国立パラ大学 Anaíza Vergolino 教授との出会いがなかったならば，そもそも私のフィールドワークは不可能だったであろうし，学問的関心を共有する彼らとの対話は，本書がこのようなかたちで完成するにあたって計り知れない意義をもつものであった。それ以外にも，ブラジルで生活する上で多年にわたってお世話になった方々は数多い。ここでは，鈴木悌一教授(サンパウロ大学)，宮尾進氏(サンパウロ人文科学研究所)，森孝一氏(同)，Alberto Ikeda 教授(サンパウロ州立大学)のお名前をあげて御礼を申し上げることで，お世話になったすべての方々に対する感謝にかえることをお許しいただければと思う。

博士論文を御審査いただいた，東京大学の大貫良夫教授(主査)，増田義郎名誉教授，伊藤亜人教授，船曳建夫教授，木村秀雄教授の諸先生に対しては，本文だけで 400 字詰 1,200 枚以上におよぶ大部の論文をお読みいただいた上に，多くの有益なご批判をいただけたことに対して，深く感謝したい。それに加えて，大学院在学中の指導教官である増田先生に対しては，「伝統的」とは言いがたい研究対象をテーマとする傍若無人の研究に対して，寛容をもって接して下さったことについても，遅ればせながら，あらためて御礼を申し述べたい。

そのほか，大学院在学中，東京大学および九州大学在職中に，さまざまな機会に多くの先生方に御指導をいただけたこと，多くの優秀な同僚・研究仲間に刺激を受けることができたことにも，深く感謝したいと思う。すべての方々のお名前をあげることはできないが，なかでも，科研費によるブラジル調査の代表だった中牧弘允教授(国立民族学博物館)，九州大学の同僚でありまた大学の先輩でもある清水展教授(九州大学)，憑依というテーマについて啓発しつづけて下さった浜本満教授(一橋大学)には，格別の謝意を表したい。怠け者の私が博士論文を完成することができたのは，こうした諸先輩の叱咤激励や無言の圧力のおかげである。

また，海外にいながら東京大学に論文を提出するという無謀な企てに対する惜しみない協力をはじめとして，これまでのすべてに対する感謝を込めて，本

書を両親(古谷元・古谷澄子)に捧げたいと思う。数年来の道連れである柴山麻妃に対しても，あれやこれやのことについて，この場をかりて感謝したい。彼女はいまやアフロアマゾニアン宗教についての日本における第二人者と言ってよいかもしれない。そのほかにも数え切れないほど多くの方々のお蔭でここまでたどりつくことができた。いまはただ本書が少しでもその御恩返しになっていればと祈るのみである。

　最後になるが，本書の出版に際しては，日本学術振興会平成14年度科学研究費補助金(研究成果公開促進費)の交付を受けた。また，九州大学出版会の福留久大理事長には紹介の労をお取りいただき，同出版会藤木雅幸・永山俊二両氏には，さまざまな編集上の苦労をおかけした。ここに篤く御礼申し上げる。

2002年11月

古谷　嘉章

文　献

Alvarenga, Oneyda
1948　*Tambor de Mina e Tambor de Crioulo*. São Paulo: Discoteca Pública Municipal.
1950　*Babassuê*. São Paulo: Discoteca Pública Municipal.
Anderson, Benedict
1983　*Imagined Communities*. New York: Verso.
Andrade, Mário de
1983a　*Música de feitiçaria no Brasil*. Belo Horizonte: Ed. Itatiaia.
1983b　*O Trista aprendiz*. 2a. ed. São Paulo: Livraria Duas Cidades.
1987 [1928]　*Macunaíma: o herói sem nenhum carater*. 24a. ed. Belo Horizonte: Ed. Itatiaia.
1988　*Macunaíma: o herói sem nenhum carater; Edição crítica*. (Lopes, Telê Porto Ancona, coordenadora), Paris: Association Arquives de la Littérature latino-américaine, de Caraïbes et africaine du XX siêcle; Brasília: CNPq.
Araujo, Alceu Maynard
1979　*Medicina rústica*. 3a. ed. São Paulo: Editora Nacional.
Argyle, W. J.
1966　*The Fon of Dahomey: A History and Ethnography of the Old Kingdom*. Oxford: Oxford University Press.
Augras, Monique
1983　*O Duplo e a Matamorfose: A identidade mítica em comunidades Nagô*. Petrópolis: Vozes.
Bakhtin, Mikhail
1981　*The Dialogic Imagination*. Austin: University of Texas Press.
Baldus, Herbert
1970　*Tapirapé: Tribo tupi no Brasil Central*. São Paulo: Companhia Editora Nacional.
Barnes, Sandra T. ed.
1989　*Africa's Ogun: Old World and New*. Bloomington & Indianapolis: Indiana University Press.

Barretto, Maria Amalia Pereira
　1977　　*Os Voduns do Maranhão*. São Luís: Fundação Cultural do Maranhão.
Bastide, Roger
　1945　　*Imagens do Nordeste místico em preto e branco*. Rio de Janeiro: Empresa Gráfica O Cruzeiro.
　1971　　*African Civilizations in the New World*. Peter Green, trans. New York: Harper and Row.
　1973　　*Estudos Afro-Brasileiros*. São Paulo: Editora Perspectiva.
　1974　　The Present Status of Afro-American Research in Latin America. *Daedalus* 103 (2): 111–123.
　1975　　*Le sacré sauvage*. Paris: Payot.
　1978a　*The African Religions of Brazil*. Helen Sebba, trans. Baltimore: The Johns Hopkins University Press.
　1978b [1961]　*O candomblé da Bahia*. São Paulo: Editora Nacional.
Bastide, Roger et al.
　1981　　*Oloorisa: Escritos sobre a religião dos orixás*. São Paulo: Editora Ágora.
Beattie, J., and J. Middleton, eds.
　1969　　*Spirit Mediumship and Society in Africa*. London: Routledge & Kegan Paul.
Benchimol, Samuel
　1981　　*Amazônia legal da década 70/80: Expansão e Concentração demográfica*. Manaus: CEDEAM / UA.
Bethell, Leslie, ed.
　1987　　*Colonial Brazil*. Cambridge: Cambridge University Press.
Bhabha, Homi K., ed.
　1990　　*Nation and Narration*. London and New York: Routledge.
Bierhorst, John
　1988　　*The Mythology of South America*. New York: William Morrow & Co.
Birman, Patricia
　1982　　Laços que nos unem: ritual, família e poder na umbanda. *Religião e Sociedade* 8: 21–28.
　1983　　*O que é umbanda*. São Paulo: Editora Brasiliense.
Boddy, Janice
　1989　　*Wombs and Alien Spirits: Women, Men, and the Zar Cult in Northern Sudan*. Madison: The University of Wisconsin Press.
Bosi, Alfredo
　n.d.　　*História concisa da literatura brasileira*. São Paulo: Cultrix.
Bourguignon, Erika
　1965　　The Self, the Behavioral Environment and the Theory of Spirit Possession. Melford Spiro, ed. *Context and Meaning in Cultural Anthropology*, New York: Free Press.

文献 339

1974   Cross-Cultural Perspectives on the Religious Uses of Altered States of Consciousness. I. I. Zaretsky and M. D. Leone, eds. *Contemporary Religious Movements in America*, Princeton: Princeton University Press.
1976a   *Possession*. San Francisco: Chandler & Sharp Publishers.
1976b   Spirit Possession Belief and Social Structure. A. Bharati, ed. *The Realm of the Extra-Human: Ideas and Actions*, pp. 17–26. Hague: Mouton.
1978   Spirit Possession and Altered States of Consciousness: The Evolution of Inquiry. G. E. Spindler, ed. *The Making of Psychological Anthropology*, pp. 479–515, Berkeley: University of California Press.
1979   *Psychological Anthropology: An Introduction to Human Nature and Cultural Differences*. New York: Holt, Rinehart and Winston.
Bourguignon, Erika, ed.
1973   *Religion, Altered States of Consciousness and Social Change*. Columbus: The Ohio University Press.
BRASTEC
1966   *Desenvolvimento econômico da Amazônia*. Belém: Universidade Federal do Pará.
Brown, Diana
1977   O papel histórico da classe média na umbanda. *Religião e Sociedade* 1: 31–42.
1979   Umbanda and Class Relations in Brazil. M. Margolis and E. W. Carter, eds. *Brazil: Anthropological Perspectives*, pp. 270–304. New York: Columbia University Press.
1986   *Umbanda: Religion and Politics in Urban Brazil*. Ann Arbor: UMI Research Press.
Brown, Diana and Mario Bick
1987   Religion, Class, and Context: Continuities and Discontinuities in Brazilian Umbanda. *American Ethnologist*, 14 (7): 73–93.
Brown, Diana et al.
1985   *Umbanda e Política*. Rio de Janeiro: ISER / Editora Marco Zero.
Bruneau, Thomas C.
1982   *The Church in Brazil: The Politics of Religion*. Austin: University of Texas Press.
Brushwood, John S.
1966   *Mexico in its Novel: A Nation's Search for Identity*. Austin: University of Texas Press.
Cacciatore, Olga Gudolle
1977   *Dicionário de cultos afro-brasileiros*. Rio de Janeiro: Forense Universitaria / SEEC.
Camargo, Cândido Procópio Ferreira de
1961   *Kardecismo e Umbanda*. São Paulo: Pioneira Editora.
Capone, Stefania
1989   A cerimônia do Bori no candomblé da Bahia. *Comunicação do ISER*, 8 (34): 59–66.

Carneiro, Edison
- 1936 *Religiões negras*. Rio de Janeiro: Editora Civilização brasileira.
- 1937 *Negros bantos*. Rio de Janeiro: Editora Civilização brasileira.
- 1940 The Structure of African Cults in Bahia. *Journal of American Folklore* 53: 271–278
- 1948 *Candomblés da Bahia*. Rio de Janeiro: Editora Civilização brasileira.
- 1964 *Ladinos e Criouolos*. Rio de Janeiro: Editora Civilização brasileira.
- 1980 *A Conquista da Amazônia*. 2a. ed. Rio de Janeiro: Civilização brasileira.

Carrithers, M., S. Collins and S. Lukes, eds.
- 1985 *The Category of the person: Anthropology, philosophy, history*. Cambridge: Cambridge University Press.

Cascudo, Luis da Camara
- 1979 *Dicionário do folclore brasileiro*. 5a. ed. São Paulo: Edição Melhoramentos.

Chatman, Seymour
- 1990 *Coming to Terms: The Rhetoric of Narrative in Fiction and Film*. Ithaca and London: Cornell University Press.

Chiavenato, Julio José
- 1984 *Cabanagem: o povo no poder*. São Paulo: Brasiliense.

Clifford, James
- 1986 On Ethnographic Allegory. J. Clifford and G. Marcus, eds. *Writing Culture*. Berkeley: University of California Press, pp. 98–121.
- 1988 *Predicament of Culture: Twentieth-Century Ethnography, Literature, and Art*. Cambridge: Harvard University Press.

Coêlho, Enice Mariano
- 1982 *Acre: O Ciclo da Borracha (1903–1945)*. Niterói: Instituto de Ciências e Filosofia, Centro de estudos gerais, Universisdade Federal Fluminense.

Comaroff, Jean and John Comaroff
- 1991 *Of Revelation and Revolution*. vol. 1, Chicago and London: The University of Chicago Press.

Concone, Maria Helena Villas Boas
- 1987 *Umbanda: uma religião brasileira*. São Paulo: FELCH / USP, CER.

Concone, Maria Helena Villas Boas and Negrão, Lisias
- 1985 Umbanda: da repressão a cooptação. D. Brown et al., *Umbanda e Política*. pp. 43–75. Rio de Janeiro: ISER / Editora Marco Zero.

Conselho Nacional Deliberativo da Umbanda
- n.d. *Umbanda Brasileira*. Rio de Janeiro: CONDU.

Correia Lima, Olavio
- 1981 *A Casa de Nagô: tradição religiosa iorubana no Maranhão*. São Luís: UFMA.

Costa Eduardo, Octávio da
- 1946 Three-Way Religious Acculturation in a North Brazilian City. *Afro-America*,

vol. 2, no. 3: 81-90.
1948　　*The Negro in Northern Brazil.* Seattle: University of Washington Press.
Costa Lima, Vivaldo
1976　　O Conceito de 'Nação' nos Candomblés da Bahia. *Afro-Asia* 12: 65-90.
Crapanzano, Vincent
1973　　*The Hamadsha: A Study in Moroccan Ethnopsychiatry.* Berkeley: University of California Press.
1977　　Introduction. Crapanzano, V. and Garrison.V., eds. *Case Studies in Spirit Possession,* pp. 1-40. New York: John Wiley & Sons.
1992　　*Hermes' Dilemma & Hamlet's Desire: On the Espistemology of Interpretation.* Cambridge: Harvard University Press.
Crapanzano, Vincent and Garrison, Vivian, eds.
1977　　*Case Studies in Spirit Possession.* New York: John Wiley & Sons.
Cruz, Ernesto
1973　　*História de Belém.* 2 vols. Belém: Universidade Federal do Pará.
n.d.　　*História do Pará.* 2 vols. Belém: Governo do Estado do Pará.
Cunha, Antônio Geraldo da
1989　　*Dicionário histórico das palavras portuguesas de origem tupi.* 3a. ed. São Paulo: EDUSP.
Cunha, Manuela Carneiro da
1987　　*Os direitos do índio.* São Paulo: Brasiliense.
da Matta, Roberto
1978　　*Carnavais, malandros e heroís.* Rio de Janeiro: Zahar Editores.
1985　　*A casa e a rua.* São Paulo: Brasiliense.
Dantas, Beatriz Góis
1982　　Repensando a pureza nagô. *Religião e Sociedade,* 8: 15-20.
1988　　*Vovô Nagô e Papai Branco: Usos e abusos da África no Brasil.* São Paulo: Graal.
Davidovich, Fany Rachel and Olga Maria Buarque de Lima Fredrich
1988　　Urbanização no Brasil, *Brasil: Uma Visão Geográfica nos Anos 80,* pp. 13-85. Rio de Janeiro: IBGE
Dias, Manuel Nunes
1970　　*A Companhia Geral do Grão Pará e Maranhão* (*1755-1778*). Belém: Universidade Federal do Pará.
di Paolo, Pasquale
1979　　*Umbanda e integração social: uma investigação sociológica na Amazônia.* Belém: Universidade Federal do Pará, Editora Boitempo.
Dumont, Louis
1986　　*Essays on Individualism: Modern Ideology in Anthropological Perspective.* Chicago and London: The University of Chicago Press.

Dwyer, Augusta
1990　　*Into the Amazon.* Tronto: Key Porter Books.
Elbein dos Santos, Juana
1976　　*Os Nagô e a Morte.* Petrópolis: Vozes.
1982　　Pierre Verger e os resíduos coloniais. *Religião e Sociedade* 8: 11–14.
Eliade, Mircea
1964　　*Shamanism: Archaic Techniques of Ecstasy.* W. R. Trask, trans. Princeton: Princeton University Press. (original, *Le chamanisme et les techniques archaiques de l'extase.* Paris: Librairie Payot. 1951)
Fernandes, Vera Froés
1986　　*Santo Daime: Cultura amazônica, História do povo Juramidam.* Manaus: SUFRAMA
Fernandez, James W., ed.
1991　　*Beyond Metaphor: The Theory of Tropes in Anthropology.* Stanford: Stanford University Press.
Ferreira, Euclides Menezes
1984　　*O Candomblé no Maranhão.* São Luís: Alcântara.
1985　　*Orixás e voduns em cânticos associados.* São Luís: Alcântara.
Ferreira Reis, Arthur Cezar
1972　　*Síntese de História do Pará.* Belém: AMADA.
Ferretti, Mundicarmo Maria Rocha
1985a　*De seugna a domingo: Mina, uma religião de origem africana.* São Luís: STOGE.
1985b　*Baia Caboclo.* (Relatório de pesquisa) São Luís: UFMA / FUNARTE-INF.
1989　　Rei da Turquia, o Ferrobrás de Alexandria? A Importância de um Livro na Mitologia do Tambor de Mina. C.E.M. Moura, ed. *Meu sinal esta no teu corpo,* pp. 202–218. SãoPaulo: EDICON/EDUSP.
1991　　*O caboclo no 'Tambor de mina' e na dinâmica de um terreiro de São Luís: A casa de Fanti-Ashanti.* Unpublished Ph.D. dissertation. Departamento de Antropologia, Universidade de São Paulo. (xerox)
2000　　*Desceu na Guma.* São Luís: EDUFMA.
Ferretti, Sérgio Figueiredo
1985a　*Religions of African origin in Maranhão.* Paper presented at the Colloquium on the Survival of African Religious Traditions in the Caribbean and Latin America. São Luís, June 24–28, 1985.
1985b　*Querebentan de Zomadonu: Etnografia da Casa das Minas.* São Luís: Universidade Federal do Maranhão.
1989　　Voduns da Casa das Minas. C.E.M. Moura, ed. *Meu sinal esta no teu corpo.* pp. 176–200. São Paulo: EDICON/EDUSP.
1991　　*Repensando o sincretismo: estudo sobre a casa das minas.* Unpublished Ph.D. dissertation. Departamento de Antropologia, Universidade de São Paulo. (xerox)

1995　　*Repensando o Sincretismo*. São Paulo: EDUSP / Fapema.
Figueiredo, Napoleão
1974　　Os caminhos de Exu. *7 Brasileiros e seu Universo*, pp. 71–96. Brasília: Ministério da Educação e Cultura.
1975　　Religiões mediúnicas na Amazônia: o batuque. *Journal of Latin American Lore*, 1 (2): 173–184.
1976　　Pajelança e catimbó na região Bragantina. *Revista de Cultura do Pará*, Ano 6, no. 22/23: 153–163. Belém: Conselho estadual do Pará.
1979　　*Rezadores, Pajés & Puçangas*. Belém: Universidade Federal do Pará.
1981　　Todas divindades se encontram nas "encantarias" de Belém. *Ciência & Trópico* 9 (1): 51–66. Recife: Instituto Joaquim Nabuco de Pesquisas Sociais.
1983　　*Banho de cheiro*. Folclore 135. Recife: Fundação de Joaquim Nabuco.
Figueiredo, Napoleão and Vergolino e Silva, Anaíza
1967　　Alguns elementos novos para o estudo dos batuques de Belém. *Atas do simpósio sobre a Biota Amazônica*, vol. 2 (Antropologia): 101–122. Rio de Janeiro: Conselho Nacional de Pesquisas.
1972　　*Festas de santo e encantados*. Belém: Academia Paraense de Letras.
Firth, Raymond
1959　　Problems and Assumptions in an Anthropological Study of Religion. *Journal of the Royal Anthropological Institute* 89: 129–148.
1969　　Forword to: *Spirit Mediumship and Society in Africa*. J. Beattie and J. Middleton, eds. London: Routledge & Kegan Paul.
Fonseca, José Câmara
1978　　*Umbanda brasileira*. Rio de Janeiro: CONDU
Freitas, João de
n.d.　　*Curimbas da Umbanda*. Rio de Janeiro: Editora Baptista da Souza.
Freyre, Gilberto
1933　　*Casa Grande e Senzala*. Rio de Janerio: Livraria José Olympia.
Fry, Peter
1977　　Mediunidade e sexualidade. *Religião e Sociedade*, 1: 105–123.
1982　　*Para inglês ver*. Rio de Janeiro: Zahar editores.
1984　　De um observador não participante...: Reflexões sobre alguns recortes de jornal acerca de II Conferência Mundial de Tradição dos Orixás e Cultura realizada em Salvador, junho de 1983. *Comunicação do ISER* 8: 37–46.
Fry, Peter and Gary Howe
1975　　Duas Respostas a Aflição: Umabanda e Pentecostalismo. *Debate e Crítica* 6: 75–94.
Furuya, Yoshiaki
1986　　Entre "Nagoização" e "Umbandização": Uma síntese no culto Mina-Nagô de Belém, Brasil. *Annals* 6: 13–53. Tokyo: Japan Association for Latin American

1988　　　*Caboclo Spirits in an Afro-Amazonian cult.* Paper presented at 46th International Congress of Americanists, Amsterdam, July 4–8, 1988.
1992　　　*Umbandization and Caboclo Spirits in an Afro-Amazonian Cult.* Paper Presented at the 6th International Congress on Traditional and Folk Medicine, Kingsville (Texas), December 8–10.
1993　　　*Os "caboclos" nas religiões afro-amazônicas.* Paper Presented at the 3rd Regional Meeting of Anthropologists from the North-Northeast, Belém (Brazil), May 30-June 2.
1994a　　Umbandiação dos Cultos Populares na Amazônia: A Integração ao Brasil?, Hirochika Nakamaki and Américo Pellegrini Filho, eds. *Possessão e Procissão: Religiosidade Popular no Brasil* (Senri Ethnological Reports, no. 1), National Museum of Ethnology, pp. 11–59.
1994b　　Possessão e Discurso: Os "Caboclos" nas Religiões Afro-Amazônicas, *Latin American Studies*, no. 1, pp. 73–88.

古谷嘉章
1982　　　『ブラジル北部地方の宗教と社会: Possession-Trance と Saint-cult をめぐって』（修士論文），東京大学大学院社会学研究科．
1984　　　「アフリカ系の人々」大貫良夫編『民族交錯のアメリカ大陸』，山川出版社．pp. 335–370.
1985　　　「テヘイロ: ブラジルの憑霊宗教」『季刊民族学』34: 67–79.
1986　　　「憑依霊としてのカボクロ」『民族学研究』51 (3): 248–274.
1988　　　「クーラとタンボール: 北部ブラジルの憑霊カルトにおける成巫過程」『国立民族学博物館研究報告』13 (1): 69–125.
1991a　　「集束する音，拡散する音: アフロブラジリアンカルトの憑依儀礼」藤井知昭・山田陽一編『民族音楽叢書 7. 環境と音楽』，東京書籍，pp. 169–198.
1991b　　「アマゾンの〈ウンバンダ化〉: ブラジルへの〈統合〉?」『社会科学論集』31: 49–128. 九州大学教養部社会科学研究室．
1992a　　「個性化としての憑依」，中牧弘允編『陶酔する文化』，平凡社，pp. 51–83.
1992b　　「憑依解釈の問題点」，中牧弘允編『陶酔する文化』，平凡社，pp. 223–226.
1992c　　『憑依霊としての CABOCLO: アフロアマゾニアンカルトの憑依文化』（博士論文），東京大学大学院総合文化研究科．
1994　　　「個人: 独立自尊と孤立無縁のあいだで」，浜本満・浜本まり子編『人類学のコモンセンス』，学術図書出版社，pp. 165–183.
1998　　　「アフロブラジリアン宗教からの視点」，大貫良夫・木村秀雄編『文化人類学の展開』，北樹出版，pp. 175–192.
1999a　　「開発のなかのアマゾン: 発明される自然・否認される社会」，清水透編『〈南〉から見た世界 5: ラテンアメリカ』，大月書店，pp. 203–236.
1999b　　「すばらしき開発の言説」，『現代思想』27 巻 12 号，pp. 98–109.
2001　　　『異種混淆の近代と人類学: ラテンアメリカのコンタクト・ゾーンから』，人文

書院.

Gabriel, Chester E.
1985 Comunicação dos Espíritos: Umbanda, cultos regionais em Manaus e a dinâmica do transe mediúnico. São Paulo: Edições Loyola.

Galvão, Eduardo
1953 Vida religiosa do caboclo da Amazônia. Boletim do Museu nacional, Nova Serie, Antrolopologia, no. 5.
1955 Santos e Visagens: um estudo da vida religiosa de Itá, Amazonas. Brasiliana, vol. 284. São Paulo: Companhia Editora Nacional.
1967 Indigenous Culture Areas of Brazil 1900–1950. J. H. Hopper, ed. *Indians of Brazil in the Twentieth Century*. Washington D.C.: Institute for Cross-Cultural Research.
1979a The Encounter of Tribal and National Societies in the Brazilian Amazon. M. L. Margolis and W. E. Carter, eds. *Brazil: Anthropological Perspectives*. pp. 25–38. New York: Columbia University Press.
1979b Encontro de Sociedades: índios e brancos no Brasil. Rio de Janeiro: Paz e Terra.

Geertz, Clifford
1973 *The Interpretation of Cultures*. New York: Basic Books.

Goldman, Marcio
1985 A construção ritual da pessoa: a possessão no candomblé. *Religião e Sociedade* 12/1: 22–53

Graham, Richard, ed.
1990 *The Idea of Race in Latin America*, 1870–1940. Austin: University of Texas Press.

Grzybowski, Cândido, org.
1989 O Testemunho do homem da floresta: Chico Mendes por ele mesmo. Rio de Janeiro: FASE.

Harari, Josué, ed.
1979 *Textual Strategies*. Ithaca and New York: Cornell University Press.

Hecht, Susanna and Cockburn, Alexander
1990 [1989] *The Fate of the Forest: Developers, Destroyers and Defenders of the Amazon*. Penguin Book.

Herskovits, Melville J.
1937 *Life in a Haitian Valley*. New York: Alfred Knopf.
1937 African Gods and Catholic Saints in New World Negro Belief. *American Anthropologist* 39: 635–643.
1954 The Social Organization of the Candomble. *Annais do XXXI Congresso Internacional de Americanistas*, I: 505–532.
—— (Herskovits, F.S., ed.)
1966 *The New World Negro*. Bloomington: Indiana University Press.

Hobsbawm, Eric and Terence Ranger, eds.
　　1983　　*The Invention of Tradition*. Cambridge: Cambridge University Press.
細野昭雄・恒川恵市
　　1986　　『ラテンアメリカ危機の構図』, 有斐閣.
IBGE
　　1986　　*Anuáio Estatístico do Brasil-1985.*
　　1983　　*IX Recenseamento geral do Brasil-1980,*
　　1988　　*Brasil: Uma visão geográfica nos Anos 80.*
　　1990　　*Estatísticas Históricas do Brasil.* 2a. ed.
Jackson, K. David
　　1987　　Literature of the São Paulo Week of Modern Art. *Texas Papers on Latin America*, No. 87–08. Austin: ILAS, University of Texas.
Johnson, Randal
　　1982a　*Macunaíma: do modernismo na literatura ao cinema novo.* São Paulo: T. A. Queiroz.
　　1982b　"Cinema Novo and Cannibalism: Macunaíma". J. Randal and S. Robert, eds. *Brazilian Cinema.* pp. 178–190. Austin: University of Texas Press.
　　1984　　*Cinema Novo X5.* Austin: University of Texas Press.
Kardec, Allan (Léon Rivail)
　　1857　　*Livro dos Espíritos.* Rio de Janeiro: Federação Espírita Brasileira.
川田順造
　　1983　　「口頭伝承論 1」『社会史研究 2』日本エディタースクール出版部, pp. 93–98.
　　1988　　『聲』, 筑摩書房.
Kilson, M. L. and R. I. Rotberg, eds.
　　1976　　*The African Diaspora.* Cambridge: Harvard University Press.
Kloppenburg, Boaventura O.F.M.
　　1961　　*Umbanda: Orientação Para os Católicos.* Rio de Janeiro: Vozes.
Laguerre, Michel S.
　　1980　　*Voodoo Heritage.* London: SAGE.
Lambek, Michael
　　1981　　*Human Spirits: A cultural account of trance in Mayotte.* Cambridge: Cambridge University Press.
Landes, Ruth
　　1947　　*The City of Woman.* New York: Macmillan Company.
Lapassade, Georges and Luz, Marco Aurélio
　　1972　　*O Segredo da Macumba.* Rio de Janeiro: Editora Paz e Terra.
Leacock, Seth
　　1964a　Ceremonial Drinking in an Afro-Brazilian Cult. *American Anthropologist* 66: 344–354.
　　1964b　Fun-loving Deities in an Afro-Brazilian Cult. *Anthropological Quarterly* 37: 94–109.

1966   *Spirit Possession as Role-Enactment in the Batuque.* Paper presented at the sixty-fifth Annual Meeting of the American Anthropological Association. (xerox)

Leacock, Seth and Leacock, Ruth
　1972   *Spirits of the Deep: A Study of an Afro-Brazilian Cult.* Garden City: Doubleday Natural History Press.

Leenhart, Maurice
　1979   *Do Kamo: Person and Myth in the Melanesian World.* Basia Gulati, trans. Chicago: University of Chicago Press.

Léna, Phillipe and Oliverira, Adélia Engrácia de, org.
　1991   *Amazônia: a fronteira agrícola 20 anos depois.* Belém: Museu Paraense Emílio Goeldi.

Lewis, I. M.
　1966   Spirit Possession and Deprivation Cults. *Man*, vol. 1, no. 3, pp. 307–329.
　1971   *Ecstatic Religion: Anthropological Study of Spirit Possession and Shamanism.* Harmondsworth: Penguin Books.
　1986   *Religion in Context: Cults and Charisma.* Cambridge: Cambridge University Press.

Lima, Antonio Carlos de Souza
　1991   On Indigenism and Nationality in Brazil. G. Urban and J. Sherzer, eds., *Nation-States and Indians in Latin America.* pp. 236–258. Austin: University of Texas Press.

Lima, Carlos de
　1981   *História do Maranhão.* n.p.

Loyola, Maria Andéa
　1984   *Médicos e Curandeiros: conflito social e saude.* São Paulo: Defel.

Luna, Luis Eduardo
　1986   *Vegetalismo: Shamanism among the Mestizo Population of the Peruvian Amazon.* Stockholm: Almqvist & Wiksell International.

MacLachlan, Colin M.
　1974   African Slave Trade and Economic Development in Amazonia, 1700–1800. Robert B. Toplin, ed. *Slave and Race Relations in Latin America.* pp. 112–145. Westport: Greenwood Press.

Margolis, Maxim L., and William E. Carter, eds.
　1979   *Brazil: Anthropological Perspectives.* New York: Columbia University Press.

Matta e Silva, W.W. de
　1957   *Umbanda de todos nós.* Rio de Janeiro: Freitas Bastos.
　1977   *Macumbas e Candomblés na Umbanda.* 2a. ed. Rio de Janeiro: Freitas Bastos.

Maués, Raymundo Heraldo
　1977   *Ilha Encantanda.* Brasília: Universidade de Brasília.

Mauss, Marcel
1973 *Sociologie et anthropologie*. Paris: Presses Universitaires de France.
Maybury-Lewis, David
1991 Becoming Indian in Lowland South America. G. Urban and J. Sherzer, eds. *Nation-States and Indians in Latin America*. pp. 207–235. Austin: University of Texas Press.
Melatti, Julio Cezar
1983 [1970] *Índios do Brasil*. 4a. ed. São Paulo: Editora Huicitec.
Métraux, Alfred
1944 Le Shamanisme chez les Indiens de l'Amerique du Sud tropicale. *Acta Americana* 2 (3–4): 197–219, 320–341.
1948a The Tupinamba. *HSAI* vol. 3 pp. 95–133.
1948b Religion and Shamanism. *HSAI* vol. 5, pp. 559–599.
1972 [1959] *Voodoo in Haiti*. Hugo Charteris, trans. New York: Schocken Books.
Mitschein, Thomas A., Henrique R. Miranda, and Mariceli C. Paraense
1989 *Urbanização selvagem e proletarização passiva na Amazônia: O caso de Belém*. Belém: CEJUP-NAEA/UFPA.
Moreira Neto, Carlos de Araujo
1988 *Índios da Amazônia, de Maioria a Minoria (1750–1850)*. Petrópolis: Vozes.
Motta, Roberto
1976 Carnerio, Ruth Landes e os Candomblés bantus. *Revista do Arquivo Público* 30 (32): 58–68. Recife: Arquivo Público Estadual de Pernambuco.
1977 As variedades do espiritismo popular na area do Recife. *Boletim da Cidade do Recife* 2 (n.s.): 97–114. Recife: Conselho Municipal da Cultura.
Moura, Carlos Eugênio Marcondes de, org.
1982 *Bandeira de Alairá: Outros escritos sobre a religião dos orixás*. São Paulo: Nobel.
1987 *Candomblé desvendando identidades*. São Paulo: EMW Editores.
1989 *Meu sinal está no teu corpo: Escritos sobre a religião dos orixás*. São Paulo: Edicon e Edusp.
Nina Rodrigues, Raimundo
1935 [1900] *O animismo feticista dos negros baianos*. Rio de Janeiro: Civilização Brasileira.
1977 [1906] *Os africanos no Brasil*. *São Paulo*: Companhia Editora Nacional.
Nunes Pereira, Manuel
1979 [1947] *A casa das minas: culto dos voduns jeje no Maranhão*. 2a. ed. Petrópolis: Vozes.
Obeyesekere, Gananath
1981 *Medusa's Hair: An Essay on Personal Symbols and Religious Experience*. Chicago and London: University of Chicago Press.
Oliveira, Jorge Itacy
1989 *Orixás e Voduns no Terreiro de Minas*. São Luíss: VCR.

Oliveira, Raimundo Alves de
   n.d.   *O soldado da borracha.* n.p.

Ortiz, Renato
   1977   A morte branca do feiticeiro negro. *Religião e Sociedade* 1: 43–59.
   1978   *A morte branca do feiticeiro negro.* Petrópolis: Vozes.
   1980   *A consciênacia fragmentada.* Rio de Janeiro: Paz e Terra.
   1985   *Cultura brasileira e identidade nacional.* São Paulo: Editora Brasiliense.
   1986   resenha: Umbanda e Política de Diana Brown et al., *Religião e Sociedade* 13 (1): 133–137.
   1989   Ogum and the Umbandista Religion. S. T. Barnes, ed. *Africa's Ogun: Old World and New.* Bloomington and Indianapolis: Indiana University Press. pp. 90–102.

Parker, Eugine P.
   1985a   The Amazon Caboclo: An Introduction and Overview. E. P. Parker, ed. *The Amazon Cabolco*, pp. xix–xliv. Williamsburg: College of William and Mary.
   1985b   Caboclization: The Transformation of the Amerindian in Amazonia 1615–1800. E. P. Parker, ed. *The Amazon Caboclo*, pp. 1–49. Williamsburg: College of William and Mary.

Parker, Eugine P.ed.
   1985   *The Amazon Caboclo: Historical and Contemporary Perspectives.* Williamsburg: College of William and Mary.

Pechman, Tema
   1982   Umbanda e política no Rio de Janeiro. *Religião e Sociedade* 8: 37–44.

Penna Pinheiro, Ary Tupinambá
   1986   *Viver amazônico.* Rondônia: Editora Gênese.

Penteado, Antonio Rocha
   1968   *Belém-Estudo de Geografia Urbana.* 2 vols. Belém: UFPa.

Pollak-Eltz, Angelina
   1977   *Cultos afroamericanos.* Caracas: Universidad Católica Andres Bello.
   1985   *María Lionza, mito y culto venezolano.* Caracas: Universidad Católica Andres Bello.

Posey, Darrell Addison and Pdero Braga dos Santos
   1985   Concepts of Health, Illness, Curing and Death In Relation to Medical Plants and Appearance of the Messianic King of the Island of Lençois Maranhão, Brazil. E. P. Parker, ed. *The Amazon Caboclo*, pp. 279–313. Williamsburg: College of William and Mary.

Prandi, Reginaldo
   1991   *Os candomblés de São Paulo.* São Paulo: HUCITEC-EDUSP.

Prandi, Reginaldo and Wagner Gonçalves
   1987   *Reafricanização do candomblé em São Paulo.* Paper presented at the XI Encontro Anual de ANPOCS, São Paulo.

1989 Axé São Paulo. C.E.M. Moura, ed. *Meu sinal está no teu corpo*, pp. 220–239. São Paulo: EDICON/EDUSP.

Pressel, Esther
1973 Umbanda in São Paulo: Religious Innovation in a Developing Society. Bourguignon, ed. *Religion, Altered States of Consciousness, and Social Change*. pp. 164–318. Columbus: Ohio State University Press.
1977 Negative Spirit Possession in Experienced Brazilian Umbanda Spirit Mediums. V. Crapanzano and V. Garrison, eds. *Case Studies in Spirit Possession*. pp. 333–364. New York: John Wiley and Sons.
1982 Umbanda Trance and Possession in São Paulo, Brazil. Esther Pressel et al. *Trance, Healing and Hallucinations*. pp. 113–225. Malabar: Robert E. Krieger.

Ramos, Alcida Rita
1991 The Hyperreal Indian. Paper presented at the Ethnic Studies Seminar, The University of Texas at Austin.

Ramos, Artur
1934 *O negro brasileiro*. Rio de Janeiro: Editora Civilização Brasileira.
1935 *As culturas negras no novo mundo*. São Paulo: Editora Nacional.

Rattner, Henrique and Olivier Udry
1987 *Colonização na Fronteira Amazônica: Expansão e Conflitos*. São Paulo: Instituto de Pesquisas Econômicas.

Ribeiro, Carmen
1983 Religiosidade do índio brasileiro no candomblé da Bahia. *Afro-Ásia*, 14: 60–80.

Ribeiro, Darcy
1970 *Os Índios e a Civilização*. Rio de Janeiro: Civilização Brasileira.

Ribeiro, René
1952 Cultos Afro-brasileiros do Recife. *Boletim do Instituto Joaquim Nabuco*.

Ricardo, Cassiano
1964 *O indianismo de Gonçalves Dias*. São Paulo: Conselho Estadual de Cultura.

Rio, João do
1976 *As religiões do Rio*. Rio de Janeiro: Nova Agular.

Roque, Carlos
1981 *História do Círio e da Festa de Nazaré*. Belém: Mitograph.

Rout, Leslie B. Jr.
1976 The Africans in Colonial Brazil. M. L. Kilson and R. I. Rotberg, eds. *The African Diaspora*. pp. 132–171. Cambridge: Harvard University Press.

坂部　恵
1976 『仮面の解釈学』, 東京大学出版会.

Salazar, Homero
1988 *Yara, el libro del siglo, la historia de Maria Lionza*. Caracas: El Aragüeño.

Saldívar, Ramón
1990　*Chicano Narrative: The Dialectics of Difference*. Madison: The University of Wisconsin Press.

Salles, Vicente
1971　*O negro no Pará*. Rio de Janeiro / Belém: Fundação Getúlio Vargas & Universidade Federal do Pará.

Santos, Maria do Rosario Carvalho
1986　*Boboromina: Terreiros de São Luís do Maranhão*. (xerox)

Santos, Maria Januaria Vilela
1983　*A balaiada e e insurreição de escravos no Maranhão*. São Paulo: Ática.

Schmink, Marianne and Charles H. Wood
1992　*Contested frontiers in Amazonia*. New York: Columbia University Press.

Segato, Rita Laura
1990　*Uma vocação de minoria: a expansão dos cultos afro-brasileiros na Argentina como processo de re-etnizaçao*. (Série Antoropologia 99), Brasília: Universidade de Brasília.

SERGRAF and IBGE
1977　*Geografia do Brasil*, vol. 1. Região Norte.

Simpson, George Eaton
1976　Religions of the Caribbean, M. L. Kilson and R. I. Rotberg, eds. *The African Diaspora*, pp. 280–311. Cambridge: Harvard University Press.
1978　*Black Religions in the New World*. New York: Columbia University Press.

Skidmore, Thomas
1989　Racial Ideas and Social Policy in Brazil, 1870–1940. R. Graham, ed., *The Idea of Race in Latin America, 1879–1940*. pp. 7–36. Austin: University of Texas Press.

Skidmore, Thomas and Peter H. Smith
1989　*Modern Latin America*. 2nd ed. New York and Oxford: Oxford University Press.

Steward, Julian H. ed.
1946–63　*Handbook of South American Indians*. 6 vols. Washington: Smithonian Institution. (HSAI と略称)

Taussig, Michael
1987　*Shamanism, Colonialism, and the Wild Man*. Chicago: The University of Chicago Press.

Teles, Gilberto Mendonça
1986　*Vanguarda européia e modernismo brasileiro*. 9a. ed., Petrópolis: Vozes.

Teles dos Santos, Jocélino
1989a　O caboclo no candomblé. *Padê*. Salvador: CERNE.
1989b　As imagens estão guardadas: reafricanização. *Comunicação do ISER*, 8 (34): 50–58.
1995　*O dono da terra*. Salvador: Sarahletras.

Tocantins, Leandro
　1984　　*Estado do Acre: Geografia, História e Sociedade*. Rio de Janeiro: Philobiblion.
　1987　　*Santa Maria de Belém do Grão Pará: instantes e evocações da cidade*. 3a. ed., Belo Horizonte: Itatiaia.
Trindade, Liana Maria Salvia
　1982　　Exu: reinterpretações individualizadas de um mito. *Religião e Sociedade* 8: 29–36.
　1985a　Exu: *poder e perigo*. São Paulo: Editora Ícone.
　1985b　*Exu: símbolo e função*. São Paulo: FELCH/USP.
Turner, Terence
　1991　　"We Are Parots," "Twins Are Birds": Play of Tropes as Operational Structure. J. W. Fernandez, ed. *Beyond Metaphor*. pp. 121–158. Stanford: Stanford University Press.
Universidade Federal do Pará
　1966　　*Desenvolvimento Econômico da Amazônia*. Belém: Universidade Federal do Pará.
Urban, Greg
　1991　　*A Discourse-Centered Approach to Culture*. Austin: University of Texas Press.
Urban, Greg and Joel Sherzer, eds.
　1991　　*Nation-States and Indians in Latin America*. Austin: University of Texas Press.
Valente, Waldemar
　1977　　*Sincretismo religioso afro-brasileiro*. 3a ed., São Paulo: Companhia Editora Nacional.
Vanzellotti, Jeronymo Huberto
　1983　　*Umbanda: Corpo de doutrina, código de ética*. São Paulo: Confraria N.S. do Carmo.
Velho, Yvonne M. A.
　1977　　*Guerra de orixá*. 2a ed. Rio de Janeiro: Zahar Editores.
Verger, Pierre
　1982　　Etnografia religiosa iorubá e probidade científica. *Religião e Sociedade* 8: 3–10.
Vergolino e Silva, Anaíza
　1971　　O negro no Pará: A notícia histórica. Carlos Roque, ed. *Antologia da Amazônia*, vol. VI, pp. 17–33. n.p.: Amazônia Edição Cultural Ltda.
　1976　　*O tambor das flores*. Master thesis. Departamento de Antropologia, Universidade Estadual de Campinas. (xerox)
Vergolino Henry, Anaíza
　1987　　A semana santa nos terreiros: um estudo do sincretismo religioso em Belém do Pará. *Religião e Sociedade* 14/3: 56–66.
Viertler, Renate Brigitte
　1987　　Amazônia Brasileira: preâmbulo a uma discussão antropológica da questão indígena. *Revista da Universidade de São Paulo* (6): 98–126.
Wagley, Charles
　1963　　*An Introduction to Brazil*. New York: Columbia University Press.

1964   *Amazon Town: A Study of Man in the Tropics.* New York: Alfred A. Knopf.
1985   Forward. E. P. Parker, ed. *The Amazon Caboclo.* pp. vii–xviii. Williamsburg: College of William and Mary.
Wagley, Charles and Eduardo Galvão
1949   *The Tenetehara Indians of Brazil.* New York: Columbia University Press.
Wagner, Roy
1972   *Habu: The Innovation of Meaning in Daribi Religion.* Chicago: University of Chicago Press.
1975   *The Invention of Culture.* Englewood Cliffs: Prentice-Hall.
Walker, Sheila S.
1972   *Ceremonial Spirit Posession in Africa and Afro-America.* Leiden: Brill.
1990   Everyday and Esoteric Reality in the Afro-Brazilian Candomblé. *History of Religions* vol. 30, no. 2 (November): 103–128. The University of Chicago.
1991   A Choreography of the Universe: The Afro-Brazilian Candomblé As A Microcosm of Yoruba Spiritual Geography. *Anthropology and Humanism Quarterly* vol. 16, no. 2: 42–50. The Society for Humanistic Anthropology.
Warren, Donald
1968a   Portuguese Roots of Brazilian Spiritism. *Luso-Brazilian Review* 5 (2): 3–33.
1968b   Spiritism in Brazil. *Journal of Inter-American Studies* 10: 393–405.
Weinstein, Barbara
1983   *The Amazon Rubber Boom 1850–1920.* Stanford: Stanford University Press.
White, Hayden
1985 [1978]   *Tropics of Discourse: Essays in Cultural Criticism.* Baltimore and London: The Johns Hopkins University Press.
1987   *The Content of the Form: Narrative Discourse and Historical Representation.* Baltimore and London: The Johns Hopkins University Press.
Whitten Jr., N. E. and J. F. Szwed, eds.
1970   *Afro-American Anthropology: Contemprary Perspectives.* New York: Free Press.
Wilbert, Johannes
1979   Magico-Religious Use of Tobacco Among South American Indians. D. L. Growman and R. A. Schwarz, eds. *Spirits, Shamans and Stars.* pp. 13–38. Hague: Mouton.
1987   *Tobacco and Shamanism in South America.* New Haven and London: Yale University Press.
Willems, Emilio
1966   Religious Mass Movements and Social Change in Brazil. Eric Baklanoff, ed. *New Perspectives of Brazil.* pp. 452–468. Nashville: Vanderbilt University Press.
1967   *Followers of the New Faith: Culture Change and the Rise of Protestantism in Brazil and Chile.* Nashville: Vanderbilt University Press.

Wood, Charles and José Alberto Magno de Carvalho,
　1988　*The Demography of Inequality in Brazil*. Cambridge: Cambridge University Press.
山田睦男編
　1986　『概説ブラジル史』, 有斐閣.
Yasser Assad, Marcelo
　1979　*Codó (fragmentos)*, (Typewritten).

索　引

事項索引

abatá　103, 250, 259
agogô　323
atuado　97
atuar-se　97
baixar　97
banho　131, 164, 167, 323
banho de amaci　105, 128, 133, 186, 323
branco　82, 235, 252
cabaça　323
cabana, tenda, seara, centro　319
caboclo　11, 20, 27, 28, 33, 60, 74, 82, 86–88, 92, 93, 95–96, 121, 143, 233, 234–239, 241, 246, 247, 248, 258, 262, 274, 277, 278, 281, 286–290, 298, 299, 304, 309
〈caboclo〉のライン　93, 234, 272, 273, 283
caboclo-de-frente　190
caboclo として来る　93, 234
caboclo の森のライン　247
Casa das Minas　50, 107, 110, 251–257, 258, 284, 317
Casa de Nagô　46, 50, 107, 248–251, 258, 316
cavalo（馬）　126, 175–176, 215
chamada　167
chamar　97
cheque-cheque　323
companheiro do fundo　241
corpo fechado（閉じられた身体）　130
criança　287
deká（修了の証）　186, 188

encantado　88, 92, 98, 195, 242
encantado do fundo　47
encantaria　47
encantar-se　91
entidade　88
erê　190, 324
espírito（dos mortos）　89
exu　54, 94–95, 104, 125, 130–131, 142, 193, 245, 287, 302, 323
exu batizado（洗礼を受けた exu）　96
exu evoluído（進化した exu）　96
exu の小屋（casa de exu）　104
farrista　224–228, 301
fazer cabeça　177
fazer santo　177
feitiço（呪術的害）　72
filho-de-santo, filha-de-santo　105
fundo　98, 240–242
guia　88
guia-chefe　127
guia-de-frente　72, 190, 191–192, 234, 273
incorporação　97
incorporar-se　97
irmão-de-santo　105
juntó　177, 192
língua　223, 323
mãe-de-santo　45, 105
mata　242, 245, 249, 258, 263, 275–276, 281, 284, 285, 289
nascer feito　243
O Culto da Umbanda　56

orixá 81, 82-87, 93, 95, 121, 286, 287
pai-de-santo 101, 105, 215
passe 73, 164
pomba gira 95, 104
povo 94
povo da mata 242, 245, 277
povo do fundo 48, 242, 279
preto velho 20, 92, 192, 193, 286-290
puro 97
Querebentan 252
receber 97
senhor 82, 84, 121, 234-235, 249
subir 97
tambor, atabaque 103
tapuio 28, 30, 31
tauari 48, 72
Terreiro da Turquia 51, 184, 265-266, 269, 322
toquem (toqueno) 253-254
tribo 94
trinângulo 323
vodum 82, 83, 141, 246, 247, 251-257
vudunço 176

アーティキュレーション 151-152, 324
アイデンティティ 207, 216, 230, 275
アクレ州 36
アセンブレイア・ヂ・デウス 37
頭 (ori, coroa, cabeça) 96, 172, 185, 187, 233, 307, 323
頭が出来上がっている (cabeça feita) 177, 187,
頭の主 (dono do ori) 74, 83-91, 101, 103, 116, 129, 177, 189
頭の主である orixá をつくる (fazer santo) 187
頭を洗う (lavar cabeça) 184
頭をつくる (fazer cabeça) 177
アニヴェルサリオ(誕生日・記念日)(aniversário) 74, 119, 181, 192, 247

アビアン (abiã) 186
アフロアマゾニアン宗教 3, 27, 36-39, 290, 298, 304, 316, 317
アフロアマゾニアン宗教ホライズン 35
「アフリカ」 83
「アフリカ性」 288, 294
アフロブラジリアン宗教 15, 193
アボメー王家 (Abomey) 251
アマゾニア (Amazônia) 36
アマゾニス州 (Amazonas) 36, 296
アマゾン民衆宗教の〈第一次ホライズン〉 32, 35, 240
アヤワスカ (ayahuasca) 316
アルアンダ (Aruanda) 98
イアオ (iaô) 186
イエズス会 29
イコアラシ (Icoaraci) 62, 72, 130
石 (otá) 103, 185
意識のないミディアム (médium inconsciente) 97
意識の変容状態 (Altered State of Consciousness) 42
異質な外者の内部化 237, 238, 264
〈異質な外者〉 263, 282
石の上でのお仕置き (peia na pedra) 114
イター (Itá) 230, 241
いつでも存在しない語り手 (omniabsent narrator) 326
一般信者のウンバンダ 21
偽りの憑依 (mistificação) 206
イヤロリシャ (ialorixá) 186
飲酒 126, 134, 144
インディアニズモ (Indianismo) 32-33, 286-287
インディオ 32, 236, 237, 238, 274, 277, 278, 286, 287, 288
インディオ化 278, 290
インディオたる caboclo 33, 86, 278
隠喩 325
ヴードゥー (Vodou) 322, 324

事項索引

牛飼い　261
生まれつき出来上がっていた（nascer feito）243
生まれつきの才能・能力（dom de nascença）　242–244
海の王（Rei do Mar）　255
ウンバンダ（Umbanda）　19–26, 45, 53, 62, 83, 91, 98, 278, 286–290, 295
ウンバンダ化（Umbandização, Umbandization）　26, 54, 84, 290, 293, 294–297
ウンバンダ儀礼用品店（loja de artigo de Umbanda）　83, 296
ウンバンダ産業　296, 328
ウンバンダ神学者　296, 315
ウンバンダのイニシエーション（Confirmação de Umbanda）　197
エスピリタ（espírita）　196
エスピリティズモ（Espiritismo）　20, 25, 91, 241, 243, 321
エンカンタリーア（Encantaria）　47, 98, 249
演技　209, 217
演劇的ウンバンダ（Umbanda teatral）　328
お祓い（passe）　73, 164
帯　124
オモロコ（Omolocô）　45, 62, 134, 169

〈外者の内部化〉　11, 237–238, 263–264, 270–271, 275–276, 281–285, 289, 290, 301, 311
カーザ（casa）　100–108
〈革新〉（innovation）　82, 222
掛け合わせ（cruzar）　53
「家系」（família）　93, 94
かけがえのなさ　229
カシアス（Caxias）　51, 241, 250–251, 259, 322
語り　3, 8–9, 152–153, 313
語りの共同体　4, 7, 45, 67, 108, 147, 190, 202, 307, 311
カチンボ（Catimbó）　259
「可動的伝統」（tradições móveis）　329
カトリシズム　38, 79
カトリック教会　24, 39, 113, 317
カトリック聖人　79, 80, 81, 114, 115, 119, 221
カバナージェン（Cabanagem）　31–32, 237, 288, 298
カバナージェンの史観　298
「カボクロ化」（caboclization）　237, 285, 310
〈仮面〉の構造　219–220
カルデシズモ（Kardecismo）　20, 22, 315
カルト（culto）　45, 62, 64
乾いた食物（comida seca）　323
歓喜のタンボール（Tambor de Alegria）　321
〈関係性〉　154–156, 201, 218, 221, 310
還元論　155
カンドンブレ（candomblé）　15, 16–19, 24, 26, 40, 45, 60, 62, 83, 223, 294
カンドンブレ・デ・カボクロ（candomblé de caboclo）　327
カンドンブレ・ナゴ（candomblé nagô）　22, 50
カンドンブレ・ナゴ・モデル　18, 26
カンドンブレ化（Candombleização）　84, 293–294
カンドンブレへの移行　59
カンビンダ（Cambinda）　47, 248
換喩　325
基礎（fundamento）　101, 103, 186
祈禱（ladainha）　114, 115
教会　38
教化村（aldeia）　28, 29, 237
許可証（alvará）　56, 62
儀礼衣装　133
儀礼歌（doutrina）　123, 135, 179, 203–207, 262, 325

儀礼暦　114, 119, 192–194
儀礼フロアー　103
儀礼用品　296, 328
キンバンダ（Quimbanda）　196
クーラ（cura）　5, 47, 72, 74, 75
クーラ儀礼　76, 117–121, 122–132, 146, 196, 198, 242
クーラのライン（linha de cura）　73
寓話（allegory）　303, 328, 329
供犠獣　323, 324
首飾り（guia, colar）　137
首なし馬　195
供物（oferenda）　87, 176
クラドール（curador）　242
クリンバ（Curimba）　73, 95, 118, 164, 241
クレンチ（プロテスタンティズム）　37
軍事政権　55
警察　48–49, 55
幻覚（visão）　195
香（defumação）　131
公的シンボル（public symbol）　202
黒人（preto, negro）　37, 287
黒人奴隷　15, 47, 183, 315, 318
国民的・全国的宗教（national religion）　295
〈個人〉（indivíduo, individual）　229–230
個性　215, 217, 218, 220, 229
個性化　11, 208–222, 228–229, 233, 301, 310
コドー（Codó）　51, 98, 259, 261
コドーの森（Mata de Codó）　259, 262, 263
コミュニケーション　212, 213
ゴムブーム　33–35
籠り（deitada）　72, 74, 119, 185–186, 188
子安貝の卜占（jogo de búzio）　83, 185, 321
混血性　24

コンゴウインコ（arara）　48, 204
コンパードレ（compadre）　211

ザー・カルト（Zar cult）　9, 216, 303
再アフリカ化　294, 327
祭壇（altar）　103
サカカ（sacaca）　241
砂糖黍酒（cachaça）　95, 127, 323
里子（filho de criação）　94
サルヴァドール（Salvador）　16, 40
三人種の神話　24, 289
サンテリーア（Santeria）　328
サンパウロ（São Paulo）　19
サンルイス（São Luís）　28, 49, 52, 84, 242, 296
ジェジェ（Jeje）　53, 252
試験（prova）　58
自己異化　218–219
至高神　79
仕事（sessão, trabalho, seriviço）　117, 163
自己同定　218–219
自己と他者との分離的統一　219
死後に肉体を離れた霊（espíritos desencarnados）　20, 91, 92
指示（preceito）　65, 100, 176, 308
死者の霊（espírito dos mortos）　89, 90–91, 162
四旬節（Quaresma）　113
慈善（caridade）　315
使命（missão）　160, 176
邪悪なものの除去（descarga）　129
シャーマニズム　32
シャーマン　29
社会化（socialization）　221
ジャズ　145
『シャルルマーニュとフランク十二騎士』　266
シャンゴ（Xangô）　15
修道会　28, 29
守護聖人　177

事項索引　　359

ジュレーマ（Jurema）　　45, 47, 62, 74, 75
ジュレーマの森（Mata de Jurema）　277
ジュレーマのライン（linha de Jurema）　73
純潔性　294
純粋性　18
助言（consulta）　164
人格　220
神学者のウンバンダ　21
進化主義（evolucionismo）　20, 23
シンクレティズム（syncretism）　39, 81, 307
シンクレティック（syncretic）　187
信者　4, 37
真正性（authenticity）　18, 40
深層の動機づけ　202
心理学的イディオム　153-154
神話　208
遂行的発話（performative utterance）　179
崇敬する（adorar）　80
スリランカ　202
セアラ（seara）　58, 65-66, 319
正式なフェイトゥーラ　184
聖週間（Semana Santa）　113
整序（articulation）　152, 161, 313
聖所（roncó, capela, camarinha）　103-104, 132
聖人行列（procissão）　114-117
聖人信仰　32
聖人像　103, 114, 115, 116, 326
聖人の違い（diferença de santo）　81
生存様式　237, 274
成長・成熟　222
聖土曜日（Sábado de aleluia）　114
聖物（assentamento）　103
誓約（promessa）　39, 115
『誓約を支払う者』　39
責務（obrigação）　74, 79, 100, 111-112, 113-114, 170, 176, 188, 308

セソン・ヂ・カリダーヂ（sessão de caridade）　121
説得力　216
セバスティアニズモ（Sebastianismo）　85
セリンゲイロ（seringeiro）　34
セルヴィッソ（serviço）　167, 183
先住民族　27, 287
洗礼（batismo）　140, 179, 180, 195, 210
相互的個性化　218-222
相互反照性　81, 82
相互反照的　116
創造的改変（creative modifications）　147
ゾーナ・フランカの caboclo（caboclo de zona franca）　296

ダイアローグ　213
体系的なウンバンダ　21-22, 88, 296, 327
太鼓（tambor, atabaque）　58, 103, 134, 164, 323
代子（afilhado / afilhada）　211
（太鼓が）立てかけられている（encostado）　143
太鼓叩き（tamboreiro, abatazeiro）　140, 322
太鼓のリズム　324
太鼓を叩くこと（Tambor, Toque, Batuque）　69, 119, 164
太鼓を閉じる（fechar tambor）　143
太鼓を開く（abrir tambor）　143
大蛇（cobra grande）　196, 241
代父（padrinho）　184, 210
代母（madrinha）　184, 210
〈他者〉　154-155, 216, 218, 219
縦型の太鼓（atabaque）　250
楽しむ（brincar）　122, 145, 224, 226
ダホメー（Daomé, Dahomey）　249, 251, 254, 261
ダホメー系　16, 17, 49

男爵（barão）　84, 280
誕生　181
誕生日・記念日（aniversário）　208
タンボール・ダ・マッタ（Tambor da Mata）　51, 259–264, 260, 282, 326
タンボール・デ・ミナ（Tambor de Mina）　45, 49, 83, 246–248, 259, 260, 317
タンボール儀礼　74, 76, 117–121, 132–146, 189, 198, 245, 264
タンボールのライン（linha de tambor）　122
治病師　195
治療（cura）　5, 117
ヂレクトリオ制（Directorio）　30, 31, 237
鎮撫平定　263, 270, 282
通過儀礼　190, 221
ディスコース（discourse）　313
ディスコースの共同体（discursive community）　313
出囃子　204
テヘイロ（terreiro）　5, 58, 65–66, 76–78, 100–112, 319
テヘイロ／セアラの二分法　58, 65–67
テレコ（Terecô）　259
手を取り除く（tirar mão de vumbi）　188
同一性　121, 208, 309
投影のイディオム　153–154
慟哭のタンボール（Tambor de Choro）　321
道徳性　96
動物供犠（matança de bicho）　176, 185
陶冶（desenvolver）　212, 222
登録商標（marca registrada）　199, 214
床の代金（dinheiro do chão）　186
閉じた身体（corpo fechado）　187
土着化　263
トランス（trance）　170
トリックスター（trickster）　94–95, 225, 226, 301

奴隷制・奴隷貿易　15–16, 47, 315, 318
〈内部化〉　263, 270, 283
ナゴ（Nagô）　17, 18, 314, 252, 318
ナゴ帝国主義（Imperialismo Nagô）　17
「ナゴの純粋性」（Pureza nagô）　18, 314
ナショナリズム　23, 288
ナショナル・アイデンティティ（national identity, identidade nacional）　23
ナショナルな宗教（national religion）　25, 295
名のり　89, 178–180
悩ます憑依霊（espírito pertubador）　162, 169
〈人間〉（pessoa, person）　230
「人間の構築」（construção da pessoa）　223
「人間論」（anthropology）　152, 220
人称　215

パーソナル・シンボル（personal symbol）　202
パイ・ヂ・サント（pai-de-santo）　101, 105, 215,
バイア州（Estado da Bahia）　16–18
媒介者　251–157
配偶者　213
白人（branco）　235, 236–237, 252, 271, 272, 327, 328,
パジェ（pajé）　29, 47, 49, 72, 163, 165, 195, 240–244, 326
パジェランサ（pajelança）　30, 44, 47, 48–49, 98, 240–244, 279
バトゥーケ（Batuque）　46, 166, 320
バトゥーケ・デ・サンタ・バーバラ　52
ババスエ（Babassuê）　52
ババロリシャ（babalorixá）　186
パラ（Pará）　10, 28, 29, 31, 32, 36, 37, 43, 44, 47, 49, 55–58, 61–62, 195, 317, 318, 319, 322

事項索引　361

パラ州ウンバンダ・エスピリティズモおよびアフロブラジリアンカルト連盟，州連盟　44, 55, 56, 57–60, 61–68, 184
バラボー（Barabó）　245–246
パラレルワールド（parallel world）　9
反省的叙述（reflexive discourse）　301
バントゥ系　16
非アフリカ化　288
秘儀　186, 190
憑依（possession）　96–97
憑依儀礼（possession ritual）　3, 114
憑依宗教（possession religion）　230, 299, 304, 311, 328
憑依トランス（possession trance）　171
憑依のイディオム　8, 151–157, 160, 163, 165, 170, 173–174, 201–202
憑依のふりをしている（mistificar）　205
憑依文化（posession culture）　3, 307
憑依霊　8, 9, 329
憑依霊像　278, 296
憑依霊の食物（comida de santo）　87, 132
憑依霊の世界　79, 82–99
憑依霊の世話人（zelador de santo）　101
憑依霊の名前　89
憑依霊論（demonology）　152, 220
憑依患い　171
病気（doença）　169
表層の語り　202, 309
フェイトゥーラ（feitura）　59, 68, 73–74, 83, 110, 119, 164, 166, 177, 183–190
フェイトゥーラ・シンドローム（Feitura Syndrome）　59
フェイトゥーラ・ヂ・サント（feitura-de-santo）　58, 187
フェイトゥーラを受けた（feito）　44, 55, 56, 57–60, 61–68, 184
フォン語　82
不確定性　205, 230, 301, 303, 310
深みの仲間（companheiro do fundo）　241

船乗り　204, 206, 268
ブラジル・ウンバンダ・エスピリティズモ総連盟　56
ブラジル性（Brasilidade）　287, 288, 289
ブリコラージュ　40
ペーナ・イ・マラカ（Pena-e-Maracá）　47, 72, 75, 118, 241, 300
ヘゲモニーに抗するもの（counter hegemonic）　300
ベレン（Belém）　5, 28, 34, 44, 317–318
変革型（inovado）　77–78, 84, 94, 109–110, 114, 320
ペンテコスタリズム（Pentecostalismo）　37
ペンバ（pemba）　187
法定アマゾニア（Amazônia Legal）　36
ト占　178
北東部　26
保守派（conservador）　77–78, 84, 94, 109–110, 114
ホフリヤット（Hofriyat）　9, 216, 300, 303
ホモセクシュアル　106–107
ポルト・ヴェーリョ（Porto Velho）　316
本質主義（essentialism）　40
ポンバル侯爵（Marques de Pombal）　29–31
翻訳　67

マクナイーマ（Macunaíma）　301–304
『マクナイーマ』（Macunaíma）　48, 301–304, 329
マクンバ（Macumaba）　21, 302, 320
交霊会　20, 91, 315, 321,
マナウス（Manaus）　34, 296, 300
魔法にかけられた王国（reino encantado）　241
マヨッテ（Mayotte）　179, 205
マラカス（Maracá）　48
マラニョン（Maranhão）　34, 45, 51

マリアリオンサ・カルト（Culto de María Lionza） 328
マンイ・ヂ・サント（mãe-de-santo） 105
ミディアム 4–5, 158–163, 175–176
ミディアムAに憑依するcaboclo B 178
ミディアムAの頭におけるcaboclo B （Caboclo B na cabeça de A） 88, 209
ミディアムとしての経歴 71–72, 161–162
ミナ（Mina） 318
ミナナゴ（Mina-Nagô） 72, 75, 76
ミナの太鼓（tambor de mina） 250
民衆カトリシズム（catolicismo popular） 38, 79, 116, 177, 240
民衆本 268, 269, 271
民俗音楽調査団 47, 53, 317
民族系統（nação） 53
民俗劇 271
民族誌的旅行（Viagem etnográfica） 48
ムーア人（os Mouros） 270–271
無効にする（desfazer） 130
メーザ・ブランカ（mesa branca） 321
メッセンジャー 253
綿花栽培 30
モウリスカス（mouriscas） 266, 270
もち歌 123, 144, 203–204
モデルニズモ（Modernismo） 23–24, 48
物語（narrative） 326, 328
モノローグ 213
森の太鼓（tambor da mata） 250, 259
〈森のライン〉（linha da mata） 250, 272, 273
森へ転ずる（virar para mata） 145, 245–247, 258, 281–282, 284

役者 209, 217

約束（compromisso） 105, 188
野生のインディオ 286, 288, 289
やつし 272–276, 283
養子（filho adotado） 94
妖術（demanda, trabalho） 130–131, 142, 169
よそおう 218
ヨルバ系 16–18, 252
ヨルバ系カンドンブレ 17
ヨルバ（Iorubá, Yoruba） 249
ヨルバ族 94

〈ライン〉（linha） 53, 67, 93, 122, 169
〈ライン〉をクロスする（cruzar linhas） 122
リーダー 63–64, 104–105
リオデジャネイロ（Rio de Janeiro） 19
リテラトゥーラ・デ・コルデル（literatura de cordel） 266–271, 327
理論的ウンバンダ（Umbanda teórica） 328
リングァ・ジェラル（língua geral） 29, 30, 237, 326
輪廻転生（reencarnação） 92
類型的インディオ（índio genérico） 29, 237, 238
霊的病い（doença espiritual） 171
霊の進化（evolução dos espíritos） 20, 315
連歌 203
レンソル海岸（Praia de Lençol） 85, 268, 321
連盟 22, 25
ロマン主義 286, 288
ロマン主義的インディオ 33, 92
ロンドニア州（Rondonia） 36, 316

人名索引

アーバン，G.（Greg Urban） 313
アグリピーノ（Agripino） 46, 241–242
アゴンゴロ王 251
渥美清 217
アドンザン王 251
アナスタシア（Anastacia） 51, 265, 266, 322
アネリア（Anelia） 139–140, 141–142, 171–172
アメリーニャ（Amelinha） 166–168, 324
アリセ（Alice） 140
アントニオ（Antônio） 163–166, 170, 243, 324
アントニオ・タピナレ（Antônio Tapinaré） 199, 221, 272
アンドラーヂ，M.（Mário de Andrade） 48–49, 301–304, 317, 329
イルカ（Irca） 124, 272
ヴァルガス，G.（Getúlio Vargas） 22, 23, 315
ヴィエイラ，G.（Gastão Vieira） 48–49
ヴェーリョ，Y.（Yvonne Velho） 327
ヴェルゴリーノ＝イ＝シルヴァ，A.（Anaíza Vergolino e Silva） 55, 317
ヴェルジェー，P.（Pierre Verger） 251
ウォーカー，S（Sheila Walker） 41
オースティン，J.（John Austin） 179
オベーセーカラ，G.（Gananath Obeyesekere） 202
オルティス，R.（Renato Ortiz） 21, 22, 23, 34, 289, 295, 302

ガブリエル，C.（Chester E. Gabriel） 300, 317
ガルヴォン，E.（Eduardo Galvão） 316
カルネイロ，E.（Edison Carneiro） 18
川田順造 218

クラパンザーノ，V.（Vincent Crapanzano） 151–152, 220, 325
クリオウロ（Crioulo） 322
車寅次郎 217
ゲゾ王 251
ゴールドマン，M.（Marcio Goldman） 223
コスタ＝エドゥアルド，O. da（Octávio da Costa Eduardo） 249

坂部恵 219–220
サルディバル，R.（Ramon Saldivar） 313–314
サルネイ，J.（José Sarney） 142, 323
シカ・マカシェイラ（Xica Macacheira） 316
シャルルマーニュ 266, 268
セバスティアン王（Rei Sebastião） 85
セリーナ（Celina） 243
ソフィア（Sofia） 71–75, 140, 170–171, 243

ダ＝マッタ，R.（Roberto da Matta） 229–230
タウシグ，M.（Michael Taussig） 328
チャットマン，S.（Seymour Chatman） 326
ディ＝パオロ，P.（Pasquale di Paolo） 65, 66, 317
デュモン，L.（Louis Dumont） 229
ドンジョアン5世（Dom João V） 84
ドンジョアン6世（Dom João VI） 84
ドン・ジョゼ（Dom José） 30

ナン・アゴンチメ 251
ニナ＝ロドリゲス，R.（Raymundo Nina Rodrigues） 16

ヌネス=ペレイラ, R. (Raimundo Nunes Pereira) 317
ネーヴェス, T. (Tancredo Neves) 124, 142, 299, 323

パーカー, E, (Eugine P. Parker) 237
パイ・ベネ (Pai Bené) 123, 124, 134, 322
ハイムンダ (Raimunda) 194-198, 243, 324
ハースコヴィッツ, M.J. (Melville J. Herskovits) 17, 317
バスティード, R. (Roger Bastide) 17, 18, 21, 22, 40, 41, 85, 235
ビールマン, P. (Patricia Birman) 287
ヒバマール (Ribamar) 134, 136
フィゲイレード, N. (Napoleão Figueiredo) 317
フェヘッチ, M. (Mundicarmo M. R. Ferretti) 247, 266, 271, 317
フェヘッチ, S. (Sérgio F.Ferretti) 252, 317
フライ, P. (Peter Fry) 18, 107, 317
ブラウン, D. (Diana Brown) 19, 21, 22, 23, 25, 287, 295
フレイレ, G. (Gilberto Freyre) 24
プレッセル, E. (Esther Pressel) 287
プロコピオ (Procopio) 45
ペドロ・マラザルテス (Pedro Malazaretes) 300
ボディ, J. (Janice Boddy) 9, 216, 300, 303, 329
ホワイト, H. (Hayden White) 328
ポンバル侯爵 (Marquês de Pombal) 29, 30

マクシミアーナ (Maximiana) 326
マヌエル・コラソ (Manoel Colaço Veras) 322
マリア・アギアール (Maria Aguilar) 53-54, 319
マリア・ジョゼ (Maria José) 137, 212-213
マリア・ピアウイ (Maria Piaui) 259-260
マンイ・ドッカ(ドナ・ドッカ) (Mãe Doca, Dona Doca) 45-46, 47, 51, 322
マンイ・ハイムンヂーニャ (Mãe Raimundinha) 口絵写真 18, 19
メンドンサ・フルタード (Mendonça Furtado) 29
モース, M. (Marcel Mauss) 229
モレイラ=ネット, C.A. (Carlos de Araujo Moreira Neto) 32

ラモス, A. (Artur Ramos) 16-17
ランベック, M. (Michael Lambek) 9, 179, 205, 212, 213-214, 226
リーコック, R. (Ruth Leacock) 45, 53, 54, 90, 93, 122, 180, 225-226, 235, 239, 271, 300, 316, 317
リーコック, S. (Seth Leacock) 同上
ルイ13世 267
ルイ16世 84
ルイ9世 84
ルシア (Lucia) 124
ロペス, T.P.A. (Telê Porto Ancona Lopes) 329

ワグナー, R. (Roy Wagner) 82
ワグレイ, C. (Charles Wagley) 236
和辻哲郎 229

憑依霊名索引

Abaluaê 130, 137, 141
Abé 193, 253, 254
Acossi Sapata 252
Agbe 254, 255
Almirante Barão 266
Alogbwe 255
Arirambinha 73
Averequete 246–247, 253, 254, 255–257, 269–270
Avrekete 255

Badé 137, 193, 253
Baiano Grande 73
Barão de Guaré 280
Barba Çuêra 53, 85
Barbasueira 127, 135
Boto Tucuxi 279

caboclo da mata 261
Caboclo das sete encruzilhadas 20
Caboclo Igarapé das Almas 167
Caboclo Nobre 270
Caboclo Velho 267
Caboquinho 198
Cobra Boiuna Branca 72
curupira 95, 142

Dambira の家系 252–253
Davice の家系 252–253
Dom João 84, 116, 267
Dom José 132, 193
Dom José Rei Floriano 166
Dom Luís Rei da França 84, 115, 193, 267
Dom Pedro Angaço 262–263, 270, 283

Ferrabrás 266, 269

Fina Joia 116, 127

Gavião Real 279
Gbade 255
Guapindaia 279
Gurauna 196

Herondina 73, 129, 172, 191, 193
Hevioso グループ 255

Iansã (Iansam) 39, 53, 80, 81, 85, 127, 191, 193, 194, 323
Iemanjá 98, 115, 130, 135–136, 193, 253, 323, 328
Itamaracá 196

Jarina 73, 129, 136, 164, 191, 193, 267–268
Jassilema 191
Joana Gunça 73, 138
João da Mata 73, 127, 141, 191, 193
Joãozinho (Boa da Trindade) 172, 210
Joaquinzinho 261
José Tupinambá 125, 129, 139, 142, 192, 319
Jurema (Dona Jurema) 73, 98, 194, 196–198, 277–278, 324

Lebara 249
Legba 254, 255, 261
Legua Bogi Boa 260, 261, 262, 269
Liçá 253
Loco 253

Manezinho 137, 141, 212–213, 224, 225, 260, 312
Maria Bárbara 167

Maria Legua 140, 262
Mariana 5–6, 68, 71, 74, 75, 125–129, 136, 139, 141, 143, 191, 193, 196, 197, 204, 206–207, 224, 228, 267–268, 289, 304
Marquês de Pombal 30, 84
Mawu-Lisa 254
Mawu-Lisa グループ 254–255
Mestre Arueira 196
Mestre Maximiliano de Aldeia de Alexandria 260

Naete 255
Namazeninho 167
Nanã 115, 137, 139
Nanã boroco 172
Nanam Burucu 53, 85, 193
Nochê Sobô 253

Ogum 82, 104, 114, 124, 191, 193, 194, 249, 323
Ogum Beira Mar 138
Olorum 79, 91
Oxalá 119, 193, 328
Oxanguiã 193
Oxossi 74, 104, 124, 127, 139, 191, 193, 197, 198, 323
Oxum 74, 98, 193, 197

Pai Velho Benedito 167
Pena de Arara Amarela 73
Pena Verde 72, 127, 129, 192
Pombo Voador 73
Povo da Jurema 242, 277
Povo de Legua 51, 98, 260–264, 282
Princesa Flores Bela 196

Quevioço の家系 252–253, 256–257, 258

Rainha do Mar 172
Rei da Turquia 51, 204, 206, 262, 265–276, 283
Rei Floriano 136
Rei Penacho 73
Rei Sebastião 85, 86, 98, 267–268, 321
Ricardinho 73, 124
Rompe Mato 123

Sa Mariana Bela Turca da Alexandria 206
Sagabata 254
Sagabata グループ 254–255
Savaluno の家系 252
Sete Flechas 163, 179
Seu Tabajara 248
Sogbo 254, 255

Tango do Pará 196, 279
Tapajara 73
Tapinaré 164, 199, 272–273, 279
Tareza Legua 261
Tranca Rua 54
Tupiaçu 73
Tupinambá 73
turco 51, 206, 265–276, 282–283

Verequete 135, 166, 167, 192, 193, 245–246, 249–250, 258, 262, 264, 281–284, 327

Xangô 81, 98, 94, 193, 249
Xapanã 85, 86

Zambi 79, 91
Zé Pilintra 140, 141, 142
Zé Raimundo 73
Zomadonu 252

聖人名索引

Deus　　79–80, 91
Menino Jesus　　193
Nossa Senhora da Conceição　　193
Nossa Senhora das Candeias　　130
Nossa Senhora de Nazaré　　193
Santa Ana　　115, 116, 119, 193
Santa Bárbara　　39, 53, 80, 81, 103, 114, 119, 124, 127, 135, 193, 194, 246, 250, 253, 258
Santa Luzia　　115, 116
Santo Antônio　　104, 193
São Bartromeu　　192, 193
São Benedito　　192, 253
São Cosme e Damião　　192, 193, 196, 197, 198, 324
São Francisco　　195
São Jerônimo　　81, 82, 193
São João Batista　　116
São João da Mata　　193
São Jorge　　82, 119, 124, 193, 194
São José　　115, 132, 193
São Lázaro　　252
São Miguel Arcanjo　　81, 193
São Pedro　　193
São Raimundo Nonato　　195
São Sebastião　　85, 193
Virgem Maria　　115, 193

著者紹介

古谷 嘉章（ふるや・よしあき）

1956年東京都生まれ。東京大学大学院社会学研究科博士課程修了。学術博士。東京大学助手、九州大学助教授を経て、現在、九州大学大学院比較社会文化研究院教授。専門は文化人類学。
著訳書に、『異種混淆の近代と人類学――ラテンアメリカのコンタクト・ゾーンから』（人文書院、2001）、『越境する知6　知の植民地：越境する』（共著、東京大学出版会、2001）、『生態の地域史』（共著、山川出版社、2000）、『〈南〉から見た世界5　ラテンアメリカ――統合圧力と拡散のエネルギー』（共著、大月書店、1999）、『岩波講座文化人類学　第12巻　思想化される周辺世界』（共著、岩波書店、1996）、『陶酔する文化――中南米の宗教と社会』（共著、平凡社、1992）、『環境と音楽』（共著、東京書籍、1991）、『民族交錯のアメリカ大陸』（共著、山川出版社、1984）、ジョゼフ・M・ルイテン『ブラジル民衆本の世界』（共訳、御茶の水書房、1990）など。

憑依と語り
――アフロアマゾニアン宗教の憑依文化――

2003年2月28日　初版発行

著　者　古 谷 嘉 章
発行者　福 留 久 大
発行所　（財）九州大学出版会
〒812-0053　福岡市東区箱崎7-1-146
九州大学構内
電話　092-641-0515（直　通）
振替　01710-6-3677
印刷・製本　研究社印刷株式会社

© 2003 Printed in Japan　　　ISBN 4-87378-763-7